U0634028

权威·前沿·原创

皮书系列为
"十二五"国家重点图书出版规划项目

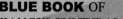

江西文化产业蓝皮书

BLUE BOOK OF
JIANGXI CULTURAL INDUSTRY

江西文化产业发展报告
（2015）

ANNUAL REPORT ON THE DEVELOPMENT OF JIANGXI
CULTURAL INDUSTRY (2015)

主 编／张圣才 汪春翔

社会科学文献出版社
SOCIAL SCIENCES ACADEMIC PRESS (CHINA)

图书在版编目（CIP）数据

江西文化产业发展报告. 2015/张圣才，汪春翔主编. —北京：
社会科学文献出版社，2015.10
（江西文化产业蓝皮书）
ISBN 978 - 7 - 5097 - 8193 - 7

Ⅰ.①江… Ⅱ.①张… ②汪… Ⅲ.①文化产业 - 产业发展 -
研究报告 - 江西省 - 2015 Ⅳ.①G127.56

中国版本图书馆 CIP 数据核字（2015）第 238831 号

江西文化产业蓝皮书
江西文化产业发展报告（2015）

主　　编/张圣才　汪春翔

出 版 人/谢寿光
项目统筹/王　绯
责任编辑/张建中

出　　版/社会科学文献出版社·社会政法分社（010）59367156
　　　　　　地址：北京市北三环中路甲29号院华龙大厦　邮编：100029
　　　　　　网址：www.ssap.com.cn
发　　行/市场营销中心（010）59367081　59367090
　　　　　　读者服务中心（010）59367028
印　　装/北京季蜂印刷有限公司

规　　格/开本：787mm × 1092mm　1/16
　　　　　　印张：26　字数：432千字
版　　次/2015年10月第1版　2015年10月第1次印刷
书　　号/ISBN 978 - 7 - 5097 - 8193 - 7
定　　价/128.00元

皮书序列号/B - 2015 - 471

指导单位：

中共江西省委宣传部文化体制改革和发展办公室

江西省文化厅文化产业处

编撰单位：

江西师范大学文化研究院

顾问团队：

李善同　国务院发展研究中心研究员

祁述裕　国家行政学院社会和文化教研部主任

程郁缀　北京大学社会科学部部长、《北京大学学报（哲学社会
　　　　科学版）》主编

祝黄河　江西省社会科学界联合会党组书记、主席，中央马克
　　　　思主义理论研究与建设工程专家

张艳国　江西师范大学副校长，教授

涂宗财　江西师范大学副校长，教授

项国雄　江西师范大学副校长，教授

陈　忱　中国文化产业论坛创始人，中国传媒大学民族文化经
　　　　济研究所所长

周城雄　中国科学院战略问题咨询研究中心副主任

向　勇　北京大学文化产业研究院副院长

魏鹏举　中央财经大学文化创意研究院执行院长

沈望舒　北京市社会科学院首都文化发展研究中心副主任

江西文化产业蓝皮书编辑委员会

主编简介

张圣才　江西师范大学文化研究院常务副院长，江西师范大学宗教文化研究中心主任，教授。中国宗教学会理事，《中华道藏》编委，海峡两岸道教文化论坛主席团主席。长期从事文化产业及宗教文化研究。

汪春翔　江西师范大学文化研究院副教授、博士。

摘　要

江西文化产业蓝皮书——《江西文化产业发展报告（2015）》是江西师范大学为服务江西经济社会发展而编撰的第一本蓝皮书。本书分六大部分：总报告、行业报告、区域报告、个案研究、专题研究、大事记。

2015年是江西文化产业发展承上启下的重要一年。总报告总结分析了江西文化产业发展的成就与不足以及在全国和中部六省的目标定位，对江西文化产业的发展环境、发展资源与面临的突出问题进行了解析与探讨，并就加速推进江西文化产业发展，提出了加强文化产业研究，深化文化体制改革，制定出台《江西省文化产业促进条例》，布局打造文化产业集群，发展壮大骨干文化企业，做强做优特色文化品牌，促进江西文化产业与科技、金融、旅游融合，建立健全文化产业人才支撑体系等方面的对策建议。

行业报告对江西新闻出版业、广播影视业、动漫游戏业、文化旅游业、演出业、艺术品业、教育培训业、软件业、广告业、体育产业等10个行业进行了研究，主要概述行业发展现状、面临的发展问题，并相应提出行业发展的对策与建议。

区域报告由江西11个地市的文化产业发展报告组成，全面概述了江西各地市的文化产业发展情况，着重对各地市特色文化产业及发展特征、发展趋势和发展对策的研究。

在个案研究部分，本年度选取了景德镇陶瓷文化产业、黎川油画产业、文港毛笔产业三个江西文化特色产业进行调查和分析研究，突出了江西文化产业的优势产业和地方特色。

专题研究主要就江西文化消费研究、江西文化产业系统关联度研究、江西特色文化品牌研究等三个方面对江西文化产业的布局、产业链、消费趋势等宏观方面进行了探讨和研究。

Abstract

Blue Book of Jiangxi Cultural Industry – *Annual Report on the Development of Jiangxi Cultural Industry* (2015) is the first blue book compiled by Jiangxi Normal University in the service of Jiangxi economic and social development. This book is divided into six parts: general report, industry report, regional report, case study, monographic study and chronicle of events.

2015 witnesses the cultural industry development in Jiangxi. The general report has generalized and analyzed the achievements and deficiencies of Jiangxi cultural development during the 12th Five-year Plan and the targets in China and the six provinces of Mid-China, explained and explored the development environment, development resources and prominent problems of Jiangxi cultural industry. In terms of pushing forward Jiangxi cultural industry development during the 13th Five-year Plan, it has also proposed some suggestions to enhance cultural industry studies, formulate *Jiangxi Province Cultural Industry Promotion Regulations*, establish cultural industry groups, expand the important cultural enterprises, foster a strong and characteristic brand, facilitate the integration of Jiangxi cultural industry, technology, finance and tourism and establish a sound support system for the cultural industry talents.

The industry report makes an analysis of various industries including Jiangxi news publishing, broadcasting, animation and game, cultural tourism, performing, works of arts, education and training, software, advertising and sports industries. It mainly generalizes the current development situation of the industry, the development issues it faces and the strategies and suggestions for the industry development.

The regional report consists of different cultural industry development reports of 11 cities of Jiangxi. It comprehensively summarizes the cultural industry development situations of these different cities and emphasizes on the distinctive cultural industries of the different cities, development features, development trends and development strategies.

In the part of case study, this year, it chooses the three Jiangxi cultural feature industries including Jingdezhen ceramic cultural industry, Lichuan painting industry and Wengang writing brush industry to conduct investigations and analysis, which highlights the competitive industries and local features of Jiangxi cultural industry.

The monographic study makes a macro study and exploration of the layout, industry chain and consumption trend of the cultural industry through three aspects: the study on the cultural consumption of Jiangxi, the research on the correlation degree of cultural industry system and the research on the brand of characteristic culture industry of Jiangxi.

序

　　文化产业是 21 世纪中国最具有潜力的产业之一，中国目前的人均 GDP 已经突破 7000 美元，中国也已经成为世界文化消费大国。文化产业的发展繁荣，正是我国转变经济发展方式不可或缺的重要一环。党的十七届六中全会通过的《中共中央关于深化文化体制改革　推动社会主义文化大发展大繁荣若干重大问题的决定》，将文化产业成为国民经济支柱性产业作为重要目标之一，目前我国文化产业正在向这一目标快步前进。

　　江西省作为一个文化大省，文化底蕴深厚，文化名人辈出。自唐至清，江西考中进士 1.05 万人，占全国的 10.67%；陶渊明、黄庭坚、杨万里、汤显祖等家喻户晓；《全宋词》收江西词家 174 人，占全书作者的 12%；"宋词四大开祖"晏殊、晏几道父子居其二；唐宋八大家江西有三家：欧阳修、曾巩、王安石。除此之外，江西的佛教道教文化、山水生态文化、红色革命文化也蜚声海内外。由于文化资源丰厚，江西文化产业发展的历史悠久，并在全国具有相当的影响力。近年来在全国文化产业蓬勃兴起的情况下，各省对文化产业高度重视，在文化产业发展方面奇招迭出、异彩纷呈，一些文化产业落后的省份已经后来居上，江西的文化产业面临日益激烈的竞争。

　　对江西省的文化产业发展现状进行系统梳理和思考，有利于我们认清江西文化产业在全国所占的地位以及不足之处，可以为各级政府的产业政策和规划提供可靠和科学的根据。《江西文化产业发展报告（2015）》正是在这种背景和形势下产生的，这部报告总结了江西省文化产业发展的研究成果，除了具有鲜明的江西特色之外，还具有以下几个方面的特点。

　　第一，报告的撰写队伍构成合理。这部研究报告不是由研究人员仅仅坐在书斋中写出来的，而是由与实践紧密结合的研究机构、政府主管部门、业内企业通力协作的成果。现在有许多研究报告是由研究人员撰写的，这样的报告往往理论性较强，而实践性不足。文化产业是实践性的领域，如果仅仅只有研究

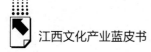

机构参与，就会显得与实践脱节。报告在组织模式上有一定的创新，很好地避免了许多产业研究报告的不足。通过与政府部门的合作并邀请其工作人员参与，不仅保证了资料的权威性和时效性，能够充分反映实践，而且加快了报告的研究进度。

第二，报告的结构合理，内容具有很好的参考价值。报告中，除了总报告作为统览全局的开篇，还有行业报告和区域报告。行业报告涵盖了文化产业的主要门类，这些行业报告除了可以总结江西相关行业的发展，也可以用来与全国其他省市进行对比，对于各个省市的相关行业都具有很好的参考价值，对于全国范围内的研究者和政策制定者来说都是值得收藏的重要资料。除此以外，区域报告部分都由各个城市的主管部门按照基本统一的格式进行撰写，微观资料丰富，产业发展情况鲜活生动，可以让各级主管部门和研究者从中发现许多有价值的线索。同时，把江西各个城市的文化产业发展情况进行梳理，放到一个全国性的平台进行展示，也是一次很好的机会，有利于促进省内城市和全国各地的交流借鉴。

第三，这是江西省第一部全面的文化产业报告。江西省的文化产业发展基础条件较好，但是近年来影响力不足，有落后于一些文化产业后发省份的危险，其中固然有经济条件和政策方面的原因，但是对于产业研究重视不足也是一个重要问题。我们可以看到，近几年文化产业发展较快的省市，都高度重视产业研究和规划工作，大多数有系统全面的产业研究报告。因此，这部报告不仅是一个研究成果，而且是江西省文化产业从感性到理性发展的重要一步，具有标志性意义，也必将助推江西文化产业发展。

江西师范大学文化研究院是江西有影响力的文化研究机构，其研究具有将理论与实践紧密结合的特点，并且与相关主管部门有良好的联系。他们作为文化产业研究报告的组织撰写单位，对江西文化产业发展的理论考量、宏观把握和联系产业发展实际与预测发展趋势都符合发展报告的撰写要求。我第一次与文化研究院接触是 2014 年 12 月，当时与文化研究院常务副院长张圣才教授在北京的一次文化论坛上相识，张教授得知我曾经在北京大学从事文化产业研究多年，力邀我到江西师范大学文化研究院就撰写《江西文化产业发展报告》及出版蓝皮书一事进行深入交流。以前虽然做过不少文化产业研究和规划工作，却从来没有机会深入了解江西的文化产业，因此欣然应邀于今年 1 月前往江西师范大学。在这次与江西师范大学文化研究院的交流中获得了很多有价值的信息，更深切感受到江西师范大学文化研究院是一个非常有活力的研究机构，除了具有非常强的研究能力之外，还有非常强的组织执行能力，而后者是许多依托高校的研究机构所缺乏的。

江西师范大学文化研究院动作迅速、全力以赴组织编撰《江西文化产业发展报告（2015）》。他们积极与有关政府部门沟通，组织顾问团队和编写队伍。今年4月份，《江西文化产业发展报告（2015）》选题就通过了社会科学文献出版社的选题评审，被列入具有强大品牌影响力的蓝皮书系列出版计划。6月份的时候，就收到了文化研究院汪春翔博士发过来的初稿，我由衷对文化研究院的工作效率叹服。当然也感到非常欣慰，因为第一部《江西文化产业发展报告》的编写工作是由这样一个有责任感的团队来承担的。

江西师范大学文化研究院邀请我为本书作序，自知为首部《江西文化产业发展报告》蓝皮书作序是不够格的，但是一直没有为江西的文化产业做什么事情，并经常感到遗憾，因此不揣浅陋而命笔，也借此机会祝愿江西师范大学文化研究院为江西文化产业发展产生更多更好的科研成果，并成为在全国有影响力的文化产业研究智库。

周城雄

中国科学院战略问题咨询研究中心副主任

2015年9月6日于北京中关村

目　录

ⅠＩ　总报告

ⅠＩＩ　行业报告

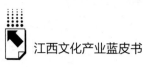

ⒷⅢ　区域报告

ⒷⅣ　个案研究

ⒷⅤ　专题研究

B Ⅵ　大事记

皮书数据库阅读使用指南

CONTENTS

B I General Report

B II Industry Reports

B Ⅲ   Regional Reports

B Ⅳ   Case Studies

B Ⅴ   Monographic Study

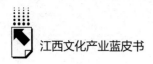

BVI   Records of the Important Events

总 报 告

General Report

B.1

江西文化产业发展目标定位
及推进策略

汪春翔 张圣才 王广兵*

摘 要： 报告总结了江西省文化发展的成就与特征，分析了江西文化
产业在全国和中部六省中所处的中间位置及目标定位，阐述
了江西文化产业发展的文化资源环境、政策环境、经济环境
与社会环境，总结了江西文化产业发展面临的总量偏小、竞
争力较弱、区域结构和产业结构不合理、发展不平衡和人才
短缺的问题。报告指出，"十三五"期间，江西省"五年决
战同步全面小康"，要加速推进江西文化产业发展。报告从
加强文化产业研究，深化文化体制改革，加紧出台《江西省
文化产业促进条例》，布局打造文化产业集群，发展壮大骨

---

* 汪春翔，博士，江西师范大学文化研究院副教授；张圣才，江西师范大学文化研究院常务副
院长、教授；王广兵，江西省委宣传部文化体制改革与发展办公室副主任。

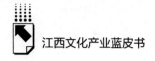

干文化企业，做强做优特色文化品牌，促进江西文化产业与其他产业融合，建立健全文化产业人才支撑体系等八个方面提出了江西文化产业发展的推进策略。

关键词： 对策建议　江西文化产业　目标定位

江西简称"赣"，公元 733 年唐玄宗设江南西道而得省名，江西最大河流赣江纵贯全境而得简称。江西位于中国东南部，长江中下游南岸，以山地、丘陵为主，古称"吴头楚尾，粤户闽庭"，是典型的内陆省份。江西省面积 16.69 万平方公里，境内五大河流流域（赣江、抚河、信江、饶河、修河）、3000 多支流汇聚鄱阳湖，这五大水系流域面积达 16.22 万平方公里，占江西国土总面积的97%，因此，江西又通称鄱阳湖流域、赣鄱大地。江西总人口 4500 余万，辖 11 个设区市、100 个县（市、区）。江西文化源远流长，博大精深，自古至今，江西都被誉为"文章节义之邦"。历史悠久的古代传统文化、刚正义烈的红色革命文化、优美自然的绿色生态文化、巧夺天工的工艺文化、灿烂辉煌的非遗文化，无不滋养着江西经济社会的发展。经过改革开放 30 多年的发展，江西经济社会取得了巨大的进步。"十二五"时期，江西的文化产业发展态势良好，取得了可观的成就，已经出台了比较完整的文化产业系列政策，构建了比较完整的文化产业体系，这些适合文化产业发展的系列政策和文化产业体系正在产生巨大的正能量，推动江西文化产业快速发展。

一　江西文化产业发展的成就与特征

"十二五"时期，江西省深入推进文化体制改革，着力培育文化市场主体，优化文化产业结构，完善文化产业市场体系，以重大文化项目带动文化产业发展，构建了较完整的文化产业发展政策体系和产业体系，整体推动江西文化产业快速发展，取得了一系列令人瞩目的成绩。江西省文化产业整体实力和竞争力得到显著提升，呈现总量不断增长、项目快速推进、主体迅速壮大、结构逐步优化、新业态不断涌现、集群效益日益显现的良好发展态势，文化产业步入了良性循环发展的"快车道"，成为全省经济转型升级、实现跨越式发展的重要引擎。

（一）文化产业发展势头强劲，提前一年实现"十二五"规划目标

2013 年全省文化产业法人单位主营业务收入 1783.6 亿元，同比增长22.1%；文化产业增加值 501.9 亿元，比上年净增 94.6 亿元，同比增长23.2%。2014 年全省文化产业主营业务收入达 2061.3 亿元，同比增长15.6%，在 2011 年主营业务收入 1020 亿的基础上三年翻一番，提前一年实现"十二五"规划目标（见图 1）。江西省文化产业的总量规模继续扩增，并在较快的发展轨道上运行。

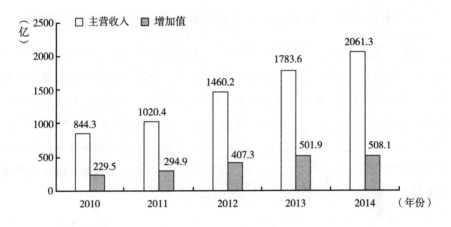

图 1 2010～2014 年江西省文化产业主营收入、增加值

江西省文化产业增加值占地区生产总值的比重逐年提高。2012 年文化产业增加值占 GDP 的比重达 3.15%，首次突破 3%，比上年提高 0.63 个百分点，2013 年文化产业增加值占 GDP 比重 3.50%，2014 年文化产业增加值为 580.1亿元，占 GDP 比重约为 3.69%，比上年提高 0.2 个百分点，比全省 GDP 增速高 5.9%（见图 2）。文化产业增加值在地区生产总值中的比重稳步提高，对国民经济的贡献率持续攀升，文化产业已成为全省经济转型跨越式发展的重要引擎，在新一轮经济发展中发挥着重要作用。

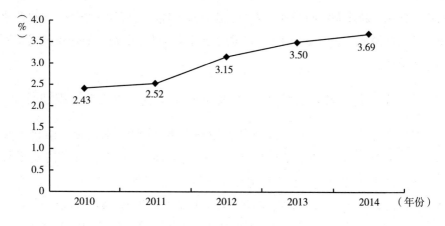

图2　2010~2014年江西省文化产业增加值占GDP比重

（二）行业结构基本稳定，优势行业继续保持较好的发展势头

伴随着文化产业总体规模的不断扩大，江西省已形成了完整的文化产业行业门类，呈现传统文化产业稳步提升，新兴文化产业比重逐步上升的良性发展态势。2014年，以新闻出版发行服务、广播影视服务、文化艺术服务为主的传统意义上的文化产业实现增加值43.96亿元，占总量的7.58%；以文化信息传播服务、文化创意和设计服务、文化休闲娱乐服务等新型文化服务业为主的文化产业实现增加值108.2亿元，占总量的18.6%。改变了以往传统文化产业比重偏大，现代新兴文化产业发展滞后的局面。

表1　2013~2014年文化产业行业大类主营业务收入情况

单位：亿元，%

分类	2014年主营业务收入		2013年主营业务收入	
	实际数	所占比重	实际数	所占比重
新闻出版发行服务	93.9	4.6	86.0	4.8
广播电视电影服务	18.4	0.9	7.8	0.4
文化艺术服务	28.3	1.4	18.3	1.0
文化信息传播服务	35	1.7	25.0	1.4
文化创意和设计服务	118.8	5.8	102.3	5.7
文化休闲娱乐服务	81.5	4.0	71.8	4.0

分类	2014 年主营业务收入		2013 年主营业务收入	
	实际数	所占比重	实际数	所占比重
工艺美术生产服务	411.2	20.0	350.6	19.7
文化产品生产辅助生产	387.0	18.8	317.2	17.8
文化用品生产	822.4	39.9	719.2	40.3
文化专用设备生产	64.8	3.1	85.4	4.8

资料来源：江西省统计局编《江西统计资料》第 23 期。

江西省优势文化产业继续保持了良好发展势头，对文化产业增长贡献突出。2014 年，焰火鞭炮产品制造、包装装潢及印刷、雕塑工艺品制造、机制纸及纸板（文化用纸）制造等四个行业小类的主营业务收入均超百亿元，合计达 852.4 亿元，同比增长 18.4%，占文化产业的 41.4%；合计实现增加值 228.3 亿元，增长 18.7%，占文化产业的 39.3%，对文化产业增长的贡献率分别达到 47.8% 和 46.2%（见表 2）。

表2　2014 年文化产业优势行业主营业务收入、增加值情况

单位：亿元，%

行业	主营业务收入	增长	增加值	增长
焰火鞭炮产品制造	376.3	17.2	113.2	17.2
包装装潢及印刷	256.8	25.5	63.8	25.3
雕塑工艺品制造	119.2	23.3	31.7	23.3
机制纸及纸板制造（文化用纸）	100.1	2.9	19.6	3.2

资料来源：江西省统计局编《江西统计资料》第 23 期。

（三）传统文化产业加速转型，新型业态发展势头良好

江西省新闻出版产业收入从 2013 年的 531 亿元增加到 2014 年 670 亿元，同比增长 29.8%。其中印刷复制业，全年总收入达到 479.35 亿元，同比增长 38.9%。2014 年，江西出版集团公司实现营业收入 123.52 亿元、净利润 10.04 亿元、总资产 166.34 亿元、净资产 86.11 亿元，同比分别提高 4.04%、37.53%、17.22%、22.72%；其总体经济规模位居全国出版行业第 5 位，目

前已连续六届进入光明日报和经济日报组织评选的"中国文化企业 30 强"。集团控股的上市公司中文传媒纳入"上证 180 指数成分股",连续三届入选"财富中国 500 强"。江西日报传媒集团以推动媒体融合发展为着力点,打造新型主流媒体,全年实现总收入 12.15 亿元,同比增长 11.9%,净利润 5305 万元,同比增长 3%。省广播电视台实现总收入 56.3 亿元,同比增长 34.3%,净利润 2373 万元。江西教育期刊社有限责任公司 2014 年实现生产总值 2.6 亿元,利税 5000 万元。

新型业态发展势头良好。网络、动漫、新媒体、数字出版等新型业态迅猛发展。全省从事数字出版相关企业约 200 家,总产值达 113 亿元。其中网络广告收入达 42.9 亿元,网络游戏收入达 34.8 亿元,手机出版(包括手机音乐、手机游戏、手机动漫游戏、手机阅读)达 28 亿元,数字期刊收入达 8200 万元,电子书收入达 1.9 亿元,数字报(网络版)收入达 4.2 亿元,全省初步形成了门类齐全的数字出版产业体系。至 2014 年底,江西省登记在册具有一定规模的动漫企业共 27 家,已建设和正在筹建的动漫基地 5 家,获得国家认定的动漫企业 16 家,获得全国重点动漫企业认定的 3 家。2014 年,动漫及衍生产品收入 40 亿元。江西凯天动漫有限公司原创动漫《星梦园》被法国国家电视台、中东 9 国等国家级影视机构联合收购,开创了江西省动漫产业原创作品走出国门的先河。

(四)文化产业吸纳从业人员大幅提升,提供较多就业机会

文化体制改革与创新,推动了一批国有单位成为合格的经营性市场主体,极大地促进了文化产业发展,产业规模进一步扩大,就业人员大幅提升。根据第三次全国经济普查数据,截至 2013 年底,江西省文化产业法人单位 1.6 万家,比 2010 年增长 70%;吸纳就业超过 58.9 万人,文化产业岗位吸纳的从业人员比 2011 年增长了 74.1%,文化产业从业人员占全社会从业人员的比重为 1.83%,比 2011 年提高近 0.8 个百分点。文化产业已成为国民经济发展提供较多就业机会的重要行业。

(五)民营文化企业蓬勃发展,小微文化企业快速增长

"十二五"时期,江西省在做大做强国有文化企业的同时,鼓励多元投

资，引导社会资本进入文化产业，形成了多渠道、多元化的文化产业投入机制，民营文化企业发展势头强劲，为文化产业注入了新鲜活力。经过多年的培育与发展，有一批民营文化企业具备了主板上市或创业板上市的条件。例如：新媒体代表巴士在线是目前行业内经国家批准的唯一的全国性移动电视网络公司，先后同中央电视台、新华社、中国移动建立合作关系，目前覆盖了包括北京、上海、广州、深圳、南昌等32个大中城市，是中国首批也是江西省唯一一家获得全国性移动虚拟运营商的企业。公司2014年完成销售收入2.3亿，同比增长10%，利润5243万元，同比增长80%。民营发行企业江西金太阳教育研究有限公司，综合实力与规模在全国民营教育出版领域中位居前列，成为行业标杆企业，2014年实现销售收入5.3亿元，同比增长7%；利润1.16亿元，同比增长3%。江西桐青金属工艺品有限公司是集创意、设计、制作金属工艺品专业化企业，是中国铸造协会艺术铸造生产基地、培训基地，中国艺术铸造行业的龙头企业和省重点文化企业，2014年销售收入1.36亿元，税收450万元，利润920万元，产品30%出口到美国、法国、瑞典、荷兰等国家及中国的香港和台湾。婺源县华龙木雕有限公司专业从事"徽州三雕"保护与传承，是以开发和生产仿古木雕家具及木雕工艺品、设计实施徽派古建园林工程为主营业务的企业。公司被评定为"江西省非物质文化遗产传承基地"和"江西省工艺旅游点"。2011年以来，婺源华龙木雕有限公司年销售收入稳定在5000万元以上。

此外，小微文化企业得到快速发展，2013年全省文化产业法人单位从2012年的8998家增长到11500多家，同比增长27%以上。

（六）文化市场繁荣发展，文艺作品亮点纷呈

2014年，江西省新增数字影院61家，新增影厅277个，新增座位数30089个；江西省数字影院已达184家，影厅805个，总座位数101062个；城市影院票房收入5.5亿元，同比增长42.5%。文艺演出市场也在快速发展，国有改制院团全年完成商业演出3592场，观众达323万人次，实现演出收入2833.18万元；民营院团全年完成演出42985场，观众达859.66万人次，实现演出收入2.38亿元，分别比上一年增长81%、56.3%、64.4%，其中收入在100万元以上的民营院团14个，收入在300万元以上的院团5个；景区（城区）驻点演艺项目10个，新增3个，全年演出2656场，观众达20.94万人

次，实现演出收入 5737.6 万元，分别比上一年增长 45.2%、66.23%、51.8%，收入在 1000 万元以上的项目 2 个，其中南昌琴岛之夜演出 300 场，观众达 58 万人次，实现演出收入 1500 万元。全年引进 97 批次境外演艺项目，来赣商业演出的境外演艺人员达 1209 人次，演出 655 场，演出票房达 13.1 亿元。图书娱乐等文化娱乐用品消费增长稳中有升，其中图书批发同比增长 20.7%，乐器销售增长 14.3%，家用视听设备销售增长 25.2%。

2014 年江西省有 5 部电视剧、3 部电视动画片、5 部电视纪录片、1 部电视文献片和 6 部电影投放市场。其中，电视剧《领袖》入选中宣部"五个一工程"奖；电视动画片《天工开物之开心岛 Ⅲ》登上中央电视台播映榜单。电影《洋妞到我家》入选中宣部"五个一工程"奖；电影《一个人的课堂》获得亚洲青少年电影节"最佳新人导演奖"，入选第 23 届中国金鸡百花电影节；微电影《罪与罚》《生日》荣获第二届亚洲微电影艺术节"金海棠"优秀作品奖。2014 年江西省成功举办了"北京·江西文化月"活动，首次在台湾举办江西文物精品展，歌剧《回家》在江西、北京、台湾、澳门等地演出近100 场，广受好评。

（七）地区文化产业快速增长，产业发展各具特色

一是从总量看，南昌市稳居第一，实现主营业务收入 488.0 亿元，同比增长 15.6%，占全省的 23.7%；实现增加值 144.1 亿元，增长 12.0%，占24.8%。主营业务收入超 200 亿元的地区还有萍乡市 268.9 亿元，增长12.7%；九江市 231.1 亿元，增长 20.2%；宜春市 226.8 亿元，增长 14.1%。

二是从文化产业增加值占 GDP 比重看，萍乡市大幅领先，全年实现增加值 79.6 亿元，占 GDP 比重高达 9.2%，高出全省平均水平 5.5 个百分点。文化产业增加值占 GDP 比重高于全省平均水平的还有景德镇市 5.2%、宜春市4.1%、南昌市 3.9%。

三是从增长速度看，抚州增速最高，全年实现主营业务收入 96.0 亿元，增长 20.9%，比全省平均增速高 5.3 个百分点。九江、萍乡、赣州三市的文化产业主营业务收入增速也明显高于全省平均水平（见表 3）。

四是从行业看，南昌市行业覆盖最为全面，形成以新闻出版发行服务、广播电视电影服务、文化信息传输服务等产业门类为主导的文化产业发展格局；

景德镇市形成了陶瓷工艺品为特色的产业聚集，艺术陶瓷名扬中外，九江市、上饶市、鹰潭市的文化旅游、传统雕刻，萍乡市和宜春市的焰火鞭炮、特色包装，赣州市的印刷包装及玩具制造，吉安市的工艺美术品制造，抚州市的油画与工艺美术，以及新余市的动漫及夏布产业都极具特色。

表3　2014年各设区市文化产业主营业务收入、增加值情况

单位：亿元，%

地区	主营业务收入		增加值		
	实际数	增长	实际数	增长	占GDP比重
南昌市	488.0	15.6	144.1	12.0	3.9
景德镇市	127.1	13.8	38.0	9.5	5.2
萍乡市	268.9	12.7	79.6	11.2	9.2
九江市	231.1	20.2	60.5	20.5	3.4
新余市	79.4	11.7	22.3	15.8	2.5
鹰潭市	73.5	15.6	19.4	16.6	3.2
赣州市	172.9	16.5	46.7	19.7	2.5
吉安市	177.6	11.3	45.7	16.1	3.7
宜春市	226.8	14.1	62.9	15.7	4.1
抚州市	96.0	20.9	27.8	22.2	2.7
上饶市	120.1	5.2	33.1	15.5	2.1

资料来源：江西省统计局编《江西统计资料》第23期。

二　江西文化产业在全国及中部六省的目标定位

中国共产党十六大以来，随着文化体制改革的深入推进，中央政府各项扶持政策相继出台，全社会各方面对文化产业的投入热情日益高涨，中国的文化产业进入发展的黄金期。据统计，全国2012年文化产业增加值18081亿元，占GDP比重达到3.48%，文化产业对当年经济增长的贡献达5.5%；2013年中国文化产业增加值达20081亿元，占GDP比重的3.63%（见表4）。我国文化产业增加值占GDP比重从2004年的1.94%增至2013年的3.63%，年均增长速度达23%，大大高于同期GDP增长速度。"十二五"时期，全国各省份先后实施文化产业发展战略，文化产业的发展速度超过同期国民经济发展速

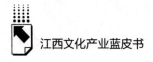

度，文化产业成为经济转型的支撑点和经济发展的增长点，成为经济发展的主要推动力之一。

全面、客观、准确定位江西省文化产业在全国和中部六省所处的位置，是江西文化产业科学发展、加速推进的前提。因此我们将江西文化产业置于全国文化产业大框架中，从文化产业增加值总量及相关要素、文化企业品牌、产业发展综合指数等几方面综合分析评价江西文化产业发展的总量、质量，客观显示江西文化产业的优势与劣势、成就与不足。

（一）从文化产业增加值看江西省文化产业

由于中国经济社会发展东、中、西部发展不平衡，发展条件不一样，文化产业发展也不均衡。广东、北京、上海、浙江、江苏等地尽占先机，立于中国经济发展的潮头，其文化产业发展也是处于领先优势位置。江西在上一轮经济发展中相对落后，文化产业的发展也不占优势。在这一轮文化产业发展的浪潮中，江西文化产业发展到底处于什么位置？我们先将2011年以来江西文化产业增加值与国家文化产业增加值做一个比较，从总量上看江西文化产业在全国的地位（见表4）。

表4　2011～2014年江西省文化产业增加值比较

单位：亿元，%

年　份	2011	2012	2013	2014
江西省文化产业增加值	294.9	407.3	501.9	580.1
江西省文化产业增加值增长比率	28.5	38.1	23.2	15.6
江西省文化产业增加值占GDP比率	2.52	3.15	3.50	3.69
国家文化产业增加值	13479	18081	20081	
国家文化产业增加值增长比率	21.96	16.5	11.1	
国家文化产业增加值占GDP比率	2.85	3.48	3.63	
江西省文化产业增加值占国家文化产业增加值份额	2.18	2.25	2.49	

資料来源：根据国家和江西省统计局网站公布的数据整理。

从表4可以看出，江西省文化产业从增加值上看已经呈高速增长态势，增加值占江西省国民经济生产总值的比率从2011年的2.52%提高到2014年的

3.69%，占比逐年提高；江西文化产业增加值占国家文化产业增加值的比率也呈上升的趋势，从 2011 年占比 2.18% 上升到 2013 年的 2.49%。这说明江西文化产业近年来在政策扶持和体制改革驱动下快速发展，江西作为中部内陆省份，经济欠发达地区，文化产业取得这样的发展成绩实属不易。

从表 4 也发现，2012 年江西省文化产业增加值增长比率达 38.1%，比上年大幅度提升，这是因为 2012 年国家统计局颁布实施新的统计标准产生的文化产业统计项目相比 2011 年项目的增加效应。自 2012 年开始，江西省文化产业增加值比率持续下行，一方面说明江西省国民经济生产总量基数和文化产业增加值基数提高，另一方面也说明文化产业政策促进和产业本身发展还有较大的潜力与空间。

在表 4 中，江西省文化产业增加值占国家文化产业增加值份额大致在 2.5% 左右，这个份额与江西省人口占全国人口的份额 3.3% 是不相称的，这在一定程度上反映了江西文化产业生产力水平的差距。

为进一步分析江西省文化产业在全国和中部六省的位置，根据国家统计局和各省、直辖市、自治区统计局网站公布的数据，我们整理出 2013 年全国各地文化产业增加值、占地区 GDP 比重、地区人均增加值以及其相应的位次。

表5　江西省 2013 年文化产业增加值在全国排位

单位：亿元，%

省份	增加值	位次	占本地 GDP 比率	位次	人均增加值	位次
广　东	3011	1	4.84	8	2800	7
江　苏	2833	2	4.79	9	3840	4
上　海	2555.4	3	11.8	2	10600	2
北　京	2406.7	4	12.1	1	11200	1
山　东	2015	5	3.65	13	2100	8
浙　江	1880.4	6	5	7	3420	5
湖　南	1350	7	5.3	6	1890	9
福　建	1180	8	5.4	5	3200	6
天　津	1070	9	7.5	3	7270	3
河　北	950	10	3.25	16	1290	16
安　徽	844.9	11	4.44	10	1390	15
河　南	815.6	12	2.62	22	580	23
云　南	762	13	6.5	4	1620	11

续表

省份	增加值	位次	占本地GDP比率	位次	人均增加值	位次
湖 北	686	14	2.8	19	1180	18
辽 宁	656	15	2.43	24	1490	14
陕 西	643.4	16	4.3	11	1710	10
江 西	501.9	17	3.5	15	1110	20
山 西	462	18	3.65	12	1280	17
重 庆	460	19	3.6	14	1550	12
四 川	452	20	1.72	27	560	27
黑龙江	432.3	21	2.99	17	1120	19
吉 林	422	22	2.95	18	1530	13
广 西	396.8	23	2.74	21	750	24
贵 州	209.7	24	2.62	23	600	26
甘 肃	132.9	25	1.67	28	520	28
海 南	87.2	26	2.77	20	960	21
宁 夏	60	27	2.3	25	900	22
青 海	43.5	28	2.07	26	740	25

注：内蒙古、新疆、西藏自治区由于2013年材料数据缺乏，没有列入表中，但从2011、2012年数据看，其2013年文化产业增加值都应该在50亿元上下。

资料来源：根据国家和江西省统计局网站公布的数据整理。

表5中的增加值和名次反映了全国各地文化产业发展的总体水平和发展位置。根据表5，可以将文化产业发展分成四个梯队（见表6）。

表6　2013年全国文化产业发展方阵一览表

单位：亿元

方阵类别	增加值最低标准	集团名称	地区
第一梯队	1200	优势集团	广东、江苏、上海、北京、山东、浙江、湖南
第二梯队	600	领先集团	福建、天津、河北、安徽、河南、云南、湖北、辽宁、陕西
第三梯队	100	追赶集团	江西、山西、重庆、四川、黑龙江、吉林、广西、贵州、甘肃
第四梯队	30	起步集团	海南、宁夏、青海、内蒙古、新疆、西藏

第一梯队：文化产业增加值1200亿元以上的优势集团。中部六省中，湖南以增加值1350亿元排第一梯队第7名。除北京属于文化中心、湖南地处内陆省份外，第一梯队优势集团都是东部沿海经济开放地区。第二梯队：文化产

业增加值 600 亿元以上的领先集团。福建、天津的增加值都超过 1000 亿元，距离第一梯队较为接近。中部六省中，安徽、河南、湖北三省进入第二梯队领先集团。第三梯队：文化产业增加值 100 亿元以上的追赶集团，中部六省中，江西、山西排在第三梯队，江西以 501.9 亿元排追赶集团第一。第四梯队：文化产业增加值排在 100 亿元以下的起步集团。海南、宁夏、青海、内蒙古、新疆、西藏处于第四梯队。

从文化产业增加值及位次看，江西处于第三梯队追赶集团，在第三梯队中以 501.9 亿元增加值和全国排名第 17 位处于第三梯队的领头位置，高于第三梯队其他 8 个地区，但其与第二梯队最后一位陕西还有 142 亿元的追赶差距。在中部六省中，湖南处于第一梯队，安徽、湖北、河南处于第二梯队，江西和山西同处于第三梯队，江西仅略高于山西，在中部六省中排名倒数第二。

表 5 中"占本地 GDP 比率"和位次反映文化产业在该地经济发展中的地位和发展速度。按照中国"支柱产业"的最低标准占 GDP 5% 计，北京、上海、天津、云南、福建、湖南、浙江等七个省市文化产业已经达到"支柱产业"标准。北京、上海、天津是直辖市，相对处于政治、经济、文化的全国中心位置，湖南、云南既不是政治中心、经济中心，也不是沿海开放地区，没有发展文化产业的政治和经济优势，而其文化产业已成为支柱性产业，说明这两个地区在经济发展战略中将文化产业放到了突出位置，找到了发展地区文化产业、提高经济发展质量的行之有效的特色之路。

江西省文化产业增加值占 GDP 比率为 3.5%，居第 15 位，正好处于全国各地区的中间位置，与增加值排位第 17 名接近，在中部六省中低于湖南、安徽、和山西，高于湖北、河南的位次，也处于中间位置。江西文化产业增加值占 GDP 比率处于全国和中部六省中间的位次，从全国来说，也说明江西文化产业发展还处于中间水平，正好也处于第三梯队追赶集团的领头位次。

表 5 中人均增加值及位次表示文化生产力效率，反映文化产业生产力水平，在一定程度上体现当地文化产业的科技与创新水平。北京、上海、天津、江苏、浙江、福建雄居前 6 位，文化产业人均增加值都在 3000 元以上，反映这些地区文化产业生产力水平远远高于中国其他地区，特别是北京、上海、天津，人均增加值 7000 元以上，表明以上地区文化产业科技实力、创意水平在全国遥遥领先。

　　江西省在这项指标上位居第20，人均增加值仅为北京、上海的十分之一、天津的七分之一、浙江的三分之一，是三项指标中位次最差的一项。这反映江西省文化产业生产力水平总体还比较低，科技含量和创新程度不足，在全国排位处于中等偏下水平，在中部六省排位仅高于河南。

　　综合以上分析，江西省文化产业在全国和中部六省的目标定位如下：江西省文化产业发展从增加值上看在全国正好处于中间水平，从生产力水平看处于中间偏下水平，总体上看在全国和中部六省处于中间偏后的位置。江西省文化产业发展距离第一梯队优势集团距离非常大，与第二梯队领先集团也有较大差距，但处于第三梯队追赶集团的领头地位，有后发优势，上升势头良好，有望通过提高科技与创新能力，提高生产效率，快速发展，拉近与第二梯队领先集团的距离，并步入第二梯队，迈入领先集团，在"十三五"期末全面小康之时，使文化产业成为江西省经济发展的支柱性产业。

（二）从"中国文化企业30强"看江西文化产业

　　"中国文化企业30强"每年由《光明日报》和《经济日报》联合发布，自2008年以来，已经成为中国颇具影响力的文化产业专业排行榜，成为培育骨干文化企业、展示中国文化改革发展成果的重要平台。现根据2014年第六届"中国文化企业排行榜"，制作表7。

表7　第六届全国文化企业30强名单

名称	行业	属地	合计
中国出版集团公司	出版发行	北京	11
北京光线传媒股份有限公司	广播影视		
保利文化集团股份有限公司	文化艺术		
中国对外文化集团公司	文化艺术		
中国教育出版传媒集团有限公司	出版发行		
北京畅游时代数码技术有限公司	文化科技		
完美世界(北京)网络技术有限公司	文化科技		
中国电影股份有限公司	广播影视		
中国国际电视总公司	广播影视		
北京万达文化产业集团有限公司	其他类		
北京北广传媒集团有限公司	广播影视		

续表

名称	行业	属地	合计
浙江出版联合集团有限公司	出版发行	浙江	4
浙江华策影视股份有限公司	广播影视		
杭州宋城旅游发展股份有限公司	文化艺术		
思美传媒股份有限公司	文化艺术		
深圳华强文化科技集团股份有限公司	文化科技	广东	2
深圳华侨城股份有限公司	其他类		
上海电影(集团)有限公司	广播影视	上海	2
百视通新媒体股份有限公司	文化科技		
江苏凤凰出版传媒集团有限公司	出版发行	江苏	2
江苏省广电有线信息网络股份有限公司	广播影视		
安徽出版集团有限责任公司	出版发行	安徽	2
安徽新华发行(集团)控股有限公司	出版发行		
湖南出版投资控股集团有限公司	出版发行	湖南	2
湖南电广传媒股份有限公司	广播影视		
山东出版集团有限公司	出版发行	山东	1
江西省出版集团公司	出版发行	江西	1
河北出版传媒集团有限责任公司	出版发行	河北	1
西安曲江文化产业投资(集团)有限公司	其他类	陕西	1
福建省网龙计算机网络信息技术有限公司	文化科技	福建	1

资料来源:根据《光明日报》和《经济日报》网站公布资料整理。

表7中,文化企业30强,北京有11家,占总数约37%,而且覆盖上榜所有行业。浙江上榜企业有4家,占总数约13%,覆盖大部分上榜行业。广东、上海、江苏、湖南、安徽各有2家企业上榜,其余5家30强企业分属山东、江西、河北、陕西、福建5个省。排行榜上,全国12个地区榜上有名,其他19个省、直辖市和自治区榜上无名。这说明我国文化产业发展地区不均衡,发展水平差距悬殊。而出版发行和广播影视两个相对传统的行业18家,说明我国文化产业在传统行业领域占据发展绝对优势,文化产业新业态还处于发展壮大之中。排行榜中文化科技类企业达5家,表明我国文化产业科技含量比重提高,文化产业与科技融合度提升,文化科技企业发展势头迅猛。

江西文化企业在文化企业30强排行榜中,江西省出版集团占有一席之地。江西省出版集团自排行榜发布以来,已经连续6年上榜,说明一直以来,江西省出版集团实力在全国同行业处于领先地位。在江西省文化体制改革进程中，出版行业体制改革起步早，出版业企业转制比较彻底，市场化程度高，产业发展规模和速度都走在全国前列。江西文化强省发展战略在出版发行业取得了成功。

表7中，湖南、安徽在30强企业中各占2家，安徽两家都是出版发行行业，湖南有出版发行和广播影视各一家。从30强企业数量和所处行业来看，湖南、安徽与广东、上海、江苏处同一方阵，这与从文化产业增加值上看湖南、安徽文化产业处于优势集团、领先集团的地位是相符的。在中部六省中，山西、河南、湖北没有30强企业，江西有1家，湖南、安徽2家，从这方面看江西文化企业知名度和影响力在中部六省也排在中间的位置。

（三）从中国文化产业发展指数看江西文化产业

"十二五"时期，江西省深化文化体制改革，中共江西省委、省政府密集出台有关文化产业的发展政策与措施，在支持文化产业发展方面不遗余力，加大投入，文化产业生产力、产业驱动力、产业影响力方面大幅度提高，江西文化产业综合发展指数在全国排名首次进入前十位。

中国人民大学根据国家统计局等相关机构的公开信息，以及第三方调查机构6000多份问卷信息调查数据，经过科学测算，得出2014年"中国省市文化产业发展指数"编制结果。指数得分及排名前十名情况如下（见表8）。

表8　中国省市文化产业发展指数（2014）得分及排名情况

排名	综合指数		生产力指数		影响力指数		驱动力指数	
1	北京	82.1	广东	83.9	上海	84.7	北京	83.5
2	江苏	81.1	江苏	80.8	江苏	84.6	辽宁	81.5
3	浙江	79.7	山东	80.8	北京	83.6	青海	80.3
4	广东	79.6	北京	79.1	浙江	83.6	宁夏	80.1
5	上海	78.8	浙江	78.3	广东	79.7	西藏	78.9
6	山东	77.7	四川	76.8	湖南	79.0	江苏	78.0
7	辽宁	77.2	上海	76.1	山东	78.1	浙江	77.1
8	河北	75.2	河北	75.7	江西	77.6	山西	76.5
9	湖南	75.1	河南	74.9	辽宁	76.5	河北	76.5
10	江西	74.2	辽宁	73.8	安徽	76.3	上海	75.4

资料来源：新华网北京频道，2014年12月15日。

中国人民大学编制的中国省市文化产业发展评价测量模型是综合联合国教科文组织评价框架、哈佛商学院教授波特的钻石评价模型和芬兰学者罗玛的文化产业金字塔模型，结合中国国情而制定的指标模型，其框架如图3。

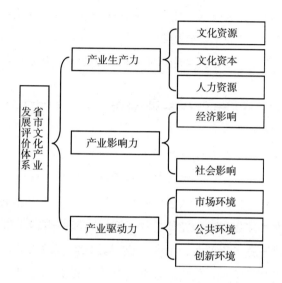

图3 文化产业发展指标总框架

表8"综合指数"中，江西文化产业发展综合指数排第10名，表明江西文化产业整体发展实力这些年有较大的进步，发展势头良好，产业发展优化。北京、江苏、浙江、广东、上海、山东、辽宁、河北、湖南排名前九，除辽宁外，这与表2中的文化产业增加值排名基本相符。在体现产业发展影响力的影响力指数方面，江西位列第8。在体现生产力要素的生产力指数、体现产业发展外部环境的驱动力指数方面，江西未能进入前十。在中部六省，江西省文化产业发展综合指数、影响力指数都仅次于湖南，在中部六省中排名居前。

江西文化产业发展产业影响力指数排名第8。图3显示，产业影响力主要有经济影响和社会影响两个方面。经济方面的影响主要是从经济规模、收入水平和集聚效应三个维度考量，社会方面的影响是指文化产品对消费者的影响。这几方面应该说都是江西文化产业发展的基础强项。

江西"十二五"以来，文化产业增长速度与规模稳步上升，优势产业如陶瓷、雕刻、烟花、印刷等集聚效应明显，民众对文化消费热情高涨，江西文化旅游的宣传、形象都有明显的进步，文化产业的影响力加大。在产业生产力方面，江西的文化资源得天独厚，文化资源在全国排名前三，人力资源也具有优势；在产业驱动力方面，江西省政府层面在发展文化产业方面出台大量支持文化产业发展政策，加大投入，建立了完善的城乡公共文化服务体系。这些合力提高了江西省文化产业的综合指数，使江西文化产业发展综合指数首次进入全国排名前十，体现了江西省文化产业发展优势明显和趋势向好。

三　江西文化产业发展的资源与环境

文化产业发展离不开文化资源的滋养，丰富的文化资源是江西文化产业发展的根基，随着江西文化强省战略以及推动文化产业成为国民经济支柱产业目标的确立，社会各界对江西独特的文化资源价值认识逐渐深入，江西深厚的文化资源为其文化产业的发展提供了源源不断的内容和创意。"十二五"期间，江西大力发展文化产业，基本形成了文化产业政策体系、产业体系和完善的公共文化服务体系，形成了发展文化产业的合力，共同促进江西文化产业发展。

（一）文化资源

江西是文化资源大省，充分发掘、整理和利用江西文化资源，将文化资源以文化内容、创意特征的形式产品化、产业化，对提高江西文化产业生产力，促进江西文化产业发展具有深远意义。

文化资源是以文化形态作为表象特征，在人类漫长的历史中积淀而成，能够满足人们精神文化需求的物质产品和精神产品。文化资源的概念在现代文化产业发展中被广泛使用，是文化产业内涵发展的基础。文化资源分为三类，一类是有形的物质资源，如自然景观、历史遗迹、工艺产品等；二类是无形的精神文化资源，如传统思想、品牌标志、非物质文化遗产等；三类是文化智力资源，即人才资源。

江西文化博大精深、源远流长，有着丰厚的文化资源。江西拥有充满传奇色彩、得天独厚的红色文化资源，中国革命的"星星之火"在江西点燃。英雄城南昌，中国军队的摇篮，中国人民解放军第一面军旗在这里升起；革命的摇篮井冈山，中国革命第一个根据地在这里开辟；工人运动的摇篮萍乡安源，中国工人运动第一次在这里策动；共和国的摇篮，红色故都瑞金，第一个全国性苏维埃政权在这里诞生。江西还拥有充满活力的传统文化资源。江西是最早孕育中华文明的地区之一，在 12000 年前江西万年就种植水稻，形成万年稻作文化；在西周时期，江西景德镇的陶瓷制作，窑火绵延 2000 年不熄；江西大地，自古"文章节义之邦"，书院千所，书院千年，历代名人大家，群星闪耀，晋代诗人陶渊明，唐宋八大家欧阳修、王安石、曾巩，民族英雄文天祥，剧作家汤显祖，科学家宋应星等，都是江西先贤。江西先民还创造了独特而又影响深远的傩文化、水文化、药文化、茶文化、酒文化、宗教文化、理学文化、隐逸文化、民居文化、客家文化等。江西绿色生态资源方面，满目青山积翠，湖泊星罗棋布，田园风光如画。全省森林覆盖率达 63.1%，位居全国第一。庐山、井冈山、龙虎山、三清山、三百山和鄱阳湖、仙女湖、柘林湖等赣山鄱水，湖光山色、钟灵毓秀。

赣鄱大地，名山大川与名胜古迹交相辉映，工艺文化与非遗文化相得益彰。江西现有世界文化景观一处（庐山），国家级历史文化名镇名村 33 个；入选中国传统村落名录的村落 125 个；拥有国家历史文化名城 3 座（南昌、景德镇、赣州），省级历史文化名城 4 座（九江、吉安、瑞金、井冈山），省级历史文化名镇名村 96 个。此外，还拥有国家文物保护单位 24 处，省级文物保护单位 258 处。有国家级非物质文化遗产名录 70 项（含扩展项目）、省级 488 项，有非物质文化遗产展示馆和保护基地 78 个。有两个国家级文化生态保护实验区，即婺源徽州文化生态保护实验区和赣南客家文化生态保护实验区（全国共 18 个）。有 4 个国家级生产性保护示范基地，即江西省景德镇佳洋陶瓷有限公司、江西省景德镇古窑瓷厂、江西省含珠实业有限公司和江西婺源朱子实业有限公司（全国共 98 个）。有 10 个省级非物质文化遗产生产性保护示范基地。

江西丰厚的文化资源不仅是赣文化的重要组成部分，也成为发展江西省文化产业发展的基石，是江西取之不尽、用之不竭的精神富矿，源源不断地为江西文化产业发展提供精神补给和资源保障。而推动江西文化产业发展，关键要以科学的发展模式把文化资源优势转变为文化产业优势，实现文化资源大省向文化产业强省转变。

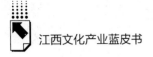

（二）政策环境

"十二五"时期，为加快文化产业发展，中共江西省委、省政府深入推进文化体制改革，着力培育文化市场主体，先后密集出台了一系列支持文化产业的发展规划和政策措施，为江西省文化产业发展提供了重要保障。江西省文化产业政策集中在2009年以后出台，特别是在2012年后，在文化产业发展中具有前瞻性、指导性的文件陆续出台，既有宏观的规划，又有中观的规定、意见，也有微观的措施、办法，对江西省文化产业的发展起到扶持、激励和促进的政策引领作用。

世界文化产业发展历史表明，文化产业的发展有赖于国家推动和政策引导，特别是在文化产业起步阶段，政策的引导至关重要。20世纪末，英国、日本、韩国分别将文化产业作为战略性支柱产业发展，配合文化产业发展出台一系列法律、政策，并自上而下成立专门文化产业发展机构，督促、推动文化产业发展。在政府的引导推动下，英、日、韩三国文化产业成了名副其实的国民经济支柱性产业。

中国2000年发布的《中共中央关于制定国民经济和社会发展第十个五年计划的建议》，首次提出发展文化产业，将发展文化产业纳入文化事业发展之中，开启了解放文化产业生产力，扶持、促进、激励和引导文化产业发展的道路。2009年，国务院通过了《文化产业振兴规划》，国家相关部门也制定了一系列后续政策，初步形成了中国文化产业发展的政策体系。2011年出台的《国民经济和社会发展第十二五计划纲要》有专门章节论述文化产业发展，提出"推动文化产业成为国民经济支柱性产业，增强文化产业整体实力和竞争力；实施重大文化产业项目带动战略，加强文化产业基地和区域性特色文化产业群建设"。中国共产党的十八大报告提出，到2020年，文化产业要成为国民经济支柱产业。

2009年，江西省出台了《关于深化文化体制改革，加快文化事业和文化产业发展的决定》，提出了建设文化强省的目标。同年，江西省还把文化及创意产业列为全省重点发展的十大战略性新兴产业之一，并出台了《江西省十大战略性新兴产业（文化及创意）发展规划（2009－2015年）》。2012年，为贯彻中国共产党第十七届六中全会精神，江西省先后又出台了《中共江西省委关于深化文化体制改革，推动社会主义文化大发展大繁荣的实施意见》和《江西省 2013~2015 年文化改革发展规划纲要》，从深化文化体制改革促进文化产业发展、制订配套产业发展政策保障文化产业发展、着力公共文化体系建设支撑文化产业发展、建设人才队伍促进文化产业发展等方面对江西省文化产业发展进行顶层设计。

2014 年 1 月，江西省发布《关于加快发展文化创意产业的若干政策措施》（以下简称《政策措施》），重点是对文化产业的政策引导和要素支持。《政策措施》规定，通过加大资金投入，引导做大做强江西文化创意产业的主业，引导产业方向。《政策措施》指出要做大动漫产业，支持广播影视产业发展，做强新闻出版业，拓宽文化遗产开发，繁荣原创舞台剧目，鼓励发展创意设计业，培育新型文化创意业态，支持江西报业传媒集团、江西出版集团、江西广播电视台等国有大型文化集团积极探索利用资本市场，加快公司制、股份制改造，提高经营管理水平和市场竞争能力，提高国有文化集团竞争力。同时，降低社会资本进入门槛，鼓励非公有制文化创意企业发展。《政策措施》扶持中小文化创意企业发展，鼓励各地对入驻经认定的文化产业园区的中小文化创意企业给予房租补贴。重点面向小微文化创意企业，建立"助保贷"等由专项资金出资担保、金融机构放贷、企业融资的融资模式。江西省《关于加快发展文化创意产业的若干政策措施》是江西文化创意业发展的纲领性文件，为文化创意产业发展提供了重要政策支持。

为加快文化产业发展，江西省政府相关部门相继出台配套扶持、激励文化产业的文件。为激励动漫产业发展，江西省文化厅出台了《江西省人民政府动漫奖管理暂行条例》；为促进文化与金融融合发展，中国人民银行南昌中心支行、江西省文化厅、财政厅出台《关于深入推进文化金融合作的意见》，提出加大文化产业信贷资源配置，完善金融支持文化产业发展；为培育一批具有竞争力的文化贸易企业和产品，江西省商务厅出台《加快文化贸易的实施意见》，从打造文化贸易平台、培育重点文化贸易主体、积极实施文化企业"走出去"战略等八个方面促进江西省文化贸易快速发展，提出 2020 年文化产品出口贸易额超过全省外贸出口总额 10% 的发展目标；为推动传统媒体和新兴媒体在内容、渠道、平台、经营、管理等方面深度融合，江西省委宣传部出台了《推动传统媒体与新媒体融合发展的指导性意见》；为降低社会资本进入门

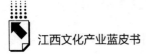

槛，江西省新闻出版广播电视局出台了《引进民间资本推动江西新闻出版广播影视业发展的实施意见》；为加快文化产业园区和基地规范发展，江西省文化厅进一步修改了《江西省文化产业示范基地评选命名管理办法》。此外，为推动文化创意与相关产业融合发展，江西省发改委牵头起草了《推进文化创意和设计服务与相关产业融合发展的举措》；围绕公共文化服务，江西省文化厅联合有关部门出台了《公益性文艺演出服务项目政府购买服务试点》；为使改制后的企业动力更足，发展得更快、更好，中共江西省委宣传部制定了《关于进一步支持转企后国有文艺院团发展的暂行办法》，把省直院团的场次补贴由每场 4000 元提高到 1 万元。

（三）经济环境

发展经济学的相关研究证明：人均 GDP 达到 1000 美元左右时居民基本生活需要得到满足，消费结构升级加快；人均 GDP 达到 2000～3000 美元时，居民消费结构发生关键转变，居民消费需求开始向多元化高品位发展。据统计，2014 年我国的人均 GDP 约为 7485 美元（约合人民币 46531 元），居民消费能力极大提升，精神文化需求十分强劲，文化产品和服务的消费比例逐步增大。作为扩大内需促进消费的重要支撑力，文化产业的快速发展必将促进江西消费结构升级，促进江西经济结构的调整和产业转型升级，最终使得文化产业成为江西经济转型升级的重要助推力量。

2014 年，中国经济进入新常态，经济发展更加注重经济结构调整和提质增效，继续实施积极的财政政策和稳健的货币政策，合理制定经济预期目标。在错综复杂的世界经济大背景下，中国经济保持了平稳中高速增长。经济发展新常态下，江西省经济指标总量实现新突破，保持平稳增长。根据江西省统计局发布的公报数据，2014 年，江西省 GDP 突破 15000 亿元，达到 15708.6亿元，比上年增加 1370.1 亿元；规模以上工业增加值突破 6000 亿元，达到6833.7 亿元，比上年增加 1078.2 亿元，增长 11.8%。江西省第三产业实现增加值 5636.6 亿元，增长 8.8%，第三产业占生产总值的比重比上年提高 0.8个百分点。服务行业投资力度加大，江西省服务业投资增长 28.1%，分别高于第一、第二产业 11.8 和 17.0 个百分点，对全部投资增长的贡献率达62.3%。

以上数据表明，江西省第三产业发展迅速，现代服务行业占比快速增长，经济转变增长方式进程加快，第三产业在江西省经济增长中将发挥越来越重要的作用。

2014 年，江西省消费品价格基本稳定，江西省城镇居民人均可支配收入达到 24309 元，比上年增加 2189 元，增长 9.9%；农村居民人均可支配收入突破 10000 元，达到 10117 元，比上年增加 1028 元，增长 11.3%。城乡居民文化娱乐等精神消费快速增长，文化旅游、影视、动漫、数字内容等领域的消费热点不断涌现，消费能力不断提升，文化产业的成长性与可持续性明显增强。根据中国人民大学发布的"中国文化消费指数"，江西省城乡文化消费能力指数位居全国第九，文化消费综合指数位居全国第十（见表 9）。

表 9　中国文化消费指数（2014）得分及排名情况

排名	综合指数		文化消费环境		文化消费意见		文化消费能力		文化消费水平		文化消费满意度	
1	北　京	85.6	宁　夏	83.5	北　京	91.9	北　京	94.8	天　津	93.5	宁　夏	84.5
2	天　津	85.1	海　南	83.2	天　津	89.5	浙　江	92.7	北　京	92.1	海　南	83.6
3	上　海	84.7	甘　肃	82	江　苏	87.9	上　海	92.7	江　苏	90.5	吉　林	83.4
4	福　建	82.9	吉　林	81.8	陕　西	87.1	广　东	89	广　东	89.3	上　海	83.1
5	广　东	82.5	贵　州	81.5	山　东	86	福　建	87.3	福　建	86.3	甘　肃	82.4
6	江　苏	82.4	黑龙江	81.1	安　徽	85.9	江　苏	86.5	安　徽	85.9	贵　州	81.7
7	浙　江	81.6	内蒙古	81.1	广　东	85.7	天　津	86	陕　西	85.7	浙　江	81.3
8	山　东	79.8	青　海	80.5	辽　宁	84.6	山　东	85.5	山　东	85.4	黑龙江	81
9	安　徽	79.6	上　海	78.6	福　建	84.4	江　西	78.9	山　东	85.2	内蒙古	80.5
10	江　西	79.5	云　南	77.2	河　北	83.5	重　庆	78.5	河　南	84.9	青　海	79.7

资料来源：新华网北京频道，2014 年 12 月 15 日。

为推进经济文化强省建设，江西省财政设立江西省文化产业发展专项资金，在中央文化产业专项资金以外，省财政每年安排文化产业专项资金 4000 万元、动漫创意产业专项资金 1000 万元，采取项目补助、股权投资、奖励等方式对文化产业及文化产业基地、示范园区和企业项目进行引导、扶持，有力地促进了江西省文化体制改革和文化产业发展。2014 年，江西省出台《关于深入推进江西文化金融合作的意见》，金融机构将支持文化产业作为金融支持实体经济发展的重要举措，提升文化产业的规模化、集约化和专业化。各银行金融机构加大对文化旅游、出版印刷、广播影视、文化创意、动漫游戏、演艺娱乐、工艺美术、广告等十大重点文化产业的信贷支持，加强对重大文化产业项目和文化产业园区的信贷支持，加强对文化产品和服务出口业务的信贷支持，加强对文化消费信贷创新的支持，并完善文化产业股权融资机制，探索推动文化企业通过债券市场融资。江西省地方税务局继续执行《关于支持文化产业发展，加快建设文化大省若干优惠政策和服务举措》，按规定对文化企业免征、减征营业税、企业所得税和房产税；充分发挥税收在支持经营性文化单位改企转制、鼓励民间资本投入、构建现代文化市场体系中的重要职能作用，引导、培育和打造重点骨干文化企业和重点文化产业项目，促进文化产业集群建设。通过差异化税收优惠政策支持重点文化企业，切实增强文化企业自主创新能力和产业竞争力。

（四）社会环境

构建社会主义和谐社会、繁荣发展社会主义先进文化，要求加强公共文化服务体系建设，建立健全满足人民群众精神文化需求的公共文化服务体系，这是实现好、维护好、发展好人民群众基本文化权益的主要途径，也为促进、发展好文化产业提供坚实的文化支撑和良好的社会环境。中国共产党的十八大和十八届三中全会提出要"构建现代公共文化服务体系"，要求建立覆盖城乡、结构合理、功能健全、实用高效的公共文化服务体系，促进基本公共文化服务标准化、均等化。

江西省将基本公共文化服务标准化、均等化建设列为全省深化文化体制改革的重点任务。先后出台《关于进一步加强公共文化服务体系建设的实施意见》、《江西省公共图书馆服务标准（试行）》等一系列文件支撑公共文化服务体系建设；从 2006 年起，江西省财政每年安排 1.2 亿元，解决农村文化场馆和设施建设，每年安排 4000 万元，用于基层文物保护项目的维修，每年安排600 万元用于扶持全省艺术精品创作。全省 100 个县（市、区）已实现县县有文化馆、图书馆。到 2013 年底，全省共建成乡镇综合文化站 1629 个，配置了设备的街道文化活动中心 120 个，村文化活动室超过 10000 个，社区文化活动室 1439 个。全省各级文化信息资源共享工程网点 1.8 万余个，其中县级文化中心达到 100 个，乡镇基层服务点达到 1470 个，村级基层服务点 1.7 万多个；全省广播电视"村村通工程"已完成 31835 个工程建设任务，提前两年基本实现村村通。建成并投入使用 17391 个农家书屋，安排了 8500 多名残疾人为书屋管理员，提前三年实现"全覆盖、村村有"目标，形成了省、市、县、乡、村五级公共文化设施网络。"两馆一站"免费提供基本公共文化服务，促进了全省城乡基本公共文化服务均等化。

江西省市、县级文化馆、图书馆设施建设进入中部前列，位居中部六省第一。在 2014 年公布的第五次全国公共图书馆评估定级中，江西评出一级馆 40 个，提前达到全国公共图书馆、文化馆"十二五"规划中的等级目标。

四 江西文化产业发展需要破解的突出问题

作为内陆省份，江西经济发展水平较弱，文化产业的发展起步较晚，与周边省份甚至全国平均发展水平都还存在差距。

（一）江西文化产业增加值总量小，比重偏低

2013 年江西文化法人单位增加值为 501.9 亿元，占地区国民生产总值的 3.5%。从文化产业法人单位增加值占比情况来看，江西还未达到全国的平均水平。2013 年全国文化产业法人单位增加值为 20081 亿元，占全国 GDP 比重为 3.63%。在中部六省中，2013 年江西省增加值位居湖南、安徽、湖北、河南之后，排名第五，不到排名第一的湖南增加值的一半，仅比山西略高；江西省文化产业增加值占本地区 GDP 比率排名也是倒数第二，低于湖南的 5.3%、安徽的 4.4%、山西的 3.7%，与邻省福建的 5.4%、浙江的 5.0% 相比也是差距甚远，占比仅高于湖北、河南。同期，江西省文化产业法人单位完成增加值占全国总量比重为 2.49%，也低于江西省 GDP 占全国总量比重 2.52%。可以说，江西文化产业总量与文化大省的地位不相符合，文化产业要成为支柱性产业还有较大的发展空间。

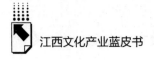

（二）江西文化企业规模小，缺乏竞争力

江西缺乏在市场中具有引领和示范效应的骨干文化企业，缺乏具有价值的品牌，缺乏技术先进、创意能力强的文化企业集团，规模以上企业的比重偏低，在很大程度上抑制了江西文化产业的发展壮大。2012 年中部六省统计显示，从文化产业法人单位数来看，在中部地区，江西文化产业法人单位数量 8998 家，略高于山西 8910 家，远低于河南的 24584 家、湖北的 21654 家、湖南的 25766 家；从骨干企业数量看，江西省的骨干企业为 523 家，远远低于湖南的 1636 家、河南的 1265 家、安徽的 950 家、湖北的 765 家（见图 4）。除江西出版集团公司以外，还没有形成一批在国内外有影响的大型文化企业集团。在 2014"中国文化企业 30 强"排行榜上，江西在广播影视、文化艺术、文化科技等行业没有一个企业在列；全省年收入过亿的文化企业不到 100 家，利润上亿元的企业寥寥无几。

江西文化产业缺乏有价值的品牌和产业创新能力。江西文化产品有名牌，但缺乏在全国同行业排在前列有价值的品牌。江西有许多知名的文化产品品牌，比如进贤文港毛笔、星子金星砚台、萍乡烟花鞭炮、余江的木雕等，但江西文化名牌产品没有在市场中体现，没有在产值、市场占有率、利润额上取得领先优势。以厦门理工大学发布的 2014"中国文化品牌价值排行榜"为例，排行榜按品牌价值共入选 200 个文化品牌，江西入选的品牌分别是江西出版集团公司和景德镇瓷器，在文化信息传输、文化创意与设计、文化休闲娱乐、文化相关产品等分榜上江西都没有品牌入选。在文化产业创新能力方面，江西基本上没有企业开创新的业态，引领文化产业新潮流。新世纪以来，江西创造的文化产品、文化企业能影响到民众生活的几乎没有，没有一部电影电视大片、没有一本震撼的书刊、没有一个全国性的门户网站、没有一件手机等自主品牌电子生活产品、没有一个全国有影响的会展。

（三）产业结构不尽合理，新型文化产业发展基础薄弱

文体产业结构总体上分为"核心文化产业"、"相关文化产业"、"外围文化产业"。江西文化产业结构不尽合理，以新兴文化产业为主的"相关文化产业层"发展薄弱。

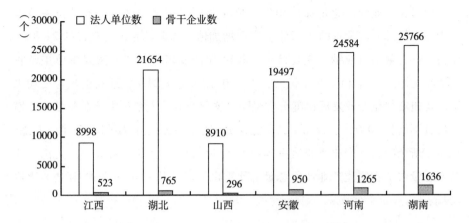

图 4　2012 年中部六省文化产业法人单位数、骨干企业数

注：骨干企业指从业人数在 50 人及以上或营业收入在 500 万元及以上的服务业企业、主营业务收入在 2000 万元及以上的工业企业、主营业务收入在 2000 万元及以上的批发企业或主营业务收入在 500 万及以上的零售企业。

从文化产业增加值构成看，江西"核心文化产业"新闻出版、广播电视电影、文化艺术领域规模大，产值相对高，但对文化产业还没有形成支撑带动作用，尤其是动漫游戏、数字出版等新型文化产业发展缓慢。2014 年江西省登记在册并具有一定规模的动漫企业共 27 家，从业人员 5000 多人，含动漫衍生产品收入超过 40 亿元，从业人员 5000 余人。而相邻的福建省，2014 年动漫产业收入超过 170 亿元、企业超过 400 家、从业人员超过 3 万人，其中中国移动手机动漫基地、福建网龙、百度 91、福州天盟、厦门四三九九等 5 家单位收入超过 10 亿元。在数字出版方面，2014 年全国数字出版实现营业收入3168.4 亿元，江西省只有 113 亿元产值，仅占全国总量的 3.5%。发展潜力相对较大的"相关文化产业"即现代服务业如会议及展览服务、专业化设计服务、新闻业、电影和影视节目制作等行业单位稀少、产值低；江西省文化产业法人单位及产业增加值大多数分布在"外围文化产业"，即附加值较低、科技含量不高的文化产品制造行业，在 3954 家文化制造业中，有 46% 的企业分布在包装装潢及其他印刷业。

（四）文化产业区域差距明显，区域发展不均衡

分地区来看，江西省文化产业存在着明显的区域差距和发展的不平衡性，

南昌市文化产业经济总量保持领先。2014 年南昌市文化产业法人单位主营收入为 480 亿元，占全省的 23.2%；实现增加值 144.1 亿元，占全省的 24.8%。受益于烟花鞭炮行业纳入文化产业，2014 年萍乡市文化产业法人单位主营收入 268.9 亿元，增加值 79.6 亿元，占 GDP 比重达 9.24%，远高于全省平均水平。抚州市文化产业发展速度全省最快，文化产业法人单位主营业务收入、增加值分别增长 20.9%、22.2%，九江也分别增长 20%。但赣州、九江、上饶、抚州、新余的文化产业增加值占当地 GDP 比重低于全省平均水平，文化产业产值总量占全省文化产业产值总量的比重也远低于其 GDP 占全省 GDP 的比重（见表 3）。

（五）文化产业人才短缺，人才结构不合理

受经济发展水平和薪酬、发展环境等因素的影响，中国的文化产业人才大多集聚在北京、天津以及东南沿海等发达地区。江西省高层次文化产业人才短缺，而且人才外流现象比较普遍，人才结构也不合理，缺乏兼具技术能力和内容创作能力、既懂文化产业又懂市场运作的复合型人才，难以适应市场竞争的需要。

2013 年江西省政协对江西文化产业的调查数据表明，全省文化产业的法人代表或企业负责人中，具有本科以上学历的企业家只占调查样本的 9.64%，具有高中、中专或专科学历的企业家只占 18.72%，高达 71.64% 的企业家是初中以下学历，这表明江西文化企业家队伍文化程度不高，在一定程度上也说明江西文化产业人才发展缺乏高素质的文化产业人才队伍支撑。从表 5 中可以看到，江西省文化产业人均增加值排名在全国第 20 位，反映江西文化产业生产力水平低，科技含量和创意创新水平不足，而科技含量和创意创新水平不足最能表明江西文化产业人才缺乏，特别是复合型高端人才缺乏。

五 加速推进江西文化产业发展的对策建议

江西正处于"加速发展的爬坡期、全面小康的攻坚期、生态建设的提升期"，要实现与全国同步进入小康的宏伟目标，必须在经济转型升级上下功

夫。文化产业作为扩大内需、促进消费、稳定增长的重要支撑力，将成为未来经济竞争的关键领域，也将成为江西经济转型升级的新引擎。江西文化产业从行业结构看，文化服务业发展规模不断扩大，服务水平和产品质量不断提升，新型业态层出不穷，并将持续呈现高速增长态势；从空间结构看，文化服务业将更多向大中城市人口密集区域集聚，传统制造类文化产业将更多向园区集聚，这些都将有效促进经济结构调整和产业转型升级；从时间上看，2020年，江西"五年决战同步全面小康"，按中国共产党"十八大"要求，文化产业要成为支柱性产业，目标实现非常严峻。

（一）尽快制定出台《江西省文化产业促进条例》，为江西文化产业发展提供制度保障

尽快制定出台《江西省文化产业促进条例》是解决江西省文化产业发展深层次矛盾的关键，是推动江西省文化产业发展的制度保障。

中国共产党的十七届六中全会、十八大、十八届三中全会、十八届四中全会都明确提出，要加快文化领域的立法。《中共中央关于全面推进依法治国若干重大问题的决定》强调"建立健全坚持社会主义先进文化前进方向、遵循文化发展规律、有利于激发文化创造活力、保障人民基本文化权益的文化法律制度。制定公共文化服务保障法，促进基本公共文化服务标准化、均等化。制定文化产业促进法，把行之有效的文化经济政策法定化，健全促进社会效益和经济效益有机统一的制度规范"。制定《公共文化服务保障法》和《文化产业促进法》已经提到国家立法层面。国家文化部在2010年就已经启动《文化产业促进法》的起草工作，但因中国文化产业发展各地极不均衡等原因，《文化产业促进法》至今未能出台。与经济发展领域法律体系的建立相比，文化领域立法相对滞后。全国人大制定的文化方面的法律仅有4部，即《文物保护法》《档案法》《著作权法》《非物质文化遗产法》，这些已经远远不能适应中国文化产业发展的需要。

国家一般法律的暂时缺失并不能影响地方性法规的出台，针对国家层面文化产业立法的不足，地方都在积极探索制定文化产业促进法规。2008年7月，深圳市人大常委会通过《深圳市文化产业促进条例》，同年12月，太原市人大常委会通过《太原市促进文化产业发展条例》，这两个法案都涉及文化产业

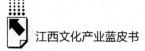

发展的重大制度问题，核心内容是政府促进文化产业发展的法律措施。这两个地方性法规的出台，取得了非常好的执行效果，为促进当地文化产业发展起到了保障和推动作用。在此引导下，中国部分省份也开始了在省级层面出台文化产业促进法案。

"十二五"以来，江西省文化产业快速发展，各级政府在文化产业发展方面发挥了主要推动作用，出台了一系列扶持和促进文化产业发展的政策措施。政府促进文化产业发展主要靠政策推动，但是靠政策推动有其局限性：一是文化产业发展方式的种种问题甚至泡沫都与政策推动有关；二是有许多好的政策得不到落实和实施；三是由于没有法律法规的保障，制约文化产业发展的一些旧制度没有改革，因此江西省出台的一些政策空间小、扶持力度小。由于缺乏法律的规范，采取行政方式推动产业发展的方式效果并不理想。因此，江西省人大常委会出台《江西省文化产业促进条例》是关键举措，以此使江西省文化产业发展具有法律制度层面的根本保障和引领。文化产业是新兴产业，其自身的发展也急需得到法律的规范，用法规来规范发展中存在的问题，如深化文化领域改制问题、文化产业发展综合协调管理机构问题、文化市场行政许可问题、文化市场机制创新问题、文化市场执法主体问题等制约文化产业发展的深层次的问题都急需通过人大制定《江西省文化产业条例》来规范。

（二）继续深化文化体制改革，为江西文化产业快速发展提供动力

"十二五"时期，江西省文化体制大刀阔斧改革，制定出台了一系列支持文化产业改革的政策措施，推动全省文化产业快速发展。当前，江西省文化体制改革即将进入深水区和攻坚期，改革的难度更高、任务更艰苦、时间更紧迫，对江西推动"全面同步小康"的时代意义也更大。

深化文化体制改革的关键在于文化管理体制改革，要确立适应现代企业制度特点、适应市场经济要求的文化产业管理体制，实现政企分开，政资分开，管办分离，产权明晰。一是要深化国有文化资产管理体制的改革，理顺政府部门与所属文化企业的关系，处理好企业出资人机构和原主管、主办部门的关系，建立新型的国有文化资产管理体制，健全国有文化企业资产监督

办法和考核体系。二是要深化经营性文化单位改革,支持经营性文化事业单位转企改制,发挥市场机制功能,完善法人治理结构,激发市场意识、风险意识和创新意识,发展壮大新型文化市场主体。三是要鼓励社会资本在更大程度上积极参与国有文化事业单位转企改制,允许社会资本和个人以持股形式参与国家已基本放开的影视制作、印刷复制、出版物发行、动漫游戏等领域,推行国有文化企业实行股权多元化。四是要进一步出台政策,加大文化产业的扶持力度,对文化产业给予财税、金融、用地等多方面的支持和激励,对新闻出版、文娱演出、广播影视、网络信息服务等重点行业实行特殊的扶持政策。

(三)布局打造文化产业集群,促进文化产业规模化、集约化发展

布局打造文化产业集群,走文化产业规模化、集约化道路,可以优化文化产业资源要素配置,增强文化企业间合作,增加文化企业创新能力,提高文化企业竞争力、辐射力和影响力,提升江西文化产业整体核心竞争力。

科学布局、着力打造文化产业集群是加速推进江西省文化产业发展、实现"十三五"时期文化产业发展目标的重要引擎。经过多年发展,江西省已经初步形成具有一定产业规模、集群态势比较明显的新闻出版、广播电视、印刷复制、陶瓷文化等文化产业集群。根据江西省文化产业发展资源和发展特色,要着力打造红色文化产业集群、宗教文化产业集群、戏曲文化产业集群、客家文化产业集群、焰火鞭炮文化产业集群、雕塑工艺文化产业集群、油画文化产业集群、休闲文化产业集群等八大区域性特色文化产业集群。因而,对正在建设的文化产业园,应统筹规划,科学布局,凝聚特色,预先确立文化产业集群发展目标,努力打造其成为适应江西省实际、具有当地文化产业特色的富有个性和集聚效应的文化产业集群空间。

(四)发展壮大骨干文化企业,着力建设一批重大文化产业项目

发展文化产业,一个重要的途径就是要发展壮大骨干文化企业,建设一批具有示范效应、品牌优势和支撑作用的重大文化产业项目。

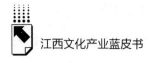

1. 发展具有较强竞争力和影响力的文化企业集团

针对江西省目前缺少龙头文化企业的状况，通过市场机制和政策引导，积极鼓励优势企业以资本为纽带实施跨地区、跨行业、跨所有制兼并重组，培育一批核心竞争力强的综合性文化企业集团。如加快组建江西报业传媒集团、江西广电传媒集团以及加快演艺资源整合，培育壮大演艺业主体，组建江西演艺（集团）有限公司；整合江西印刷企业，组建江西印刷（集团）有限公司，培育一批年主营收入超过 5 亿元的骨干印刷企业，积极发挥集聚效应，打造中部印刷复制业重要基地等。

2. 加大政策支持和专项资金的引导力度，组建、培育和支持符合条件的文化企业上市

江西已经有一批文化企业达到在主板、创业板或新三板上市的条件，也还有一批文化企业经过培育能很快达到上市要求，如民营发行企业江西金太阳教育研究有限公司、中国艺术铸造行业龙头江西桐青金属工艺品有限公司等就已经达到主板或新三板上市基本条件；2014 年组建的江西省旅游集团有限公司、专业从事"徽州三雕"保护传承与开发的婺源县华龙木雕有限公司等一批文化企业经过培育短期内也能达到上市条件。

3. 科学规划文化产业园区

根据文化产业发展规律和地区产业发展特色、优势，统筹布局文化产业园区，促进各种资源合理分配，积极打造一批上规模、有效益的文化产业园，力戒不切实际的文化产业园遍地开花、文化产业园区名不符实等文化产业发展泡沫现象。

（五）做强做优特色文化品牌，提高江西文化产业竞争力

在发展壮大骨干文化企业同时，要着力培育特色文化品牌，注重品牌打造，实施文化产业品牌战略，有计划有步骤地促进一批文化企业品牌的形成，提升江西文化产业核心竞争力。把江西独特的文化资源优势转化成为文化产业发展优势，这是迅速提升江西文化产业品牌竞争力的有效途径。

1. 大力提升红色文化品牌

以南昌、井冈山、瑞金、兴国、萍乡、上饶等地为红色文化产业聚集区，加强红色文化资源的整合，进行整体规划、设计，策应国家振兴原中央苏区发

展战略,合理规划精品旅游线路,努力打造全国著名红色旅游目的地。

2. 着力打造生态文化品牌

以庐山、三清山、龙虎山等为生态文化产业聚集区,有效利用江西秀美的山川资源,策应国家建设鄱阳湖生态经济区发展战略,加强休闲文化市场培育,努力打造"世界遗产最佳精品旅游线路",合理协调旅游资源的保护与开发,实现生态文化与旅游产业有机统一。

3. 唱响传统文化和宗教文化品牌

以景德镇陶瓷,婺源、樟树等古村落群以及庐陵文化、临川文化、客家文化等为传统文化产业聚集区,以庐山东林寺、龙虎山天师府等为宗教文化产业聚集区,加强科技运用,提高服务水平,打造各具特色的赣鄱文化旅游景区。

(六)推动江西文化产业与其他产业融合,促进江西文化产业转型升级

文化产业是一个综合性、渗透性、关联性比较突出的产业,产业内部及产业之间联系、互动较强,通过文化产业与相关产业融合,可以加快文化产业内部结构优化,提高文化产品附加值和核心竞争力,有效促进文化产业与相关产业以及文化产业内部的良性竞争、效益提升。可以说,推进文化产业与相关产业的融合特别是与科技、金融、旅游产业的融合发展是文化产业发展的必然趋势。

1. 文化产业与科技业的融合

发展文化产业是产业升级、经济转型的手段之一,文化产业自身也存在升级问题。中共"十八大"报告明确提出,要促进文化和科技融合,发展新型文化业态,提高文化产业规模化、集约化、专业化水平。江西省文化产业经过多年高速增长,也具备了较坚实的发展基础,今后,文化产业发展应当加强科技研发和运用,以科技进步和设计创意推动文化产品升级,以文化产品升级推动文化产业升级。首先,健全以企业为主体、以市场为导向、产学研相结合的文化技术创新体系,制定切实可行的政策鼓励高等院校、科研机构和文化产业联合企业开展核心技术、前沿技术的研发,鼓励科技新成果的应用性开发和集成性创新,培育一批特色鲜明、创新能力强的文化科技企业。其次,广泛借助新技术、新媒体搭建新的立体式传播平台,加快培育数字出版、文化创意、移

动多媒体等新型业态。江西省一批大型文化企业、科技企业已具备了先进的新技术、新平台，但是这些新技术、新平台在利用和创造效益方面却没有达到预期的效果。比如数字港、智慧城镇、数字传媒纷纷推出，但没有形成气候和规模产业，这说明这些产品有技术创新，但创意水平不够。要加强这些新业态的创新性推广，在这些新业态的推广中改变民众的教育、休闲、工作、生活方式，在这一进程中，许多新行业将诞生和发展。最后，要依托江西省内国家级、省级高新技术园区、开发区等平台，加强协同创新，建立文化和科技融合示范基地，以基地示范效应建设推动江西文化产业发展。

2. 文化产业与金融业的融合

中国共产党的十八届三中全会明确提出"鼓励金融资本、社会资本、文化资源相结合"的要求，将文化金融合作纳入全面深化改革的总体要求。金融是现代经济的核心，推进文化产业与金融业的合作，对于增强文化产业的内生动力、激发文化产业的发展活力，做大做强文化产业具有重要意义。早在2009年，湖南省就出台了《关于进一步加大金融支持力度，推动文化产业加快发展的指导意见》，推动湖南省内银行金融机构加大对文化产业的信贷投入和服务力度，被业界称为湖南省"金融服务文化产业16条"，极大地支持了湖南省文化产业规模化、市场化、集约化发展；2010年，安徽省出台了《关于金融支持安徽省文化产业发展繁荣的实施意见》，提前布局"十二五"金融支持文化产业发展。"十二五"期间，安徽省文化产业快速发展，在中部六省排名仅次于湖南。2014年5月，江西省首次召开文化金融合作会议，2014年9月出台《关于深入推进江西文化金融合作的意见》，全省金融机构将支持文化产业作为金融支持实体经济发展的重要举措，加大对文化产业的项目金融支持。

江西文化产业与金融业融合应着力构建文化主管部门与金融主管部门以及金融机构的协调沟通机制，在可控的范围内，积极鼓励风险投资进入文化产业、文化企业，创新融资形式；大力推进行业协会、中介机构等各类服务平台的建设，发挥第三方组织的协调、管理作用，帮助金融资本和社会资本便捷地实现项目的无缝对接；积极建立财政引导资金，省级财政和各地市地方财政要分级设立文化产业引导资金，采取贷款贴息、资金补助、投资参股方式拉动资金，吸引金融资本和其他社会资本进入文化产业，通过政府引导、市场推动，对有潜力、有市场的文化企业进行股权投资，激发市场活力，发挥财政引导资金应有的作用。

3. 文化产业与旅游业的融合

文化产业与旅游融合，具有巨大的市场潜力，能够催生文化旅游产业新业态，推动旅游产业转型升级，激发文化旅游产品新活力，促进深度旅游成效，提升区域文化旅游竞争力，同时，也做大做强文化产业本身，促进地区经济结构转型与发展。在中国已形成了文化产业与旅游业结合示范基地或园区的多元融合发展模式，第六届"中国文化企业30强"排行榜中的深圳华侨城股份有限公司、西安曲江文化产业投资（集团）有限公司、杭州宋城旅游发展股份有限公司都是文化产业与旅游业集群式融合发展的硕果，在排行榜中占了十分之一，充分说明文化产业与旅游业融合发展将成为中国文化产业新业态与旅游业新业态的新动力、新趋势。

江西是文化资源大省，也是旅游资源大省，境内古村镇、古建筑等人文物质文化资源星罗棋布，文章节义、刚正义烈的精神资源光照千秋，泽被后世，民间艺术、文化习俗等非物质文化遗产多彩多姿，这些都是文化产业与旅游业融合的重要的资源和内容。江西文化产业与旅游业发展都积累了扎实的基础，也形成了良好的发展态势。文化产业与旅游业融合要向文化创意型、市场高端型转变，打造一批创意独特、有江西特色、有文化内涵的文化产业与旅游业融合的集群项目，推动江西文化产业与旅游业升级发展。

（七）建立健全江西文化产业人才支撑体系，为江西文化产业发展提供智力支持

文化产业的发展关键在人才，文化产业竞争力核心也在人才，人才是文化产业发展的核心资源，是推动文化产业持续发展的根本动力。文化产业人才问题是江西文化产业发展的一个瓶颈。

文化产业的内涵与外延的深度与广度决定了文化产业人才的专业性、复合性、创新性和协作性。文化产业是经济活动，要遵循经济生产规律；文化产业是创意活动，要遵循艺术创作规律；文化产业是文化活动，要遵循文化活动规律；文化产业还要与科技、金融融合发展，要与先进科技结合，要与各类金融投资活动结合。文化产业是一个贯通人文学科、社会学科和自然学科的综合产

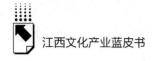

业，文化产业人才需要其中各方面的专门人才，更需要融会贯通的通才。近五年来，江西师范大学、南昌大学、江西财经大学等高校相继开设了文化产业管理专业，但培养出来的文化产业管理人才跟不上江西文化产业发展的实际需要。

由于江西文化产业人才总量不足，总量分布不均衡，人才结构性矛盾突出，文化产业人才的实践培养不到位，因此，实施江西文化产业人才战略，从实际出发，加紧建立文化产业人才支撑体系是当务之急。

1. 构建文化产业人才政策体系

加强文化产业人才建设领导和组织协调，成立文化产业人才领导小组，制定"十三五"江西省文化产业人才发展规划和文化产业人才的政策。要对江西省现有的文化产业人才方面的各类政策措施进行梳理，从江西文化产业的实际需要及产业发展的趋势出发，吸纳文化产业发达地区的文化产业人才政策经验，结合江西文化产业发展实际，制定江西文化产业人才政策，特别是健全和完善江西文化产业人才引进政策、评价政策、激励机制政策、收入分配机制政策和教育培训政策，构建符合江西文化产业中长期发展需要的人才政策体系。

2. 搭建全省文化产业人才协同创新平台

从江西省现有的文化产业人才结构看，单一专业学科的专才多，多专业多学科的复合型通才少，而且短期内培养出适应当前文化产业发展要求的学科体系难以建立，即使建立起来培养出人才的周期也特别长，因此，从实际出发，搭建多学科、多专业的文化产业人才互动的协同创新平台是解决江西文化产业人才短缺的重要方式。文化产业协同创新平台整合文化创意人才、设计人才、文化艺术人才、科技人才、管理人才、金融人才、企业家等人才资源，为他们创意交流、思想碰撞、策划方案、创意或科技成果转化等提供互动平台。协同创新平台可以是政府举办的文化产业论坛、政府主管部门或行业定期举办的行业（专业）创意设计展览会、研讨会，也可以是文化产业行业的研究协会，还可以是骨干文化企业、示范园区的产业、产品交流会等形式。

3. 实施"人才购买"策略

文化产业创新型、复合型、外向型人才特别是融合金融、科技等领域的优秀创意设计人才、研发管理人才、文化产业投融资人才不是短期内能培养锻炼出来的，这些优秀人才的短缺也正是江西文化产业发展的短板，因此，在全国甚至全球范围内实施"人才购买"策略，以解江西文化产业发展人才之急。实施"人才购买"策略，要加大人才引进专项投入，可以采取柔性引进人才、项目引进人才等方式招聘人才、吸引人才，以协议的方式开展产业项目创意和研发，以合同的形式约定双方的权利、责任与义务，摆脱当前江西文化企业人才短缺且难以招募高端人才的困局。

（八）加强江西文化产业基础理论与发展对策研究，为文化产业发展提供理论参考与决策依据

伴随文化产业在我国的兴起，文化产业理论与发展对策研究在中国方兴未艾，但基本上还处于起步阶段。作为一门新兴学科，中国文化产业研究无论在理论上还是实践中都具有广阔的空间和重大的价值。目前，中国的文化产业研究机构主要集中在北京大学、清华大学、中国人民大学、南京大学、华中师范大学、中南大学、上海交通大学、云南大学等重点高等院校和社科院系统，主要进行文化产业基础理论、文化企业品牌、文化产业发展模型、特色文化产业、民族文化产业发展等领域的研究工作以及地方文化产业发展项目规划等工作。

江西文化产业的研究起步较晚，江西省政府部门和社科院至今还没有设立专门的文化产业研究机构，以对江西省文化产业进行较系统的研究或专项研究。2011 年前后，江西省文化厅发文，在南昌大学、江西师范大学、江西财经大学和景德镇陶瓷学院设立"省级文化产业研究中心"，但这一机构与相关高校要么没有落实，要么力量非常薄弱，无法承担相关科研任务。加之政府部门和高校没有在后续的研究经费、科研项目等方面给予支持，高校的文化产业研究机构也形同虚设。

文化产业是"十三五"期间江西优先发展的战略新兴产业，大力发展文化产业是经济结构调整、转型升级的必然要求。在经济发展新常态下，加强对江西文化产业的理论与对策研究尤为重要。

1. 设立专门的文化产业研究机构

江西省人民政府要设立"江西省文化产业发展论坛"，由学者、企业家、创意人、科技工作者、文艺工作者和政府官员组成论坛核心，设立论坛行动小组，

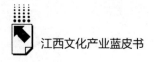

每年定期举办，引领、协同全省文化产业的研究工作；政府要凭借掌控的行政资源和智力资源，整合科研院所、高等院校和相关企事业单位的研究力量，尽快组建高层次的文化产业研究机构；鼓励和支持南昌大学、江西师范大学、江西财经大学等有条件的高等院校、社会组织设立文化产业方面的研究所（中心）。通过经费资助、研究项目招标等形式支持文化产业研究机构做实、做强，通过购买成果、奖励等方式支持、鼓励文化产业研究机构开展研究工作。

2. 文化产业研究机构要多做对策研究、专题研究、调查研究

鼓励引导文化产业研究机构针对当前江西文化产业发展中面对的问题开展对策研究，对江西文化企业、文化品牌、文化产业园区发展、文化产品营销、特色文化产业发展等实际问题开展专题研究，对各地文化产业发展规划、发展模式、发展指标体系等开展调查研究，多学科融合、多团队协同，以期研究成果能实实在在用于指导江西文化产业、文化企业的发展。

3. 加强新业态的跟踪预判研究

当前，科技的进步深刻影响着文化消费方式，新的文化企业、文化产品日新月异，新的文化业态随时涌现。江西现有的文化产业中相应行业不得不主动调整甚至进行重大调整，进行新的发展布局，以适应文化产业新的发展和在新形势下立于不败之地。加强对新科技应用、文化产业新业态的跟踪预测研究，对产业发展现状和方向提前预判，给政府部门提供决策依据和政策建议，给相关行业提供发展趋势预测和建议，引领江西文化产业向新的领域发展。

行业报告

Industry Reports

<blockquote>
B.2
</blockquote>

新闻出版业发展报告

<blockquote>
胡沈明*
</blockquote>

摘　要： 至 2014 年，江西省通过狠抓印刷产业园区建设、推动数字出版业的转型、鼓励新闻出版企业进行适当融资并积极推动相关成熟企业上市，极大地推动了全省新闻出版业的发展。在报刊发展方面，主要问题表现在集团化运作水平低，集团偏小偏少，受经济水平和新媒体影响大，企业未能充分走出去和转变发展思维。宜重点加强集团化和数字化建设。在印刷方面，已初步形成区域集群化，但竞争层面较低，低价竞争突出，产品创业设计能力不够。音像出版方面，二十一世纪出版集团和江西教育出版社在全国较有影响力，然过于倚重教材出版，数字化能力有待提升。

* 胡沈明，新闻学博士，江西师范大学传播学院副院长、副教授。

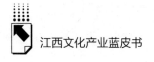

在手机出版方面，江西手机报迅速全面铺开，取得良好成绩。不过制约江西新闻出版业发展的人才瓶颈在手机出版业依然存在。如今，新闻出版业的发展主要是技术和人才的竞争，谁先取得了技术和人才优势，谁便能立于不败之地。

关键词： 江西　新闻出版　对策研究

国家统计局的行业分类标准中将新闻出版业分为新闻业和出版业两大类，新闻业没有进行细分，而出版业则根据不同的介质分为图书出版、报纸出版、期刊出版、音像制品出版、电子出版物出版以及其他出版业。国家新闻出版广电总局信息公开目录中的《2013 年全国新闻出版业基本情况》，也将其分为图书、期刊、报纸、音像与电子出版物四类。《2014 年新闻出版行业分析报告》直接将新闻出版业分为图书出版、期刊出版和数字出版三类。以上的分类表明，在中国的分类体系中，新闻出版业中的"新闻"二字相对较虚，不具备独立分类的特性，新闻出版业的实质是新闻或其他内容基于一定的实体介质进行大范围传播的产业，这种实体介质既包括纸张，亦包括其他需要借助设备才能完成阅读的磁带、光盘和存储器等。

进入 21 世纪以来，随着传播载体的日益发达，手机数字出版成为一支不可忽视的力量，因此，本报告主要论述 2014 年度江西省内报纸出版、期刊出版、图书出版和手机数字出版的现状、存在问题及未来发展趋势。

一　江西新闻出版行业政策

截至 2014 年底，江西省共有新闻出版单位 7282 家，其中书报刊出版单位 245 家，出版物发行单位 3270 家，印刷复制企业 3767 家（见表 1）。为做强做大江西新闻出版业，近年来江西省着重从推动新闻出版企业产业园区化建设、推动数字化转型和鼓励相关企业融资等方面下大力气狠抓建设。

表1　江西省2012～2014出版发行企业数量分布

类别　　年份	出版单位总数	书报刊	出版发行单位	印刷复制企业
2012	6873	243	3132	3498
2013	6998	243	3170	3585
2014	7282	245	3270	3767

数据来源：江西统计局相关统计资料。

（一）推动印刷产业园区化建设

2010年，为贯彻落实国务院《文化产业振兴规划》和省委、省政府《关于深化文化体制改革加快文化事业和文化产业发展的决定》等文件精神，统筹规划和加快建设江西省印刷产业园区（基地），充分利用优势新闻出版资源，突出产业特色，发挥"产业基地"聚集效应、集约效应和示范效应，提升全省印刷产业的集中度和专业化协作水平，加快印刷产业发展，进而增强江西省新闻出版产业整体综合实力，江西省新闻出版局发布了《江西省印刷产业园区（基地）暂行管理办法》，鼓励印刷企业进行集群化运行，形成具有较强的自主创新能力和较完善的产业配套服务体系，从而形成一定的产业规模、产业聚集效应和产业影响力。它们可以是以印刷、物流、商贸、配送为主，以印刷耗材、设备会展等功能为辅；或者仅提供印刷服务；或者是集物流、商贸、印刷包装于一体，采用"以工促贸、以贸带工"的形式；或者是集出版、印刷、发行、物流、科研、展览、交易、培训、商务、服务于一体的综合性产业基地等。

不仅如此，在2013年江西省新闻出版局发布《江西省印刷复制示范企业管理办法》，通过扶持示范企业，带活整个产业。示范企业的基本指标是：主要经济效益指标及全员劳动生产率居省内同行业前列，在最近三个财务审计年度实现赢利；关键生产设备居行业先进水平，建立了规范的现代产权制度和科学的管理机制；通过了质量管理体系认证，产品质量经检测符合有关标准；建立了基于网络的企业管理信息化系统；企业安全生产管理体系完善，责任制健全，近三年内未发生重大安全生产事故；积极开展绿色生产，使用的各种原辅材料符合国际标准，应用节能减排、清洁生

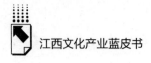

产的设备、材料与工艺；排放、节能等指标符合国家环保标准；近三年内无不合格产品。

通过推动产业集群建设，鼓励优质企业发展，做好示范企业宣传推广，江西省的相关产业得到了长足的发展。

（二）推动传统新闻出版业数字化转型

2014 年 4 月，国家新闻出版广电总局、财政部发布《国家新闻出版广电总局、财政部关于推动新闻出版业数字化转型升级的指导意见》，充分发挥市场机制作用，通过政府引导、以企业为主体，加速新闻出版与科技融合，推动传统新闻出版业转型升级。重点通过加大财政扶持、充分利用新闻出版改革与发展项目库、加强组织实施等开展数字化转型升级标准化工作，提升数字化转型升级技术装备水平，加强数字出版人才队伍建设，探索数字化转型升级新模式，支持教育出版转型升级模式探索。重点支持部分以教育出版为主的出版企业开展电子书包应用服务项目，包括：研制电子书包（数字出版教育应用服务）系列标准；以课程标准和完整的教材教辅内容框架为基础，整合内容资源，开发富媒体、网络化数字教材，开展立体化的教育出版内容资源数字化开发，打造数字资源库，为电子书包试验的顺利推进奠定内容基础；构建对教育出版内容的价值评测、质量评测的完整评测系统；研发包括下载与推送、使用统计等功能的教育出版内容资源服务系统；构建包括教学策略服务、过程性评测、个性化内容推送、内容互动服务等教学应用服务支撑体系，并开展入校落地试验；基于用户数据分析技术开展个性化定向投送平台建设（B2C 模式），基于集团化学习开展出版资源投送平台建设（B2B 模式）。总之，全省的图书出版企业正在加紧做好出版资源的平台建设。

（三）鼓励新闻出版业进行适当的融资

为缓解新闻出版企业的融资困境，推动新闻出版企业融资，2010 年 1 月，国家新闻出版总署与中国农业银行签订了全面战略合作协议。2012 年 7 月，江西省新闻出版局与中国农业银行江西省分行本着"互惠互利、合作共赢"的原则，签订战略合作协议。中国农业银行江西分行将择优支持跨地区、跨行业、跨媒体经营的出版集团、报业集团、期刊集团、发行集团、印刷集团等大型出版传媒集团，为新闻出版产业发展提供金融服务，支持新闻出版项目"走出去"。为出版企业提供融资融信服务，并购贷款服务，投资银行服务，支付结算服务，国际业务服务，现金管理服务，特色中小企业服务。江西省新闻出版局则向中国农业银行江西分行有针对性地推荐有金融需求的重点新闻出版企业、新闻出版项目及相关金融需求信息；发挥政府统筹协调优势和宏观管理职能，加强与相关产业规划管理部门和担保、评估、产权交易等相关机构的交流、沟通与合作，积极争取上述部门对新闻出版企业融资工作的关注和支持，加大对新闻出版保护、扶持力度，为新闻出版产业融资及产业发展创造良好环境；根据国家和江西省产业政策以及产业布局不断调整思路，确定江西新闻出版产业重点扶持方向、发展布局。通过搭建全省新闻出版局新闻出版产业投融资公共服务信息平台和建设重点新闻出版产业项目数据库，向中国农业银行江西分行进行项目推荐、企业推荐，实现项目资源共享，利益共享，拓宽新闻出版企业融资渠道。

与此同时，在 2014 年 3 月，江西省新闻出版广电局发布《关于引进民间资本推动江西新闻出版广播影视产业发展的实施意见》。鼓励和引进民间资本，大力发展印刷复制业，构建技术先进、充满活力、竞争有序的印刷复制产业体系；鼓励和引进民间资本，开展出版物发行、版权业务，促进发行、版权业务快速发展；鼓励和引进民间资本，参与部分出版类业务活动，为非公出版搭建平台；鼓励和引进民间资本，大力发展新媒体新业态，推动广电媒体转型升级。

二　报刊发展概况与问题

（一）规模总量

江西报刊总数 245 种，其中报纸 82 种（含高校校报 32 种），期刊 163 种。2014 年报纸年总印张数为 3228184 千印张，年度总印数 113590 万份，年度定价总金额 9.2861 亿元。2014 年期刊年总印张数为 239147 千印张，年度总印数7612 万册，年度定价总金额 3.189 亿元。2014 年报刊经营总收入为 22.9 亿元，其中报纸 20.3 亿元，期刊 2.6 亿元。

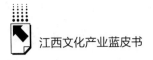

（二）重点报刊发展概况

1. 报刊集团和重点报刊发展情况

①从上规模报刊集团（报社、期刊社）数量看，江西年经营收入上亿元的报刊集团有 6 家，分别是江西教育传媒集团有限公司、江西日报传媒集团、江西省报刊传媒有限责任公司、南昌日报报业集团、九江日报社、赣南日报社。

②从品牌报刊发展水平看，江西报纸年经营收入最高的为《江南都市报》2 亿元，江西报纸期发行量最大的是《家庭医生报》43 万份，江西期刊年经营收入最高的为《小星星》1121.9 万元，江西期刊期发行量最大的为《小学生之友》70 万份。

2. 地市报发展情况

①从规模数量上看，江西地市党报 11 种，晚报 8 种；湖南地市党报 14 种，晚报 8 种；江西地市党报晚报年经营总收入达 6.37 亿元。

②从具体报刊出版单位看，江西地市报中实力最强的是南昌日报报业集团，旗下三报一刊，年经营总收入 1.8 亿元。

（三）报刊项目概况

1. 2014 年，江西省共有 4 种报刊入选新闻出版改革发展项目库，分别是江西日报传媒集团有限公司的青少年法制动漫教育创意产业园和赣版数字出版交易云平台—海睿数字云平台，井冈山报社的井冈山红色文化新媒体传播公共服务平台项目和南昌家庭医生报传媒有限公司的家庭医生云健康服务平台。

2. 2014 年共有 3 个报刊项目获得中央文化产业专项资金支持，共计 2700 万元，分别是江西日报传媒集团有限公司的 4G 云媒体商用平台项目 1000 万元，赣版数字出版交易云平台—海睿数字云平台 800 万元，萍乡日报社全媒体项目 900 万元。

（四）期刊发展概况

2014 年，江西省新创办 3 种期刊，分别是《生物化工》《开心幼儿》《苏区研究》。

1. 抓精品期刊建设，发挥示范引领作用

在 2014 年江西省第二届期刊"四大工程"推荐活动中，《江西社会科学》《当代财经》《江西财经大学学报》《江西农业大学学报》《企业经济》《当代江西》《农村百事通》《小学生之友》8 种期刊入选名刊工程建设期刊，《小星星》《求实》《职教论坛》《教育学术月刊》《中国陶瓷》《知识窗》等 14 种期刊入选精品工程建设期刊，《当代江西》《家庭百事通》《老友》等 8 种期刊入选百万工程建设期刊。

全省少儿期刊品牌影响突出，《琴童》《小星星》《小猕猴智力画刊》《小学生之友》4 种期刊入选 2014 年国家新闻出版广电总局向全国少年儿童推荐的优秀少儿报刊名单，江西省入选少儿期刊数量居全国第三。

2. 整合资源，集群发展

经过持续不断地进行市场探索，解放思想、整合资源、优化结构，江西目前已形成若干强势和精品期刊群。如江西出版集团所属 19 种期刊，年总发行量近 4000 万册，占全省期刊年总印数一半，具有较强的市场影响力，涌现了《农村百事通》《微型小说选刊》《知识窗》《疯狂英语》《足球俱乐部》《小猕猴智力画刊》《小星星》等一批在全国具有较强品牌影响力、经济和社会效益"双效俱佳"的精品。又如江西出版集团下属江西报刊传媒有限责任公司，出版 7 刊 1 报，成效明显，已发展壮大成为具有较强实力的强势报刊群。再如，2014 年，原江西教育期刊社变更为江西教育传媒集团有限公司，其出版的《江西教育》《初中生之友》《高中生之友》《小学生之友》《教师博览》《开心》6 种期刊，在全国同类期刊中名列前茅，加上 2014 年新创办期刊《开心幼儿》，共 7 种期刊，已逐步打造成为全国知名的教育期刊群。

3. 深化改革，激发活力

江西日报传媒集团公司、江西省报刊传媒有限责任公司、江西教育传媒集团有限公司、当代中学生报刊社等转制报刊企业发展加速，市场导向突出，取得了"增活力、促发展"的明显成效。江西日报传媒集团 2014 年产业经营收入 12. 15 亿元。江西高校出版社有限责任公司加强兼并重组，2012 年整合 3 种报刊资源，优化产业结构，成立了江西当代中学生报刊社，据统计，该报刊社 2014 年实现经营收入 9905. 72 万元。江西教育传媒集团有限公司（原江西教育期刊社）明确了集团化发展思路，引入了市场化竞争机制，深化了内部用

工和分配制度改革，激活了企业活力，调动了全体员工的积极性，提高了企业运行效率，吸收了一批优秀人才，创新了发展理念，在加强主业的基础上，通过资源整合、跨界融合等方式，积极实施跨媒体、跨行业、跨区域的发展战略，构建了全新的多元化发展新格局，2014年实现经营收入2.2亿元。江西省报刊传媒有限责任公司成立后，调整报刊定位，完善内部机制，加强成本管理和市场运作，企业2014年经营收入1.03亿元。

（五）江西省报刊业发展中的问题

1. 报刊总数少。报刊规模总量在全国排在20名之后。

2. 地市报发展水平比较低。地市党报晚报年营收占全省的三分之一，地市报业发展的水平明显偏低。

3. 大型报刊集团较少。特别是年收入超亿元的报刊集团少，全省销售收入超亿元的只有6家。

4. 经济水平发展对报刊业发展也有一定影响。报刊尤其是区域性报纸受地方经济影响较大，因此区域经济发展水平差异对都市类报刊、地市党报晚报发展也有一定的影响。

5. 新媒体和阅读方式的改变对传统媒体产生较大的冲击。

（六）发展建议

1. 重点加强报刊传媒集团（集群）建设，开展规模化集约化多元化经营

大型报刊传媒集团是江西省报刊产业发展的主力军和未来希望所在。全省已经初步形成了多个报刊集团或报刊群，现有江西教育传媒集团有限公司、江西省报刊传媒有限责任公司、江西日报传媒集团和南昌日报传媒集团等四个大型报刊集团（集群），是全省骨干报刊企业。下一步，要把这些作为重点培育对象，通过整合出版资源，培育成为导向正确、主业突出、实力雄厚、核心竞争力强的大型报刊传媒集团。支持这些报刊集团进一步做大做强。对报刊传媒集团（集群）在刊号资源上予以支持。鼓励支持这些报刊企业集团兼并重组省内外的新闻出版企业，鼓励支持这些报刊集团进入相关文化产业领域。除了传统的发行广告外，进入会展、出版、影视、演艺、物流、印刷、网络手机新媒体甚至对外投资等领域，开展多元化集约化规模化发展。

2. 推进地市党报传媒集团亿元建设工程

《江西日报》和 11 个设区市报业发展是未来江西报刊业发展的重要增长点。江西日报加上 11 个设区市报业占全省报刊经营收入的 70% ~ 80%。2014 年《江西日报》12.15 亿元，《南昌日报》1.8 亿元，《九江日报》1.02 亿元，《赣南日报》1.01 亿元。差距就是潜力，就有希望，下一步报刊业的发展重点应该是省级党报和各地市党报，地市党报最有可能是亿元俱乐部成员的诞生地。要扶持《江西日报》做大，扶持 3 至 4 家地市报经营收入超亿元。对省级党报和市报刊发展的重点产业项目予以扶持和政策倾斜。

3. 进一步深化报刊出版单位体制改革，解放和发展报刊生产力

一是继续推动非时政类报刊出版单位体制改革。江西省非时政类报刊出版单位体制改革虽然取得阶段性成果，但是在实现转企改制、身份转换的同时，更重要的是要在企业内部建立适应社会主义市场经济、符合新闻生产规律的企业运行机制和法人治理结构。二是加快推进党报社改革。要面向市场，尊重新闻规律，在充分发挥党报政治优势的同时，进一步贴近生活、贴近群众、贴近实际，增强党报的亲和力和吸引力，更好地服务社会生活，更好地满足人民群众的文化需求。三是要进一步推进体制机制创新，积极深化人事制度、劳动用工制度、收入分配制度及养老保险制度的改革，充分激发和调动员工的积极性和创造性。

4. 抓好报刊数字出版工程，促进传统报刊与新媒体融合发展，推进报刊转型升级

一是充分发挥报刊新闻资源和内容资源优势，打造地方新闻资讯综合服务商龙头。内容资源是报社立足的基础和事业发展的根本。当前信息技术迅猛发展，信息传播渠道极大拓展，这既是挑战，更是机遇。要充分发挥党报公信力、权威性和新闻采编、内容资源的优势，多渠道服务市场、占领市场，集合渠道优势，建设综合信息服务平台，才能增强报社的影响力和舆论的引导力，才能实现报社更好更大发展。二是促进报刊围绕产业链，多元化发展，增强市场竞争力。特别是对具有一定实力的报刊出版单位，要充分利用品牌优势、信息资源优势，紧紧围绕报业产业链，不断拓展经营思路和发展领域，实现以产业链为核心的多元化发展。三是加快新兴业态突破发展。积极引导和扶持报刊出版单位适应全媒体发展的趋势，在网络出版、数字出版、手机报、微信、微

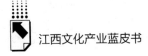

博、客户端等新媒体领域积极探索。要充分利用现代信息技术，提升传统报刊业发展的科技水平，实现传统报刊出版与新兴媒体的有效融合发展。

三 印刷业发展概况与问题

（一）发展概况

1. 总体发展经营情况

2014年江西印刷业的主要规模指标呈现较快发展态势，统计资料显示，现有印刷企业（不含打字复印店）1849家，其中出版物印刷企业126家，包装装潢印刷企业572家，其他印刷品印刷企业1151家。资产总额344.08亿元，年销售收入479.35亿元，较上年增长38.9%。

2. 集群规模发展情况

江西印刷业已形成区域集群发展规模，现有5个印刷包装产业基地，其中，国家级印刷包装产业基地1个——赣州吉安国家印刷包装产业基地；省级印刷包装产业基地4个——江西省印刷包装产业（龙南）基地、江西省印刷包装产业（上高）基地、江西省印刷包装产业（湘东区）基地、江西省印刷包装产业（《江西日报》数字绿色印刷）基地。

3. 区域经济包装产品特征明显

各地区印刷产品特征明显，突出了地方区域经济发展特点，显现了企业发展的区位优势。南昌作为江西的政治经济文化中心，出版物印刷企业居多，形成了出版物印刷集群；赣州以赣南脐橙、南康家具等出名，形成了果品工业品包装印刷和家具包装印刷集群；萍乡的茶叶包装品牌享誉全国，占到全国茶叶包装市场份额的60%～70%，大量知名品牌茶叶包装盒都出自萍乡，形成了茶叶包装产业集群；景德镇瓷器闻名世界，形成了瓷器印刷包装集群；宜春的陶瓷装饰材料、药品、酒业发展较好，形成了陶瓷装饰包装、药品包装、酒类包装产业集群；九江的电子工业产品居多，形成了电子工艺印刷包装集群。

（二）发展中存在的问题

1. 生产效率低。江西省印刷企业大多为民营，许多印刷设备是承接广东、浙江淘汰下来的二手机器。相对而言，印刷设备落后，工艺落后导致生产效率低下，而近年来劳动力成本增加，产品价格下滑，造成成本高、利润低，这些问题已成为江西包装印刷业健康发展的瓶颈。

2. 行业内低价竞争问题突出。由于经济下行，印刷行业总体景气度不高，为了争到更多的客户，众多印刷企业特别是区域内企业互相压价竞争，以低价竞争手段笼络客户资源，造成恶意竞争，价格越来越低，利润越来越少，企业生存困难。

3. 产品创意设计能力不够。创意创新观念不强，包装产品的创意设计人员少，产品设计开发不多，在市场竞争中拿不出得意产品，竞争处于劣势被动地位。

（三）发展建议

1. 政府出台优惠税收政策，扶持企业发展，推动转型升级。一方面支持企业由传统印刷设备更新为数字印刷设备，提高生产效率，降低生产成本，解决企业发展后劲问题。另一方面支持企业实施绿色印刷，解决环保生产和用户安全使用问题。绿色印刷不仅是政府的要求，也是企业的社会责任，更是企业自身可持续发展的需要。

2. 培育人才队伍。政府出资培育创意设计人才，企业按需聘请，推动企业提高服务意识和设计能力，提高工艺创新水平，使产品更具市场竞争优势，更好地满足消费者的愿望，提高企业竞争力，而不是仅仅依靠打"价格战"来争夺市场。

四　图书音像出版业发展概况和趋势

（一）出版总体情况

2014年，江西省共有图书、音像出版单位9家，共出版图书、电子音像等出版物9238种，同比增长7.52%；其中新书3905种，同比下降4.61%；重印再版5333种，同比增长18.56%。值得一提的是一般出版物品种同比增长率达12.12%，图书出版板块全年实现销售收入24.48亿元，利润3.30亿元。

在全国552家图书出版单位中，二十一世纪出版社集团和江西教育出版社总体实力分别位居第 51 位和第 55 位；二十一世纪出版社集团蝉联地方同类出版社第一，成为"中国青少年出版的领跑者"，获 2014 中国书业年度评选"年度出版社"大奖；江西美术出版社在地方美术出版社中排名第三；其他出版社在地方同类出版社中排第五至第十四名，4 家出版社同比前进 10 位以上。

2014 年 12 月 1 日，二十一世纪出版社集团有限公司正式挂牌成立，成为中国首家通过内生裂变而成法人实体的少儿出版集团，正加快推进集团的"品牌化、市场化、资本化、平台化、国际化"建设，着力打造全国一流的少儿文化产业集团。

另外江西教育出版社等联合并购山东天成公司成功，教辅市场扩大到 14 个省。

市场图书开发有新突破。2014 年，重大出版工程以其鲜明的导向性和厚重的文化学术内涵，为一般图书的出版注入了强大的动力。通过以重点带动一般，股份公司一般出版物以 12.12% 的比率增长，涌现了一批"双效俱佳"的优秀市场图书，当年累计销售 10 万册以上的图书品种同比增长 53.85%。

（二）发展中存在的问题

1. 社会效益奖项横向比尚有差距。纵向看，重大出版工程取得了显著进步，在总量上、在许多项目上还有差距。

2. 出版定位和产品线建设尚未到位。除二十一世纪出版社集团外，从产业、市场经营优势层面讲，各出版社的出版品牌还不鲜明、还不到位。形成这种情况的核心问题是出版社的出版定位和产品线建设没有彻底解决好。品牌就是专业化、分众化、集成度、细分目标市场、市场门槛、资源聚集平台、渠道话语权、用户群、公司的门面和美誉度，就是拳头产品。

3. 经济倚重中小学教材教辅的现象尚未根本改观。各家出版社全部参与中小学教材教辅出版，而且是高度依赖省内市场。

4. 数字出版的基础条件尚不完备。一是数字出版资源管理平台还停留在"大 U 盘 + 书名、章节名搜索"的原始水平状态。二是内容总量严重不足。图书总品种数量本身就少，有再版价值的图书又不多，教辅类图书又比重大，优质内容资源更加匮乏。三是专有出版权过期，未被授予数字出版权的出版物总量大。绝大部分国内版图书、引进版图书，缺少作者、境外出版社的网络传播权授权，缺少经营的合法性。

5. 出版融合发展、转型升级的任务十分繁重。当前大家对传统出版与新媒体融合发展的趋势有了一定的认识，对转型升级的必要性有了一定的理解，但在实际工作中，存在惯性思维，传统运作惯性较大，缺少项目和抓手，路径办法不多，模式找不到，担心投入没有结果，也患得患失，存在畏难情绪和惰性，有坐等给政策、给资金、给项目的心理。

6. 人才队伍能力建设尚待进一步加强。整体而言，江西省编辑人才队伍数量不足、起点不够高、结构不合理，未形成科学的梯次，尤其是专业化程度高、业务能力强、能够独当一面的人才团队未成形；缺乏核心骨干编辑，缺乏在全国有影响的名编辑，缺乏跨媒体经营的复合型编辑出版人才，特别是出版领军人才极度缺乏。能够给新人"传帮带"的师傅不够多、机制不够完善，新人培养时间短、培训不到位、成长助力不够，特别是在提高性培养方面有欠缺。

（三）发展趋势与未来展望

2015 年是"十二五"规划的收官之年，是谋划"十三五"规划的布局之年。出版产业必须按照"做优做强做长，做出品牌，做出社会影响力和市场影响力"的要求。要以国家大势定选题，以市场大势定模式，以文化大势定价值，以重点带动一般，下大力气调结构、提质量，大力推进重大出版工程和市场图书出版，全力推进数字出版，落实"内容为主，平台为王"工作思路，加快融合发展和转型升级步伐，实现社会效益大提升，经济效益大提高。

1. 社会效益目标

做到导向正确、内容精湛、质量合格，为党和国家中心工作服好务，为中共江西省委确立的"发展升级、小康提速、绿色崛起、实干兴赣"十六字方针和江西发展服好务，坚持把社会效益放在首位，坚持以人民为中心的创作导向，以现实社会生活为基石，策划出版更多无愧于时代的优秀作品、更多"双效俱佳"的精品出版物，挺拔出版主业。

2. 经济效益目标

各出版社总体经济规模综合评价全国排位目标：2016 年，二十一世纪出版社集团、教育出版社要进入全国前 50 位，其余各社至少要前进 10 位，即人民出版社、美术出版社进入前 100 位，科技出版社进入前 180 位，文艺出版社

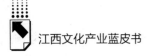
进入前200位，以上出版社同时进入同类出版社的第一方阵。

3. 人才工程

人才是出版主业的核心竞争力。根据与出版定位、产品线建设和转型升级的业务能力相匹配，数字出版编辑、策划组稿编辑、案头编辑、营销编辑、业务管理人员合理搭配的要求，建设人力资源的支撑平台，不搞"空壳化"。实现三年"业务人才"数量翻一番、现代出版人才超500名的目标。

五　手机数字出版

（一）发展概况

2013年7月国信办在四川召开的手机报专项整治会议以及8月全国宣传思想工作会议后，中共江西省委宣传部迅速行动起来，在全省宣传思想工作会议上明确提出创建全省统一的江西手机报。江西作为国家网信办在全国推行"一省一报"五个试点省份之一。在省委宣传部、省网信办的指导下，江西手机报经过三个月筹备，就高起点完成短彩信平台、客户端版、4G手机网的研发，其中客户端版视频直播填补了省内空白，并成功直播江西省和全国人代会和政协会两会；在三大运营商的支持与配合下，完成了江西手机报全省短彩信统一平台的接入。2014年2月25日江西手机报正式上线，标志着江西省"一省一报工程"取得重大进展。

江西手机报由中共江西省委宣传部、省互联网信息办公室主管，江西日报社主办，定位为江西手机党报，是全省"两报、两台、两网"六大省属重点新闻媒体之一，为江西移动新闻门户。截至2014年底，建立了IDC互联网数据中心和云平台，客户端平台已经6次迭代升级，全省各地方手机报（彩信版）全部加入统一手机报平台，实现稳定、安全、每天集中处理下发短彩信上亿条（每秒超过1000条短信、200条彩信）的处理能力。目前彩信用户突破300万；客户端多次技术升级，注册用户突破100万。《江西手机报》已有70多家地方县市区手机报成功入驻统一平台，平台用户突破百万。同时积极和三大运营商合作，开展"党报悦读月"等系列免费读报活动。《江西手机报》为全省各地方手机报的编辑开展了统一新平台业务操作培训，短彩信平台统一后，江西手机报实现了全省手机报平台内容统一管理，报头形象统一宣传，重大活动事件统一发声，平台统一聚合宣传效应逐步凸显。客户端已进行了5次迭代升级，目前可实现手机视频直播、便民查询、志愿者定位打卡、高清图集、活动互动、消息推送等。第6个版本的客户端正在紧密开发，将新增订阅功能和江西地市定位栏目。届时，将根据用户的地理位置推荐当地新闻栏目，参与当地互动活动。

截至2014年11月，江西手机报（彩信版）全省有70多个子报，发行用户突破300万；客户端版注册用户达100多万，历史最高开机使用量突破了100万人次，平均日开机量达60多万人次，已成为了江西最大的移动新媒体。江西手机报在传播正能量方面已取得了巨大成就。以"快速"诠释江西力量、以"点滴"挖掘江西力量、以"人物"弘扬江西力量，同时积极开展大型公益文化活动，弘扬舆论主旋律。积极主动介入省内重大的宣传报道。

（二）存在问题与发展建议

从过去一年多的发展过程来看，制约江西手机数字出版主要有三个方面：一是相关从业人才缺乏，从而制约这一形式的创新扩散。二是使用者的"间歇性中辍"问题。从发展趋势来看，数字化出版无疑是出版的大势。有学者提出在接触新媒体技术时，接触者有"持续性采纳、间歇性中辍、抗拒性前采纳、休眠性前采纳、抗拒性不采纳和休眠性不采纳"[1] 等六种类型，其中"间歇性中辍现象"广泛存在。三是其他传播形式对此种出版模式的冲击。现有微信传播完全嵌入民众的日常生活，而手机出版主要依靠行政的力量推动而成，完成了形式的发行，就目前而言，它未能嵌入人们的日常生活，未能进入人们的生活方式和生活习惯层面，发展尚存较大的不确定性。

基于目前手机数字出版人才匮乏以及出版内容未能嵌入人们日常生活的问题，江西一方面应加强媒体与高校等培养机构的合作，加大人才培养的力度，加快人才培养的进度，以使江西的数字出版业快速向前发展。另一方面应通过各种方式培养使用者忠诚度和使用的连续性，避免"间歇性中辍"。

---

[1] 张明新、叶银娇：《传播新技术采纳的"间歇性中辍"现象研究：来自东西方社会的经验证据》，《新闻与传播研究》2014年第6期。

B.3
广播影视业发展报告

程前 高佳琪*

摘　要：　在中央全面深化文化体制改革实施方案的统领下，2014年江西省文化体制改革利好政策频出。江西省广播影视产业在"十二五"前三年快速发展的基础上，继续保持了不断递增的良好态势。广播影视产业的总收入极速上升，内容生产能力明显增强，影视产品和服务愈加丰富，产业体制、机制不断完善，收入结构转型萌动，广播影视产业更加充满活力。与此同时，产业总量还不够大、影视制作机构市场竞争和赢利能力不强、产业结构不尽合理、具有引领作用的广播影视文化产业园区或基地偏少等问题仍然是全省广播影视行业亟待解决的课题。

关键词：　江西　广播影视产业　发展报告

2014年，在全面深化文化体制改革政策的推动下，江西省广播电视行业以健全产业管理机制、突出产业发展重点、加快重大产业项目发展、大力引进社会资本等为抓手，积极推进广播影视产业发展，着力增强产业整体实力。全省广播影视产业在"十二五"前三年快速发展的基础上，继续保持了不断递增的良好态势。广播影视内容生产能力明显增强，产业体制、机制不断完善，新业态新业务发展迅速，收入结构转型萌动，广播影视产业更加充满活力。

* 程前，广播电视学博士，江西师范大学传播学院副教授，硕士生导师；高佳琪，江西师范大学传播学院广播电视学硕士研究生。

一　广播影视产业政策环境解读

随着 2014 年初中共中央全面深化改革小组运作开始，中国共产党十八大和十八届三中全会提出的各项改革举措将逐步落实到位。2014 年 2 月 28 日，中央全面深化改革领导小组第二次会议审议通过了《深化文化体制改革实施方案》，新一轮文化体制改革开始进入全面实施阶段。作为国家文化软实力的重要体现和现代文化产业的主力军，中国广播影视行业也迎来了重要的战略机遇期。

在国家全面深化文化体制改革大方向的引领下，江西省文化体制改革利好政策频出。2014 年 8 月，《江西省深化文化体制改革实施方案》出台，明确了新一轮文化体制改革的路线图、时间表、任务书，提出了 8 个方面重点改革任务①。省内文化有关部门也陆续出台了一系列政策，如《关于引进民间资本推动江西新闻出版广播影视产业发展的实施意见》《加快发展文化创意产业的若干政策措施》《关于深入推进文化金融合作的意见》等共计 10 余个。在江西 10 余年来的文化体制改革历程中，政策之多之密集实属空前，这也标志着江西新一轮文化体制改革正式拉开帷幕。

（一）扩展民间资本进入，加快广播影视产业发展

2014 年 3 月 6 日，江西省新闻出版广电局发布《关于引进民间资本推动江西新闻出版广播影视产业发展的实施意见》（下称《意见》），为降低社会资本进入门槛提供政策保障。《意见》要求，鼓励和发展民间资本，使其进入到广播影视产业的各个方向，例如新媒体新业态、影视内容产业、影院基础设施和市场建设、广播影视制造业等。②

鼓励和引进民间资本，显然有利于提升影视精品创作生产能力，增强广播

---

① 新华网江西频道：《〈江西省深化文化体制改革实施方案〉出台》，http://www.jx.xinhuanet.com/szjj/szjj/2014-08/13/c_1112053804.htm，2014 年 8 月 13 日。

② 江西省人民政府网：《关于引进民间资本推动江西新闻出版广播影视产业发展的实施意见》，http://www.jiangxi.gov.cn/ztbd/jiangxipolicy/ProvincialDepartments/jxcbj/201408/t20140827_1059322.htm，2014 年 3 月 6 日。

影视产业规模和实力，推动广播影视产业规模化、集约化发展及广电媒体的转型升级。此外，民间资本的进入还可以促进江西省广播影视"走出去"，提升传播力、影响力。目前，江西省广播电视节目制作经营机构、电影制片和发行企业中，民营企业占比均在70%以上，扩展民间资本进入势在必行。

（二）加大专项资金支持力度，重点扶持影视产业

为促进中国电影繁荣发展，提高中国电影的整体实力和竞争力，推动中国电影在关键时期迈上一个新的台阶，2014年5月31日，财政部联合国家新闻出版广电总局发布了《关于支持电影发展若干经济政策的通知》（以下简称《通知》）。《通知》要求加大给电影产业发展的专项资金的支持力度，通过税收优惠、资金补贴等政策扶持中西部县级城市影院的建设。

2014年8月，中共江西省委宣传部与省新闻出版广电局联合下发文件，用文化发展专项资金扶持县级数字影院建设，对3厅以上影院给予每家30万元政策补助资金。① 江西省2014年共有19个重点文化产业项目获得中央专项资金扶持，总额超过1亿元，为近年来江西省文化产业争取中央扶持资金最多的一次。2014年，在江西省4000万元省级文化产业发展专项资金中，1000万元用于全省县级3厅以上数字影院补助，另外2000万元用于扶持重点文化产业项目——省广播电视台新闻全媒体高清演播室建设。政策的出台势必会激发各方力量参与影院建设，撬动各方资金数亿元。

（三）推动转企改制进程，加速广电行业转型

为进一步推进国有经营性文化事业单位转企改制，促进文化企业发展，2014年4月2日，国务院办公厅发布《文化体制改革中经营性文化事业单位转制为企业的规定》和《进一步支持文化企业发展的规定》。其中《文化体制改革中经营性文化事业单位转制为企业的规定》指出，在经营性文化事业单位转制为企业的过程中要从资产管理、收入、社会保障、人员流动、财政税收、党的建设等方面推动，且要按照程序稳步运行。《进一步支持文化企业发

---

① 江西省新闻出版广电局网：《关于补助县级3厅以上数字影院建设的通知》，http：//www.jxcbj.gov.cn/system/2014/09/04/013306514.shtml。

展的规定》则要求落实相关财政税收优惠措施，加大投资和融资力度，妥善处理土地和资产问题，允许投资人以知识产权等无形资产评估作价出资组建文化企业。①

根据国务院文件精神，《江西省深化文化体制改革实施方案》强调，加快转制国有文化企业公司制、股份制改造是江西省文化体制改革的一大任务，要完善法人治理机构，建立符合现代企业制度的文化市场主体。目前，传媒单位转企改制已是工作重点，稳步做好转企改制工作，目的在于使文化产业形成层次分明、权责明确、管理科学的现代文化企业的经营管理格局。对于江西省广播影视行业来说，转企显然不是一件容易的事情，短期内会有很大难度和阵痛，但长远来看对提升江西广播影视产业整体水平机不可失。

（四）加快文化贸易发展，提升产业竞争力

根据《国务院关于加快发展对外文化贸易的意见》精神，为进一步加快江西省经济结构调整，促进文化产业发展和外贸转型升级，2014年8月29日，江西省人民政府出台了《关于加快发展文化贸易的实施意见》（以下简称《意见》）。《意见》指出要积极推动文化贸易园区建设，认定和培育一批动漫、影视、文化创意等省级文化贸易出口基地和特色产业园区，加强政策引导，并在项目用地、税收、融资等方面给予扶持；积极实施文化企业"走出去"战略，支持江西省宣传文化单位海外实施公司化运作、本土化战略、全媒体发展。②

《江西省深化文化体制改革实施方案》中也提出，加快文化贸易发展是改革的重点之一，要建立对外文化贸易的工作联系机制，做好文化贸易统计，扩大具有江西特色的文化产品出口。这就要求文化企业依托于江西省文化产业特色，积极创新文化产品和贸易模式，提升产品质量和服务水平，扩大文化产品和文化服务出口，推动形成一批有实力的知名品牌，着力提升江西省文化企业和文化产品的国际竞争力。

---

① 《国务院办公厅关于印发文化体制改革中经营性文化事业单位转制为企业和进一步支持文化企业发展两个规定的通知》，http://www.gov.cn/zhengce/content/2014 - 04/16/content_8764.htm，2014年4月16日。
② 《关于加快发展文化贸易的实施意见》，http://www.jiangxi.gov.cn/zzc/ajg/szf/201411/t20141119_1096818.htm，2014年8月29日。

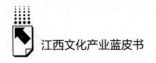

二　江西广播影视产业发展概况

根据有关数据，2014 年江西省文化产业主营业务收入 2130 亿元，增长 19.2%，文化产业增加值 580 亿元，增长 15.6%，增加值占 GDP 比重的 3.7%。在文化部发布的《中国省市文化产业发展指数》中，2014 年江西省文化产业发展综合指数以 74.2 分首度进入全国前十，文化产业发展影响力指数为 77.6，位居全国第八。其中，广播电影电视产业收入 238 亿元，增长 41.08%，产业快速发展，增长势头迅猛。

（一）基础设施建设加强，普及率上升

从总体上看，江西省内广播影视行业的基础设施建设近几年正逐步完善。2009 年，全省有电视发射台和转播台 354 座，发射功率 389.761 千瓦，有线广播电视传输网络干线总长 7.43 万米，包括广播电台、电视台及广播电视台在内的各类播出机构 97 家。2014 年，全省电视发射和转播台 237 座，发射功率 349.322 千瓦，有线广播电视传输网络干线总长 12.26 万千米，拥有各类广播电视播出机构 102 家。基础设施的逐年完善为江西省广播电视行业的稳步发展奠定了坚实的物质基础和技术支持。

此外，广播电视节目在全省范围内的普及率稳步上升。统计数据显示，2014 年广播综合人口覆盖率 97.44%，比 2013 年增加了 0.02%。电视综合人口覆盖率 98.53%，比 2013 年增加了 0.03%（见图 1）。而在十年前的 2004 年，江西省广播人口覆盖率是 92.89%，电视人口覆盖率为 94.86%。全省广播电视人口综合覆盖率在近十年来有较大幅度的上升。虽然近两年上升幅度不大，但距离"十二五"规划要求的广播电视人口综合覆盖率达到 99% 的目标已经不远。

此外，反映广播电视行业在人群中高普及率的另两个重要指标——有线广播电视用户数和入户率，近 5 年来也都在稳步攀升。2013 年江西省有线广播电视用户 595.2 万户，同比增长 10.3%，有线电视入户率 48.33%，同比增长 8.3%。2014 年江西省有线广播电视用户数 609.4 万户，同比增长 2.4%（见图 2）。

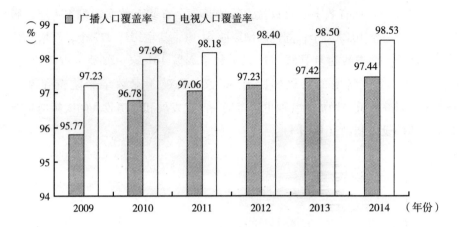

图1 2009~2014年广播电视行业普及情况

数据来源:《江西统计年鉴》,江西省统计局、国家统计局江西调查总队,中国统计出版社。

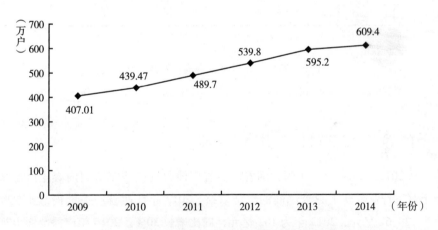

图2 2009~2014年江西省有线广播电视用户数

数据来源:《江西广播电影电视年鉴》,江西省广播电影电视局,中国传媒大学出版社。

江西省广播电视节目制作经营机构总体呈现蓬勃发展的势头。2014年,全省广播电视节目制作经营机构增加了15家,机构总量达到74家。就目前形势而言,广播电视节目制作经营机构数量的高速增长还会持续一段时间,并且地区与地区间的差距会不断缩小。

2014 年，江西省数字影院数量大幅增长。全省共有数字影院 184 家，影厅 805 个，座位 101062 个；同比新增影院 61 家，新增影厅 277 个，新增座位数 30089 个。全省共建有县级 3 厅以上数字影院 101 家，覆盖全省 71 个县（市、区）。其中新增的县级影院有 46 家，县级 3 厅数字影院覆盖率达 83.5%。影院数量的增加为江西电影市场的高速发展和票房收入的大幅增长奠定了重要的设施基础（见图 3）。

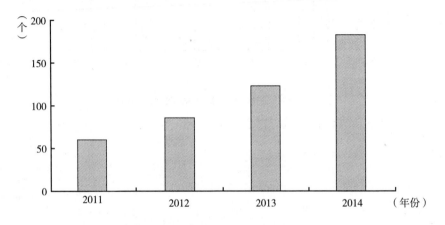

图 3 2011～2014 年江西省内影院总数

数据来源：《江西广播电影电视年鉴》，江西省广播电影电视局，中国传媒大学出版社。

（二）产业运营收入整体水平提高

从 2011～2014 年五年间，随着江西省广播影视设备制造与内容生产越来越丰富，行业收获了越来越高的经济效益。2012 年江西省广播影视产业总收入为 124.62 亿元，2013 年为 162 亿元，同比增长 30%。2014 年广播电影电视产业总收入达到 238.32 亿元，同比增长 41.08%。全省广播影视产业近 5 年来的总收入发展如图 4 所示。

从图 4 可以看到，江西省广播影视产业的总收入呈极速上升的趋势。2010 年总收入仅为 26.15 亿元，2014 年则达到 238.32 亿元，相当于几何倍数的增长。其中，广播影视制造业收入 142.88 亿元，较上年同期的 94.42 亿元增加 48.25 亿元，同比增长 51.32%。广播影视服务业全年收入 79.22 亿元，较上年同期的 56.15 亿元增加 23.06 亿元，同比增长 41.08%。广播影

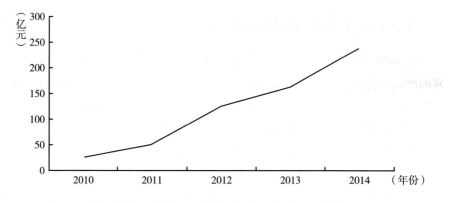

图4　2010~2014年江西省广播影视产业总收入情况

数据来源：《江西广播电影电视年鉴》，江西省广播电影电视局，中国传媒大学出版社。

视流通业及相关产业收入达到16.16亿元，较上年同期的10.73亿元增加5.43亿元，同比增长50.63%。

此外，广播电视广告产业、电视购物产业收入分别为17.83亿元和16.39亿元，同比分别增长24.69%、100.41%；电影产业和内容生产领域收入分别为8.81亿元、6.16亿元，同比分别增长41.08%、10.58%，其中电影票房收入5.45亿元，同比增长42.45%。观影人次达1660.19万，同比增长42%（见表1）。全年票房超1000万元的影院有15家，票房超100万元的县级影院有22家。票房收入增长迅猛，也说明江西省电影产业的发展上升空间还很大。

表1　2011~2014年江西省电影票房、观影人次情况

单位：亿元，万人

电影 \ 年	2011	2012	2013	2014
票房	1.65	2.7	3.82	5.45
观影人次	492.64	803	1169.15	1660.19

数据来源：《江西广播电影电视年鉴》，江西省广播电影电视局，中国传媒大学出版社。

另据2014年业绩审核情况来看，江西省广播电视节目制作经营机构净利润达到1.05亿元，整体制作电视节目时间为345996分钟。

（三）影视产品和服务愈加丰富

从 2009～2014 年 6 年间，江西省广播影视行业为消费者提供了越来越丰富的产品和服务，就业人员数也在不断攀升。2013 年，全省广播电视从业人员 19616 人。到了 2014 年，全省广播电视从业人员上升至 20180 人。

1. 广播电视节目发展态势良好

2014 年江西省广播节目、电视节目的套数同前几年相比并没有明显变化，基本处于稳定状态（见图 5）。

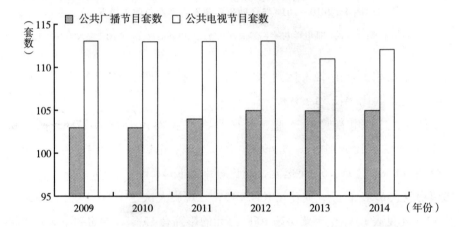

图5　2009～2014 年江西省公共广播节目、电视节目套数情况

数据来源：《江西广播电影电视年鉴》，江西省广播电影电视局，中国传媒大学出版社。

然而，全省广播节目制作和播出的时间却都在持续上涨，电视行业的产品也愈加丰富，内容服务越来越完善。2014 年，江西省广播节目制作时间为 190965 小时，公共广播节目播出时间为 379734 小时。江西省电视节目制作时间为 103272 小时，公共电视节目播出时间为 654156 小时（见图 6）。

与此同时，江西广播电视涌现了一批收视率高、影响力较大、收益好的高质量节目。2014 年倾力打造的电视节目《谁能逗乐喜剧明星》为江西卫视史上第一档国外版权节目，也是国内唯一一档拥有国外版权的喜剧节目。该节目将目光瞄准幽默喜剧类，平均收视率为 0.79，后来居上，曾一度奠定全国周一晚间收视霸主地位。《家庭幽默录像》、《金牌调解》及《经典传奇》等老牌节目依然保

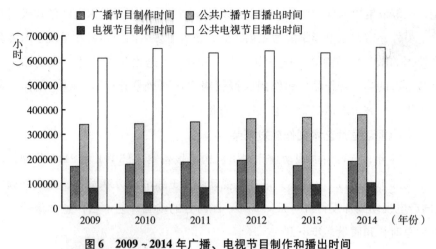

图例:
■ 广播节目制作时间　　■ 公共广播节目播出时间
■ 电视节目制作时间　　□ 公共电视节目播出时间

图 6　2009～2014 年广播、电视节目制作和播出时间

数据来源:《江西广播电影电视年鉴》,江西省广播电影电视局,中国传媒大学出版社。

持了高水准,收获了观众的好评,荣登人民网研究院发布的电视节目移动传播百强榜。其中,《家庭幽默录像》更是以 57.93 的综合指数位列第八。[1]

《2014 中国媒体移动传播指数报告》还显示,2014 年,江西卫视以 57.06分的综合指数获得"中央及省级电视频道移动传播榜"第四名[2],年度收视率为 0.157,市场份额为 1.32%,位于省级卫视排名的第九位。[3] 此外,江西交通广播、江西音乐广播分别位列广播频道移动传播百强榜的第三十名和九十二名。

2. 电影产业持续蓬勃发展

从 2002 年中国电影体制改革以来,江西电影产业逐渐步入正轨。2014 年,在全国电影业高速发展的整体环境下,江西电影产业继续蓬勃发展,并得到了系列扶持政策的补助。各类资本投资兴建数字影院的势头继续高涨,全年全省投资兴建数字影院的资金总额达 4.87 亿元。不过,在未来的 3～5 年,部分资金会往电影内容生产领域流动,数字影院的兴建速度放缓,力度会有所减弱。

2014 年,江西省电影创作市场十分繁荣。2 月开拍了省内首部现代题材戏曲电影《阳台上的野菊花》。该剧原型是以农民工进城打工为主线的采茶歌舞

---

① 数据来源于人民网研究院发布的《2014 中国媒体移动传播指数报告》。
② 数据来源于人民网研究院发布的《2014 中国媒体移动传播指数报告》。
③ 数据来源于"收视率排行"网。

剧，改编成电影后保留演员、剧本主要故事情节，以创新艺术表演形式吸引观众。另外，由北京电影学院为主创团队，包含了多名国内知名女星及省内著名主持人的微电影《南昌，我爱你》于7月开拍，这也是《江西，我爱你》系列微电影的第一部作品。制作团队拟围绕"江西风景独好"主题，制作一系列关于江西城市的微电影、纪录片、宣传片。

3. 电视动画片艺术创作愈发繁荣

2014年，江西省电视动画片制作机构申报备案3部191集2115分钟，已公示2部91集1115分钟。共审查电视动画片3部62集754分钟，完成并颁发《国产电视动画片发行许可证》2部。江西省的动画片艺术创作愈发繁荣，动画片总时长和质量逐步上升。

其中，由江西省瀚皇典影视文化传媒有限公司原创的动漫电视连续剧《天工开物——开心岛》第二季从众多优秀动漫剧目中脱颖而出，登陆央视播映榜单，从11月5日起黄金时段下午4：30～5：00在中央电视台少儿频道隆重上映。这是该剧第二次登上中央电视台少儿频道的荧屏。此外，江西凯天动漫有限公司参与制作生产的电视动画片《星梦园》销往海外，成功实现了"走出去"。

4. 电视纪录片生产势头稳步上升

纪录片创作与播出在江西影视业也在健康发展。2014年，不论是在江西取材的纪录片数量还是江西本土拍摄的纪录片数量都有了明显的增长，纪录片的发展状况持续良好，取得了一定的成绩，尤其本土纪录片质量有一定的提升。

其中，由江西网络广播电视台制作的纪录片《悬崖舞者》被国家新闻出版广电总局评为2014年度第四批优秀纪录片。另一部纪录片《航拍江西》在第20届中国电视纪录片颁奖活动中获得好栏目奖。由江西省与中央电视台合作打造的人文历史纪录片《景德镇》于2014年8月份开播，该片全面反映景德镇人文、历史、社会风貌，被列为中央电视台2014年的重点纪录片和国家重点对外宣传栏目。2014年11月，大型禅文化电视纪录片《花开千年》于南昌开拍，由江西省出版集团、江西省宗教文化交流协会、湖南卫视金鹰传媒、江西省广播电视台公共频道、江西创意文化艺术产业有限公司、江西科技学院联合出品摄制。此片的拍摄有利于深入挖掘江西文化资源，弘扬中国传统文化。

三 江西广播影视产业发展中存在的问题

虽然 2014 年是江西省广播影视产业大力创收的一年，各项事业有了长足的进步，然而同样也还存在着一些问题，主要有以下几个方面。

（一）广播影视产业总量还不够大，且结构不尽合理

2014 年江西广播影视产业收入虽增长迅速，但规模和总量还不够大，在华东 7 省市处于垫底位置，在中部 6 省中也是位置靠后。邻近的湖南，2014 年仅湖南广播电视台一家经营收入就达到 183 亿元，其中广告收入 75 亿元。再以电影票房为例，2014 年国内电影总票房为 296.39 亿元，江西省去年电影票房收入 5.45 亿元，占总票房的 1.8%，而同处中部地区的湖北省电影票房 14.30 亿元，是江西省的 2.6 倍。

另外，广播影视产业结构不尽合理。一方面表现在创收结构不协调，广播影视服务主营业务收入在文化产业总收入中所占比重偏低。2014 年广播影视服务业主营业务收入为 18.4 亿元，占比 0.9%；2013 年为 7.8 亿元，所占比重为 0.4%。在江西省文化产业行业大类主营业务收入中，实际业务收入及所占比重都是最低的。而广播影视制造业收入为 142.88 亿元，占比达到了 60%。在当前制造业下行压力增大的经济新常态下，广播影视文化服务业发展不快，文化服务供给不足，凸显了江西省文化服务业市场化程度较低，企业的核心竞争力、行业影响力不强的问题。另一方面表现在区域发展不均衡，市县广播影视产业规模小。从发展速度看，主营业务收入增长最快的设区市为 20.9%，最慢仅为 5.2%。第三表现为民营影视企业不突出。全省广播电视节目制作经营机构、电影制片和发行企业中，民营企业占比超过 70%，并且机构数量仍在高速增长，越来越多的南昌之外的设区市的广播电视节目制作经营机构提出申请，但是，真正在全国有实力、有竞争力、有影响力的龙头企业非常少。

（二）广播电视节目制作经营机构数量偏少，市场竞争和赢利能力不强

截至 2014 年底，江西省广播电视节目制作机构的总量 74 家。虽相比以前

数量在持续增长，但是总量仍偏少，离预计 2015 年底突破 100 家的目标还有一定的差距。相比其他省市，江西省尚属于洼地，很难形成规模效应，这也从源头上制约了江西省广播影视创作生产数量。以电视动画片生产为例，2013 年，全国通过国家认定的动漫企业已超过 500 家，相关制作机构 6400 余家，而江西省具备创作生产电视动画片能力的公司仅有 6 家。其中，作为江西省电视动画片创作生产大户的江西迪卡传媒有限公司，2013 年以来已开始重点转向与外省机构联合创作生产电影动画片，目前尚未有电视动画片创作生产计划。

从江西本土的这些节目制作机构来看，业务基本以内容创作为主，且独立性低，没有把握核心环节，市场竞争能力不强。很多剧都是和北上广的公司合作制作，有些微电影的环节也都是在北上广等地外包完成的，在本地能够独立完成的多为拍摄环节。机构的产出数量质量也不稳定，这一点在电视剧上表现得尤为明显。在 2014 年虽然有 2 部电视剧《我爷爷和奶奶的故事》《油菜花开》被卫视收购，进入黄金时段播映并获得良好反映，但数量显然严重不足。此外，2014 年全年取得《电视剧制作许可证（乙种）》的很多剧目都因为各种原因，没能顺利完成拍摄。

（三）制播分离改革远未完成，广播电视节目市场化程度较低

"制播分离"作为加快广播电视产业化进程的一项必然选择，是广播电视台提高竞争力的重要手段。在"制播分离"走向深入已成发展大势的当下，江西省从省广播电视台到市、县广播电视台，实施制播分离改革的进度较慢，程度不高，效果不明显，部分广播电视台至今尚未开展制播分离工作。以外包、委托制作、购买、交换等方式从社会制片公司获得更为专业、成本更低的节目的市场模式远未普及。按照现代企业制度要求组建广播电视台控股的节目制作公司的"准制播分离"也不普遍。

在没有实现制播分离的情况下，为了节目播出的需要，各电视播出机构需要自己投入大量的人力、物力、财产用于各类节目的制作。这既不利于电视节目生产的专业化和降低内容成本，同时也导致行业外社会机构和民营资本介入节目制作领域的机会难得，无法带动民营电视节目创作机构的发展。这种渠道市场化的障碍，造成了体制内电视媒体做不强，体制外民营机构做不大的现象出现。在产品市场化方面，自产自播"撒胡椒面"式的模式必然导致节目投入下降，节目质量不高，市场流通能力不足，节目赢利的能力较弱。

（四）重大项目带动作用不强的问题依然突出

《江西省广播影视文化产业2012～2015年发展规划和目标任务》提出，要抓好重点工程建设，以大投入促进大产出，以大项目带动大增长，尤其是要突出抓好对广播影视产业发展具有集聚性和全局性的产业园区和基地建设，为广播影视文化产业发展提供坚实基础和发展后劲。经过3年的建设，事实上，江西省广电领域重大项目带动作用不强的问题仍然没有得到解决，尤其是缺乏像江苏无锡影视基地、浙江横店影视城、北京星光影视园等对带动形成产业集群，推动广播影视产业形成规模化、集约化方面具有引领作用的广播影视文化产业园区或基地。截至2014年，江西省国家级文化产业示范基地增至9个，省级文化产业示范基地增至87家，但当中真正涉及广播影视产业的示范基地很少。

四 江西广播影视产业发展建议

随着中国共产党"十八大"报告中对文化强国的要求上升到战略高度，作为文化产业重要组成部分的广播影视越来越受到关注。江西广电传媒发展文化产业，既有厚重的红色、绿色、古色文化资源可以依托，又有湖南、浙江、江苏等发达地区的经验可以参照。针对江西省影视产业发展的不足，通过梳理国内外发展文化产业的成功经验，提出以下四条发展建议。

（一）大力发展新媒体、新业务，以互联网思维引领广播影视产业创新

与电信网、互联网相比，广播电视网络的步伐明显较慢。伴随着"互联网+"行动计划的提出，融合发展观念的更新，广电网络的发展迎来重要契机。广电运营商在OTT业务的冲击下，迫切需要在自身网络改造、资源整合和业务创新上取得突破性进展。广播电视媒体必须优化产业结构，整合现有资源，合理规划，从网络、应用、终端等方面，把互联网思维融入自己的血液中，利用、开发和扩大广播电视服务的内容和形式。在重视互动电视、数字电视等媒体核心业务的同时，要有跨界思维，积极发展互联网电视并以此为切入点，扩大目标市场，实现受众向用户的转变以及流量变现，促进产业效

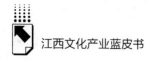

益提升，构筑互联网媒体生态系统、体制架构和商业模式，实现增值服务多元化的多点赢利格局。通过完善内部产品生产运营机制，激活主流媒体跨屏传播核心能量，打造最具市场价值和传播力、影响力、公信力的新型互联网媒体集团。

（二）继续深化制播分离机制，打造一流广电节目品牌

公营电视台自身的资源毕竟是有限的，而市场的资源却是无限的，制播分离最重要的作用恰恰在于达到整合资源的效果。浙江卫视与灿星合作的《中国好声音》的成功就是电视媒体借助外部资源将节目做到顶级水平的典型例证。制播分离无疑是电视节目的大势所趋。

作为江西卫视的第一档定制节目，《家庭幽默录像》已成江西卫视收视率最高的节目，曾一度奠定全国周一晚间收视霸主地位。此节目制作方为江西春华秋实影视广告传播有限公司，目前旗下的电视栏目除了《家庭幽默录像》，《你会怎么做》《你不知道的江西》等也取得了不俗的收视。江西卫视另一档采取制播分离合作模式，由江西卫视出资，委托天择传媒公司制作《带着爸妈去旅行》，节目前期的精彩积累和观众的口碑传播使得节目收视率一举攀升到0.806%，跻身同时段综艺节目前三名，CSM35城市组创下了1.272%的收视高点。可见，基于市场化运作的制播分离机制有利于广泛引入节目制作的市场主体参与竞争，实现内容产品的优胜劣汰。广电部门应该建立起公开、公平、公正的节目交易平台、栏目自由进出机制和灵活的用人机制，为节目创优培育成长的土壤环境。

浙江卫视除了与外部公司合作外，也尝试在频道内部实行"准制播分离"，加强体制改革，实行"节目团队化"，加强制片人的地位，在给予制片人诸多权利基础上，开展以制片人为核心的团队进行项目的竞标。竞标成功以后分配机制也将发生变化，以市场为导向，改变过去的劳务费分配制度，以业绩为基础，参考市场上已经出现的奖励机制进行物质激励，从而调动团队成员的积极性。

（三）加大基地建设和院线经营力度，加快影视产业发展

江西省是文化资源大省，具有浓厚的历史底蕴，并且风景秀美，曾吸引了许

多大牌剧组前来取景拍摄。这种文化资源的稀缺性、独特性、多样性与内涵的深厚性，非常关键和必要，直接影响着影视基地的建设和可持续发展。江西应充分利用自身自然地理风貌和历史文化底蕴，打造国内有影响力的影视拍摄制作基地、实景山水演出基地，建设国内知名的文化演艺中心等。尤其是富有江西特色的影视基地，对于推进影视创作生产的集约化、专业化、规模化发展，带动相关影设备服务业的发展，提升江西影视产业的对外影响力和市场竞争力，都具有极为重要的带动作用。这就要求相关部门要转变思维，抓住机遇，充分利用好国家、省政府促进影视产业发展的各种利好政策、措施，强化市场化竞争，并努力做好资金融通，引导越来越多的企业、个人参与影视作品的创作生产。

江西省去年电影票房收入 5.45 亿元，在中部地区六省中，仅略高于山西省。国家新闻出版广电总局公布的 2014 年中国电影票房的具体数据显示，南昌以 22 个影院共 140 块银幕数票房收入约 2.4 亿元，在 2014 年一二线 30 城市票房排名中位列第 29，其中影院数、银幕数均位居倒数第二。另外，目前江西全省 100 个县中，尚未建设 3 厅以上数字影院的空白点还有 25 个县，大大制约了江西省电影票房的增长。因此，加快县级数字影院改造与建设刻不容缓，一方面政府可以设立影院改造专项资金，充分利用原有的文化中心、礼堂、老电影院等，在有效节约成本的前提下增加影院功能；另一方面，吸引民间资本投入影院建设，同时政府也提供一定额度的资金补贴，由加盟院线提供影院规划、设计；再有，在市场培育方面，通过适当让利、降低价格等方式吸引观众走进影院，以良好的观影体验培养更多潜在客户，潜移默化地改变县城居民的消费习惯和消费结构。

（四）创新人才机制，加强人才培养

任何产业的发展都离不开人才队伍，广播影视产业的发展更是离不开人才队伍的建设。影视产业人才缺乏，尤其缺既懂广播影视产业创建规律、又懂市场经营管理的复合型人才，这已经成为制约江西省广播影视产业发展的"瓶颈"。以江西广播电视台为例，因在南昌本地难以招到合适的人才，每年都要到北京、上海的各大院校招人。但这些人往往在经过几年的培养和历练成熟后，或因不能融入江西本地的生活，或因收入不够高面临买房压力，或谋求个人更好的职业发展等种种原因，纷纷外流。这种现象在江西的一些动漫企业也

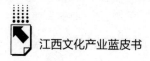

很普遍。从历史上看，江西自古以来就是出人才、汇聚人才的地方，但也是留不住人才的地方。

所以，江西的广播影视行业一方面既要延揽人才，另一方面更要留住优秀人才。首先要立足人才缺乏的现实，重视高素质人才尤其是复合型的管理人才在产业发展中的关键作用，在准确把握产业发展潮流、趋势的基础上，以外部引进、内部挖掘、重点培养等方式有计划、分层次地引进和培养集文化创意、经营管理于一体的复合型人才，提高加快发展广播影视产业的智力保障。同时，广电行业还需创新人才评价激励机制，建立灵活多样的市场化收入分配方式，以充分发挥人才的最大效应。2014 年，江西省新闻出版广电局与北京电影学院签署合作协议定向培养本科生，根据协议，北京电影学院每年为江西定向培养 8 个专业 16 名本科专业人士，其中包括电影剧作、戏剧影视导演、录音艺术、文化产业管理、动画等专业，学生毕业后定向到江西省新闻出版广播影视系统就业。这种联合重点高校为江西省定向培养影视艺术创作、管理人才的模式不失为一种人才培养途径的创新。

动漫业发展报告

刘爱华　熊琴*

摘　要：　江西省文化底蕴深厚，具有丰富的历史文化资源，以"红色、绿色、古色"闻名遐迩，生态环境优良，为动漫产业发展提供了良好的基础条件。且"十二五"以来，中共江西省委、省政府高度重视，重大激励措施频频出台，推动了江西动漫产业的快速发展。在"文化江西"大战略的推动下，一批具有江西特色的动漫作品得以诞生，原创作品水平不断提高，亮点纷呈，极大提高了江西动漫产业的声誉和影响。不过，江西动漫产业发展起步较晚，规模小，同周边省份尤其是湖南省的差距较大，因此，拓宽投资融资渠道，增强动漫产业造血机制；加强人才队伍建设，建立动漫产学研结合平台；实施精品孵化计划，加快动漫品牌营销与推广；加快动漫产业集聚，打造完备的产业链条；加强创意创新教育，加快动漫产业"江西创造"步伐；等等，都将极大地推动江西动漫产业的快速发展。

关键词：　发展对策　江西　动漫产业

随着能源危机和环境危机的逐步加剧，全球经济发展进入转型时期，作为智力经济重要类型的文化产业在欧美发达国家迅速发展起来，成为推动全球经济发展的重要引擎。美国、英国、澳大利亚等欧美国家先行一步，在政策上采

---

* 刘爱华，民俗学博士，江西师范大学文旅学院副教授；熊琴，江西师范大学国际教育学院讲师。

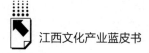

取更加灵活的激励措施，积极支持文化产业发展。随后日本、韩国等先后制定了"文化立国"战略，大力发展内容产业或文化产业，尤其是美国、日本，动漫产业发展迅速，成为文化产业发展的亮点。在这样的时代背景下，为更快融入国际社会，参与国际竞争，中国政府也高度重视，开启了中国文化产业发展的新时代。2009年，国务院颁布了《文化产业振兴规划》，对文化产业发展进行全面规划、部署，动漫产业发展成为其重要内容。2011年，中共十六届七中全会，站在中国经济发展全局的高度，提出了要加快发展文化产业，推动文化产业成为国民经济支柱性产业的重要战略思考。2012年中共十八大以后，多次对文化产业发展加以重点强调，推动了中国文化产业的快速发展，尤其是动漫产业得到迅猛发展。

为更好利用江西丰富的文化资源和优良的生态资源，深入挖掘赣鄱文化特色，变资源优势为产业优势，积极发挥文化产业发展的后发优势，中共江西省委、省政府高度重视文化产业尤其是动漫产业的发展，先后出台了一系列重要文件，采取了众多有力举措，成效明显，推动了"动漫赣军"的迅速壮大。

一　江西动漫产业发展宏观环境

为推动江西动漫产业发展，江西省近年来频频出台并推行了一系列重要的政策、措施，发布之密集，力度之大，为历年来所未有，为江西动漫产业的快速发展建立了良好的政策体制生态环境。

（一）政策法规

2006年，《国家"十一五"时期文化发展规划纲要》颁布，江西省制定了一系列关于推进江西动漫产业发展的政策法规。2007年，出台了《关于推动我省动漫产业发展实施意见的通知》，提出江西省动漫产业发展的指导思想、基本思路和发展目标，并从政策扶持、人才培养、基地建设等方面进行了具体规划，文件还规定建立"江西省扶持动漫产业发展厅际联席会议制度"，由省文化厅牵头，联合省教育厅、省财政厅、省科技厅、省信息产业厅、省经贸委、省地税局、省工商局、省广电局等部门和单位组成，每年召开1～2次会议，共同商讨扶持动漫产业发展事宜。

　　随后，江西省又密集出台了一系列推动包括动漫产业在内的文化产业发展的政策文件，如《江西动漫产业基地优惠政策》、《江西加大对动漫实行幼稚产业保护政策的力度》、《江西省国民经济和社会发展第十二个五年规划纲要》、《中共江西省委关于深化文化体制改革推动社会主义文化大发展大繁荣的实施意见》（赣发〔2012〕6号）、《江西省"十二五"文化创意产业知识产权保护规划》（2011－2015）、《江西省2013～2015年文化改革发展规划纲要》（赣办发〔2012〕14号）、《鄱阳湖生态经济区生态文化建设专项规划》、《江西省文化暨创意产业发展规划（2013－2017）》，尤其是2009年11月30日出台的《江西省文化产业发展专项资金管理暂行办法》，规定江西财政每年安排2000万元人民币设立文化产业发展专项资金，重点支持动漫、新媒体等五类文化产业，将政策支持落到实处。

　　2013年11月1日，江西省出台了《江西省人民政府动漫奖管理暂行办法》，这是江西省首次出台的关于扶持动漫产业的专项政策，也是江西最高规格的动漫奖。2013年12月30日，又出台了《江西省人民政府印发关于加快发展文化创意产业若干政策措施的通知》（赣府发〔2013〕43号），文件对壮大动漫产业进行了重点强调。

　　2014年，对动漫产业的政策支持进一步加大，《关于印发"三个一百工程"的通知》《关于深入推进文化金融合作的意见》《江西省关于加快文化创意和设计服务与相关产业融合发展专项规划（2015－2020年）》等政策、措施先后制定，对江西省重点文化企业建设、江西省文化企业重点招商项目、文化金融合作及文创产业的联合发展进行了重点规划及部署。

　　此外，江西省在文化融资、智力支撑等方面也做出了一定成绩，推动共青团江西省委、省文化厅、中国农业银行江西省分行和江西泰豪动漫学院进行合作，达成战略协议，设立了1000万的泰豪动漫人才基金。同时，中国农业银行江西省分行进一步加大扶持力度，在"十二五"期间为江西省动漫等文化产业发展提供不少于200亿元的信贷支持。在南昌大学、江西师范大学、江西财经大学等高校设立文化产业管理专业，为江西省动漫产业发展提供理论参考和智力支撑，推动全省动漫产业"十个一"工程，等等。这些政策、措施的推行，为江西动漫产业的迅猛发展提供了良好的政策体制生态环境。

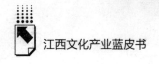

（二）经济、文化及社会环境

随着中国中部崛起战略的实施，江西省经济发展提速，经济总量和增长速度快速提升。据省统计局数据，2013年，江西省GDP总量达14338.5亿元，比上年增长10.1%，增速居全国第13位，增速位居中部第二位。2014年，江西省GDP总量达15708.6亿元，比上年增长9.7%，增速高于全国2.3个百分点，在全国排第7位，与湖北并列中部第一。整体经济发展的加速、经济转型升级的加快、产业结构的优化及经济环境的改善，极大地推动了文化产业的发展。2013年，全省经营性文化产业法人单位实现增加值501.9亿元，占GDP的比重为3.50%。2014年，文化产业进一步发展，增速进一步提升，全省经营性文化产业法人单位实现增加值580.1亿元，同比增长15.56%，占GDP的比重为3.69%。2014年，国家文化部产业司联合中国人民大学发布中国文化产业指数，江西省文化产业发展综合指数以74.2居全国第十，文化产业影响力指数以77.6居全国第八，文化产业竞争力、影响力进一步提升。

在文化大发展大繁荣的时代背景下，赣鄱文化深厚的文化底蕴深受广大人民群众的欢迎，"文化江西"战略逐步深入人心，群众性文化活动迅速发展，文化惠民工程逐步开展，农村公共文化服务体系进一步完善，人民精神文化生活进一步丰富，文艺创作进一步繁荣，非物质文化遗产保护工作得到有效推动，演艺市场逐步繁荣，文化与科技融合加剧，新型文化业态逐步出现，文化创意产业迅猛发展，赣鄱文化得到进一步弘扬和发展。

二　江西动漫产业发展概况

从"十一五"以来，在全国文化产业快速发展的背景下，"文化江西"战略成效进一步明显，江西动漫产业蓬勃发展，产量产值大幅提升，从业人员增长较快，一大批优秀作品随之产生，动漫产业的"江西之路"日益显现。

（一）发展概述

2013年，江西省登记在册且有一定规模的动漫企业有21家，主营业务收入共计7.3639亿元，从业人员5000多人（江西籍在全国从事动漫产业人员达

3 万人以上），已建设和规划中的动漫基地 5 家，通过国家认定的国家级动漫企业 13 家，占全国的 2.2%；国家级重点动漫企业认定的 3 家，占全国的 6.97%；国家级重点动漫产品 3 部；获进口动漫开发生产用品免税资格的动漫企业 2 家，占全国的 9%；登上央视少儿频道原创动漫作品 3 部；3 家动漫企业文化产业企业进入商务部公布的《2013～2014 年度国家文化出口重点企业和重点项目名单》；动漫及衍生产品收入 19 亿元。

到 2014 年，全国动漫产业竞争态势进一步加剧，江西动漫也进一步"动"起来，企业发展规模进一步扩大，主营业收入进一步增长。至 2014 年底，江西省登记在册具有一定规模的动漫企业共 27 家，获得国家认定的动漫企业 16 家，获得全国重点动漫企业认定的 3 家，2014 年，动漫及衍生产品收入 40 亿元。

（二）发展特点与亮点

江西动漫产业虽然起步较晚，但发展势头良好，"十二五"期间，江西动漫产业在动漫作品及衍生产品收入、原创动漫作品数量、重点动漫企业及从业人员等方面都快速提升，亮点纷呈，产业发展逐步迈上一个新台阶。

1. 产业增速提效十分明显

江西动漫产业发展起点低，但发展速度非常快，"十二五"期间，动漫产业发展不少指标都呈现倍增长。2012 年全省动漫产业动漫作品及衍生产品收入 10.1 亿元，2013 年全省动漫产业动漫作品及衍生产品收入达到 19 亿元，同比增长 188%。2014 年江西省登记在册并具有一定规模的动漫企业共 27 家，从业人员 5000 多人，动漫及衍生产品收入 40 亿元。从中可以看出，仅仅两年的时间，江西动漫企业数量就增长了 12 家，从业人员则增加了 4100 多人，增长了 5.6 倍。数据显示，2011 年江西省在国家广电总局注册登记的电视动画片共 5 部，共计 2730 分钟。到 2012 年，江西省在国家广电总局注册登记的电视动画片共 6 部，共计 16347 分钟，增长幅度十分迅猛。

2. 原创作品水平不断提高

近年来，江西省积极挖掘本地文化资源，加强动漫产业的原创作品扶持力度，推动了一大批具有较大影响的优秀原创动漫作品产生，如《安源小子》《笛卡特警队》《机器帝国》《阿香日记》《星梦园》《老雁怪怪》《霸气 MM》《星梦园》《开心虫事》《朗朗中文》《公益天下 365 三维动画》《鄱湖神珠》

《瓷童海梦》《天工开物——开心岛》《脐橙寻宝记》，等等。其中《阿香游中国》入围"中国文化艺术政府奖首届动漫奖"的"最佳动漫出版物奖"；《笛卡特警队》和《小虫乐事》两部动画片荣获国产优秀动画片称号；《铁皮青蛙》入选首批全国47部动漫作品国家动漫精品工程；《星梦园》在法国巴黎动漫节中大放异彩，被法国国家电视台、中东9国等国家级影视机构联合收购，赢得一片好评；《安源小子》被国家广电总局列入2011年度全国推荐播出优秀动画片目录；《天工开物——开心岛》荣获2012年度国家动漫精品二等奖，荣登中央电视台播映榜单；等等。这些都是近年来江西原创动漫作品的优秀代表，进一步提升了江西动漫产业的影响力、竞争力和辐射力。

3. 企业认定数量不断增长

2010年，江西省登记在册且有一定规模的动漫企业共14家，获得国家认定的动漫企业2家，获得全国重点动漫企业认定的动漫企业1家。2011年，江西省登记在册并具有一定规模的动漫企业增至15家，获得国家认定的动漫企业增至5家，获得全国重点动漫企业认定的动漫企业增至2家。2012年，江西省登记在册且具规模的动漫企业增至20家，获得国家认定的动漫企业增至8家。2013年，江西省登记在册且有一定规模的动漫企业增至21家，通过国家认定的国家级动漫企业增至13家，获得全国重点动漫企业认定的动漫企业增至3家（见图1）。

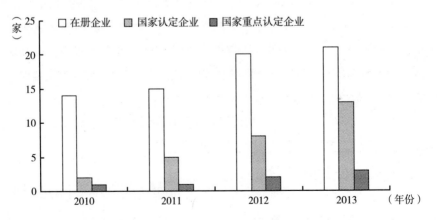

图1　2010～2013年江西省动漫企业认定情况

数据来源：根据相关资料整理。

4. 动漫品牌打造成效初显

经过多年努力，江西动漫产业依托江西"红色、绿色、古色"生态文化资源，积极打造江西特色动漫品牌，成效已经初步显现。自 2009 年国家文化部、财政部和国家税务总局公布第一批国家认定动漫企业以来，到 2014 年，江西省共获得国家认定的动漫企业 16 家，占全国比重 2.39%；获得全国重点动漫企业认定的动漫企业 3 家，即江西泰豪动漫有限公司、江西笛卡传媒有限公司和江西凯天动漫有限公司，占全国比重 6.97%（见表 1）。同方泰豪动漫产业投资有限公司被评为第四批国家文化产业示范基地。江西笛卡传媒有限公司和江西凯天动漫有限公司获进口动漫开发生产用品免税资格，占全国的 9%；江西瀚皇典影视文化传媒有限公司开发制作的动画片《天工开物——开心岛》和江西笛卡传媒有限公司制作的《汉字大作战》获得国家广电总局推荐的 2012 年度第二批优秀国产动画片，占全国 14.3%。同时，《天工开物——开心岛》还入围国家文化部"2014 文化产业创业创意人才扶持计划"，该企业负责人卢军入围文化部"2014 文化产业创业创意人才库"；《汉字智立方》《老阿姨的梦》入选文化部 2014 年弘扬社会主义核心价值观动漫扶持计划；江西省腾王科技有限公司、江西凯天动漫有限公司和江西中文天下文化传播有限公司等 3 家动漫企业进入商务部公布的《2013~2014 年度国家文化出口重点企业和重点项目名单》；等等。初步形成以南昌为中心，以萍乡和新余为两翼，覆盖全省的动漫产业发展新格局。

此外，江西省正在大力推进动漫产业基地建设，搭建更高层次的发展平台，以进一步发挥江西动漫产业的集聚效应和推动动漫品牌的形成。2014 年正建设和规划中的江西动漫产业基地有 5 个，即南昌国际动漫产业园、江西省萍乡动画漫画中心园、天腾科技吉安动漫产业园、江西泛美动画实训基地、江西腾王移动互联网游戏产业基地。

表 1　江西省获得文化部认定重点动漫产品名单

时间	全国	江西	公司	作品	类型
2010 年 9 月 2 日（首批）	35 部	1 部	江西泰豪动漫有限公司	《阿香日记》	手机动漫作品
2012 年 9 月 24 日	31 部	1 部	江西笛卡传媒有限公司	《笛卡特警队》	三维动画片
2013 年 6 月 21 日	24 部	1 部	江西凯天动漫有限公司	《我的老婆是只猫》	动画（电影）

数据来源：江西省文化厅文化产业处。

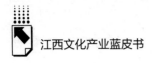

三 江西动漫产业发展存在的问题

江西动漫产业在发展中取得了不俗的成绩，从几近空白的基础上逐步壮大起来，不少指标甚至达到全国领先行列，为其后续发展创造了良好条件。但是，江西动漫产业还处在一种粗放的发展状态，在技术、人才、管理等方面仍存在诸多问题。

（一）产业规模小，动漫人才短缺

以 2012 年为例，山西省拥有动漫企业 35 家，动漫从业人员 2800 余人；河南省拥有动漫企业 120 多家，动漫从业人员 5000 多人；湖北省拥有动漫企业 150 余家，动漫从业人员约万人；湖南省拥有动漫企业 150 多家，动漫从业人员约 1.36 万人。据统计，2012 年江西全省登记在册且具规模的动漫企业有 20 家，从业人员 3000 多人。可以看出来，江西动漫企业整体规模比较小，与周边邻省的差距还较大，尤其是和湖北、湖南的差距非常大，在中部地区，与山西实力比较接近。专业人才也十分短缺，极大地限制了江西动漫产业的做大做强。尽管江西动漫产业也曾有过辉煌，诸如凭借创作动画短片《邦尼》获得奥斯卡金像奖的肖永亮，创作网络游戏《仙剑奇侠传3》的卢晨，等等，但这些杰出的高层次动漫人才都先后离开了江西，这也是江西动漫发展的"软肋"所在。人才流失严重，尤其是高层次人才的流失，造成江西动漫一直停留在低水平的加工、制作层面上。

（二）知名品牌较少，且影响力有限

从国家动漫企业认证来看，2010～2013 年，安徽省共有 28 家动漫企业获得国家动漫企业认定。1 家动漫企业获得国家重点动漫企业认定；湖北省共有20 家动漫企业获得国家动漫企业认证，3 家动漫企业获得国家重点动漫企业认定；河南省共有 19 家动漫企业获得国家动漫企业认证，1 家动漫企业获得国家重点动漫企业认定；湖南省共有 16 家动漫企业获得国家动漫企业认证，6 家动漫企业获得国家重点动漫企业认定；山西省共有 7 家动漫企业获得国家动漫企业认证，1家动漫企业获得国家重点动漫企业认定。从总数上说，江西省名列最后一位，只有10家动漫企业获得国家动漫企业认证，在国家重点动漫企业认证上江西略有优势，仅次于湖南（6家），与湖北省并列第二（3家），超过其他三个省份（1家）（见表2）。

表2 江西省国家级动漫企业认定名单

单位：家

		2009 年	2010 年	2011 年
江西国家级动漫企业认定数量	国家认定企业16家	泰豪集团江西动漫产业有限公司	江西笛卡传媒有限公司	南昌奇妙动漫文化发展有限公司
		江西泛美动画影视传媒有限公司	江西省瀚皇典影视文化传播有限公司	南昌星海浪三维动画制作有限公司
		萍乡市开天网络有限责任公司		赣州福雷斯文化传播有限公司
	国家重点认定企业3家		江西泰豪动漫有限公司	
全国国家级动漫企业认定数量	国家认定企业	100	169	121
	国家重点认定企业		18	
		2012 年	2013 年	2014 年
江西国家级动漫企业认定数量	国家认定企业16家	江西卡卡通通信有限公司	江西省钤山堂文化传播有限公司	江西务本传媒有限公司
		南昌太卡通文化传媒有限公司	江西腾王科技有限公司	江西希格思科技有限公司
		萍乡市安源境界三维影视动画有限责任公司		萍乡市漫步青云动漫发展有限公司
	国家重点认定企业3家	江西笛卡传媒有限公司	江西凯天动漫有限公司	
全国国家级动漫企业认定数量	国家认定企业	110	87	82
	国家重点认定企业	16	9	

数据来源：江西省文化厅文化产业处。

从重点动漫产品来比较，2010 年，湖南省有 13 个重点动漫产品。除去山西省、安徽省空缺外，江西省与河南省、湖北省并列，只有 1 个重点动漫产品《阿香日记》；2012 年，湖南省有 4 个重点动漫产品，湖北省有 2 个重点动漫产品，安徽省有 1 个重点动漫产品，与河南省、山西省空缺相比，江西省稍强一点，有 1 个重点动漫产品《笛卡特警队》。2013 年，在河南省、安徽省、湖北省空缺的情况下，江西省与山西省、湖南省并列，都只有 1 个重点动漫产品。这说明，当中部几省强时，江西处于弱势，当中部一些省弱时，江西的强势也不显，似乎总处于中游状态。

表3　2010～2013 年中部六省国家重点动漫产品比较

单位：个

	江西省	湖南省	湖北省	安徽省	河南省	山西省
2010 年	1	13	1	0	1	0
2011 年	/	/	/	/	/	/
2012 年	1	4	2	1	0	0
2013 年	1	1	0	0	0	1
总计	3	18	3	1	1	1

资料来源：根据相关资料整理。

总体来说，在中部地区，在国家动漫企业认证数量上，江西省处在较低的位置，仅仅超过山西。可以看出，江西省动漫产业在中部地区具有一定优势，但与湖南省差距较大，与广东、浙江、江苏的差距更大，品牌总数量比较少，且影响力小。

（三）融资平台不完善，企业资金链短缺

江西省动漫产业普遍存在小、散、弱等问题，生存与发展时常受到挑战。动漫企业属于一种资本聚集型、智力密集型、高新技术型企业，具有高投入、高利润和高风险性的特点，前期的动漫形象创意、塑造和动漫情节设计资金投入大，生产周期长，由于风险很难控制，金融机构投资兴趣不大，江西省动漫企业资金难以周转，科技设备更新慢，动漫人才培养滞后，市场适应能力弱。

（四）创新意识不强，产业链条比较单一

江西省动漫产业创新意识不强，按照微笑曲线，江西省的动漫企业大多处在曲线的底部即中游，亦即从事动漫企业的制作、加工，主要承接外包、外加工和代做活动，层次比较低，作品创意不足。在动漫形象创意、设计及动漫品牌塑造、产品营销等产业链中利润较大的两端即上、下游相对水平较差。据统计，2011 年，在全国推荐播出的 82 部优秀动画作品中，浙江、江苏、福建等省都在 10 部以上，而江西省只有 2 部。

动漫产业是一种智力型创意型的新兴产业，产业链的挖掘需要创新意识，从题材选取、创意设计到内容制作、产品传播、品牌营销，再到衍生品的设计、生产和销售，具有一条较长的产业链。江西动漫产业链条单一，基本上都止步于动漫产品的制作、加工、放映，在动漫衍生品的开发方面十分薄弱，且动漫题材比较局限，在手机动漫、PC 网络动漫、动漫出版物等方面仍有待提高。

四 江西动漫产业发展对策及展望

江西动漫产业具有先天的优势，即深厚的赣鄱文化底蕴、优良的生态环境，也有后天的不足，即企业规模小、资金短缺、人才紧缺、知名品牌少，等等，如何正视这些优势与不足，顺应当下动漫产业发展的趋势，采取有针对性的发展措施，将极大影响到江西动漫产业的未来走向。

（一）发展对策

1. 拓宽投资融资渠道，增强动漫产业造血机制

政府部门应积极搭建动漫产业发展平台，加强服务意识，搭建公共技术服务平台，建立公共技术服务支撑体系和共享机制，为动漫产业发展提供良好的政策体制生态环境。要借助各种动漫节、交流会、文博会、论坛及学术会议，加强宣传推介，把江西动漫企业推出去。同时，要创造更好的融资环境，建立健全风险监控制度，积极开拓投资融资渠道，突破投资融资难瓶颈，寻求多种力量，广泛吸引多层次的民间资本、外资进入动漫产业。搭建金融行业与动漫

企业的战略合作平台，支持金融行业对其投资、贷款，增强动漫产业的造血机制，推动江西省动漫企业整体水平的快速提升。

2. 加强人才队伍建设，建立动漫产学研结合平台

动漫产业是一种智力型创意型的新兴产业，是高科技与创意的结晶，动漫产业的发展，创意人才是支撑和关键。因此，应着眼于长远，加强动漫人才的培养，建立动漫人才库，加快各层次动漫人才的储备与培育。建立动漫人才培养方案，重点培养高端创意与复合型经营管理人才，同时对动漫营销人才及动漫专门技术人才也要有计划地进行培养。

政府应利用各种资源，积极搭建高校、动漫企业和专业机构的合作平台，建成覆盖高等院校、职业教育、企业实训的人才培训体系，加强高校动漫人才与市场衔接，增强实践能力，建立动漫产学研合作平台，创新双向互赢机制，提高动漫人才培养的实用性和适用性。

3. 实施精品孵化计划，加快动漫品牌营销与推广

依托行业协会、高校、动漫企业和专业机构，积极打造原创动漫作品发展平台，定期举办动漫大赛、创意大赛等，通过纸媒、互联网、手机网络、微信等立体媒介平台推向全社会，积极宣传推介，选拔优秀青年动漫人才。实施精品孵化工程，推动江西省动漫企业与国内外著名动漫企业的合作，学习其先进经验与技术，每年重点精心打磨、推出 1～2 个具有赣鄱文化特色的动漫精品项目。鼓励动漫企业携手高校、海内外著名动漫企业开展 3D 动画制作、云技术渲染平台、远程无纸化生产制作系统等研发，加强技术利用实验和市场推广，形成动漫精品制作的技术优势和市场优势。

动漫品牌是消费者对于动漫产品和动漫产业的价值、质量、声誉、影响力所形成的肯定性的感受和评价的结晶体，是一种能创造无限价值的无形资产。政府、行业协会、企业及高校要统一认识，形成强大合力，积极加强江西省动漫企业品牌的打造，实施品牌战略，凝练特色，加强宣传，注重营销，积极参加各类动漫节、交流会、文博会等重要交流活动，大力推动企业走出去，与国内外著名动漫企业进行交流与合作，适应市场需求，强化市场意识、竞争意识和产业意识，不断优化产品质量，努力打造一批动漫产业精品和著名品牌。

4. 加快动漫产业集聚，打造完备的产业链条

重点扶持南昌国际动漫产业园、江西省萍乡动画漫画中心园、天腾科技吉安动漫产业园、江西泛美动画实训基地、江西腾王移动互联网游戏产业基地等五个动漫产业基地。进一步加强政策引导和扶持，推动动漫产业集聚发展，加快要素孵化，在产业基地内逐步形成以龙头骨干企业为支点、以中小企业为羽翼、专业分工与协作完善、具有国际竞争力的产业集群和集聚区域。

在加快动漫产业制作、生产的同时，加强创意设计、产品开发、品牌塑造、服务外包、出版发行、产品营销等全产业链的打造，积极利用江西厚重的历史文化资源，加强创意，加快要素整合和集聚，注重衍生品的设计、生产及开发，提高衍生品附加值，进一步做大做强江西省动漫产业。

5. 加强创意创新教育，加快动漫产业"江西创造"步伐

积极推动高校、企业与专业机构的合作，注重产学研互动，以项目为载体，以文化资源为依托，从源头上开展原创性设计，加强创意创新教育，提升创意水平，拓宽选材范围，注重题材的多样化，积极融入现代元素、科技元素，巧妙借鉴当代流行的创作手法，赋予传统文化元素新的展示形式，努力创作出既具有赣鄱文化特色、凝聚民族精神与情感，又符合时代发展和欣赏口味的原创动漫精品。改变江西动漫产业以加工制作为主的粗放式发展模式，变人力密集为智力密集，推动原创动漫产品的精品化、市场化和产业化，推动江西动漫产业由"江西制造"真正走向"江西创造"。

（二）未来展望

1. 树立"大动漫"理念，积极融入大众生活

随着动漫产业的进一步发展，动漫理念将进一步刷新，动漫不仅仅是儿童的专属领地，也不仅仅局限于消费领域，而将逐步淡化年龄的界线，渗透并服务于大众生活，成为具有公共属性的大众的一种生活方式和生存方式。这种"大动漫"理念，建基于大众都拥有一颗童心，在观看、欣赏动漫过程对童年的甜蜜回味和温馨记忆能够产生共鸣，在动漫消费中同样可以得到更多快乐。动漫，也是童性思维、语言、心理的影像化，好的动漫作品所蕴含的人生、社会、宇宙观哲理对和谐社会的形成有巨大的不可或缺的潜移默化作用。同时，动漫不仅仅是一种消费方式，未来动漫产业的"领地"将进一步拓展，逐步介入公共服务领域，诸如公益广告、交通提醒、理财服务、天气预报等领域，革新动漫理念，将进一步推动漫产业的生活化、服务化、市场化和产业化。

2. 区域竞争进一步加剧，创新创意成为竞争焦点

动漫产业是一种创意型智力型的新兴产业，也是一种高附加值产业，动漫产业已经成为各省文化产业发展的重心之一。将来动漫产业的发展必将成为各省竞争的重要领域，也必将推动各省竞争的进一步加剧。将来动漫产业的发展必然逐步走出低水平的"手工作坊式"的加工、制作阶段，而进入集约化的"智能实验室式"的创意、设计阶段，创新创意将成为产业发展的强大内驱力。将来动漫产业的竞争，取决于如何加快要素集聚，努力挖掘地区文化资源，转变为创意资源和产业特色，打造具有地域特色的动漫品牌，加强动漫产业培养和储备，注重创意设计，加强智力开发，拓展衍生品，并将直接决定其在未来竞争中所处的位置。

3. 移动互联网技术快速发展，手机动漫开启新时代

据统计，到2014年底，中国移动每月的流量收入已经达到50亿元，而且还在以每年超过50%的速度增长。在移动互联网发展历程中一个重要时间点是2011年5月，在这个时间中国移动手机流量的收入已经超过短信的收入，这标志着中国移动互联网时代的到来。手机网络成为主要的信息交流工具和平台，大众主要用手机上网，而不仅仅是发短信、通话，手机流量在"拇指经济"的比重越来越大。

移动互联网的发展，推动手机网络逐步由3G时代进入4G时代，而且5G时代也并不遥远，手机网络造就了"低头一族"，同时也为"动漫手机化"和"手机动漫化"提供了重要发展契机，如何与中国移动手机网络加强战略合作，将优质动漫产品融入手机网络，打造全新的发行平台，推广全民的动漫文化，发展全赢的产业链，对江西省动漫产业来说，意味着广阔的产业发展机遇和市场潜力以及将来动漫产业发展的制高点和主动权。

B.5 文化旅游业发展报告

钟建安　罗 擎*

摘　要：　江西具备文化旅游业发展得天独厚的条件。2011年，江西省提出"江西风景独好"的旅游品牌宣传，之后江西省一直致力于宣传和提升旅游品牌形象，加强基础设施、旅游接待条件建设。2014年，江西省文化旅游业更是亮点纷呈，省委省政府主要领导高位推动、《江西省旅游管理条例》出台，旅游局更名为旅发委等，文化旅游呈现影响力不断提升、旅游服务环境不断优化、旅游产品业态不断丰富的特点。文化旅游发展中也面临着文化与旅游融合程度低，文化资源保护现状堪忧等问题。"十三五"期间，江西省文化旅游业发展要继续加强文化与旅游的结合程度，挖掘更有吸引力的文化旅游产品。

关键词：　江西文化旅游　现状　问题　对策

江西拥有丰富的文化旅游资源，以"红色、绿色、古色"著称于世。江西被誉为"红色摇篮"，红色江西犹如一个没有围墙的革命历史博物馆。在赣鄱大地上，革命旧址、名人故居及各类纪念建筑数量众多、分布规范。其中，井冈山革命旧址群、瑞金革命旧址群为全国规模最大的两处革命旧址。江西又被称为"绿色家园"。绿色江西生态环境优越，名山大湖遍及全省，森林覆盖率位列全国前茅。庐山、井冈山、三清山、龙虎山、三百山、明月山等钟灵毓

* 钟建安，历史学博士，江西师范大学文旅学院副教授；罗擎，江西师范大学文旅学院研究生。

秀、雄奇变幻，鄱阳湖、柘林湖、仙女湖等水碧天蓝、清波荡漾。绿色江西已成为海内外游客休闲的"后花园"。江西还被喻为"古色厚土"。古色江西历史文化底蕴深厚，"物华天宝，人杰地灵"。陶渊明、欧阳修、曾巩、王安石、朱熹、文天祥、汤显祖等鸿儒巨匠灿若群星。千年瓷都景德镇、千年道教祖庭龙虎山、千年名楼滕王阁、千年书院白鹿洞、千年药都樟树，以及千年的临川文化、庐陵文化、佛教文化、客家文化、古村文化、商埠文化内涵独特，底蕴厚重，它们构成了极富多元性、原生性和传承性的人文生态环境，闪耀着赣鄱文化的灿烂光华。

江西旅游资源得天独厚，红色、绿色、古色旅游资源融为一体、相得益彰，为江西旅游产业的跨越式发展创造了优越的条件。

一 江西文化旅游业发展状况

为实现江西从"旅游大省"到"旅游强省"的转变，2013 年，中共江西省委、省政府联合印发了《关于推进旅游强省建设的意见》，着力实施旅游强省战略目标。江西省委十三届七次全体（扩大）会议再次强调了"以文化旅游促进江西省旅游业率先崛起"的目标，要求旅游主管部门站在全国旅游发展的高度，科学规划、全面部署，充分挖掘文化旅游资源潜力，努力推进文化与旅游深度融合，借势拉动现代服务业超常规发展，使文化旅游成为支撑"发展升级、小康提速、绿色崛起"的主导产业。江西旅游业发展迅猛。2012 年，全省旅游接待总人次达 2.05 亿，旅游总收入为 1402.59 亿元。2013 年，全省旅游接待总人数达 2.5 亿人次，同比增长 22%；旅游总收入为 1896.06 亿元，同比增长 35.18%。2014 年，全省旅游接待总人数突破 3 亿人次，旅游总收入为 2650 亿元，分别同比增长 25% 和 39%。旅游消费和综合效益增长强劲，为文化旅游的跨越发展奠定了坚实基础。

（一）文化旅游业影响力不断提升

通过精心打造文化旅游产品，大力宣传本省文化旅游品牌，江西省文化旅游业影响力不断提升，为江西文化旅游产业的发展提供了强大动力。

1. "江西风景独好"旅游品牌影响力扩大

2011 年，江西巧借毛泽东 1934 年在赣南写下的诗句"踏遍青山人未老，风景这边独好"，向全国、全世界推出了旅游宣传口号"江西风景独好"。这一宣传口号形象地概括了江西作为旅游资源大省的特点。江西拥有"中国第一大淡水湖"鄱阳湖和"四大名山"庐山、井冈山、三清山、龙虎山。江西红色旅游资源最为丰富，红色旅游资源遍布江西各地。江西有 3 处世界自然遗产，1 处世界文化景观，4 个世界地质公园，6 个 5A 级景区，14 个国家级风景名胜区。景德镇瓷器、白鹿洞书香、东林寺钟声等托起了江西厚重的文化底蕴。"江西风景独好"是对江西红色文化资源、古色文化资源和绿色资源的高度概括。2011 年以来，江西省在境内外旅游市场开展了一系列规模空前的立体宣传攻势，使"江西风景独好"的知名度和美誉度迅速集聚提升，品牌形象深入人心。在 2014 年第二届中国文化旅游品牌建设与发展峰会上，"江西风景独好"获得了"影响世界的中国文化旅游口号"的美誉。

2. 业内影响力显著攀升

2013 年，江西省提出旅游强省建设目标。2014 年，"旅游大讲坛——聚焦江西旅游强省建设"在南昌的成功举办，引发了旅游界专家对江西旅游强省建设议题的高度关注。联合国世界旅游组织、中国社科院旅游研究中心的多名旅游界专家、学者齐聚江西，总结旅游强省建设的经验，为江西省旅游升级把脉献策。2014 年，全国旅游局长研讨班对江西省旅游强省建设的经验进行了介绍，北京、浙江、广西、江苏、内蒙古等十余省（市、区）旅游主管部门和业内人员到江西考察旅游强省建设工作，中央电视台《新闻联播》、《人民日报》、新华社、《中国旅游报》等各大主流媒体也做了深入报道。在 2014 年全国旅游发展调研座谈会上，国家旅游局对江西省建设旅游强省所取得的成就给予了积极评价，认为江西省在中部省份率先成立旅游发展委员会，初步建立起一套旅游产业运行管理机制来统筹产业发展，对其他省份具有很强的示范作用。

（二）旅游服务环境不断优化

1. 文化人才队伍建设初具规模

2009 年，国家文化部与国家旅游局提出要求：各省市要根据市场需求和文化旅游产业发展的实际情况，定期组织文化旅游从业人员进行业务培训，联

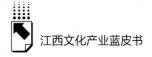

合开展导游和讲解员培训，努力培育一支高素质、专业化的文化旅游人才队伍。

2012年5月，由江西省旅游局与江西师范大学共同打造的"江西省金牌讲解培养基地"在江西师范大学设立。同年10月，江西省旅游局又与江西科技师范大学签订协议，设立第二个"江西省金牌讲解班"，合作培养文化旅游人才。"金牌讲解班"以旅游产业需求为导向，面向讲解需求设置课程，实行"专业课程、语言课程和素质教育课程"三位一体的课程架构，开创了政府、高校、行业、企业协同培养旅游人才新模式。2013年11月，江西省旅游局组织召开了江西省金牌讲解班与旅游景区对接会，全省11个设区市和20个重点旅游景区前来会场"抢夺"金牌讲解人才。2014年7月4日，"首届江西省金牌讲解班毕业汇报会"在南昌召开，第一批54名学生在省内重点景区实现100%就业。

此外，江西省旅游局还与省委组织部联合举办了"推进旅游强省建设高级研讨班"，与江西财经大学共同开办了"高级旅游管理人才研修班"，与旅游院校、饭店协会、酒店人网合作举办了"旅游饭店总经理岗位职务培训班""旅游饭店餐饮岗位职务培训班"，与设区市旅游局合作举办了"旅行社管理人员岗位职务培训班""旅游饭店总经理岗位职务培训班"，与上海市共同举办了"沪赣两地旅游饭店总经理培训班"等。

2. 基础设施建设加快

经过"十一五"期间的建设，江西省旅游基础设施和服务设施不断完善，旅游接待能力进一步增强。高速公路网更加发达，航线航班、高速铁路、城际铁路、一小时都市圈的建设取得了明显成效，大大延展了游客出行距离和产业发展空间，为"十二五"期间江西旅游产业的发展奠定了良好基础。"十二五"时期，江西省着重建设了省内旅游公路、省际公路连接线以及特色景观旅游公路、自行车观光公路、乡村旅游公路；完善了交通干线标识系统和沿线生态停车场、紧急救援、汽车维修、休息站点的配套设施建设，强化了旅游服务功能；完善了节点城市与景区、景区与景区间的旅游客运公交线；规范和提升了出租车服务质量，努力满足日益增长的自驾游市场的需求。

3. 旅游接待条件不断完善

建设一批与景点协调配套的高档宾馆，改善接待条件，提高服务水平是江西发展文化旅游业的必要措施。2014 年全省共有旅游星级饭店 389 家，与 5 年前相比增长 63.45%，其中五星级酒店从 2 家发展到 7 家，四星级酒店从 14 家发展到 62 家。2014 年，全省评定批复五星级饭店 2 家，四星级饭店 14 家，三星级饭店 17 家，金叶级绿色饭店 1 家；评定五星级旅行社 3 家，四星级旅行社 1 家，三星级及以下旅行社 18 家。

（三）旅游产品业态不断丰富

1. 文化旅游产品多样化

"十二五"时期，江西省开发了一系列文化旅游产品。主要有：以革命圣地为依托的红色旅游产品，以瓷都景德镇为依托的陶瓷赏购研修旅游产品，以名镇名村为依托的乡村民俗风情旅游产品，以道教名山和佛教圣地为依托的宗教文化旅游产品，以名人、名楼、书院和历史文化为依托的赣鄱文化旅游产品，以体育赛事为依托的休闲运动旅游产品，以特色温泉为依托的养生度假旅游产品等，这些多样的旅游产品适应了不同层次旅游者的需求。

2. 旅游产业投资快速增长

2013 年，江西全省旅游项目投资额超 1500 亿元，总项目数达 290 个，其中亿元以上项目为 222 个。中国港中旅集团、中航工业集团等行业巨头和全联旅游业商会组织纷纷与江西开展合作。2014 年上半年，全省旅游投资总额为 1530.29 亿元，呈现以下四大特点：一是综合体投资、跨界投资持续增加，其中大型旅游综合体投资达投资总额的 39.61%。二是民营企业和股份制企业投资占比达 75% 以上。三是传统旅游行业与基础设施投资逐渐减少，宾馆酒店、基础设施等投资占比不到 8%。四是投资方向从观光旅游向观光、休闲、度假旅游并重转变，向集约节约和环境友好转型。

3. 旅游品牌建设不断推进

在旅游总品牌"江西风景独好"的号召下，江西加大了 A 级景区的创建力度，成果丰富。2014 年，瑞金、明月山成功通过国家 5A 级景区景观评审，列入预备名单；全省新增 4A 级旅游景区 23 个，3A 级旅游景区 17 个；对评定满 3 年的 112 个 A 级旅游景区开展复核工作，以复核推进全省 A 级旅游景区标准化管理；全省 17 家旅游景区列入广东国民旅游休闲示范单位；婺源、井冈山两地获"国家级生态旅游示范区"称号。

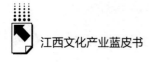

4. 区域旅游合作日益加强

截至 2014 年，江西省进一步完善了赣东北、赣西旅游区域合作发展机制。江西省旅游产业发展领导小组印发实施了《赣东北旅游合作发展规划》，制定了《昌九旅游一体化工作方案》等。另外，江西还主动融接东南沿海经济发达地区旅游市场，加快与周边省市建设旅游协作区。如与安徽联合建设了"景婺黄徽文化旅游区"，与福建联合打造了"武夷山风景休闲旅游区"，与广东、福建两省联合建设了"客家文化旅游区"，与湖南、广东两省联合打造了"红色文化旅游区"等。

二 2014年发展江西文化旅游的重大举措

（一）省委、省政府主要领导高位推动

江西省委书记强卫、省长鹿心社多次专题听取了全省旅游发展汇报，专题调研了各地旅游工作，并就加快发展旅游业做出了一系列重要指示。省委书记强卫在香港招商周、台北赣台经贸会和澳门世界旅游经济论坛期间亲自推介江西旅游，走访中外重点旅游企业。省长鹿心社亲自为赣西旅游发展撰写了调研文章。江西省委常委会会议研究部署了旅游强省建设工作，江西省人大常委会、省政府常务会也专题听取了旅游强省建设的情况汇报，持续为江西旅游发展注入强劲动力。这些高位推动加快了上下联动领导力、产业融合力和区域合作力的形成。

（二）《江西省旅游管理条例》出台

为了加强旅游管理，有效保护、合理开发利用旅游资源，规范旅游市场的秩序，维护旅游者和经营者的合法权益，促进江西省旅游业发展，2014 年 10 月，《江西省旅游管理条例》出台。《条例》规定：旅游资源开发应坚持"统一规划、合理开发、科学管理、有效保护、永续利用"原则；开发和经营旅游项目不得以破坏旅游资源和生态环境为代价，应坚持"自然景观、人文景观、历史文化与现代科学技术相结合"；鼓励开发"具有地方特色、景点特色和文化内涵"的旅游商品和纪念品。

（三）旅游局更名为旅游发展委员会

2014年2月26日，江西省召开全省旅游产业发展大会，决定成立"江西省旅游发展委员会"（简称"旅发委"）。省政府明确规定了省旅发委主要职责、内设机构和人员编制，强化了全省旅游发展的统筹协调职责和旅游综合改革职能。设立旅发委是优化旅游环境的一项有力举措，显示了江西省委、省政府发展旅游业的决心。旅发委将具有综合协调职能，并实行专、兼职委员相结合的工作机制。发改、财政、交通、国土、住建、文化等部门都将与旅游部门建立紧密有效的联动机制，为旅游产业发展"出政策、筹资金、建项目"，形成"部门联动、齐抓共管、合力兴旅"的发展氛围。

（四）国家旅游局政策支持

为加强文化旅游基础设施建设，改善公共文化、红色旅游经典景区等设施条件，国家发改委下达了江西省文化旅游建设项目。2014年，江西省中央财政预算内投资共计1.82亿元，主要用于地市级公共文化、文化和自然遗产保护、无线发射台站及红色旅游经典景区基础设施等52个项目建设。2014年，国家旅游局支持江西省旅游办十件大事：支持南昌创建国家中医药健康旅游示范区，推进旅游养生养老产业发展；支持南昌创建梅岭国家旅游度假区；支持瑞金创建5A级红色旅游景区；支持庐山和三清山景区创建国家智慧旅游景区；支持吉安建设国家旅游扶贫示范区；支持"原中央苏区"的旅游业发展，做好乡村旅游扶贫工作；支持井冈山等地方红色旅游发展，推进红色与绿色、古色融合发展；支持江西国际旅游市场开拓，推动景德镇打造国际旅游品牌；支持江西旅游人才培养，采取送教上门等方式扩大对原中央苏区旅游从业人员的培训；支持江西对台合作与交流，争取把南昌列为下批试点赴台个人游城市。

（五）组建江西省旅游集团

在深入调研的基础上，拟定省旅游集团公司组建方案，成立筹建工作小组，通过改组、改制、兼并、重组等形式，对江西省内包括部分酒店、旅行社、旅游景区和旅游企业的资产进行整合，组建江西省旅游集团，并于12月底挂牌成立。

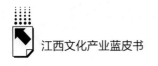
三 2014年江西文化旅游业发展的亮点

（一）推出"旅游特卖会"新模式

2014年3月，江西省旅游局召开江西旅游特卖会新闻发布会，强势推出2014"江西风景独好"旅游推广季系列活动，实现了从品牌推广到产品营销的转变。首场2014江西旅游特卖会于3月29～31日在北京市王府井大街举行，上海、西安两地也在4月和6月相继举办了江西旅游特卖会。活动期间，庐山、井冈山等17家重点旅游景区承诺对报名的游客给予门票五折或五折以下的优惠。特卖会融旅游品牌营销、产品特卖、网络互动、宣传推广四大板块活动于一体，通过现场及网络渠道，线上线下同时让利热卖江西旅游产品，深受广大游客欢迎。"特卖会"引发江西旅游市场持续火爆，成效日益明显。三清山、明月山等景区接待千人以上的大团均在10个以上，婺源更有一个2300多人的特大旅游团。在上海特卖会上，龙虎山景区与多家旅行社签订了旅游专列协议，上海各大旅行社陆续组织旅游专列来龙虎山旅游。

（二）"多方出击"宣传，江西品牌影响力持续攀升

首先，"2014外媒看江西"宣传活动的成功开展。11月14日，由江西省委宣传部、江西省旅游发展委员会、人民网共同主办，人民网江西频道承办的"2014外媒看江西"大型采访报道活动在南昌正式启动。7天时间里，18家国外媒体和11家中国国家级媒体外文频道的40余名记者赴南昌滕王阁、景德镇古窑、婺源、三清山等地采访采风，并通过俄、英、日、韩、法、西等多个语种在全球范围内零距离宣传"江西风景独好"的独特魅力。这一活动把江西浓厚的历史文化、秀美的绿色生态文化更好地向世界范围进行了推广。

其次，"全国交通广播电视记者走进江西"采访活动的顺利进行。江西省联合中国广播电影电视协会举办了该项大型主题采访活动。活动通过整合全省力量，制作完善了新版"江西风景独好"30秒旅游形象广告片，在央视一套和新闻频道《朝闻天下》栏目中加密播出，同时还继续在北京等21个城市

CCTV 移动传媒循环播放，取得了良好的宣传效果。

再次，"江西旅游号"高铁的借势宣传。借助"南昌—北京"首条高铁线路开通，江西省组织各县市区、旅游景区冠名"江西旅游号"，进行高铁旅游营销。一幅幅江西美景被"带上"各个车厢，游客登上"江西旅游号"高速动车组列车，宛如走进一个个江西旅游景点，让人目不暇接、美不胜收。

上述宣传活动提升了江西旅游品牌的影响力，使得江西旅游保持了较快增长，运行质量不断提高。据统计，2014 年江西全省接待总人数达 3.13 亿人次，旅游总收入为 2649.7 亿元，同比增长分别为 25.18% 和 39.75%，全国排序稳步前移。全省各地千人以上的大旅游团纷至沓来，婺源等景区接待的超大型旅游团屡创新高，成为旅游市场的新亮点。

（三）开展境外旅游推广活动

2014 年 5 月 21 日，"'江西风景独好'2014 江西旅游（香港）推介会"在香港会展中心举行。推介会通过专题片播放、旅游文化演艺和民俗表演互动等创新形式，向香港旅游业界展示了江西旅游的魅力与商机。2014 赣港经贸合作活动筹划了 62 项重点旅游招商专案，覆盖景区开发、旅游基础设施及公共服务设施建设、旅游饭店建设管理、文化创意开发、温泉旅游开发推进五大方面，投资总额共计 678.2 亿元。

2014 年 10 月 27 日，第三届世界旅游经济论坛在澳门召开。此次论坛以"海上丝绸之路：由澳门出发"为主题，旅游资源丰富的江西省大放异彩。在当天的"'江西风景独好'（澳门）旅游推介会"上，130.8 亿元大单落户江西，投资方向涵盖景区建设开发、温泉酒店建设管理、旅游产品创意开发等诸多方面。推介会还启动了"江西—澳门旅游官方网站互链"，这标志着赣澳两地旅游深度合作正式拉开大幕。在两岸（江西）经贸文化合作交流活动周上，台北市举办了"'江西风景独好'2014 江西旅游（台北）分享说明会"。江西向台湾游客免费派送了 2100 张"江西旅游门票通票"，组织了"赣台千名旅游专业大学生修学互访"活动。此外，江西省在俄罗斯、韩国也进行了旅游形象推广，和新加坡、泰国旅游集团签订了进一步拓展东南亚旅游客源市场的合作协议。

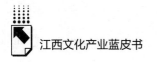

四 江西文化旅游业发展的经验和模式

（一）因地制宜，抓住机遇，主打红色文化

江西是中国革命热土，拥有井冈山革命根据地、红色苏维埃首都瑞金等一批红色资源。2001 年，江西首次在全国提出"红色旅游"的概念，随后出台了《关于大力发展红色旅游的若干意见》。江西省财政每年安排红色旅游发展专项资金 1000 万元，对红色旅游重点景区建设项目实行倾斜。2004 年为纪念长征胜利 70 周年，江西省发起了"2004 中国红色之旅万里行"活动，在全国掀起了开展红色旅游的高潮。2005 年，江西省成功举办了全国第一个以红色旅游为主题的大型盛会——"中国（江西）红色旅游博览会"。它强烈凸现了江西"红色摇篮、绿色家园"这一形象品牌。2008 年，"中国红歌会"走进人民大会堂。2009 年，大型情景歌舞《井冈山》作为庆祝中华人民共和国成立 60 周年献礼在国家大剧院上演。几年间，优秀的、特色鲜明的红色文化作品纷纷涌现，打造了一批红色品牌文化产品。一些区域性红色品牌文化建设也相继完成，如瑞金的"红色故都""共和国摇篮"品牌形象，南昌的"英雄城""中国人民解放军的摇篮"品牌形象等。目前，江西红色旅游发展迅猛，规模达全国同类旅游的三分之一，当之无愧地成为全国红色旅游"领头羊"。

（二）"三色"旅游资源综合开发

江西除了拥有丰富的红色文化资源外，古色文化、绿色文化也十分丰富。发展江西的文化旅游，必须三者结合，才能体现文化旅游的多样性，才能更好地吸引游客，实现文化旅游的可持续发展。江西省巧打"红""绿""古"三色旅游牌，综合开发江西的特色优质旅游资源，利用"红色摇篮、绿色家园、古色文化"旅游文化概念，把"红色旅游"与"绿色旅游""古色旅游"紧密结合，合理规划旅游景点，形成了一系列"唯我独有"的精品旅游线路，如南昌—九江（庐山）—景德镇—婺源"名山瓷都名村文化旅游线"、南昌—龙虎山—龟峰—三清山"名山道教文化旅游线"和南昌—吉安（井冈山）—

赣州—瑞金"红色文化旅游线"等三条旅游精品线路以及一批专项旅游线路，既满足了不同层次旅游者的需求，又提高了旅游产业的整体规模效益。江西红色旅游资源的开发既突出了红色主题，又跳出了红色资源的局限，增加绿色、古色等内容。江西旅游市场呈现了多彩的旅游组合产品，不断满足日益个性化、专业化、定制化的旅游市场需求。

（三）旅游宣传提升旅游产品吸引力

2010 年，江西省旅游宣传营销工作座谈会在南昌召开。会议围绕江西旅游宣传营销工作的开展、江西旅游与世博会的对接、红博会的创新、湖博会的举办等问题展开了深入探讨。会议认为，江西文化旅游要重视宣传片制作、网站建设、资源库的整合，让江西宣传的形象最优化，把江西最好的一面展现给外界；要充分重视网络的作用，加强江西旅游网的建设和拓展网络营销手段；要利用航空杂志和其他相关媒体做好品牌宣传；要充分展示旅游目的地的风光、人文和风情。2012 年，江西省全省旅游工作会议提出了"四个一"工程（一句旅游口号、一部旅游宣传片、一本旅游画册、一首旅游歌曲）。在会上，江西省旅游宣传作品首次集体亮相，有效提高了参选作品知名度，扩大了"江西风景独好"品牌的影响力。2014 年，江西省又召开了一系列旅游特卖会、旅游商品博览会，把"江西风景独好"这个品牌推销出去；充分利用快速发展的媒体，举办了"2014 外媒看江西"大型采访报道活动，借用国外媒体记者的镜头和文字记录下江西优美的自然风光和独具特色的人文风情，把美丽的江西传遍全球。

（四）在旅游中注入更多的文化内涵

2012 年 12 月 10 日，江西省委、省政府在南昌召开了省直文化旅游部门调研座谈会。会议强调，文化旅游业的发展是江西省生态文明建设的必由之路，是实现建设"富裕和谐秀美江西"目标的必然要求。举办了"2012 年江西文化旅游形象大使选拔赛"，推介江西丰富的文化旅游资源，宣传赣都文化，彰显江西文化旅游的独特魅力，吸引更多人来了解江西、认识江西、走进江西。2013 年，江西省提出了以文化旅游促进江西省旅游业率先崛起的目标，重点推进十一个文化旅游区的建设。

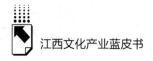

五 江西文化旅游业发展中面临的问题

虽然江西文化旅游发展具备良好的条件，多年来也取得了不小的成绩，但与发达地区相比，还存在较大差距。

（一）文化与旅游融合程度低

在"江西风景独好"享誉全国的背景下，江西旅游的奇特之处在于赣鄱大地秀美山水，更在于其瑰玮绝特的历史文化，在于秀美山水与厚重历史文化的融合。然而，江西省旅游业大多仍依靠自然景观吸引"观光客"。以自然观光旅游为主，对"门票经济"的严重依赖是江西旅游的主要问题。对旅游资源的文化内涵挖掘信心不足、努力不够，导致旅游资源的强大文化潜力没有充分激发出来。文化与旅游融合程度低，导致江西文化旅游产品不多，品位不高，形成不了规模，这些都严重阻碍了江西省旅游业的整体发展。

（二）文化资源保护现状堪忧

江西旅游业管理模式仍然粗放。许多名胜古迹因经费短缺、理念落后等原因年久失修，许多民间传统技艺等非物质文化遗产都处于濒临消亡的危险境地。不少旅游开发和其他建设活动"过度商业化"或"过度利用"，造成了文化资源失于保护、损耗严重。

（三）文化旅游产业运行体制缺陷明显

在旅游业管理体制层面，不少文化旅游资源的管理和利用还存在条块分割、各自为政、缺乏协同等严重问题；在市场机制层面，文化行业和旅游行业仍然缺乏紧密的联络机制，合作领域不够宽广、合作机制也不够顺畅，好的文化创意应用到旅游产业的成功范例寥若晨星。

（四）文化旅游专业人才匮乏

文化旅游人才的匮乏，尤其是既精通文化又谙熟旅游的文化旅游产品创意策划人才、产品经营管理人才等"跨界人才"的短缺，对江西文化旅游发展的局限愈发明显。在很多旅游景区，专业旅游人才的缺乏导致旅游公司在独特创意的设计、旅游产品旅游线路的深度挖掘、旅游服务水平的整体提高等方面"无所作为"，以致文化旅游对游客的吸引力大大"缩水"，文化旅游业发展十分艰难。

（五）市场拓展信息化水平较低，新媒体资源优势难以发挥

江西省旅游信息化工作正在加速推进，但整体水平有待提升。省内主要旅游景区与企业虽然都建设了独立的网站，但大多停留在信息发布及形象展示的层面，在旅游市场开发中习惯于传统方式的市场拓展，没有充分利用当今社会普遍运用的各种信息化手段，新媒体的资源优势也没有充分发挥出来。

六　加快江西文化旅游业发展的对策

（一）进一步加深文化与旅游的融合

加深文化与旅游的融合是文化旅游产业发展的必然之路，重点要开展旅游节庆活动和旅游文娱节目。

1. 开展旅游节庆活动

大力发展以赣鄱文化为重点的文化旅游，应着力策划举办具有国际吸引力、全国示范意义、赣鄱本土特色和地域风情的各种旅游节庆活动。把中国（江西）红色旅游博览会、中国（江西）红色旅游网络博览会、中国鄱阳湖国际生态文化节、中国（江西）生态旅游国际论坛、中国景德镇国际陶瓷博览会、龙虎山国际道教文化旅游节、井冈山国际杜鹃节、庐山世界名山大会、明月山月亮文化节、婺源乡村文化旅游节、中国（仙女湖）七夕情人节、武功山帐篷节、大觉山生态旅游节、西海尚水文化旅游节、赣州生态旅游节、南昌庙会等大型节庆活动办成江西省重要的节庆品牌。同时结合国家旅游局每年确定的主题旅游年，开展具有江西特色的旅游节庆活动。根据各地实际，有选择性地办好地方性特色节庆活动，宣传推介本地旅游产品。

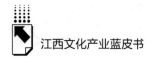

2. 打造旅游文娱节目

以本地特色文化为素材，充分利用科学技术对文化资源进行创造与提升，合理运用知识产权进行知识密集型策划，努力开发融观赏性、参与性、娱乐性、体验性于一体的现代旅游娱乐项目。精心打造以革命摇篮、红色故都、世界瓷都、华夏梦都、道教祖庭、禅宗圣地、月亮文化以及赣鄱风情等为主题的大型演艺节目。南昌应展示赣鄱文化的整体风貌，赣州的客家文化，抚州的临川文化，吉安的庐陵文化，景德镇的陶瓷文化，新余的爱情山水文化，宜春的月亮文化以及三清山、龙虎山的自然绝景和道教文化，瑞金的共和国摇篮象征，婺源的古徽州风情等也都可以通过各种方式形成极具地域特色的文艺节目。各旅游城市和景区要加大娱乐设施和项目的建设力度，激励社会资本以各种方式进入旅游演出市场。旅游景区（点）要广泛吸纳文艺演出团体和演艺人员以多种方式灵活参与景区经营，提高旅游景区（点）的文化内涵。

（二）加快公共服务体系工程建设

旅游地区除了靠文化特质吸引人以外，好的服务设施、服务态度也是让游客流连忘返的一个重要因素。在这方面，江西省应从以下三个方面着手。

1. 着力建设人性化公共服务设施

完善旅游标识系统和解说系统。各景区（点）应按国家标准完善旅游安全、医疗救助等组织机构，并配备相应设施设备。应加强景区（点）游客中心建设，强化游客中心的服务功能。改善各景区互联网与有线电视等服务设施。各景区邮电、通信、银行服务项目齐全并开通国际国内业务，旅游旺季适当延长开放和服务时间。推进 3A 级以上旅游景区数字化管理系统建设，提升景区高技术管理和公共服务水平。

2. 搭建江西旅游集散咨询服务平台

随着交通通达度提高和人们出游方式的变化，中心城市和景区的旅游集散功能凸显。"十二五"期间，要在南昌、九江、景德镇、萍乡、上饶、鹰潭、宜春、新余、吉安、抚州、赣州等 11 个地级市（中心旅游城市）建设一批功能齐全、服务一流的旅游集散咨询中心。2014 年以后，省旅发委应牵头整合各类旅游资源和旅游设施，采取地方政府和企业共同参股的方式，运用"政府主导、行业支持、企业化运作"的模式，组建股份制全省旅游集散咨询服务企业实体，经营旅游交通集散、旅游信息咨询、客房与票务预订等旅游业务，形成全省统一的旅游集散咨询服务系统。

3. 健全旅游服务质量监管体系

完善旅游质量监管机构，建立旅游星级饭店、旅行社、导游人员、购物场所服务质量监督管理体系，并使之规范化、制度化、管理常态化。建立健全有效的游客投诉机制。加强新闻媒体监督，利用报刊、电台、电视台等新闻媒体对旅游服务进行监督。建立社会监督机制，聘请部分专家、消费者对 A 级旅游景区、星级饭店、导游员的服务质量进行监督，实行 A 级旅游景区和星级饭店退出机制。加强联合执法，打击非法从事旅游经营活动以及欺诈行为，维护游客合法权益。发挥旅游行业协会的作用，提高行业自律水平。

（三）加强人才队伍建设

人才对于文化旅游产品的开发和推广至关重要。人才队伍的建设可以从以下两方面进行。

1. 建立旅游人才教育培训网络

充分发挥旅游行政管理部门、培训中心、旅游院校、旅游行业协会和旅游企业等各方积极性，多方联动，形成多层次、宽领域、全覆盖的旅游人才教育培训网络。力争到 2015 年，培训各类旅游从业人员 35 万人次。要加大旅游行政管理人员的培训力度，重点做好对全省市、县二级旅游局长进行全员轮训，每两年举办一次旅游执法人员岗位培训班，实施旅游高层管理人员外派学习培训计划，继续组织开展机关干部上、下挂职培训锻炼；推进全省导游人员全员轮训，开展导游网上培训，建立全省名师名导人才库，实施"名导进课堂"工程，探索职业化导游团队建设；依托农村劳动力转移培训阳光工程，加强对休闲农业与乡村旅游创就业人员的培训；依托江西省旅游人才培训的省、市、县、旅游企业四级组织网络，开展旅游企业管理人才、服务人员岗位培训。

2. 完善人才引进与激励机制

建立江西省旅游人才与就业信息库，积极吸引各种人才加入旅游行业，

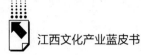

为专业人才的自由流动提供平台。增加人力资本投入，营造用好人才、吸引人才的良好环境，形成优秀人才脱颖而出、人尽其才的用人机制，留住和引进旅游人才。开展行业先进工作者、劳动模范、文明导游员、技术能手、旅游突出贡献等的评选活动，鼓励优秀人才脱颖而出，增强旅游人才的荣誉感和责任感。

演出业发展报告

童孟瑶*

摘　要： 江西省演出业发展迅速，但存在演出机构规模偏小、经营模式单一简单、演出市场环境不尽如人意等问题。就民营院团、演出经纪机构、旅游景区演出、演唱会的发展情况和发展建议分别分析如下：江西省民营院团具有剧目丰富、承接活动不挑剔、用人灵活等优势，但面临缺乏良好的外部环境以及自身创新能力不强等问题，须设立发展专项扶持基金，加大对节目创新的扶持力度，成立行业协会，分类指导。江西省演出经纪机构普遍规模较小，经营方式简单，经纪人专业水平偏低。文化部门与有关部门须对其开展培训，鼓励社会资本进入，同时引导经纪机构规范化运作，自我管理，自我约束。旅游景区演出因政策扶持不足和景区营销渠道窄、表演形式单一等，整体发展后劲不足，须开展各地旅游资源调研，制定长期规划，同时政府加强扶持引导，鼓励创新，规范市场。江西省承办演唱会的演出公司经营模式单一，安保费、场租费较高，缺乏有效的剧场供给，应公开收费标准，加快场馆建设，加强演出院线建设，降低演出成本。

关键词： 江西　演出业　发展报告

---

* 童孟瑶，江西省艺术研究院助理研究员。

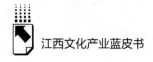

为掌握江西省演出市场实际情况，更好地促进演出市场繁荣发展，江西省文化厅演出业发展报告调研组分别深入吉安市、吉水县、瑞昌市、靖安县、丰城市、上饶市、鄱阳县等地进行调研。调研采取召开座谈会、填写调查统计表、实地查看走访等形式进行，对全省民营院团、演出经纪机构、旅游景区演出和剧场联盟的现状、存在问题、群众需求等有了更新的认识和思考，对下一步推进演出市场的繁荣进行了认真的分析。

一 民营剧团

（一）基本情况

江西省各地民营剧团十分活跃，民营演艺业发展迅猛，2012年全省共登记注册民营剧团200家，从业人员4267人，演出收入3000万。截至2014年则增加至208家，从业人员4450人，演出收入有大幅增长，达到2.37亿元。基本是以营业性演出收入为主，政府采购"送戏下乡"份额相对少。主要剧种为采茶戏、黄梅戏、歌舞、小品、杂剧、魔术、综合类文艺节目等。

（二）基本特点

一是个人或合伙投资，用人机制比较灵活。民营剧团都是"自筹资金、自主经营、自定分配"，实行全员聘用制。鄱阳县的青年赣剧团是江西省发展比较好的一个民营院团，是江西省首批"十佳民营院团"获得者之一。它由团长程强个人投入200万元建立，有人员126人，都是采用双向选择聘用制，三年一聘，剧团中主要演员从县赣剧团的退休人员中聘用，其他演员从中专院校及社会上聘用，人员工资采取"按劳取酬、以戏定角、以角定分、以分计酬"，分主、次、一般和勤杂四个档次，实行保底加计分的工资制，将演出收入扣除成本后再作分配。

二是承接演出活动不挑剔。"演出才能出效益"是民营剧团生存和发展的保证，大多数民营剧团都有较强的主动性、开拓精神和吃苦精神，演出内容丰富，面向群众，演出种类繁多，诸如生日戏、寿年戏、庆贺戏、乔迁戏、庙会戏等。如青年赣剧团共有三个演出队，要求无论演出任务大小，只要农民需要，都要认真进行演出。他们长年在当地和周边的大小庙会、物资交易会、集镇和年节与婚丧嫁娶的活动中进行演出。同时，为符合农民的道德和审美需求，满足农民求新求变的要求，他们除演出一些已有的传统剧目外，还聘请专业的编剧，创作了《荐福碑》（2009年12月）、《柳母传》、《姜夔》、《鄱湖大战》（2011年）、《天宝图》（2011年5月）等剧目，获得了广大农民的肯定和喜爱。

三是演出区域不断扩大。大多数民营剧团都是在本县农村演出，少部分也在周边县市演出，演出剧种地域特征明显。有一部分经营比较好的民营剧团已不满足于在周边演出，逐渐向省外发展，演出剧目也不仅限于传统剧目，出现了小品、歌舞等现代剧目。青年赣剧团的演出活动以往主要集中在赣东北地区，如上饶、鹰潭、景德镇等地的十余个市县，之后也开始往省外发展，已到浙江的温州等地开展演出活动。

（三）存在的问题

1. 缺乏民营剧团发展的良好氛围

社会对民营文艺院团的认识还带有歧视，还停留在"业余剧团""草台班子"的层面上，在演出接待、演出价格、演出观看甚至人格的尊重上，缺乏起码的公平公正，社会上存在低看一等的现象。当地政府对民营文艺院团的发展也重视不够。如青年赣剧团，一直以来没有固定的练功场所，演员生活起居也是租住5元一天的旅社。为解决这些问题，剧团拟自筹资金于乡镇僻静处修建练功房和演员宿舍，但一直未能通过政府的土地审批程序，阻碍了剧团的进一步发展。

2. 创作能力不强，创新水准不高

民营剧团原创能力不强，大多数民营院团以演出传统古装戏为主，剧目又以复排和移植传统剧目为主，或根据民间故事粗糙改编。反映现代农民生活和新农村建设的好剧本不多，艺术精品更是罕见，缺乏时代特色，更缺乏创新。青年赣剧团共有100多本戏，只有10本是新编，其余皆为传统历史剧目。

3. 投资规模较小，发展受到限制

由于民营文艺院团都是个人或合伙投资，缺乏专业投资机构的参与，没有

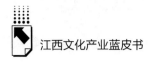

融资渠道，在租用场地、剧目创作、排练演出、人才培养等方面常常感到捉襟见肘，只能在边缘区域、不正规的剧场演出或者在乡村流动演出，而且技术设备落后，演出效果往往不尽如人意，严重妨碍了剧团的发展。

4. 演出业务量参差不齐，演出效益总体不高

有些民营剧团的业务量很大，但由于农村的消费水平不高，因此单场演出的收入并不高，而演员的工资近年来却不断增长，成本提高，利润下滑。如青年赣剧团 2014 年共承接演出 1803 场，收入 280 万元，平均每天演出近 5 场，平均每场 1553 元左右，扣除工资支出、设备折旧、灯光油彩等消耗，全团年利润仅剩 12.9 万；有些民营剧团业务量本来就不大，每年承接的演出业务量在 30 场至 50 场之间，总体收入很低。如鄱阳县的银河赣剧团，它只能在县城周边农村演出，营业收入可想而知。

5. 文化"三下乡"补贴政策不能很好地发挥作用

江西省从 2005 年在全国率先实施了由政府买单，农民免费看戏、看电影和举办文体活动的农村文化三项活动，深受广大农民的欢迎。上饶市将民营剧团也纳入农村文化三项活动。但对于像鄱阳县青年赣剧团这种业务量大的民营剧团吸引力不大，青年赣剧团在演出旺季时，一场演出收入可达 6000 元，相对于"三下乡"一场 1000 ~ 1500 元的补贴，对剧团的吸引力不大，只是在淡季时，为维持剧团的生存才承接三项活动中的演出业务。而吉安市许多民营剧团希望承接农村三项活动，但当地文化行政部门却没有将民营剧团纳入农村文化的三项活动补贴。

6. 演员生活条件艰苦，收入低

鄱阳县青年赣剧团一年有近 8 个月在外地，由于缺少舞台车辆，在赴外地演出时，演员既要演出，同时也要兼做搬运工，搬运演出设备。而演员中最高的收入一年不超过 5 万元，最低的则 1.7 万元左右，学徒工 8000 元左右。

（四）对策建议

对民营剧团实行分类指导，按照扶强扶优的原则，树立一批起示范作用的民营文艺院团；尽快出台《江西省关于鼓励发展民营文艺表演团体的意见》，设立民营文艺院团发展专项扶持资金，支持民营文艺院团参与"农村文化三项活动"等政府组织的各项工作文化活动中；加大对民营院团剧目创作奖励

的扶持力度，帮助他们创新剧目，更新内容，通过奖励形式实施对民营优秀艺术创作项目的补贴。

二 演出经纪机构

（一）基本情况

2012 年，江西省共有演出经纪机构 98 家，注册资本 1.38 亿元，从业人员884 人。全年主办或承办各类演出 183 场，营业收入 1.9 亿元。2014 年增长至105 家，共举办营业性演出 2.9 万余场（次），审批同意涉外演出 83 场（次），共有 1100 余名国（境）外演艺人员来赣演出。

（二）演出经纪机构的特点

江西省演出经纪机构的民营化程度非常高，经过市场化的竞争，国有演出经纪机构数量在优胜劣汰中大大减少，所占比例也越来越低。

1. 民营演出经纪机构占主导

江西省演出经纪机构中，民营演出经纪机构占绝大多数，达到 94 家，占全部演出经纪机构的 89.5%；国有演出经纪机构只有江西省演出公司、南昌市演出公司、赣州市文化演出服务公司、九江市演出公司等 11 家，占10.5%。

2. 国有院团加入到演出经纪机构行列中

随着江西省文化体制改革的进一步深入，2012 年江西省京剧团有限责任公司、江西省杂技团有限责任公司、江西省话剧团有限责任公司、江西省木偶剧团有限责任公司、江西省歌舞剧院有限责任公司注册成为演出经纪机构。这些院团成为演出经纪机构后，对演出经纪人整体素质的提高将起到积极的作用。

3. 演出经纪机构数量平稳增长

自 2010 年始，江西省演出经纪机构数量平稳增长，2010 年新增演出经纪机构 14 家，2011 年新增 13 家，2012 年新增 14 家，2013 年上半年新增 5 家。演出经纪机构数量的增长，对引导文化消费、拓展演出市场、满足人民群众多

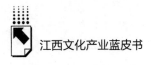

样化、多层次、多方位文化需求起到了极大的促进作用。

4. 经营业务主要为商演

除江西群艺文化演出有限公司外，据统计，江西省演出经纪机构的主要业务集中在大型商业演出领域，运作的演出项目主要集中在歌舞类、音乐类和演唱会类演出，其中又以演唱会类为主，占到80%以上。

5. 转型升级悄然兴起

自党中央开展改进工作作风、密切联系群众的"八项规定"执行以来，全国各地厉行节约，反对铺张浪费，演出市场也出现了一个大的转变。大型企业不再过多地邀请大牌明星举办演出活动，大型庆典的演出活动也被压缩，演出经纪机构的业务量随之大为减少，许多演出经纪机构不再局限于常态的、固有的模式中。如江西群艺文化演出有限公司，已开始拓展业务范围，深入乡镇开展艺术培训、旅游、健身等经纪业务。

6. 合作意识进一步加强

江西省演出经纪机构已开始注重联合运营，抱团发展，比如江西艺术中心的演出剧场联盟是演出经纪机构与演出场所（馆）的合作，中盛唱片有限责任公司与南昌国际体育中心、江西奥林匹克中心、江西艺术中心的合作等。

（三）存在的问题

1. 营运质量参差不齐

江西省虽然有近百家的演出经纪机构，但长期开展业务的不到20家，有些演出经纪机构长年不开展业务。大部分演艺公司没有实体，很多活动停留在转手经纪的水平上，开展演出业务的经纪机构大多处于演艺产业的下游，满足于演出项目的一般经纪和代理活动，或者小型庆典、商业促销、楼盘推介等，赚取较低的代理费或承办费。目前，业务开展比较好的有泰豪集团旗下的中盛唱片集团公司，除自己举办演出外，还承办演出，并经营包括音乐制作、版权交易、演艺设备租赁、音响工程等业务。江西艺术中心、江西华娱传媒有限公司、南昌市演出公司业务开展也比较好。

2. 资产少规模小

江西省演出经纪机构普遍存在资产少、实力差、规模小等特点。演出经纪机构注册资本100万元以下的有54家，100~500万元的有49家，500万元以上的只有 2 家，分别占总数的 51%、47%、2%，最大的是南昌公用文化传媒投资有限公司，注册资本 3000 万元，但演出经纪业务不是它的主营业务。有 80% 以上演出经纪机构从业人员数不到 10 人。据了解，江西省演出经纪机构有自己的创作团队和签约艺人的不到 5 家，中盛唱片集团有限公司、江西华娱传媒有限公司是其中两家。

3. 经营方式简单

江西省大多数演出经纪机构热衷于项目制运营，尤其是承接外来演出项目，以操作具体演出项目为主要运营模式和赢利模式，而很少自主策划演出项目，并做好宣传、营销、经纪等工作，大多数没有明晰的发展规划或没有执行发展规划，抱着哪里有钱赚就去哪里，哪个项目好就做哪个项目，今天能赚钱今天就开工，不能赚钱就休息的功利、短视的运营模式，企业赢利模式单一，收益也主要靠票房收入、企业赞助和广告收入，很难形成集创意、宣传、策划、生产、制作、运营、销售于一身的知名品牌企业。

4. 经纪人专业水平整体偏低

演出经纪是一个专业性比较强的行业，它不仅要有相关专业知识，还要有较强的交际能力，能够处理各种事务，如法律事务、媒体宣传等。按规定设立演出经纪机构需要至少 3 名以上的演出经纪人员。然而许多演出经纪机构为节约成本，招用亲戚朋友，通过简单的培训即作为机构的演出经纪人员。总之，江西省严重缺乏懂艺术、懂技术、懂市场、懂管理的高级演艺行业经纪人才。

5. 演出市场的整体环境不尽如人意

2012 年，江西省文化厅对演出中场租和安保费高、索票赠票现象严重等问题形成了专题报告。报中共江西省委宣传部以来，演出市场的环境在一定程度上得到改善，但还没有彻底扭转。比如演出剧场太少，新建剧场位置偏远，安保费、场租费仍然偏高，索票赠票现象仍然存在。如此，演出经纪机构的运作成本势必增加，演出票价势必高昂，演出票价过高，观众消费不起，形成恶性循环，阻碍了演出经纪机构的发展。

（四）对策和建议

一是扶持、引导实力较强、信誉良好、业绩卓著的演出经纪机构，使其走上规模经营、规范动作、快速发展的道路，成为地区文化经纪人的主力军。

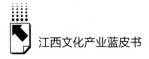

二是针对农村的文化经纪人不足的现状，文化部门应该与有关部门协作开展多种培训活动，让更多有志者走上文化经纪人岗位。

三是建立演出经纪机构协会，发挥协会机构自我管理、自我约束的作用。

三　旅游景区演出

（一）基本情况

江西旅游资源丰富，旅游、景区演出也是演艺业发展的重要市场。江西省有国家 5A 级旅游景区 4 个（庐山、井冈山、三清山、龙虎山），国家 4A 级旅游景区 45 个。2012 年旅游景区演艺收入达 1 亿元。其中，实景《井冈山》收入 4000 万元、《印象上饶》1000 万元、《神奇赣鄱》900 万元、情景《井冈山》500 万元、《春江花月夜》46 万元、《景德镇瓷乐》150 万元；庐山、龙虎山、瑞金、鄱阳湖国家湿地公园等 49 家 4A 级以上景区的季节性演艺收入 3136 万元。

江西省围绕旅游资源大力开拓演艺市场，形成四大演艺剧目：《井冈山》《印象上饶》《春江花月夜》《景德镇瓷乐》。其中收益良好的是《井冈山》，有所收益的是《景德镇瓷乐》，处于亏损状态的是《春江花月夜》《印象上饶》。调研组对后两个剧目进行了调研，情况如下。

1. 关于《印象上饶》

《印象上饶》是上饶筑城天家实业集团倾力打造的纯地域风情大型音乐舞蹈诗画剧，以当地景观三清山、龟峰、婺源、鄱阳湖和万年仙人洞为依托，运用高科技手段与多样艺术表现手法，内容上串联八个篇章《远古幽梦》《万年星火》《鄱湖渔歌》《龟峰传说》《婺源乡语》《三清神韵》《魅力上饶》《福地灵山》，集中展示了上饶秀美的自然风光、浓厚的文化底蕴。

基本情况：《印象上饶》处于改版调整中，但是因为合同的缘故，会临时性为港澳台、韩国的游客专演，基本上 3~4 天一场。其余时间则主要以同一班底演出的《激情狂欢秀》为主，狂欢秀偏重于休闲文化，融合了歌舞、相声、小品剧、杂技、魔术等多种舞台形式的娱乐性节目，观众以本地居民为主。演职人员共计 256 人，其中舞蹈演员 75 人，武术 45 人，杂技 26 人，特技 16 人,技术部舞台管理服装道具乐队 35 人,物业 12 人,管理团队 12 人,营销策划 28 人,车队 7 人。

资金投入:资金主要来自天家实业集团的投资。从 2011 年 10 月筹划至 2013 年 5 月底止,包括《印象上饶》和《激情狂欢秀》两台节目,公司共投入 6000 万元,其中 3000 万元用于日常维护和工资的费用,具体包括服装、道具、灯光等舞台设备的更新与折旧等。

市场运营:《印象上饶》共演出了 268 场,票房总收入 1115.17 万元,平均每场收入 4.16 万元,而每场支出 5.6 万元(工资 3.9 万,电费 6000 元,租金 6000 元,日常用品、服装道具、化妆品等 5000 元),演一场亏损 1.44 万元;《激情狂欢秀》演出了 156 场,票房总收入 950 万元,平均每场收入 6.09 万元,节目主要是小品剧,故投入不大。两者观众总数 20 万人,收入共计约 2000 万元,而支出已经达到 3000 万元。至 2014 年 5 月止,收支逐渐持平,主要是得益于狂欢秀的演出收入。收入主要来源于旅行社待客;政府、企业团购等。与旅行社的分成比例接近 6∶4,公司占 6 成,旅行社占 4 成。

2. 关于《春江花月夜》

《春江花月夜》是由浔阳区政府与九江民营企业信华集团共同投资组建、倾力打造的大型音舞诗画剧。它将九江 2000 多年的文化历史搬上舞台,运用舞蹈的表现形式,采用现代声、光、电科技,串联九个章节:《周瑜点将》《小乔梳妆》《油纸伞情缘》《好汉挑夫》《蓑衣湾风情》《鄱阳候鸟》《爱莲说》《古镇浔阳》《琵琶行》,浓缩了九江文明巨变的过程。

基本情况:《春江花月夜》2013 年初曾停演改版,对演出内容做过微调,已于 2013 年 6 月复演。演出公司共有 130 多人,其中演员 90 多人,另有营销部、技术部、管理人员共 40 多人。

资金投入:资金由浔阳区政府和信华集团共同投资。区政府出资 1000 万元,占 20%;信华集团出资 4000 万元,占 80%,共计 5000 万元。其中,设备和创作费用 4300 万,筹备 80 万,广告费 130 万,场租和剧场维修 120 万,办公费用 60 万。

市场运营:《春江花月夜》自 2012 年 8 月起共演出了 56 场,观众总数 4.7 万人,票房总收入 45.7759 万元。平均一场演出收入 1 万~2 万元,一场支出却达到 8 万元(空调、声光电产生的电费 1.6 万元,人员工资 2 万元,设

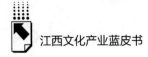

备折旧近 3 万元，管理费 1.4 万元），严重收不抵支。此剧主要面向旅游市场，收入来源于旅行社待客，政府、企业团购、市民购票等。但实际上往往只是政府组织人员观看，观众零零散散。与旅行社的分成是基本按照挂牌价格的 60% 结算，旅行社占 6 成。

（二）存在的问题

1. 消费总量不足，演出收入所占份额太少

据估算，来赣游客消费结构中，物质消费较多，食、住、游所占比例大，精神消费较少，娱乐所占比例小。2012 年全省旅游演出收入 1 亿元，据中国江西网报道全省旅游总收入已过千亿元，旅游演出仅占总收入的 0.1%。2012 年上饶接待游客达 2900 万人次，而观看《印象上饶》节目只有 20 万人次；2012 年九江接待游客达 4000 万人次，而《春江花月夜》在旅游黄金季节 8 月至 10 月演出，只有 4.7 万人次观看。单从这两台剧目来看，造成观众人数较少的原因一是宣传推广力度不大，演出知名度不高；二是场地布局不合理，交通设施不完善：《春江花月夜》设在九江市内演出，虽然周遭有不少小景点，但由于旅游线路不连贯，可游览行程单一，不足以吸引前去庐山旅游的游客驻足观演。同样在市区演出的《印象上饶》则有所不同：上饶年接待游客达 2900 万人次，但大多数游客不在上饶市停留。天家实业集团的负责人说，两年后两条高铁和机场建成，上饶市将成为旅游集散地，游客将达 5000 万人次，日益庞大的游客量将会使《印象上饶》的营销现状大为改观，从亏损转变为大幅度盈利。

2. 政策扶持不足

旅游演出具有产业化程度高，资本吸收能力强的特点。省内打造的旅游项目，大部分是由企业集团自主投资，政府出资比例较小。比如《印象上饶》的资金全部来自筑城天家实业集团公司投资，《春江花月夜》的资金 80% 也是来自企业投资。目前，江西省在推动旅游演出市场发展方面既无专项的旅游演出品牌扶持资金，又无品牌节目生产、技术革新、剧（节）目市场推广等方面的补贴机制。大多数旅游演出企业首先要求得生存，初期投入较大，项目创新和技术改造资金不足，导致整体发展乏力。

3. 营销渠道单一

旅游演出节目宣传推介模式单一，主要依赖旅行社向游客推销，导致演出企业对旅行社、导游的过度依赖及在收益分配上的被动，佣金多少成为旅行社、导游组织观众的杠杆。《春江花月夜》和《印象上饶》均是面向旅游市场，营销上多偏向与旅行社、大型网站等签订协定的方式，推介文化旅游资源。票房分配向旅行社、导游倾斜，形成了演艺企业、旅行社、导游三方利益不合理的分配格局，严重影响演出企业生存、创新、发展。例如：《春江花月夜》旅行社、导游佣金就占60%，《印象上饶》为40%。为积极拓展营销力度，《印象上饶》投资方天家集团还成立了多家旅行社进行推广销售：2012年成立了江西天家国际旅行社，2014年在武汉成立了湖北天家国际旅行社，并陆续在浙江、上海、江苏、福建、安徽设立分公司。

4. 演出表演形式较为单一，游客已逐渐产生审美疲劳

从2004年大型桂林山水实景演出《印象刘三姐》开始，不少景区跟风，纷纷开展"印象"系列的演出。江西省的大型实景、情景演出《印象上饶》《春江花月夜》《井冈山》等，也都是通过舞台声、光、电等高科技手段，用音乐、舞蹈等形式来展示当地历史文化内涵。雷同的演出形式使得观众产生审美疲劳，缺乏吸引力。

（三）建议和对策

1. 加强扶持引导，鼓励创新

设立旅游演出品牌扶持资金。从旅游演出剧（节）目品牌打造、舞台技术更新、市场宣传推广及剧（节）目升级改造等方面予以扶持。通过扶持政策和资金撬动，引导社会资本投资旅游演出市场，力争五年内打造二至三部在全国有影响力的旅游演出品牌。

2. 开展调研，制订旅游演艺业发展中长期规划

江西省4A级以上旅游景区都要结合自身旅游文化特点，开展本地旅游文化调研。尽快制定旅游演艺业发展中长期规划。将发展旅游演出市场纳入旅游景区发展规划。实现全省4A级以上风景区都有一台特色文化旅游节目的目标，同时每年有计划地在省内重点景区打造2台大型的演艺产品，将旅游演出

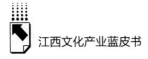

场所建设、企业培育、项目引进纳入景区发展规划，推行一景一品工程，使旅游演出成为景区的有机组成部分，推动全省旅游演出市场协调发展，形成旅游产业与文化产业共赢格局。

3. 建立品牌剧（节）目评比、奖励制度

制定奖励考核办法，建立科学的评估体系，对旅游演出剧（节）目进行综合考核、评审，对集思想性和艺术性相统一、文化特色鲜明、弘扬主旋律，获得良好社会效益和经济效益的优秀剧（节）目进行评比奖励，打造旅游演出品牌。

4. 建立旅游演出宣传推广平台

建立旅游演出剧（节）目数据库，印制《江西省旅游演出优秀剧（节）目指导目录》，在机场、车站、码头、重要交通线、户外广告和平面媒体、新媒体上将旅游景区与品牌旅游演出剧（节）目打包宣传，充分利用各种会议、网站等平台和旅行社、酒店等渠道进行宣传推广，提高旅游演出信息的覆盖面。

5. 加强监管，规范市场秩序

价格管理部门制定旅游演出合理的指导价格，并在演出场所挂牌公开，扩大消费者知情权。旅游部门指导旅行社设计旅游产品时，应建立合理的演出收入分成比例，并监督实施。文化部门对旅游演出剧（节）目的创编进行指导，对演出内容进行审核。文化市场综合执法机构和旅游市场执法机构建立协作联动机制，开展景区旅游演出市场治理，构建公平竞争的市场秩序。

四 演唱会

（一）基本情况

演唱会演出大多是在体育场馆或广场举行的大型演出活动，每场动辄上万或数万观众，社会关注度高，影响面大，且为年轻人所追捧，在演出市场占有特殊的位置，是演出市场的风向标。据统计，2012年江西省举办演唱会共39场，票房1.2亿元，占全年商业性演出票房的63%。其中港台明星演唱会26场，票房1亿元，占演唱会票房的83%。

（二）基本特点

1. 演唱会数量少

与发达省市相比，江西省明星演唱会数量少，如北京市最多时一个月的大小演唱会可达 300 场。与周边省份比也有一定差距，2012 年湖北省仅武汉市明星演唱会就达 32 场，几乎与江西省总数持平；2012 年湖南省演唱会数量超过 70 场，远高于江西省的数量，并且江西省明星演唱会有一半是明星参加其中的所谓"拼盘"演出。

2. 演唱会票价高

与全国许多省份一样，江西省明星演唱会票价也存在偏高现象，最高票价达到 1880 元，最低票价 180 元，平均票价每场在 200～400 元之间，超出了江西省的经济发展水平和人民群众的购买能力。主要原因是演唱会收入的 90%以上来自票房和企业赞助，经营模式较为单一，过分依赖票房而忽视与演出相关产品的开发。

3. 港台明星演唱会占多数

江西省 2012 年明星演唱中，外籍明星（或有外籍明星参加）的演唱会共 26 场，票房 1 亿，分别占全部明星演唱会的 63%和 83%。港台明星演唱会又以出道 20 年以上的流行歌手为主，内容大多"怀旧"。演出公司纷纷选择经营港台老牌歌手演唱会项目原因有以下三点：一是相比较内地歌星，港台歌星票房号召力较强；二是出道时间长的歌手歌曲传唱度高，认知度广泛；三是歌迷年龄层次较高，具有较强消费能力；四是新生代歌手多以选秀歌手为主，缺乏市场沉淀，经营风险较大。

4. 内地年轻歌手青睐江西市场

2012 年，一些内地歌手，特别是在一些选秀节目中成名的歌手相继登陆江西举办演唱会。这类歌手在年轻人中特别是大专院校学生中有较大的市场，因此演唱会大多在大专院校举办，据统计，2012 年选秀歌手在江西省共举办 11 场演唱会。相比较大牌歌星的大投入大制作，这些歌手的出场费较低，对场地等要求不高，从而演出公司投入的费用少，风险低。据了解，演出公司举办这类演唱会，虽然收益不高，但大多有盈余。

5. 欧美、日韩等国外流行歌手继续缺阵江西市场

根据中国演出行业协会《2012 年中国演出市场年度报告》，继 2010 年和 2011 年欧美、日韩等国外流行歌手来华演出场次明显较往年增长以来，2012 年仍保持了持续增长的势头。然而，2011 年没有外国歌手在江西省举办演唱会，2012 年外国歌手继续缺阵江西演唱会市场。多年来，来赣演出的外国演出主要集中在乐器演奏、舞蹈、魔术、马戏等，这种情况更多是由江西省消费水平、欣赏口味、剧院规模、赢利模式、自身定位等导致的。

（三）存在的问题

一是目前江西省承办演唱会的演出公司，真正投资演唱会等大型演出的并不多，多数是演出的"执行商"，为外地的演唱会投资商提供报批、租赁场地、售票等落地工作，收取一定的佣金。

二是演唱会的营销模式单一，除了演唱会本身以外，缺乏融资、广告、场地、音像制品等许多附加值的东西。演唱会的赢利手段单一，主要靠票房收入和少部分企业赞助，抗风险能力弱。

三是缺乏良好的演出市场环境。安保费高，同样一场明星演唱会，江西省安保费用比外省要多出 30 余万元，并最多会被索票 2000 余张，索票、赠票现象严重。大型演出中，公安、消防、场馆、政府部门等单位免费用票一般要占据整个演出票的 20%～30%，索票最严重时一场演出会被要票 2000 张。赠票、工作票不仅加重了演出商的成本，而且还滋生了观众不喜欢个人买票的习惯。媒体以利为先，收费高分成多且不开票。办一场演出，媒体会根据场地情况标价，最高的要价 20 万元，并不开发票，还参与收入的分成。虽然这种情况后来得到一定的遏制，媒体宣传的力度也不断加大，但还需要从机制上根本解决。

四是缺乏有效的剧场供给，致使场租费高。一方面，江西省适合大型演唱会演出的剧场并不多，另一方面，江西省部分场馆还处于半闲置状况。据统计，目前，全省有表演舞台、灯光音响设备、观众席的共 90 个，一个县不到 1 个；其中座位在 1000 座以上的专业的演出场所近 30 个，只占 1/3，且设施和硬件都不完善，存在很大的安全隐患。真正适合大型商业演出的场馆不上10 家。由于缺乏有效竞争，致使场租费高。同等的场地，在上海、北京的租

金约为 50 万元左右，广州租金约为 30 万 ~ 40 万元，武汉、长沙租金也约为 50 万元，江西省租金要价在 70 万元左右；

（四）对策和建议

1. 优化政务环境，促进演出市场的良性发展

一是政府加强文明消费的宣传，文化、公安、消防等部门联合发文要求减少或取缔相关部门的演出工作票。二是相关部门要公开办事制度，公开收费标准，特别是安保费、场租费、媒体宣传费的收费标准。三是要求新闻网站、报刊、电视、广播等开设演出的相关栏目（节目），让更多的演出能够更好地获得新闻传播机构的关注和宣传。

2. 强化硬件设施建设，建新和修旧并举

加快建设一批具有一定标准、有特色的场馆，通过重修、翻新、改造等方式合理利用现有闲置场馆，鼓励民间资本自筹资金建设剧场。

3. 加强演出院线建设，摊薄演出成本

加强演出网络建设，发展文艺演出院线，推动主要城市演出场所连锁化经营，降低演出成本，增加演出收益。

B.7

艺术品业发展报告

于 林　周小觉[*]

摘　要：　江西艺术品资源丰富，为江西艺术品业持续发展奠定了坚
实基础，陶瓷、木雕、漆器等艺术品在全国有较大的影响
力，经济的快速发展和文化体制改革的深入也为艺术品产
业的发展提供了经济和政策环境，但是江西艺术品产业面
临市场规模小、产业链不完善、流通渠道单一、市场结构
失衡等问题。发展江西艺术品产业，要加大艺术品市场培
育力度、完善市场准入标准，构建信息共享平台，健全人
才培养体系。

关键词：　发展报告　艺术品业　对策研究

江西历史悠久、文化灿烂，素有"物华天宝、人杰地灵"、"雄州雾列、
俊采星驰"之美誉，拥有非常丰富的文化资源。在艺术品领域，勤劳善良的
江西人民，创造了丰富的艺术品资源。艺术陶瓷（景德镇陶瓷、南昌瓷版
画）、中国书画、油画、版画、漆画、漆器、雕塑（木雕、石雕、铜雕、玉
雕）、砚台、剪纸、宣绣、竹制工艺品等，为江西艺术品市场的持续发展奠
定了坚实的基础，其中，景德镇陶瓷享誉世界，景德镇瓷器与鄱阳脱胎漆
器、北京景泰蓝并列为"中华三宝"，在国内具有很高的知名度和影响力。
在现代市场经济作用下，江西艺术品市场已经集聚蓬勃的发展潜力，发展势
头良好。

---

* 于林，江西卫视编导；周小觉，江西师范大学文化研究院讲师。

一 江西艺术品市场概况

（一）江西艺术品资源分布

江西省下辖 11 个地级市，包括 19 个市辖区、10 个县级市、70 个县。各地市县艺术资源类型多样，在悠久历史发展中，不同地区逐步形成了各具区域特色的艺术资源（见表 1）。

表 1　江西省各地市县艺术资源分布情况

地市	主要艺术资源	地市	主要艺术资源
南　昌	书画、漆画、宣绣、瓷板画等	鹰　潭	木雕等
景德镇	陶瓷、陶瓷艺术衍生品等	抚　州	油画等
赣　州	油画、砚雕、竹雕等	吉　安	竹雕等
宜　春	版画、漆器等	九　江	剪纸、星子砚等
上　饶	木雕、石雕、砖雕、漆器等	萍　乡	傩面具等
新　余	版画、夏布绣等		

（二）江西艺术品市场规模

江西地处中国东南偏中部长江中下游南岸，属于革命老区，经济发展相对滞后，艺术品市场起步较晚，成熟度相对不足。2013 年，江西全省艺术品市场实现成交额 98.60 亿元人民币，同比 2012 年成交额 107.01 亿元，减少 8.41 亿元，降幅达 7.86%。主要是当代陶瓷艺术品市场出现大幅滑坡，同比 2012 年，成交额减少近五分之一；其他艺术品市场成交额均出现一定幅度的增长。

江西艺术品市场，可以概括为当代工艺美术品市场、当代艺术品市场、艺术衍生品市场和古玩市场等四大类。

工艺美术品也称工艺品，是指以独特材质或工艺制造出来的美术产品，一般实用价值与欣赏价值兼备。江西当代（1949 年以后）工艺美术品市场主要以陶瓷、漆画、漆器、木雕、石雕、铜雕、玉雕、竹制工艺品、剪纸、宣绣等为主。2013 年，江西当代工艺美术品市场成交额 63.82 亿元，占整个江西艺术品市场的 64.73%。

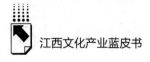

当代艺术品，是指由当代（1949 年以后）艺术家创作的艺术作品。江西当代艺术品市场，主要以国画、油画、版画、雕塑等为主。2013 年，江西当代艺术品市场成交额 24.46 亿元，占整个江西艺术品市场的 24.81%。

艺术衍生品，是指经艺术家亲笔签名且限量发行的专供收藏和欣赏的作品，印有艺术家代表作品的文具、生活用品、服装服饰以及与艺术元素相结合的具有收藏价值的产品等。江西艺术衍生品市场主要以各类纪念品、装饰品和生活用品为主，如贴花瓷器。2013 年，江西艺术衍生品市场成交额 4.52 亿元，占整个江西艺术品市场的 4.58%。

古玩，又称文物、骨董等，是指有一定的历史年限（1949 年以前）的艺术品、工艺美术品。江西古玩市场主要以古旧瓷器、玉器、家具、书籍、邮票、钱币等为主。2013 年，江西古玩市场成交额 5.80 亿元，占整个江西艺术品市场的 5.88%（见图 1）。

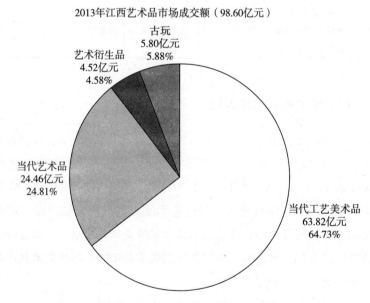

图 1　2013 年江西艺术品市场成交额

（三）江西艺术品市场从业机构

艺术品市场产业链主要由原材料、艺术家、生产、经营、销售、消费、收藏、展览和市场监管等环节构成。艺术品市场的主体包括艺术品生产、艺术品展示交易和艺术品消费等三方面。

艺术品生产：2013 年，江西全省艺术品生产企业 4000 余家，艺术品生产领域从业人员超过 15 万人，艺术创作人员超过 5 万人。年产艺术原创品超过 120 万件，艺术衍生品超过 1000 万件。全省艺术品年产值超过 350 亿元。

艺术品展示交易：2013 年，江西全省艺术品展示交易机构 2800 余家，包括画廊 450 余家、艺术品拍卖公司 18 家、传统店铺（含古玩店、工艺品店、旅游纪念品店、艺术品集中交易市场店铺、艺术家个人店铺等）2200 余家、展览场馆 135 个（含企业展厅）。共举办艺术品博览会（含小型艺术品展览）236 场，艺术品拍卖 45 场。全省艺术品市场年成交额 98.62 亿元。

艺术品消费：2013 年，江西全省共有艺术品投资机构 18 家，个人投资者 2000 人左右，收藏机构 22 家，有 1500 余家企业和 13 万多个人购买了艺术品（见表2）。

表2 2013 年江西省艺术品市场产业链

从业机构分类	主体	数量
艺术品生产	艺术品生产企业	4000 余家
	艺术品生产领域从业人员	超过 15 万人
	艺术创作人员	超过 5 万人
	年产艺术原创品	超过 120 万件
	年产艺术复制品	超过 1000 万件
	艺术品产值	超过 350 亿元
艺术品展示交易	艺术品市场成交额	98.60 亿元人民币
	画廊	450 余家
	艺术品拍卖公司	18 家
	传统店铺	2200 余家
	展览场馆	135 个
	艺术品博览会（含中小型艺术品展览）	236 场
艺术品消费	艺术品拍卖会	45 场
	投资机构	18 家
	个人投资者	2000 人左右
	收藏机构	22 家
	企业消费	1500 家左右
	个人消费	13 万余人

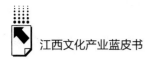

（四）江西艺术品市场环境

江西艺术品产业发展迅速，从业机构和从业人数不断扩大，喜爱艺术品收藏消费的群体快速膨胀，社会闲散资金积极投入艺术品市场。同时，艺术品市场环境逐步得到改善，市场成熟度稳步提高，市场竞争激烈而有序，艺术品市场迈入规范健康有序发展的良性循环。

2013 年，按照《文化部办公厅关于开展 2013 年全国艺术品市场法制宣传周活动的通知》精神，江西省开展了全省范围的艺术品市场法制宣传活动，积极宣传艺术品市场政策法规，培养社会公众的艺术鉴赏能力，提高艺术品经营者守法意识，引导消费者理性购藏和依法维权，推动艺术品市场诚信体系建设，促进艺术品市场规范健康有序发展。重点培育画廊、拍卖公司等艺术品经营机构，充分发挥其作为艺术品市场主体性和基础性的作用，之前传统"朋友带朋友"的私下交易模式正逐步得到改善，艺术家能够从市场中解脱出来，专心于艺术创作。

二　江西艺术品市场发展特点

分析江西艺术品市场的发展，离不开对艺术品市场的宏观考察，包括区位环境、艺术品生产资源、艺术产品、生产经营者、流通渠道、消费者、管理机构等要素构成。

（一）江西区位环境优越，艺术品生产资源丰富

江西地处中国东南腹地，"襟三江而带五湖，控蛮荆而引瓯越"，东南与浙江、福建、广东等沿海发达省份接壤，西北与湖南、湖北、安徽等中部省份相邻，区位条件优越，交通便利，物产丰富。江西自古便是人文教化之地，名人辈出，好学成风，艺术人文气氛浓厚，拥有深厚的历史文化资源。丰富的自然、人文资源，为艺术品生产创造了优越的条件。

（二）拥有全国最大的、产业链完善的艺术陶瓷产业基地

据统计，2011 年景德镇陶瓷艺术品市场规模约 63.75 亿元，约占全国的

41%。2012 年虽然有所收缩，但规模仍旧十分可观。景德镇拥有陶瓷企业 3000 多家，陶瓷从业人员近 10 万人，其中陶瓷艺术家 3000 人左右；产业集群优势明显，已经形成几个功能各异的片区；陶瓷艺术品形式多样，市场广阔；近年来还开始重视培养陶瓷创意文化、经纪、营销方面的人才。景德镇形成了艺术家、生产、批发、物流、展览、销售、收藏和人才培养等完整的产业链。

（三）木雕艺术品在全国范围内具有一定的特色和影响力

我国木雕历史悠久，种类繁多，最有名的是以浙江东阳木雕、广东金漆木雕、温州黄杨木雕、福建龙眼木雕为代表的"四大木雕"。江西木雕虽无法与四大木雕相提并论，却有着鲜明的地方特色。江西木雕以余江木雕最为知名，在明末就已出名。清末制作的佛教雕刻现在受到了东南亚佛教信徒的青睐，许多清代木雕在境内外拍卖会上都有不俗的表现。改革开放以来，以果喜集团为龙头，余江木雕又焕发新的生机，2011 年，全县雕刻产业创造产值 3.5 亿元，完成主营业务收入 6100 万元，缴纳税收 1346 万元。全年引进内资 4.5 亿元，外资 900 万美元，其中雕刻创业示范街实际进资 4100 万元，示范基地实际进资 1.5 亿元。县内入园企业达 21 家，新引进雕刻经营户 52 家，县内从业人员达 5270 人，新增返乡从业人数 785 人[①]。2012 年，已有 80 多家雕刻企业在余江县雕刻创业示范街落户，木雕艺术品产值预计达 12.8 亿元。此外，婺源的天翔木雕工艺有限公司生产的傩面具也很有特色。

（四）政策利好，小型艺术品生产、经营机构活跃

除了大型的陶瓷、木雕等企业，活跃在江西艺术品市场的，更多是小型的机构，这些机构形式多样、数量众多，主要是小型艺术品加工厂、画廊、古玩店、奇石店、雕刻店、工艺品店和旅游纪念品店等，占整个江西省艺术品生产、经营机构的 90% 以上。多数为家庭作坊，一般为前店后坊式。这些小型机构直接面对普通消费大众，提供了大量满足普通消费者的艺术产品。通过调查发现，这些小型机构一般年营业额在 20 万到 50 万元之间，每家的从业人员

---

① 数据来源于央视网：http://qy.cctv.com/tuwencate/288433/41e60e4f – 8881 – 4d72 – bfc8 – d577f9f0459e/1.htm。

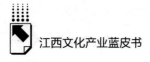

大概三四人左右。经营者普遍认可政府的扶持政策，如免交营业税、提供房租补贴等。

（五）艺术品行业与其他相关行业趋于产业融合

除了陶瓷艺术品以外，大部分艺术品并没有形成完整的上下游产业链，也鲜见产业聚集区。可喜的是，一些有实力的大型企业开始尝试与其他产业间的融合。一方面，一些艺术品生产经营机构开始往其他产业延伸，如宜春市马丽画廊已经由原来的现代艺术品经营逐渐向建筑装潢延伸；另一方面，非艺术品生产企业，比如房地产开发，开始尝试通过发展文化产品提升自身品位。赣州市佳盟机构旗下的紫庐美术馆，就是一个融合地产策划、环境艺术、文化展销于一体的综合项目。此外，艺术品生产经营与电子商务的融合也是一种新的尝试。

三 江西省艺术品市场发展存在的问题

（一）市场不健全，产业链不完善，私下交易盛行

与国外成熟的艺术品市场相比，江西乃至国内的艺术品市场很不规范，不少艺术家似乎更愿意直接出售自己的作品，而不是通过画廊代理或拍卖等方式，从而可以减少交易的中间环节，减少中间人的克扣盘剥，因为私下交易可以不纳税，可以实现利益的最大化。这样一来，私下交易反而成为一种艺术品交易的主要途径，猖獗的私下交易不仅是偷税漏税的问题，而且交易的不稳定性和定价的随意性违背了价值规律，破坏了正常的市场秩序和游戏规则，阻碍了艺术品市场的正常发展，从而最终受到最大伤害的仍是艺术家。如景德镇陶瓷，2013 年的市场成交额较 2012 年减少 20% 左右，前期定价的随意性导致价格虚高、市场开始逐渐回归理性是主要原因之一。艺术品应该进入市场，遵循价值规律，通过画廊代理或拍卖等方式，在合理的市场政策、规则引导下，在阳光下进行交易。

江西画廊虽然为数不少，但大多为小型个体画廊，缺少规模大、实力强的画廊。导致对人们认识艺术品的启蒙教育不足，艺术品市场培育缺乏；展览活

动少，对艺术家的宣传力度不够；公众接触、了解艺术品的机会和途径太少，关于如何鉴别当代艺术价值的讲座、座谈等活动也太少，因此对这项并不新鲜的事物依然很迷茫。而这恰恰需要专业的画廊在当中有所作为，在艺术品市场培育方面从具体细微处做起。从市场角度来说，画廊属于一级市场，拍卖行则属于二级市场。画廊在其中充当的角色更为基础和重要，但现实的悖谬是，二级市场拍卖行十分火爆，而画廊人气则少人问津，两者的关系本末倒置。一级市场不发达，不利于推出艺术新人，无法培育更多受众，也不利于二级市场的发展。一个成熟的艺术市场，画廊是基础，在艺术家、画廊、拍卖行、美术馆、批评家、收藏家以及艺术媒体之间需要形成良性互动，画廊、拍卖行和画家之间应理顺关系，建立起合理的游戏规则。

（二）部分艺术品作坊式生产，流通渠道单一，艺术品产业链尚未健全

江西省艺术品市场产品流通渠道单一，知名艺术家的作品主要通过拍卖；不知名艺术家的作品一般通过画廊或零售店出售；旅游工艺品一般在旅游点销售；艺术复制品多在画廊销售，部分也在家装行业销售；古玩多在古玩店内售卖，也有部分收藏家成立了协会沙龙或俱乐部内部交易；还有一些工艺品销售到了境外。缺乏大型的展销会的支持。

（三）市场结构失衡，陶瓷艺术品单极独大

从统计数据可知，作为江西省艺术品市场的支柱产业，景德镇陶瓷艺术品规模最大、产业最成熟、产业链最完善，处于难以动摇的龙头地位。木雕、玉石、油画、古玩等虽然也有一定的规模，但其影响力还比较有限。书画及当代艺术品的成交额较低，消费意识不够，市场的消费能力不足。

（四）市场不成熟，艺术品消费者的消费水平和审美水平有待提升

江西省整体的艺术品消费市场尚未形成，艺术品的消费现在大多集中在"行家"范围内。人均艺术品消费额处于全国中等。随着江西省人均可支配收入的逐步提高，普通大众的艺术消费市场亟待开发。目前艺术品市场的购买

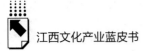

者，主要以购买艺术复制品为主、以大众审美产品为主，购买产品主要用于房屋装饰，而非用于赏玩。据对江西艺术品消费者的问卷调查，市民购买艺术品的主要用途为室内装饰，占47%，用途为收藏、鉴赏者仅占12%。真正意义上的原创艺术品需求有限，其附加价值远远未得以实现，很多艺术品被当作普通商品出售。

（五）专业经营管理人才缺乏，制约艺术品市场发展

市场发展靠的是人才，艺术品市场持续发展，需要相应专业人才的支撑和推动。而江西艺术品市场最缺乏的就是人才，包括专业的艺术品经纪人、艺术评论家、策展人、营销策划专家、艺术品鉴定专家、对外交流人才等，尤其是既懂艺术又懂市场的复合型艺术品经纪人，这成为制约江西艺术品市场健康持续稳定发展的瓶颈。

四 促进艺术品市场发展的对策

（一）制定艺术品市场准入标准，加强行业自律

首先，制定行业资格标准，对申请的企业进行严格的资格审查，符合标准的准其进入艺术市场经营行业。其次，根据《美术品经营管理办法》和《文化部关于加强艺术品市场管理工作的通知》的有关规定，落实好美术品经营单位备案制度，完善备案信息登记工作。有关部门对艺术品经营企业的经营情况进行记录，建立企业诚信档案，并公示企业的诚信情况。最后，成立艺术品相关行业协会，进一步发挥行业协会的作用，使整个行业在协会的领导下制定行业规范准则，对各企业经营进行监督，在行业协会的领导下加强行业自律的力度，营造一个规范有序的艺术市场经营环境。如中国拍卖协会根据行业的特征，从行业规范性、诚信度、经营规模、持续发展能力以及社会贡献等方面评审与艺术市场相关的具备3A资质的艺术品拍卖公司，这样的活动有利于加大行业自律。成立行业协会也是一个国内艺术市场与国际艺术市场接轨的表现，在国外很多国家都有相应的机构并充当政府和企业之间沟通、协调的桥梁角色，如美国的艺术品经销商协会，法国的艺术画廊委员会，这种机构有利于加

强艺术品市场的管理，促进市场的繁荣，推动企业和艺术走出国门，也有利于国内企业之间的交流，资源共享，互赢合作。

（二）完善艺术品诚信体系

江西省艺术品诚信体系存在的问题主要表现为：缺乏诚信体系建设主体；信用资源不能共享；信用主体缺位；失信惩戒机制缺乏。构建独立的信用主体，培育信用市场，一是在政策上予以引导，降低信用中介机构的准入门槛，培育和壮大信用中介力量。二是明确艺术品市场信息的监管部门，制定行业标准。鼓励艺术家将其作品通过经纪、代销、拍卖等正规渠道，在阳光下进入市场。加强对画廊、拍卖行、艺术家、收藏者、投资者等相关的机构或个人信息的备案制度，促进艺术品交易的规范化。三是积极培育和扩大信用信息的需求市场，在各种活动中如在行业评选、画廊交易、艺术品拍卖以及抵押贷款等方面，广泛利用艺术品信息中介机构或行业协会出具的信用报告，充分发挥信用信息的作用。四是开展诚信画廊的推荐与评审工作，各地市文化行政部门，要对本管理区域内的画廊通过实地考察、企业座谈、问卷调查等形式考核画廊的各项标准，对符合标准的画廊进行推荐，江西省文化行政部门依据标准进行最终评审。

（三）加大艺术品市场培育的力度

首先，加强艺术市场文化环境的硬件建设。根据人口比例，应当新建或修建一批各种层次和功能的公立的、私立的美术场馆，收藏和陈列地方特色艺术精品，也包括古今中外艺术精品，如陶瓷、刺绣、漆器等，政府应视其为公共文化服务体系的一部分，通过减免税或政策倾斜，降低门票价格甚至免费向大众开放，使普通百姓尽可能接受艺术熏陶，提高艺术素质和审美水平。同时，积极拓展美术馆功能，搭建艺术创作的培训基地，为艺术创作者和爱好者提供学习、研究和临摹艺术品提供便利场所。还可通过多渠道筹款集资，包括各种社会捐赠，税收减免政策，鼓励企业投资美术展览馆，为艺术家提供作品个展和联展及艺术品收藏提供更多基础场所设施。其次，加强艺术品市场文化环境软件的建设。在有条件的学校，开设相关艺术课程，普及艺术教育，提高国民的文化艺术修养，加强艺术院校、研究机构与艺术品企业的合作有交流，共同

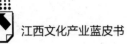

合作加强人才的培养，为艺术品市场的发展储备有生力量。加强艺术产业的学术研究，建立艺术品市场的学术支持体系，推动学术研究与艺术品市场之间的互动关系。学术研究为艺术品市场建立价值评价体系，提供理论参考和咨询，同时也影响着收藏家和投资者的审美趣味与收藏方向，为其投资提供强有力的学术引导和支持。

（四）加强人才队伍建设，构建人才培养体系

江西省艺术院校、文博机构、研究机构等应该加强艺术人才的培养，顺应市场趋势，积极探索合作培养、培训新模式，为江西省艺术品市场的发展壮大提供有生力量。要做好这项工作，就必须完善艺术人才的选拔、评定制度，推出江西省艺术人才支持计划，支持艺术人才脱颖而出。同时，对艺术品经营单位的从业人员实行资质考核和认证制度，加强资格审核、管理，提高经营者的素质。如 2006 年 4 月，国家劳动和社会保障部中国就业培训技术指导中心正式启动了《文化经济职业岗位培训项目》，这对于普及国民艺术知识，提升艺术修养，提高投资者的文化艺术素质和艺术投资理念，引导投资者科学、理性地进行艺术品的投资，意义重大。这种资质考核和认证制度的有效推行，也将是推动江西省文化艺术产业健康发展必不可少的条件。

（五）加强宣传，构建信息共享系统

进一步发挥行业协会的作用，搭建起政府与企业沟通的平台，组织省内艺术品行业协会、经营企业、艺术家在国内外参加、举办各类展会，加强对江西省艺术品、艺术家的宣传、交流；并且要尽快建立艺术品行业监测体系，定期发布艺术品市场白皮书，对艺术品市场动态、产业数据进行系统监测、发布，为艺术品经营者、消费者提供信息支持；而通过文化出版广电等相关的职能部门，积极支持更多的媒体更深入地参与到艺术品市场中去也是当务之急。要使媒体成为江西省艺术品研究、宣传、展示的平台。传媒在宣传艺术品市场的同时，更应该面对市民，针对一般大众开展艺术品知识的普及和开设艺术品审美的栏目或板块。充分利用新媒体，如互联网、移动媒体（手机）、博客、微博、播客、论坛等，使之成为传播文化艺术信息的集散地和前沿阵地。

五 江西省艺术品市场发展趋势

（一）江西省经济持续发展，进入艺术品消费市场起点

2012 年，江西省经济持续稳中有进地发展，全年 GDP 达 12948.5 亿元，以全省 4503.93 万人常住人口计算，人均 GDP 达 28749 元（约 4622 美元），城镇居民人均可支配收入接近 2 万元，消费首次跨上 4000 亿元大关。经济的发展和人均可支配收入的增长，也将刺激艺术品市场的需求。

依照国际艺术品市场发展规律，当人均 GDP 超过 3000 美元时会出现收藏艺术品趋向；人均 GDP 达到 5000~8000 美元时进入艺术品收藏快速增长期；而人均 GDP 发展到 10000 美元以上时则会出现系统的收藏行为。由此看来，江西省的人均 GDP 已经超出 3000 美元，接近 5000 美元，离艺术品市场快速发展的阶段不远了。

（二）中国艺术品市场首次收缩，江西艺术品市场将受到影响

2011 年中国艺术品交易总额 2108 亿元人民币，位列世界第一，但同时整个中国艺术品市场进入发展瓶颈期。2012 年，中国艺术品市场总销售额下降 24%，全球排名降至第二位。据统计，截至 2012 年 12 月 19 日，中国 2012 年艺术品拍卖成交总额为 536.9 亿元人民币，与 2011 年的 968 亿元相比减少了 44%。在这样的背景下，江西省艺术品市场难以独善其身，也受到了一定的影响。

（三）江西省文化产业体制改革逐渐深入，将极大地促进艺术品市场活跃

按照党中央和中共江西省委要求，江西省进行了文化体制改革，重点是经营性文化单位转企改制。这有力地促进了江西省文化产业的市场化，文化产业成为江西经济发展重要的驱动力。作为文化创意产业的重要方面，艺术品市场也受到政府各级部门的重视，应该有更多的市场利好政策出台。

B.8
教育培训业发展报告

王志平　蔡琮瑶　崔 芳[*]

摘　要：　2010年，多家中国教育培训机构在美国上市，引发了资本市场对教育培训行业的关注和青睐，产业跨界融合渐成趋势，"市场＋资本"驱动整个教育培训业强劲发展。江西省教育培训行业稳步发展，登记注册教育培训机构数量攀历史新高，课外辅导培训、辅助考试培训、外语能力培训是江西省教育培训三大支柱行业，传统教育培训市场需求稳定且市场空间巨大。在品牌成长方面，巨人雷式是最大亮点；在规模化发展方面，新东方占据绝对优势；在创新培训形式方面，中公教育颇有成效。整体市场竞争激烈，中小企业品牌化、规模化建设迫在眉睫，提升资本市场融资能力或为有效途径之一。

关键词：　教育培训　发展概况　重点行业分析　趋势及建议

一　教育培训行业发展宏观环境

继2006年新东方在美国上市开了中国教育培训机构进入资本市场的先河，2010年学大教育、学而思、环球雅思、安博教育等多家中国教育培训机构扎堆在美国上市，这又重新引发了投资者对教育培训行业的关注，市场对这个朝阳行业的发展前景有了更具体直观的把握。

---

* 王志平，管理科学与工程学博士，江西师范大学文旅学院讲师；蔡琮瑶，江西交通职业技术学院讲师；崔芳，江西省图书馆副研究员。

　　中国教育培训行业发展迅猛，市场空间巨大。北京民科院发布的教育培训行业数据显示，2013 年中国的教育培训机构总量达 14.11 万家①，其中包括职业技能培训机构和各种非学历短期培训机构（如中小学课外辅导机构等）。2009 年中国教育培训市场总值约 6800 亿元，年平均增长率在 10% 以上②，2012 年这个数值高达 9600 亿元③，预计到 2015 年中国教育培训市场总值将超过万亿元。以中小学课外辅导培训细分行业来看，国家统计局 2011 年发布数据显示，2010 年全国在校中小学学生人数 1.76 亿人，而其中有接近 73% 愿意选择课外辅导机构进行课后强化学习，那么中小学课外辅导市场潜在客户数量约为 1.28 亿人，这个市场是巨大的。据艾瑞咨询统计，中国中小学课外辅导市场已从 2009 年的 1897 亿元增长至 2014 年的 4472 亿元（约合 655 亿美元），2009 ~ 2014 年的年复合增长率为 18.7%。④

　　传统教育培训市场稳定，常见的教育培训形式如大班授课、小班教学、一对一的个性化辅导仍是市场最受欢迎的，市场规模也持续增长，大部分教育培训机构常见的扩张方式仍以一线直营、区域二级特许等方式为主。同时，新兴培训形式吹响进军教育培训市场的集结号，而其中在线教育培训异军突起，取得不俗的成绩。据前瞻产业研究院近期发布的调研数据，2012 年中国在线教育市场总值在 700 亿元左右，占 2012 年中国教育培训业总市值 9600 亿元的 7.3%；2014 年达到 1026 亿元，较 2013 年同比增长 23.6%，未来几年中国在线教育培训将保持一定平稳的增速，预计到 2015 年将超过 1600 亿元。⑤

　　教育培训产业投融资正盛行，自国际著名风投机构鼎晖创业投资 2007 年为学大教育注入第一笔风投资金 1000 万美元，国内外大批投资实体纷纷进入

---

① 胡锦澜：《中国教育培训市场供需细分与市场前景分析》，http://learning.sohu.com/s2013/jyktx23/。
② 石琳：《教育培训产业年度发展报告》，北京大学出版社，2012，第 260 页。
③ 孔芳雪：《2014 年中国教育培训行业发展现状与前景分析》，http://bg.qianzhan.com/report/detail/300/140710 - 8a465989.html。
④ 数据来源：《中国教育概念股研究报告之中小学课外辅导》，http://news.imeigu.com/a/1316505756513.Html。
⑤ 孔芳雪：《2014 年中国教育培训行业发展现状与前景分析》，http://bg.qianzhan.com/report/detail/300/140710 - 8a465989.html。

中国教育培训业市场，全球私人股权投资公司凯雷投资集团于 2007 年注入 2000 万美元入股新世界教育集团，开启凯雷在中国民办教育培训行业的首笔投资；环球雅思也在获得软银赛富基金数亿投资组建环球天下教育科技集团于 2010 年在美国上市，并于 2011 年并入世界著名教育机构培生国际教育出版集团，正式通过并购实现民企走上国际化教育发展之路；江西巨人雷式培训学校也借助其战略收购方北京巨人教育获得的启明创投、海纳亚洲机构 2000 万美元投资步入品牌化、规模化发展阶段。2006 ～ 2011 年，中国教育培训机构在海外上市已达 13 家，随着金融全球化趋势加剧，投融资、并购等金融资本介入，开始成为中国教育培训产业的助力引擎，正在引发新一轮的金融虚拟增长极。

二　江西省教育培训行业发展概况

国家近年来先后颁布《职业教育法》《民办教育促进法》《民办教育促进法实施条例》《中外合作办学条例》，鼓励和支持社会民办教育培训产业，为教育培训行业发展提供了良好的机会；发布《中国企业管理培训行业自律公约》，规范教育培训行业市场竞争秩序，营造教育培训行业公平发展环境，提高教育培训行业发展质量。中共江西省委、省政府也于 2010 年出台《江西省中长期教育改革发展规划纲要》，其中特别提出为江西本土民办教育培训机构提供必要的政策支持和资金扶持，改善民办教育培训机构的发展环境，加大公共财政对民办教育培训机构的资金扶持力度，在土地使用、市场准入、投融资环境等方面为民办教育培训机构做好服务工作。这些法律规范、规划纲要都显示出国家和省政府支持民办教育培训行业的极大决心和信心，为江西省教育培训行业发展提供了良好的发展机遇。

2014 年，江西省教育培训行业宏观上呈现稳步上升趋势，登记注册教育培训机构数量创历史新高，市场总值和增长速度节节攀升，教育培训名企如新东方、巨人雷式、中公教育等近几年在赣机构分校增长迅速，营收业务成绩喜人，培训学员数量均有稳定的保有率。

从细分市场来看，课外辅导培训、辅助考试培训、外语能力培训是江西省教育培训的三大支柱行业，整个课外辅导培训、辅助考试培训及外语能力培训行业均有良好的赢利能力，培训学员保有率及平均毛利率都居于整体教育培训行业前列；此外，其他类型如职业技能培训、身心素质培训、金融培训、软件技术培训等也均有不错的发展空间和市场容量，而且随着人们生活水平的提高和空余时间的增多，这些"再充电"式的培训行业发展有继续上升的趋势。

从区域增长来看，南昌、九江、抚州、赣州教育培训市场大，这四地的公共教育发展在全省居于前列，在校学生及家长较为重视提升学生知识、素质及能力，因此相比之下，这几个城市的课外辅导、外语能力及辅助考试等多种培训市场和业务都发展的较快。同时，由于观念的转变和经济收入水平的提高，许多县域在校学生及家长也开始关注和参与课外辅导等培训，而目前多数省内教育培训机构还没有重视县域市场，在县域开设的机构数量极为有限，许多县域在校学生只能在假日赶赴市区培训机构驻点接受培训，县域市场有待进行合理布局和开发。

从培训形式来看，传统教育培训市场需求稳定且市场空间巨大，大班授课、小班教学、一对一的个性化辅导仍是市场最受欢迎的传统培训形式，多数培训学员都愿意选择以上三种培训形式，这种传统培训形式直观感受性强，教学和讨论可以同步进行，深受市场青睐。另一方面，新兴教育培训形式渐渐显现，在线教育成为教育培训市场一个新的增长点，通过网站提供预先录制或直播的教学视频并提供相关的题目问答、解疑等练习资料，在线网络课程因不受地理和时间限制争取了一部分学员群体。

与此同时，江西省教育培训行业机构的整体办学品牌化、规模化建设尚有不足，其中一个重要的制约因素就是整体教育培训行业尤其是中小企业在资本市场的投融资能力欠缺，据前文相关数据分析，省内只有少数培训机构如巨人雷式、新东方等几家大的机构较早具备投融资的意识并率先开展了有效的实践：新东方早于2006年就筹集国内外各方投资并成为在美国纽交所上市的中国第一家教育培训机构；江西巨人雷式培训学校于2007年借助北京巨人教育获得的启明创投、海纳亚洲机构2000万美元投资步入品牌化、规模化发展阶段。除此之外，省内诸多中小教育培训机构自有资金不足，办学规模、办学条件以及师资力量等综合实力难以适应飞速增长的培训市场需求，又缺乏开放思维，缺乏寻求资本市场融资渠道和方式的积极性和创新意识。整体而言，江西省教育培训行业整体投融资市场远未成熟，市场主体尤其是中小培训企业提升

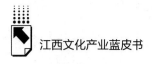
资本市场投融资意识和能力迫在眉睫。

江西教育培训行业和课外辅导机构经过近 15 年的发展，已经从供不应求的卖方市场逐渐转变为需要加大品牌营销和战略重构的激烈竞争时代，教育培训行业的暴利效应逐渐弱化，行业逐步趋于成熟，市场消费者也逐渐理性。江西教育培训行业急需朝着品牌化、规模化、多元化经营方向发展。一方面，新的国内竞争参与者纷纷进入，国外知名教育机构也时有探索江西教育培训市场，教育培训机构面临国内外的压力与挑战，市场竞争日趋激烈；另一方面，由于市场消费者需求的增加、教育权力的逐步下放、社会职业的门槛效应及民办教育的发展壮大等因素，江西教育培训行业市场仍有巨大的发展空间和前景。

三 江西省教育培训重点细分行业分析

（一）课外辅导培训市场

中小学课外辅导培训非常具有中国特色，是中国式教育体系衍生出来的一个生命力顽强的行业。就全国而言，中小学课外辅导培训市场都是一个潜力巨大的市场，江西教育培训市场亦然，也是最受关注的细分市场。调查表明，目前全省约有 35% 的中小学生，选择用课外辅导的方式来弥补课堂教育的不足，1/5 的家长愿意拿出上万元为孩子进行课外辅导，中小学课外辅导培训市场巨大。下表是 2013 年江西省主要课外辅导培训机构相关数据。

表 1 2013 年江西省主要课外辅导培训机构相关数据

机构名称	机构性质	在江西省成立时间	师资配备	办学规模	教材使用	课程设置
江西巨人	加盟本土	2002	本地招聘	35 个分校	自编教材	中小学各科、素质培训
雷式学校						
九州教育	本土	2006	本地招聘	18 个分校	系统教材	中小学各科
新东方	直营	2007	总部配备、本地招聘	16 个学习中心	自编教材、系统教材	中小学各科、英语培训

机构名称	机构性质	在江西省成立时间	师资配备	办学规模	教材使用	课程设置
学大	直营	2008	总部配备、本地招聘	6个学习中心	自编教材、系统教材	中小学各科
优学教育	本土	2006	本地招聘	5个分校	系统教材	中小学各科
昌大科辅	本土	2006	本地招聘	5个分校	系统教材	中小学各科
优乐康教育	本土	2006	本地招聘	5个分校	系统教材	中小学各科

数据来源：温焜：《江西 LS 培训学校的发展战略研究》，南昌大学硕士学位论文，2014 年，第 14 页。据中国优秀博硕士学位论文全文数据库，http：//epub. cnki. net/kns/brief/default_ result. aspx。

可以看出，江西省课外辅导培训机构成立的黄金时期是 2006 ~ 2008 年，这三年也是江西省中小学在校人数居高不下的三年，形成市场需求和供给的良好对接，也显示了江西省教育培训行业较高的市场敏感度和反应能力。上表中绝大部分教育培训机构都是依托本土成立，师资也基本在本地招聘。由于中国九年义务教育尤其是高考还存在地域差异，这种本土化的师资配备更适合江西省中小学课外辅导市场需求，培训老师本身就是来自于本土中小学的优秀教师，他们更加清楚本土学生在课堂内学习的主要问题，学员们也可以根据自己在学校课堂内的疑问和重点难点有针对性地向培训老师请教。同时，表中也反映了江西省课外辅导培训市场的一些问题：一是办学规模化建设尚有不足，除巨人雷式、九州、新东方三家机构外，大部分江西省课外辅导培训机构办学规模相较于巨大的中小学课外辅导培训市场而言较小，难以形成规模化发展；二是品牌化发展道路不清晰，江西省大部分课外辅导培训机构面对学员使用的培训教材基本以系统教材为主，少数有自编教材，这种以系统教材为主的辅导机制不利于形成特色化的培训竞争力，缺乏核心竞争力就难以形成品牌化发展。

分析江西省课外辅导培训市场，值得一提的是江西巨人雷式学校，这是在江西本土拥有较高知名度的教育培训学校，其在品牌化建设方面是江西省行业内最大亮点。经过十多年的发展和蜕变，尤其是 2010 年通过借助其战略收购方北京巨人教育集团获得的启明创投、海纳亚洲机构 2000 万美元的投资，拓展了培训业务，扩大了机构规模，巨人雷式已经从起初的一个专门经营课外英语辅导的小培训班发展到现今在整个江西省范围内开设 35 个分校，集中小学各科课外辅导、英语培训、艺术教育等众多培训业务于一体的知名企业。

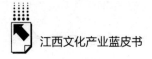

而后随着 2007 年、2008 年新东方、学大等国内知名教育培训机构相继在江西省开设直营机构进行行业市场布局，巨人雷式更加致力于强化其品牌化的塑造和巩固。为了巩固其品牌市场占有率，巨人雷式实施集中化、多元化及连锁经营发展战略，首先将目标聚集主攻某些特殊的顾客群如中小学全科应试培训、升学应试培训，扩大培训范围，在目标聚集顾客群区域（联合学区区域）开设多个分校，抢占中小学课外辅导市场竞争的优势地理位置；其次注重拓展核心培训产品线的细分产品，围绕核心培训产品实行同心多元化发展战略，利用江西本土的地缘优势和北京巨人教育集团的品牌优势，在原有的核心培训产品基础上拓展培训产品种类和项目，推出了少儿多语种素质能力拓展、雅思托福出国培训、舞蹈素质培养等多元化培训产品；同时创新性地实行加盟连锁经营模式，以自有的教育培训品牌优势吸引南昌以外的地市社会力量加盟，各地市加盟方投入资金，依托巨人雷式本部的品牌资源和管理信息系统在当地开设分支机构并自主经营，利用现有的竞争优势地位，巩固品牌形象，与品牌加盟连锁机构共同发展和壮大。通过这样的集中化、多元化和连锁经营发展战略，江西巨人雷式学校逐步确立了在江西省课外辅导培训领域内的品牌优势地位，实现规模效益递增。

（二）外语能力培训市场

随着省内出国留学、商务职业外语、各种外语升级考试及升学外语应试等外语能力强化的需要，市场对外语能力的培训重视程度不断攀升，市场需求激增。外语培训市场尤其是英语培训市场火爆的现象，吸引越来越多的培训机构投身其中，据统计，江西省截止到 2014 年，约有上百家外语培训机构，省内知名外语培训机构新东方、韦博国际英语、环球雅思、巨人雷式、沃尔得国际英语等都纷纷创建自己的直营连锁或加盟分校，抢占日益增长的外语培训市场，但目前省内还有大部分中小培训机构采用的是挂靠方式招收学员，对外语能力的培训课程有雷同之处，多使用系统教材，对外语培训课程、教材、产品的创新研发能力不够，且由于中小培训机构资金、师资力量有限，在课程教学质量、课后服务管理等方面存在很多不足之处，也受到许多学员投诉收费和服务不相适应等问题。

江西省外语能力培训经过十几年的发展，市场竞争者越来越多，市场消费

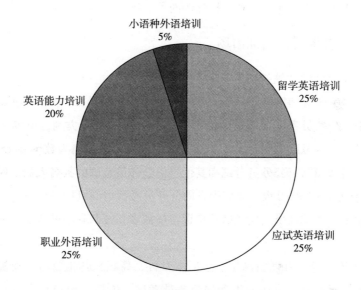

者也逐渐进入理性消费时代，而市场的理性消费必然会促进市场进一步细分，同时，外语学习的群体和年龄层不断扩大，外语学习逐渐成为人们的一项必要技能，外语培训市场在未来将有更大的发展空间和潜力，随着近年来外语学习的大趋势，外语交际能力日益受到市场的重视，且基于商务、职业外语能力需求，市场对小语种外语如日语、韩语、法语等的关注也在不断提升，催生新的培训热潮，未来外语培训的学习热点也将开始慢慢由外语应试培训向外语能力提升转变（见图1）。

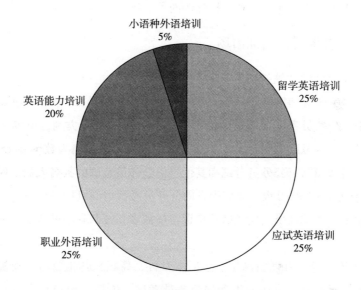

图1　外语能力培训行业培训类别市场分布

数据来源：冀瑞鹏，《中国外语培训市场的现状及发展趋势剖析》，http://www. rr365. com/english/201101/english_ 24550. html。

这些新的发展趋势都会对培训机构提出更高的要求，对于培训机构的规模化、专业化要求日益升高，这既是挑战也是机遇。从全省范围来看，外语能力培训企业发展相较于其他分行业来说更为成熟和规范，如新东方、环球雅思、韦博国际英语、巨人雷式等品牌外语培训机构在全省的外语培训市场中保持领先优势，获得学员和网民的较高评价。

在省内外语能力培训机构规模化、专业化建设中，新东方占据绝对优势。新东方教育集团以外语培训为核心，拥有短期外语培训系统、职业教育系统、基础教育系统等多个发展平台，成为集外语教育培训、产品研发、教育服务等于一体的大型综合性教育培训集团。自 2007 年进驻江西省外语培训市场，截至 2014 年，新东方在赣开设学习中心已达 16 家，布局规模化经营模式，且新东方一贯秉承一线直营的经营形式，在外语培训尤其是留学英语和应试英语培训两个领域居于行业领先地位，资金、师资力量雄厚，为保证培训质量，新东方是省内少数坚持主要采取总部配备师资和采用自编教材的外语培训机构，十分注重英语课程创新开发、教材研发等专业化建设，经过在江西省八年的经营实践，形成了极具专业特色和规模优势的外语培训口碑机构。

（三）辅助考试培训市场

国人及社会对"铁饭碗"职业的偏爱和执着，造就了公务员、事业单位招聘考试、考研等辅助考试培训这一年产值达数十亿的教育培训细分行业市场，其中，公务员考试培训是辅助考试培训市场的主要类别，市场占比超过 50%。以公务员考试为例，2015 年江西省公务员考试报名人数突破 15 万，算上省内报名参加国家公务员考试和其他省份公务员考试的报名人数，保守估计要突破 30 万，这 30 万很可能成为省内公务员考试培训机构潜在消费者，这还不算事业单位考试及研究生考试的培训市场需求，江西省辅助考试培训市场需求是非常可观的。

截至 2014 年，江西省高校（包括本专科、高职）达上百所，在校学生人数超百万，每年有大量毕业生参加公务员考试，迫切需要市场提供正规、权威、便捷的公务员考前及面试培训服务。面对省内公务员、事业单位考试的热潮升起，省内辅助考试尤其是公务员考试培训市场呈现迅速发展的势头，国内许多知名公务员考试培训机构中公教育、华图教育等纷纷设立在赣分校和培训中心，本土优秀的一些公务员考试培训机构华都教育、锐才教育等也都保有稳定的学员参培率。

除了传统的大班授课、小班教学形式外，江西省辅助考试培训市场还涌现了一批在线教育培训机构。在线网络教育因不受地理和时间限制争取了一部分学员群体，成为辅助考试培训市场一个重要的增长点。与课外辅导培训市场及外语能力培训市场相比，辅助考试培训市场学员年龄段较为集中，以在校大学生或毕业就业生为主体，学员接受能力和理解能力普遍较强，并且熟悉网络在线操作流程，这部分学员愿意选择网络培训形式，成为网络在线培训的忠实拥护者。

在辅助考试培训领域创新培训形式方面表现突出的是中公教育。中公教育创建于2000年，经过十多年的发展，中公教育已成为全国公务员考试培训和图书出版行业中规模最大、学员评价高、市场信誉好的权威机构。江西中公分校自进驻江西辅助考试培训市场后，一贯本着"持续研发、实战原创"的方针，以自主研发实力，高效辅导课程，全系列深度理论化、系统化辅导教材出版享誉江西省辅助考试培训市场，为适应主要消费群体的在线培训需求，江西中公分校在省内辅助考试培训行业率先创建了自己的中公网校，通过网校在线提供预先录制或直播的教学视频并提供相关的题目问答、解疑等练习资料，实时发布各种辅助考试、辅导资料和重要权威的通知信息，并创建在线交流渠道，提供在线培训学员、会员、名师、专家之间交流互动的优质平台，这种新型网络在线培训形式深受年轻学员群体的欢迎，在网络在线培训辅导下的各种考试成绩显著。在线培训教育成为辅助考试培训行业新的竞争点和增长极，也将成为教育培训产业未来发展的趋势之一。

四　江西省教育培训行业发展趋势及建议

（一）品牌化、规模化、多元化发展日益成为行业核心竞争力

教育培训行业正在由之前暴利驱使下的"野蛮式"扩张向精细管理化转变，那些获取了资本资金优势，积累了品牌优势、规模优势的教育培训机构在行业整合和结构转变中不断受益，且差距也愈见拉大。未来教育培训行业的核心竞争力应是注重品牌化、规模化及多元化发展的战略整合，江西省教育培训行业机构的办学品牌化、规模化建设尚有不足，除巨人雷式、新东方等少数培训机构外，大部分江西省教育培训机构办学规模和培训机制相较于巨大的教育培训市场而言较小，也缺乏品牌化建设，分校设点布局也存在盲目铺设问题，缺乏对整体市场的充分调研和优化布局，在推进品牌化、规模化、多元化发展方面，江西省教育培训行业可以借鉴国外教育集团进军中国教育培训市场采取的"教育连锁经营"模式，有实力的省内教育培训机构如

巨人雷式已经迈出了加盟连锁经营的步伐,且市场效应良好,注重逐步推行加盟授权和特许经营的市场推广模式,促进本土教育培训机构的合作与重组,大、中型教育培训机构寻求合作切入点,加快合作、并购进程,拓展多元化的培训产品种类和产业链,深化品牌宣传和规模化建设;小、微型教育培训机构则不求"大"而求"深",深入研究细分市场,选准市场切实需求点,研发优势培训产品,精准深入下去,做成品牌,进而做大品牌、做大规模。

(二)提升资本市场投融资能力或为行业冲破瓶颈助力

江西省教育培训行业机构的整体办学品牌化、规模化建设尚有不足,一个很大的问题就是资本投融资能力有限,有限的自有资金投入极大地限制了教育培训机构的品牌化、规模化和多元化发展。江西省教育培训市场主体除了少数大企业,大部分中小机构起步晚、规模小、资金弱。一方面,即便是少数大企业也基于其在全国范围的整体布局考虑,将多数资金和精力投放在一线大城市,而投放到江西省内的资金和精力都是有限的;另一方面,中小企业自有资金极为有限,当市场需求看好之际,难以在充分的市场调研前提下加大规划布局,难为无米之炊,同时又缺乏开放思维,不善争取资本市场的投融资机会,错失企业扩张良机。

江西省教育培训行业整体规模虽未达理想,可以借鉴国内一些新兴中小培训项目融资方式经验,如 2014 年 11 月,铁皮人科技有限公司开发的儿童数字内容平台项目"铁皮人"争得毅达资本数千万元人民币的 A 轮投资;在国内首次发起"K12 阶段"在线教育的中小学课外培训数字化服务提供商"大家汇"也喜获 ATA 500 万美元的 A 轮投资。这是以具体的创新型培训项目为核心吸引投资进而推动企业整体规模发展的模式,可观的外来资金有助于解决教育培训机构由于资金不足而难以适应市场容量扩大、市场竞争对手增多等问题,也有助于企业解决产品内容创新、规模扩大、品牌建设等方面的诸多难题。同时,政府有关部门连同金融机构可以在教育培训行业投融资方面给予支持,发起组织江西省教育培训投融资行业专门论坛,提供培训机构与金融机构、投资主体的良好合作环境,在投资培训项目领域、区域倾斜、投资回报及投资结构等方面为培训机构和金融、投资主体之间提供政策支持和公共服务，帮助江西省教育培训行业顺利融入金融市场、获取金融支持保驾护航。

（三）新型培训形式或可成为行业后发优势及新的增长点

网络信息时代，网络极大地改变了每一个行业，教育培训行业也不例外。教育培训机构要快速成长，也应该顺应网络发展规律，新兴教育培训形式由此渐渐显现，网络在线教育成为教育培训市场一个新的增长点。通过网站提供预先录制或直播的教学视频并提供相关的题目问答、解疑交流等练习资料，在线网络教育培训课程因不受地理和时间限制争取了一部分学生群体。有关数据预测显示，当前线下面对面教育培训市场占有率接近90%，在线教育培训占比近10%，但是未来十年将是在线教育培训的黄金发展期，市场份额将提高到50%。教育培训的网络化是未来发展的必然趋势。

江西省教育培训行业应强化网络在线教育培训意识，顺应网络在线教育培训的趋势，并充分利用网络在线教育培训的后发优势，在线下面对面培训市场稳定的基础上，认清网络化对传统教育培训产生的深刻影响，发掘市场消费者尤其是年轻潜在培训学员的潜在需求，充分运用互联网络的快速、便捷、低成本等优势，推出多元化的网络在线教育培训产品项目，通过预先录制或直播的教学视频契合网络培训学员的网络习惯。亦可开发网络远程互动教学模式，利用网络的远程服务功能，便捷、低成本地提供培训服务，突破线下面对面培训的地域和时间限制，拓展培训辐射范围，提高行业赢利能力和成长速度。

B.9
广告业发展报告

黄清华*

摘　要： 2014年江西省广告产业发展状况与全国广告产业发展状况总体一致，电视广告依然强势，增速加快；广播广告发展态势良好，首次突破2亿大关；报纸杂志广告不可逆转地大幅下滑；新媒体广告发展迅速。与全国广告产业发达地区相比，江西省广告产业呈现产业总量小、规模化和集约化程度低的特点，广告户均营业额和人均生产总值都远远低于全国平均水平，且广告专业人才流失非常严重。要改变这种状况，必须调整和出台相关产业政策，培养和建设一批在全国都有竞争力、知名度的广告产业龙头企业，提高广告产业的集约化、规模化程度；充分重视生活圈广告和大力培育新兴广告形态，完善广告产业结构。要致力于创造出有利于广告专业人才发展的产业环境和政策环境，吸引外来广告专业人才和本土培养的优秀广告专业人才。

关键词： 发展报告　广告业　江西

广告产业是社会经济发展的晴雨表：当经济发展迅速活力十足的时候，广告业也一定表现出蓬勃发展的态势；而蓬勃发展的广告业对于经济的发展也起着促进作用，二者是一荣俱荣一损俱损的连带关系。一般而言，经济发展迅速的国家和地区，广告产业也是比较有活力的。以美国为例，作为全球经济和商

---

* 黄清华，传播学硕士，江西师范大学传播学院讲师。

业最发达的国家，广告产业一直高居全球第一的位置，不管是产业规模还是发展水平都远远高于其他国家和地区，广告营业额与 GDP 总值的比高达 3%，日本是 2%，我国不到 1%。① 在中国，广告产业的区域发展程度也与经济发展程度呈正向关系，广告市场的龙头和重心依然是经济发展程度和速度都大幅领先的北京、上海、广东（以下简称北上广）和东部沿海地区。以 2013 年为例，北京地区广告经营额仍稳居全国首位，占全国广告经营总额的 35.8%；排在第二的分别为江苏和上海，排在前五的省份（直辖市）广告经营收入总和占全国广告经营总额的三分之二强，达到 68.86%。② 江西省的经济发展程度比较低，与经济发展程度相适应，广告产业的发展也比较落后，不仅不能与北上广相提并论，即便是与相邻省份湖南、湖北以及中部其他省份相比也处于劣势。同时广告业也是文化产业的重要组成部分，广告业的发展不仅是衡量一个国家和地区市场经济发展程度和经济实力的标志，同时也是该地区文化产业是否繁荣的重要标志。所以江西省广告产业整体比较落后的现状不仅与经济直接相关，也与江西省文化产业发展比较落后的现状直接相关。

一　江西省广告产业发展现状

（一）江西省广告产业总体发展状况

评价一个地区广告产业总体发展状况一般会从四个变量来进行衡量：广告经营单位，即从事广告业务活动的企业组织和代理公司的数量，可以体现行业的活跃度；广告经营总额，反映一个地区整体广告营收情况和规模的参数；户均广告经营额，即每个从事广告经营活动的组织平均营收情况，体现的是行业的集约化、规模化运营水平；从业人员数量，反映的是广告行业从业人员的规模，是体现产业规模的一个重要的参数。2014 年这方面的指数还没有统计数据呈现，可以借鉴 2013 年的情况来体现江西省产业规模状况（见表 1）。

---

① 《2013 年我国广告行业发展状况深度分析》，http://www.chyxx.com/industry/201401/227631/html。

② 崔保国主编《中国传媒产业发展报告（2014）》，社会科学文献出版社，2014，第 288 页。

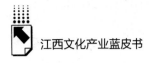

表1　2013年江西省广告行业产业规模数据

	经营单位（户）	从业人员（个）	广告经营额（万元）	户均营业额（万元）	GDP(亿元)	广告经营额占GDP的比例(%)
江西	7643	660088	378665	49.54	14338.5	0.26
全国	445365	2622053	50197459.48	112.71	570425.68	0.88

数据来源：肖志芬，廖双力：《湖北广告产业的发展现状与对策》，《青年记者》2015年第5期。

表1反映出江西省广告产业的特点：产业总量小，规模化和集约化程度低，户均营业额和人均生产值都远远低于全国平均水平，且广告产业占GDP的比重也远远低于全国水平（全国均值0.88%）。考虑到中国广告产业占GDP的比重本就偏低，江西省广告产业的发展状况整体来说比较落后。

（二）2014年江西省广告产业营收和发展状况

2014年，江西省四大传统媒体的广告总营收29.11亿元，其中电视广告总营收19.5亿元，占比66.98%；广播广告2.02亿元，占比6.9%；报纸、杂志广告7.59亿元，占比26.1%（见表2）。① 与2012年、2013年相比，电视广告收入增速加快，2013年电视广告同比增速为3.4%，而2014年增速达19.7%，这一增速要高于全国的电视广告营收增速。据国家工商总局公布的数据，2014年，全国电视广告营业总额为1278.5亿元，同比增速为16.11%。2014年江西省广播广告成功逆袭，突破2亿元大关，同比增长51.87%，大大高于全国20.9%的增速。报纸杂志广告同比大跌，跌幅达16.77%，远远高于全国跌幅。虽然具体的增速和降速不同，但江西省的整体发展趋势与全国一致，即电视广告继续保持强势的发展态势，在新媒体的围剿中依然坚挺，且发展态势良好，表明广告主对电视媒体的强大信心和投放惯性；广播广告的大幅增长则与江西省近年来私人汽车用户大幅增长直接相关，私人汽车用户的购买力比较强，广告主开始越来越重视这部分人群的广告投放，广播广告自然会呈现比较快的增长。而报纸杂志广告的大幅下降是全球平面媒体广告营收不可逆转下滑的一个缩影，不过江西省的降速远超全国报纸杂志媒体的降速，则与江

---

① 江西省统计局有关数据。

西本土的报纸杂志广告创收过分依赖房地产广告密切相关。2014年江西的房地产市场比较疲软，直接影响了报纸杂志的广告营收。

表2 江西省近三年四大传统媒体广告营收情况表

单位：亿元

数据名称 ＼ 年份	2012	2013	2014
电视广告总营收	15.75	16.29	19.5
广播广告总营收	1.34	1.33	2.02
报纸、杂志广告总营收	9.47	9.12	7.59

（三）江西省与中部六省广告产业发展状况的横向对比分析

江西地处长江中下游南岸，与湖南、湖北、安徽、河南和山西一起被称为中部六省。中部六省土地面积占全国10.7%，人口占28.1%的人口，GDP总值占全国约20%，粮食产量占全国30%以上，油料占40%以上，[1] 是中国的人口大区和粮油生产基地。在2004年和2005年的政府工作报告中，温家宝总理两次明确提出要促进中部崛起。2006年4月，国务院出台了《关于促进中部地区崛起的若干意见》（中发〔2006〕10号），提出36条具体的政策措施，首次明确提出要把中部建成全国重要的粮食生产基地、能源原材料基地、现代装备制造及高技术产业基地以及综合交通运输枢纽。但在中部六省内部，经济发展程度并不一致，呈现梯级发展层次。河南的GDP总值最高，在2014年进入了"3万亿元俱乐部"，湖北、湖南和安徽则进入了"2万亿元俱乐部"，江西和山西比较落后，离"2万亿元俱乐部"还有很大的差距（见表4）。

表3 2013年中部6省GDP总值与在全国的排名

省份	GDP总值（亿元）	GDP增速	全国排名（位）	省份	GDP总值（亿元）	GDP增速	全国排名（位）
河南	34939.38	8.90%	5	安徽	20848.8	9.20%	14
湖北	27367.04	9.70%	9	江西	15708.6	9.70%	19
湖南	27048.5	9.50%	10	山西	12759.44	4.90%	21

数据来源：国家统计局有关数据。

---

① 百度百科。

与经济发展程度和水平相适应，江西的广告业发展状况也落后于其他中部省份，在中部六省中排名第5，与GDP的排名一致。而且差距大，不仅不能和因为电视媒介高度发展而使广告产业非常活跃的湖南相提并论，与安徽、湖北的差距也非常巨大，广告经营总额不到湖北、安徽的一半，不到湖南的四分之一，而江西省的经济发展规模与其他省份的差距并没有这么大。

中部六省的广告产业发展不尽如人意。广告产业在各自GDP中的比重都远远低于全国的0.88%的均值。即便是中部六省中广告产业发展程度最高的湖南，广告经营额占GDP总值的比例也仅为0.53%。江西的广告经营总额排名倒数第2，但是广告产业在整个GDP的比重排名倒数第一，从这个角度来说，江西的广告产业发展程度是中部六省中最差的（见表4）。

表4　2013年中部六省广告经营情况统计

地区	经营单位（户）	从业人员（人）	广告经营额（万元）	户均经营额（万元）	占GDP比重（%）
湖南	14839	98389	1443225	97.26	0.53
河南	12621	81481	1043717	82.7	0.30
安徽	9730	63578	921441	94.7	0.44
湖北	12565	71736	887799	70.66	0.32
江西	7643	660088	378665	49.54	0.24
山西	5188	28047	357366	68.88	0.28

数据来源：肖志芬，廖双力：《湖北广告产业的发展现状与对策》，《青年记者》2015年2月第5期。

这种落后，不单纯是经济发展的落后造成的。根据表3和表4的数据计算，湖南省的GDP是江西省的1.7倍，但是广告经营额是江西省的3.8倍；湖北省的GDP是江西省的1.74倍，广告经营额是江西省的2.3倍；河南省的GDP是江西省的2.2倍，广告经营额是江西省的2.8倍；安徽省的GDP是江西省的1.3倍，广告经营额是江西省的2.4倍。从这些对比数据可以看出，江西省的广告产业与其他五省的差距要远远大于经济发展的差距，这确实是值得政府、广告业界及学界反思的问题。

在空间经济学的研究中，区域基尼系数是衡量产业区域分布状况的重要指

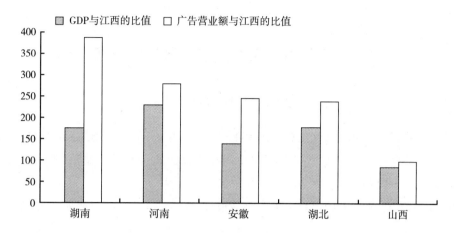

图1　江西省与中部六省的经济发展差距和广告产业差距对比

数据来源：根据国家统计局的数据整理得来。

标。区域基尼系数越接近0，说明产业分布越均衡，而接近1，则表示产业区域分布越不均衡。美国认为区域基尼系数大于0.014为产业区域发展不均衡，中国24大行业区域基尼系数大于均值，在0.017左右，而广告行业的区域基尼系数则高达0.7297（2011年），说明中国广告行业的区域分布严重失衡。广告行业严重向北上广等东部沿海中心聚集，北京的广告经营额占经济总值的比重高达5%；北京、上海、广州和江苏等四个广告产业发达地区的广告业经营总额占区域经济总值的比重也高达1.4%（2011年）[1]，而江西的这一比值是0.24%，其差距之大可见一斑。根据保罗·克鲁格曼空间经济学中"核心—边缘"会不断被强化导致强者愈强弱者愈弱的理论[2]，中国广告产业的区域发展不均衡性问题会越来越突出，广告资源、人才会越来越向北上广等东部经济发达城市、区域聚集，而江西等经济欠发达、广告产业发展落后的地区如果不改变现状，则会越来越被边缘化，导致广告资源、人才被进一步被转移至北上广以及东部沿海产业发达地区。

---

[1]　柳庆勇、李亚圆：《中国广告产业区域非均衡性研究——基于空间经济学的计量分析》，《中国媒体发展研究报告》，武汉大学出版社，2014年8月。

[2]　〔日〕藤田昌久、〔美〕保罗·克鲁格曼、〔英〕维纳布尔斯：《空间经济学》，中国人民大学出版社，2011年6月。

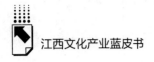

二 江西省广告产业的发展环境分析

（一）江西省广告产业的媒介环境分析

江西省的媒体发展程度在全国处于偏低的位置。不管是传统的四大媒体还是新兴的网络媒体，发展程度都跟全国媒介发达地区有很大差距。2014年，江西省有电视台8家，在2013年10家的基础上减少了2家。广播电台8家，在2013年10家的基础也减少了两家。报纸总数量74家，已经连续3年数量保持不变。

除了数量不占优势外，江西省的媒介力量不论是收视率、发行率还是创收能力在全国也都居于比较落后的位置。以电视媒介为例，江西卫视在全国的影响力、收视率和创收能力在全国都位居下游，省级卫视的排名前十和创收前十都找不到江西卫视的踪影，江西卫视更没有在全国有影响力的节目，导致本土广告大户的广告投放资金外流（见图2）。平面媒体的状况更是不容乐观，发行量前30位都没有江西平媒的位置。

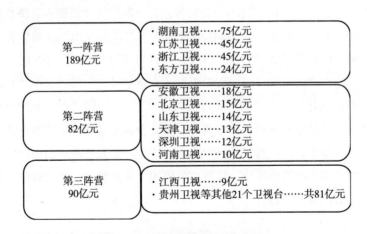

图2 2014年各省级卫视创收情况

数据来源：沈浩卿：《数说 2014 电视市场》http：//www.chinamedia360.com/newspage/20150126/486D76E14635EDF2.html。

媒介的发展程度和影响力直接影响到广告产业的发展和繁荣，以湖南为例，其广告产业发展在中部地区位居前列的主要原因不是其经济的活跃度，而是以湖南卫视为首的媒介产业发展的直接结果。

（二）江西省广告产业的政策环境分析

继 2013 年增长 6.84% 之后，2014 年中国广告业营业额持续保持高速增长态势。根据国家工商行政管理总局公布的数据，2014 年中国广告经营额再创新高，达到 5605.6 亿元，比上一年增长 11.67%，增幅达到两位数水平，占 GDP 总值的比重约为 0.88%。[①] 从中央到地方政府都对广告产业的进一步发展寄予厚望并相继出台了一系列的方针政策和规划。中国共产党十七届六中全会通过的《中共中央关于深化文化体制改革，推动社会主义文化大发展大繁荣若干重大问题的决定》，提出要发展壮大广告等传统文化产业；国家"十二五"规划纲要，再次明确提出要促进广告业健康发展；国家《产业结构调整指导目录（2011）》，已把"广告创意、广告策划、广告设计、广告制作"列为鼓励发展类。2012 年，国家工商行政管理总局颁发了《广告产业发展"十二五"规划》，提出了广告产业具体的发展目标和路径；2014 年，国务院下发了《关于推进文化创意和设计服务与相关产业融合发展的若干意见》（国发〔2014〕10 号）；2014 年 12 月，国家工商行政管理总局再次下发了《关于建设"扶持广告业发展推荐项目库"有关工作的通知》，把广告产业的创新发展直接与中央文化产业专项发展资金对接。在中央的大力推进下，各省市也推行了一系列重要的促进广告产业发展的战略计划，天津、广东、云南、湖北、吉林、安徽、宁波、深圳、北京、重庆、江苏、海南、贵州等省市都先后出台了关于本省、市发展广告产业的具体的战略文件。

江西也乘势而上，2014 年，江西省政府出台了《关于加快发展文化创意产业的若干政策措施》（赣府发〔2013〕43 号），明确提出要"鼓励发展创意设计业"，对于在国家级或国际广告大奖上获奖的企业和设计师予以奖励。同时积极响应中央的号召，打造了首个江西省国家级广告产业园区，力图通过产业园区的

---

① 《2014 年中国广告业营业额持续保持增长态势》，http：//media.chinairn.com/news/20150421/11162273.shtml。

建设来拉动广告产业的规模化、专业化和集约化发展；在国家"扶持广告业发展推荐项目库"建设中，由南昌市广告协会推荐的"新常态下的转型与升级——实现广告传媒业与旅游业融合发展项目""中国数字影像青年创业平台""多媒体公共服务平台建设""天祥生态农业文化旅游养老产业园"四个项目，已成功申报加入由国家工商行政管理总局和财政部共同建设的"扶持广告业发展推荐项目库"。工商行政管理局也制定了一系列的引导和刺激措施，包括：①放宽广告业市场准入条件，降低广告代理公司和制作公司、媒介公司等的注册资本限额，降低广告公司冠省名的条件；②积极培育和扶持广告龙头企业，促进广告产业的规模化和集约化发展，培育和发展具有本土特色的广告创意产业集群；③依托南昌市文化创意和会展中心的平台，辐射和带动全省广告产业价值链整体性的完善；④发挥省城科研院所的技术力量，建立广告设计和创作园区，鼓励广告资源跨地区整合和布局，优化配置人才、资金、技术和信息，提升产业竞争力；⑤发挥地区特色和优势，积极扶持和推广农产品及红色旅游品牌广告的宣传，建立广告企业与当地农产品与旅游资源联合开发的市场机制；⑥支持新媒体广告健康有序发展，鼓励支持网络广告、楼宇广告、LED显示屏等新媒体广告的发展，提升新媒体广告投放总量，提升江西广告业的品质。

（三）江西省广告产业的消费者环境和广告主环境分析

广告产业就其本质来说是为农、工、商、服务业等经济组织提供营销支持的服务产业，它的生存和发展依赖于其他产业的发展和繁荣。江西的经济自改革开放以来发展迅速，但是横向比较起来在国内还是比较落后的，不仅经济规模和发展速度与东南沿海城市有很大的差距，即便是在中部六省中也处于倒数第二的位置。在经济发展规模和总量不理想的大前提下，广告产业的规模和速度自然也难以有很大的突破。

首先，农业人口比例过高，不利于广告产业的发展。从人口比例来看，江西的城市化水平不高，仍旧是一个农业人口大省：2013年底江西的农业人口仍占到总人口比例的51.1%，城镇人口占48.9%，农村人口大于城市人口。①

---

① 《2014年中国广告业营业额持续保持增长态势》，http：//media. chinairn. com/news/20150421/11162273. shtml。

众所周知,农村人口的消费能力要远远小于城镇人口,针对农村人口的广告投放也要远远少于城镇人口。农村人口占比过高,不仅影响工商服务业的发展,也直接影响了广告产业的发展和规模。而且农村人口占比过高,导致整个消费市场跟全国发达地区比有较大的落差,这不仅影响了本土广告主的广告投放,也影响了全国和国际大广告主在分配广告投放比例的时候的决策——他们倾向于投向消费能力更强、消费行为更活跃的经济发达地区。

其次,江西省的产业规模和结构问题也对广告产业造成了一定的影响。图3是江西省各产业的生产总值在全省GDP中的比重。从图3可以看出,江西的工业化程度并不低,工业占GDP的比重为52.5%,这本身是一个对广告产业

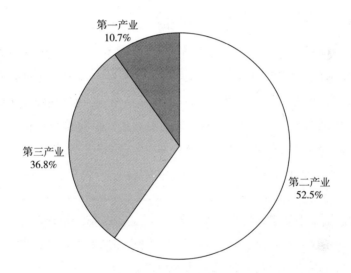

图3 江西省各产业在 GDP 中的比重对比

数据来源:根据江西省统计局有关数据整理。

发展有利的积极指标,因为广告业本身就是伴随着工业的发展繁荣而产生发展起来的。但是江西的工业产业内部构成比较特殊,以采矿、冶炼等重工业为主,全省规模以上的工业企业中,重工业占比达57.12%,轻工业占比只有42.82%。重工业因为一般都是机构对机构的B2B交易,需要投放的广告比较少,即便是投放也是在专业的行业杂志或报纸上投放,较少投放到大众媒介。事实上,江西本土的广告投放大户很少,基本上能叫得上号的就是江中、汇

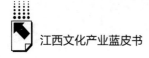

仁、仁和和江铃，且三大药企因为面向全国的消费者，广告投放量虽然大，但是广告投放都分散到中央电视台和各省卫视，本省分配到的广告投入并不占优势。

再次，全国广告市场的重点行业架构这几年来比较稳定，排名前五的行业分别是化妆品/浴室用品、饮料、食品、商业及服务性行业和药品，而这些产业中，江西唯一上榜的就是药品行业，排名全国 100 位的分别有江西医药集团、仁和和江中制药，但因为前面阐述过的原因，它们对本省的广告投放虽有贡献但并不突出。而其他四大重点广告投放行业，江西都比较落后，规模大的名优企业较少，广告投放量没有规模效应。

（四）广告代理公司和从业人员分析

江西省广告代理公司总体特征是规模小、分散化，缺少在全国有知名度和影响力的大型广告公司。据统计，2014 年，江西省广告代理公司员工人数超过 100 人的仅 10 余家，50 人以上的只有 20 余家，[①] 集约化程度非常低。中国 4A 协会（中国商务广告协会综合代理专业委员会）67 家会员单位中，江西广告公司无一上榜。中国 4A 协会会员条件基本上都是从广告代理公司的规模上来控制的，具体如下：

1. 由中国 4A 会员推荐；

2. 注册资金不低于 500 万元人民币；

3. 公司年营业额在 2 亿元人民币以上（注：第三方审计公司提供审计报告）；

4. 公司年营业收入在 2000 万元人民币以上；

5. 具有 5 个以上提供综合服务的客户；

6. 在中国 3 个以上的城市拥有分支机构；

7. 公司为已经营 5 年以上，能够为客户提供市场调查、广告策划、创意媒体发布等全面服务的广告公司；

8. 公司员工数量在 100 人以上；

9. 参加过金印奖、报奖或获得过国际国内知名奖项。[②]

---

① 《江西省广告业行业企业排名》，中国产业洞察网，www.51report.com。

② http：//www.china4a.org/。

满足上述 9 项条件中的 7 条方可申请成为中国 4A 的会员，且其中第 3 或者第 4 条是必须满足的项目。江西目前无一家 4A 会员，很大程度上意味着公司规模和营业额达不到要求。

从广告公司从业人员的素质来说，江西本土广告从业人员素质也急需提高。因为本土广告公司知名度、规模和技术、创意水平都受局限，对广告人才来讲这意味着发展空间、学习空间受限，对人才的吸引力比较低，不仅不能吸引全国其他地方高素质的广告专业人才来赣就业，就连本土高校培养的广告专业人才也更愿意到北上广等广告产业发达的地区去寻求发展空间，本土广告代理公司的人才流失非常严重，人才缺口巨大。

三　关于江西广告产业发展的建议

（一）培养和建设一批在全国都有竞争力、知名度的广告产业龙头企业，提高广告产业的集约化、规模化程度

必须借国家大力扶持和发展文化创意产业的东风，依托国家"扶持广告业发展推荐项目库"和江西省首个国家级广告产业园区的建设，培养一批专业化程度高的大型骨干龙头企业，推动广告产业的集约化、规模化发展。目前，广告行业的竞争趋向规模化，行业集中度在不断提高，那些在资本和规模方面占优势的公司，通过收购和兼并或者拓展分支机构的形式，进一步扩大经营规模，抢占资源和市场。

广告产业缺乏大型有知名度的龙头企业，对本土广告业及其他产业的影响是非常大且深远的。首先，缺乏本土的有竞争力的大型龙头企业，会削弱整个产业的竞争力，不仅无法吸引全国以及国际客户的广告制作、创意和推广业务，而且会让本土的大广告主选择其他地区的广告代理公司来代理广告推广业务，这就会直接影响到本土广告产业的营业额。其次，缺少大型的知名广告客户的广告投放，会影响到整个广告产业的创意水平和制作、推广水平。因为大型客户，尤其全国性、国家性的大型客户营销水平高，对广告的创意、制作、推广的要求高，这会推动广告公司创意、制作、推广能力的提升。再次，广告公司规模小而分散，对高层次的广告专业人才来讲，就意味着专业发展的空间

和平台有限，迫使他们到广告发达地区去寻求更大的发展空间。最后，广告公司小规模、分散化经营，也不利于广告科技研发和利用的投入。小体量的广告公司因为实力的限制更加满足于现状，会缺少研发和利用最新广告技术的动力和实力，而在广告技术日新月异的今天，很多产业的改革和发展都依托于媒介技术和广告技术的革新，缺少技术的革新就意味着落后和被动。所以，培养和建设一批在全国都有竞争力、知名度的广告产业龙头企业，提高广告产业的集约化、规模化程度是发展江西广告产业最为关键和核心的一环。但是在市场经济时代，政府不能用文件和命令强行进行产业并购，而是要通过政策优惠和创造良好的产业发展环境来进行引导和帮扶。

（二）充分重视生活圈广告和大力培育新兴广告形态，完善广告产业结构

新兴广告形态是指在广告技术创新、媒介技术创新和广告意识、理论创新基础上所产生的广告服务创新，比如新的广告服务模式、新的广告形式，等等。江西省的广告产业构成目前过分依赖传统媒体广告。以 2014 年为例，电视媒体、报纸杂志和广播媒体广告收入占了广告总收入的 70.62%，[①] 而其他包括户外广告、楼宇框架、影视广告、移动交通影视广告、影院广告、新媒体广告等所有其他形态广告占比不到 30%，这与世界和全国的广告产业结构发展趋势是背道而驰的。现在全球广告产业的两股新兴发展力量，一个是以互联网和移动互联网为代表的新媒体广告的异军突起，一个是以户外广告、楼宇广告和移动交通广告为代表的生活圈广告的大放异彩。

表5 2014 年中国户外广告、生活圈广告和新媒体广告增幅情况

单位：%

广告类别	传统户外	商务楼宇视频广告	影院视频广告	交通视频广告	互联网广告
增幅	7.5	12.1	57.1	6.3	39.5

数据来源：《2014 年我国广告行业统计数据分析》，中国报告大厅，www.chinabgao.com。

---

① 从江西省统计局数据计算得来。

包括中国在内，目前在全球都出现了一种新的竞争态势，即通过抢占在某一专业技术或媒体方面的技术制高点，以广告产业链条中某一环节为主业，为客户提供某一特定领域的高水平专业服务，如专门的设计制作、专门的媒体服务和新兴的内容服务等。因此，要在新的广告产业格局中不被淘汰，一方面要大力发展、鼓励、扶持新兴的广告形态，另一方面也要鼓励和扶持传统广告公司，加大科技投入，加速江西省广告公司运用新设备、新材料和新媒体，主动投入到媒体技术和广告技术革命中去，促进产业升级。

（三）创造有利于吸引外来广告人才和留住本土优秀广告人才的产业环境和政策环境

任何产业的发展都离不开一支素养良好的专业人才队伍，专业人才的培养和建设是产业发展的基础和支柱。江西省整体经济发展比较落后，包括广告产业在内的创意文化产业并不活跃，整体而言缺少一种能够吸引专业人才的产业氛围。同时，江西省也缺少拥有全国知名度和竞争力的大型广告企业，广告经营组织非常分散，户均营业额比较低。这对于广告专业人才而言意味着发展平台比较小，缺少合理和有希望的专业发展空间和职位上升空间，以至于高级专业人才都转而流向广告产业发达地区。要改变这一现状，政府须和业界一起致力于创造出能够吸引外来优秀广告专业人才和留住本土优秀广告人才的产业环境和政策环境，让优秀的专业人才愿意留在江西，为江西的广告产业发展做贡献。如效仿深圳对高层次专业技术人才的做法，给达到一定层次的专业人才特定的住房补贴和津贴等。目前江西省大部分高校都开设了广告学专业，这些本土培养的学生不乏优秀人才，可以考虑出台一些吸引这些大学毕业生本土就业的政策，比如户籍政策、住房补贴政策等。

B.10
软件业发展报告

胡江华*

摘　要：　江西省软件业近三年来收入与效益同步增长，产业规模增长迅速，信息技术服务收入稳步提升，重点企业支撑作用突出，技术创新成效明显，但也存在产业整体实力不强、规模偏小、企业技术基础薄弱、资金投入不足、人才结构不合理、高端人才缺乏等困难与问题。随着工业化与信息化的深度融合，以工业研发设计、工业生产过程、企业管理、产品流通和市场、工业经济管理及服务信息化为切入点，以重点项目推进为抓手，从区域、行业、企业三个层面推进信息化与工业化深度融合，使"两化融合"成为我省软件产业发展的新引擎；以"互联网＋"为契机，开创江西省软件产业发展宽度；以重点园区建设为平台，增加江西省软件产业发展厚度；以大项目带动为先导，提升江西省软件产业发展精度。

关键词：　江西　软件业　发展报告

世界正进入以信息产业为主导的新经济发展时期。软件产业是信息产业的核心与灵魂，是信息化和工业化有机融合的"黏合剂"，是信息化建设的关键环节，"软件定义世界"正成为各方共识。它对国民经济和社会发展起着基础性、战略性的作用。软件产业构成主要包括软件产品、软件技术服务、系统集

---

* 胡江华，江西师范大学文化研究院副院长、副教授。

成、嵌入式软件和集成电路（IC）设计等。江西省软件产业起始于20世纪90年代。1994年始，江西开始自主开发应用软件，至目前为止，江西省的软件产业发展了20多年，梳理其发展经验与不足，尤其是"十二五"以来的发展经验与不足，以推动江西省软件产业持续健康快速发展。是当前一个比较迫切的任务。

一 江西省软件产业近三年总体发展情况

（一）收入与效益同步增长

江西省软件产业规模增长迅速，近两年基本达到了20%的增长速度，实现利润也超过了10亿元人民币（见表1）。

表1 江西省软件产业近三年主营收入与效益情况

单位：亿元，%

	2012 年	2013 年	2014 年
主营业务收入	83.70	102	121
同比增长	11.2	21.4	19
其中:软件业务收入	54.2	65.0	76.2
增长	7.5	18.3	17.1
实现利润	8.3	11	11.1
增长	37.8	31.3	7.2

数据来源：《江西省工业和信息化发展·2013白皮书》及《2014年江西省软件服务业分析报告》，江西省工业与信息化委员会软件处提供。

（二）信息技术服务收入稳步提升

随着软件服务化趋势的深化，以信息技术服务为主业的企业正在成为新的主体力量。信息技术服务包括：①信息系统集成服务，②信息技术咨询服务，③数据处理和存储服务。

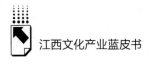

表 2　江西省近三年软件产业信息技术服务收入情况

单位：亿元，%

	2012 年	2013 年	2014 年
信息技术服务收入	35.09	42	47.8
占软件业务收入	64.16	64.6	62.8

数据来源：《江西省工业和信息化发展·2013 白皮书》及《2014 年江西省软件服务业分析报告》，江西省工业与信息化委员会软件处提供。

上表数据表明，江西省软件服务业网络化、服务化、智能化发展趋势进一步明显。

（三）重点企业支撑作用突出

2012 年，软件行业前 10 位企业主营业务收入总额为 48.82 亿元人民币，占全省 137 家软件企业总额的 58.32%。2013 年，年主营业务收入达到亿元以上的 20 户企业实现主营业务收入 75 亿元，点全省的 73.5%；先锋软件为全省首家突破 10 亿元大关的软件企业。2014 年，全省营业收入超亿元的软件服务企业达到 25 家，其营业收入达到 96.7 亿元，占全省软件服务业营业收入的 80%。先锋软件、捷德（中国）信息 2 家企业营业收入超过 10 亿，思创数码、泰豪软件等 7 家企业营业收入超过 5 亿元。

（四）技术创新成效明显

2012 年，思创数码"电子政务综合应用平台与集成环境"、泰豪软件"安全可控智能电网一体化监控系统"、腾王科技"移动互联网产业园"等一批重大项目分别获得国家"核高基"、科技专项、电子发展基金以及省战略性新兴产业发展引导资金支持。

2013 年，思创数码承担的"核高基"项目"江西省电子政务综合应用平台与集成环境"顺利通过国家验收。2014 年，全省新认定软件企业 33 家，累计认定软件企业 277 家；新申报计算机信息系统集成企业资质 11 家，全省计算机信息系统集成资质企业达到 62 家。

二 江西省软件产业发展环境分析

（一）国内环境

近年来，中国软件产业取得了快速发展，转型升级加快。据统计，2014年中国软件和信息技术服务业实现软件业务收入 3.7 万亿元，同比增长 20.2%，在中高速增长水平上实现了平稳发展。软件作为系统工程之一，在技术、业务和数据方面都在发生变化，过去，我们面对的是特定的业务，如今进入"工业 4.0"时代，应该按照现有的经济社会生活、管理、服务的需求来重新构造软件的业务对象，提升软件产业服务生活的功能。当前，我国软件产业正进入发展新常态、处于由大变强的关键时期。随着"互联网+"概念的提出，软件产品及服务如何实现它的价值，必须转轨、转型，必须更加清楚软件形成的方法和方法论背后更加深入的理论问题，应用软件及系统软件应该重构，才能适应互联时代的重大变化，并应对其发展趋势。中国是互联网时代软件创新的沃土，具有巨大的产业发展空间，具有全世界最大的市场、最复杂的系统、最具活力的工程技术和科研人员，而且这种优势会愈来愈明显。中国软件技术及软件产业由大变强既是历史机遇更是时代挑战。

（二）江西省发展环境

1. 政策扶持：首先，为进一步贯彻落实《国务院关于印发进一步鼓励软件产业和集成电路产业发展若干政策的通知》（国发〔2011〕4 号）精神，我省于 2012 年 7 月份下发了《江西省人民政府关于进一步鼓励软件产业和集成电路产业发展的实施意见》（赣府发〔2012〕31 号），对符合条件的软件企业享受企业所得税"两免三减半"等优惠政策；加大投融资扶持力度；鼓励企业加强研究开发；支持企业产品出口和"走出去"发展；不断优化人才培养使用机制；强化知识产权保护；积极帮助企业开拓市场等方面都做了明确的阐述。

其次，随着工业化与信息化的深度融合，围绕推进产业结构优化升级、转变经济发展方式、推动科技进步这一主线，以工业研发设计、工业生产过程、企业管理、产品流通和市场、工业经济管理及服务信息化为切入点，以典型示范、重点项目推进和发展水平评估为抓手，从区域、行业、企业三个层面推进信息化与工业化深度融合，使"两化融合"成为我省软件产业发展的新引擎。2013年7月中旬，下发了《江西省人民政府办公厅关于印发深入实施工业强省战略加速推进新型工业化八个配套文件的通知》（赣府厅字〔2013〕97号），其中有《关于推进信息化与工业化深度融合的意见》，推动了信息技术在重点行业和骨干企业的关键环节、重点领域的应用不断深化，支撑"两化融合"的信息产业快速健康发展，基本形成信息化与工业化在更高水平、更高层次和更大范围上融合的新格局。文件指出：到2015年，"两化融合"在全省企业"两化融合"发展指数达到70以上，要求各单位充分利用好互联网平台，创新线上线下协同工作模式，切实服务于企业转型升级和新型能力培养。

2. 平台载体：江西省软件业经过20多年的发展，南昌高新区金庐软件园、南大科技园、浙大科技园、中兴南昌软件园等服务水平已日趋成熟，有效地聚集了人才、资金、技术、管理等方面的优势。近年来，用友"慧谷创意产业园"、福雷斯"红色文化创意产业园"、先锋"医药卫生信息化产业园"、腾王科技"移动互联网产业园"、泰豪"中国联通沃动漫基地"等重大项目及特色园区也相继完成。南昌市——中国服务外包示范城和南昌高新区——中国外包示范区优势明显。赣州及九江等设区市也已建设了特色软件园区，不断地扩大了产业集聚效应。目前，南昌高新区在进一步提升现有软件园区建设水平的基础上，已在艾溪湖周边规划建设500亩国际软件产业园，按照规划一流、管理一流、服务一流、建设一流的标准，打造园林式软件产业园，园区总建筑面积达到60万平方米。一些由政府推动、吸引跨国公司支持、软件公司运营、面向所有企业开放的公共服务平台也相继建成，为软件企业提供了技术支撑和服务。

3. 项目基础：江西省大力推进国民经济和社会信息化，软件企业承担着许多大型的项目，为经济社会发展做出了巨大的贡献，也为今后的发展打下了坚实的基础。我省软件以应用型为主，在管理软件、控制软件等方面具有比较好的发展基础。比如思创数码承担的"核高基"项目"江西省电子政务综合应用平台与集成环境"，2013年顺利地通过了国家验收。泰豪软件"安全可控智能电网一体化监控系统"、腾王科技"移动互联网产业园"、巴士在线等一批重大项目分别获得国家科技专项、电子发展基金以及省战略性新兴产业发展引导资金支持。云计算、物联网、移动互联网等新型业态兴起，"三网融合"、"智慧城市"等信息化重大工程的实施，对软件产业形成了巨大的市场需求，也为江西省软件产业的发展提供了广阔的空间。

三　存在的主要问题

（一）产业整体实力不强、规模偏小

软件产业总量偏小。2012 年我国软件业共实现收入 2.47 万亿元，而江西省仅为 83 亿元，规模总量居全国第 20 位，中部地区第 5 位（见表 3）。2014 年 1～10 月，中国软件产业总规模接近 3 万亿，而江西省全年仅为 121 亿元。

表 3　2012 年全国部分省市软件产业主营业务收入情况

单位：亿元

省/市	江苏	广东	北京	上海	山东	辽宁	浙江	福建	江西
软件产业主营业务收入	8471	5609	3689	2785	2632	2348	1837	1232	83

数据来源：《江西省工业和信息化发展·2013 白皮书》，软件产业篇。

江西省软件服务业规模较小，龙头企业较少，整体实力较弱，软件业主营业务收入在中部六省中，仅仅超过山西省，排名倒数第二，不到排名第一的湖北省的五分之一（见表 4）。而且引进的国内知名企业以办事处或分公司居多，缺少规模大、带动力强的软件企业。

表 4　2012 年中部六省软件业主营业务收入情况

单位：亿元

省份	湖北	湖南	河南	安徽	江西	山西
软件产业主营业务收入	464	336	317	119	83	58

数据来源：《江西省工业和信息化发展·2013 白皮书》，软件产业篇。

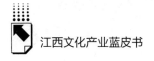

（二）企业技术基础薄弱

江西省的软件产品，多以技术含量较低的行业应用软件和系统集成为主，缺少创新，在操作系统、数据库管理系统和关键应用软件方面没有形成自主版权产品，更缺乏名牌产品，在核心技术上有创新、自主设计的"重量级"软件产品还比较缺乏，处于产业链的低端。产品附加值不高，软件开发工程化程度较低，市场竞争力不强。产业创新平台较少，企业技术创新意识不强，产学研结合力度较弱。

（三）资金投入不足

江西省软件企业绝大部分以中小型企业为主，缺少土地、厂房、设备等固定资产，企业轻资产较多，受规模和经营能力的影响，银行贷款难度大，风险资金引入难。支持软件产业发展的资金、政策、人才等方面的力度与国内先进地区相比存在较大差距，同时，政府有关部门掌握的资金虽然向软件企业倾斜，但数额一般也较小，投向也较分散，培育目标不明确。另外，江西省战略性新兴产业发展引导资金要求企业项目投资在1亿元以上，软件企业项目投资一般难以达到要求，产业发展扶持资金严重不足。

（四）人才结构不合理、高端人才缺乏

尽管江西省已形成了较为完善的上规模的软件人才培养体系，初级软件人才较为充裕，但软件高级管理和实用型人才较少，特别是软件领军人才、开发人才匮乏。与沿海发达地区人才政策相比，我省吸引软件人才的政策力度更显不足。

江西省中高端软件人才比例低于全国平均水平。以2012年为例，从软件从业人员的结构来看，软件从业人员为15834人，其中，本科学历的软件人才占比为59.37%，研究生以上学历的软件人才占6.4%。从全国来说，本科学历的软件人才占74.1%，研究生学历的软件人才占比为19.2%。另外，企业缺少稳定的软件骨干开发队伍，受利益驱动影响，人才流动也较为频繁，尤其缺少能够承担高层设计的领军人物和高层次管理人才。同时，由于企业未能形成规范的软件工程开发模式，通常软件工程师既做系统分析又兼编码与测试，

造成人才培养与分配结构的不合理。江西省历年来培养的软件人才不少，但因待遇不高、发展环境不好，很难留得住，尤其是硕士以上的软件人才大多数向沿海发达地区外流，很重要的一个原因就在于江西还没有形成一个引得来、留得住的良好人才环境。

四 江西省软件产业的发展对策

面对国内外软件产业发展的新趋势、新特点及基于对江西省软件产业发展过程的优、劣势分析，江西省软件产业应积极发挥后发优势，理清发展思路，找准发展定位，抓住发展重点、制定发展策略，扬长避短，以用立业、以人为本，加快体制机制创新，加强两化融合评估引导，加紧推进"互联 +"项目引领，加大力度，加速发展，全面促进我省软件产业战略升级。

（一）以"两化融合"为引领，推进江西省软件产业发展深度

江西省在加速推进新型工业化的同时，对信息化建设提出了明确的目标，这也为江西省软件产业的发展提供了极为有利的条件。比如，按赣府厅字〔2013〕97 号文件要求，全省重点行业骨干企业关键生产设备数控化率达到70%；企业资源计划系统（ERP）、供应链管理系统（SCM）、产品数据管理系统（PDM）、制造执行系统（MES）等的应用比例都要求达到60% 以上；企业集团统一管控平台覆盖率达到50% 以上；实现产品可追溯的比例达到50% 以上；开展远程在线产品运维服务的比例达到20% 以上；传统业务实现电子商务网上支付和交易的比例达到60% 以上，等等。有鉴于此，江西省软件产业应加强与工业企业的融合，主动寻找市场，壮大自身实力。大力培育高水平的专业化信息系统集成企业，重点发展信息系统设计、集成实施、系统运维等全业务流程服务，提高信息系统的综合集成、应用集成能力。以集成拉动整机、整机拉动软硬件协同发展，提高信息系统安全可靠水平。以"两化融合"工作为引领，鼓励产业链上下游企业充分利用行业信息技术公共服务平台建立务实的产业联盟，以软件企业为主导，工业企业提要求，强强联合、深度融合。

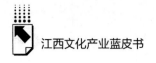

江西文化产业蓝皮书

（二）以"互联网＋"为契机，开创江西省软件产业发展宽度

2015 年两会期间，政府工作报告中提出"互联网＋"的新概念，激发了人们的创新理念。信息时代网络技术与多种行业结合具有潜在可能和巨大发展空间，推动了人们思维理念和产业发展的重大变化，为文化产业的发展带来全新契机，也为软件产业的发展提供了无限的宽度。互联网作为兼容性极强的主流平台，有很大的创意空间、合作空间，可以和很多不同业态的行业广泛合作。很多文化企业、工业企业、农业企业开始与互联网技术、电商结合，对接线上线下营销。互联网平台的高科技视界，颠覆了传统资讯生产的组织形式、传播途径、商业模式，借助互联网，资讯可以无限复制，传播传递成本变得非常低廉。互联网对创客文化、创意思维及创意经济的推动非常明显，它再次激起全民创业、万众创新的无限可能，也为软件企业发展的宽度提供了无限可能。

（三）以重点园区建设为平台，增加江西省软件产业发展厚度

软件园区平台的发展厚度离不开文化，软件企业的发展更是如此，无论是系统架构还是需求分析师，都需要开阔的胸襟，广阔的视野，敢于担当的魄力与勇气。江西省软件企业在建设园区时，不能忽视企业文化的建设，包括环境布置、园林绿化的物质文化，还包括员工素质提升的精神文化，以及企业良性发展的制度文化。江西省一些软件园区经过近 20 年的发展，比如高新区金庐软件园、浙大科技园、南大科技园、中兴南昌软件园等，硬件设施日趋完善，但是文化建设似乎还没有起步。江西省软件产业需要增加发展厚度，企业文化建设大有可为，并势在必行、刻不容缓。

（四）以大项目带动为先导，提升江西省软件产业发展精度

项目是抓手、项目是平台、项目是财源、项目是后劲。江西省有一批软件项目，获得过国家核高基专项、电子发展基金专项、省战略性新兴产业项目的资助，也有一些软件企业获得了省级企业技术中心。软件企业要有项目带动意识，有了项目要跟踪落实，促进项目尽早达效。并且要做好新项目的调研和储备，积极推荐报出新的项目。完成项目的过程，就是人才培养的过程，也是企业出精品、出力作的过程。政府部门应该集中政策、资金、资质和项目等资

源，扶持重点骨干企业发展，着力培育壮大一批带动力强的龙头企业，鼓励扶持一批成长性高的中小企业做大做强。企业自身也应注重项目的推进，把项目完成与知识产权的保护、技术人才的培养、企业核心竞争力的打造有力地结合起来，以大项目带动为先导，带动软件服务业发展，提升产业发展层次，提高产业发展质量，使江西省软件产业不断有精品、有力作出现。

B.11
体育业发展报告

余万予　李　楠　郑志强*

摘　要：　江西省体育产业稳步发展，在体育组织管理、体育健身休闲、体育场馆管理、体育中介、其他体育基本情况、体育用品制造和销售及体育场馆建筑等方面都取得较大成绩，体育彩票业、体育旅游业、国际体育比赛发展势头良好，市场潜力巨大，是江西体育产业的亮点和增长点。江西体育产业面临着体育产业发展总体水平较低、产业结构欠合理、核心产业不突出、无形资产开发不力等突出问题，应着重优先发展体育健身业，大力发展体育竞赛表演业，稳步发展体育彩票业，做大做强体育用品业，加快发展体育培训业，探索发展公共体育设施管理业，努力发展体育无形资产，积极推行体育产业专业化、规模化、集约化发展，塑造产业品牌，促进江西体育产业加速发展。

关键词：　江西　体育产业　发展报告

一　体育产业发展的政策保障

体育产业简而言之就是提供体育服务的各行业的总和，它既生产体育物质产品，也生产体育精神产品。体育产业与其他产业一样，既有共性，即注重市

＊　余万予，江西师范大学体育学院教授；李楠，江西省体育局体育产业管理中心主任；郑志强，江西财经大学体育学院教授。

场效益、讲求经济效益，又具有特性，与其他产业部门有所差异。体育产业是名副其实的朝阳产业，人们随着生活水平的提高，体育健身、休闲及精神需求会逐渐提高，因此这些产业在未来具有广大的发展前景。世界体育产业最发达的是美国，早在20世纪80年代其总产值大约占其国内生产总值（GDP）的1%，至20世纪90年代中期，其体育产业总产值已经超过了3000亿美元。总体而言，北美、西欧和日本，体育产业都比较发达，其年产值已经进入了国内十大支柱产业之列。据统计，澳大利亚、英国、日本、加拿大、法国、德国和意大利等发达国家的体育产业，发展强劲，总产值约占国内生产总值（GDP）的1%~1.5%。

中国体育产业起步较晚，1992年出台《加快第三产业发展的决定》，体育产业的概念在文件中正式提出；1995年6月，国家体育总局制定了《1995~2010年体育产业发展纲要》，在国家层面上体育产业发展有了第一个正式发展规划，文件指出了中国体育产业的发展目标：用十五年左右的时间逐步建成适合社会主义市场经济体制，符合现代体育运动规律，门类齐全，结构合理，规范发展的体育产业体系。文件还提出了中国体育产业发展的基本政策和基本措施。2014年10月，国务院发布《关于加快发展体育产业，促进体育消费的若干意见》（国发〔2014〕46号）（下称《意见》），明确提出了到2025年，中国体育产业总规模超过5万亿元的目标。国家体育总局局长刘鹏指出：《意见》的出台是在改革发展的重要关口，从国家层面为体育产业的发展指明了引导方向，提供了政策保障。《意见》以发展体育产业、促进体育消费为出发点和落脚点，以问题为导向，向改革要动力，向市场要活力，倡导健康生活，增强人民体质，助力经济发展，系统阐述了发展体育产业、促进体育消费的必要性、基本方针、中长期目标、主要任务、政策举措，明确提出使其成为推动经济社会持续发展的重要力量。《意见》的出台标志着中国体育发展方式、方向将迎来重大转变，即从行政主导向行政服务和市场推动相结合转变、从政府办体育向扶持引导社会办体育转变、从体育部门主管向多部门联动转变，这将有力地革新体育理念，繁荣体育消费，促进体育产业，全面推动体育强国建设，带动经济社会发展。《意见》将创新体制机制（含进一步转变政府职能、推进职业体育改革、创新体育场馆运营机制），培育多元主体（含鼓励社会力量参与、引导体育企业做强做精），改善产业布局和结构（含优化产业布局、改善产业结构、抓好潜力产业），促进融合发展（含积极拓展业态、促进康体结合、鼓励交互融通），丰富市场供给（含完善体育设施、发展健身休闲项目、丰富体育赛事活动），营造健身氛围（含鼓励日常健身活动、推动场馆设施开放利用、加强体育文化宣传），确定为进一步加强中国的体育产业发展，促进体育消费的主要任务。

二 江西省体育产业发展概况

（一）总体发展情况

为全面、准确掌握江西省体育的现状，更有效地推动江西省体育产业加快发展，2014 年 7 月，江西省体育局与省统计局联合下文正式启动全省体育产业及相关产业专项调查工作，成立了全省体育及相关产业专项调查领导小组（委托江西财经大学负责实施数据采集工作）。经调查统计，2013 年，全省体育及相关产业总产出达 280.40 亿元，扣除中间消耗后，共实现增加值 70.33 亿元，占全省国内生产总值（14338.5 亿元）的 0.49%；体育及相关产业从业人员共 10.05 万人，占全省全社会从业人员的 0.39%（见表 1）。

表 1 2013 年江西省体育及相关产业情况统计

子产业类别	总产出		增加值		从业人数	
	绝对值（亿元）	占比%	绝对值（亿元）	占比%	绝对值（万人）	占比%
体育组织管理	8.06	2.9	6.45	9.2	0.56	5.6
体育场馆管理	20.36	7.3	6.55	9.3	2.24	22.3
体育健身休闲	15.86	5.7	7.21	10.2	1.57	15.6
体育中介	0.09	0	0.05	0.1	0.0034	0.03
其他体育	4.98	1.8	2.62	3.7	0.78	7.8
体育用品、服装、鞋帽制造	117.29	41.8	23.46	33.4	1.31	13
体育用品、服装、鞋帽销售	108.48	38.7	21.7	30.8	2.91	29
体育场馆建筑	5.28	1.9	2.29	3.3	0.67	6.7
合 计	280.40	100	70.33	100	10.05	100

资料来源：江西省体育及相关产业专项调查的数据分析报告。

（二）体育产业各领域发展情况

以体育产业按活动性质分为"体育组织管理活动""体育场馆管理活动""体育健身休闲""体育中介活动""其他体育活动""体育用品、服装、鞋帽及相关体育产品制造""体育用品、服装、鞋帽及相关体育产品销售""体育场馆建筑"八个方面为依据，江西省体育产业各领域发展情况如下。

1. 体育组织管理

2013年，全省体育组织管理（包括体育社会事务管理机构，专业从事体育比赛、训练、辅导、管理的体育组织活动、体育社会团体等）实现总产出8.06亿元，扣除中间消耗后，实现增加值6.45亿元，分别占体育及相关产业总产出和增加值的2.9%和9.2%，从业人员共0.56万人，占体育及相关产业从业人员的5.6%。全省体育组织管理中，体育社会事务管理机构实现总产出3.10亿元，占体育组织管理实现总产出的38.5%，增加值2.48亿元，占体育组织管理实现增加值的38.5%，从业人员0.13万人，占体育组织管理从业人员的23.2%；体育组织实现总产出3.24亿元，占体育组织管理实现总产出的40.2%，增加值2.59亿元，占体育组织管理实现增加值的40.2%，从业人员0.25万人，占体育组织管理从业人员的44.9%；其他体育组织管理活动实现总产出1.72亿元，占体育组织管理实现总产出的21.3%，增加值1.37亿元，占体育组织管理实现增加值的21.3%，从业人员0.10万人，占体育组织管理从业人员的17.3%。

2. 体育场馆管理

体育场馆管理主要指可供观赏比赛的场馆和专供运动员训练用场地的管理活动。根据第六次全国体育场地普查结果（2014年），江西省共有55种类型66515个体育场地，比第五次普查（2004年）增长了1.92倍，人均体育场地面积1.42平方米。实现总产出20.36亿元，占全省体育及相关产业总产出的7.3%，扣除中间消耗后实现增加值6.55亿元，占全省体育及相关产业增加值的9.3%，从业人员2.24万人，占全省体育及相关产业从业人员的22.3%。截至2014年，江西省体育场地总用地面积为7872.6万平方米，总建筑面积为401.74万平方米，总体育场地面积为6414.11万平方米，分别比第五次普查增长了1.97倍、1.78倍和1.84倍；2005～2013年累计投入体育场地建设资金

142.07 亿元，人均体育场建设投资金额 314 元，比第五次普查增长了 5.8 倍。据统计，至 2013 年，江西省共有全民健身路径 1.4563 万条，器械 10.5298 万件，登山步道 58 条，城市健身步道 333 条和户外活动营地 7 个，场地面积共计 356.17 万平方米。

3. 体育健身休闲

体育健身休闲指主要面向社会开放的休闲健身娱乐场所和其他体育娱乐场所的管理活动。2013 年，全省共建有晨晚练健身活动点 8730 个，全民活动每天相对稳定人数 39.3 万人次，全省体育健身休闲实现总产出 15.86 亿元，占全省体育及相关产业总产出的 5.7%，扣除中间消耗后实现增加值 7.21 亿元，占全省体育及相关产业增加值的 10.2%，从业人员 1.57 万人，占全省体育及相关产业从业人员的 15.6%。

从体育健身休闲内部结构看，个体户是体育健身休闲行业的主力军，实现总产出 9.36 亿元，占体育健身休闲总产出的 59.0%，实现增加值 4.97 亿元，占体育健身休闲增加值的 69.0%，从业人员 1.16 万人，占体育健身休闲从业人员的 74.2%；实行企业会计制度的体育健身休闲企业实现总产出 4.37 亿元，占体育健身休闲总产出的 27.6%，实现增加值 1.63 亿元，占体育健身休闲增加值的 22.6%，从业人员 0.26 万人，占体育健身休闲从业人员的 16.8%；大型宾馆饭店体育健身休闲实现总产出 1.79 亿元，占体育健身休闲总产出的 11.3%，实现增加值 0.53 亿元，占体育健身休闲增加值的 7.3%，从业人员 0.12 万人，占体育健身休闲从业人员的 7.4%；高校体育场馆实现总产出 0.34 亿元，占体育健身休闲总产出的 2.1%，实现增加值 0.08 亿元，占体育健身休闲增加值的 1.1%，从业人员 0.03 万人，占体育健身休闲从业人员的 1.7%。

4. 体育中介

体育中介是核心市场规范发展的纽带，能够促进体育市场主体之间的交易活动，降低市场运作成本，提高市场效率，对体育产业的发展与完善发挥着无可替代的特殊功能作用。2013 年，江西省体育中介市场从业人员仅 34 人，实现总产出仅有 0.09 亿元，增加值仅有 0.05 亿元，仅占整个体育及相关产业总产出和增加值的 0.03% 和 0.07%，其总产出、增加值和从业人员均处于全省体育产业各领域的最低位。

5. 其他体育基本情况

体育产业的其他体育活动包括了体育培训服务、体育科研服务、体育彩票服务、体育传媒服务、体育展览服务、体育市场管理服务、体育场馆设计服务、体育场所保洁服务、体育文物及文化保护服务等方面。2013 年，江西省其他体育活动从业人员 0.78 万人，实现总产出 4.98 亿元，扣除中间消耗后实现增加值 2.62 亿元，分别占整个体育及相关产业总产出和增加值的 1.8% 和 3.7%。具体分布情况为：

体育彩票实现总产出 3.22 亿元，占其他体育活动总产出的 64.7%，实现增加值 1.98 亿元，占其他体育活动增加值的 75.6%，从业人员 0.63 万人，占其他体育活动从业人员的 80.6%；

体育科研实现总产出 0.59 亿元，占其他体育活动总产出的 11.8%，实现增加值 0.05 亿元，占其他体育活动增加值的 1.8%，从业人员 53 人，占其他体育活动从业人员的 0.7%；

体育传媒实现总产出 0.44 亿元，占其他体育活动总产出的 8.9%，实现增加值 0.16 亿元，占其他体育活动增加值的 5.9%，从业人员 165 人，占其他体育活动从业人员的 2.1%。

在体育培训服务方面，截至 2013 年底，全省有注册社会指导员 21254 人，新增各级社会体育指导员 5826 人。

6. 体育用品、服装、鞋帽及相关体育产品制造

2013 年，江西省体育用品、服装、鞋帽及相关体育产品制造业共有从业人员 1.31 万人，占全省体育产业从业人员的 13.0%；实现总产出 117.29 亿元，增加值 23.46 亿元，分别占全省体育及相关产业总产出和增加值的 41.8% 和 33.4%。其中体育服装及鞋帽制造实现总产出 53.49 亿元，占体育用品制造业总产出的 45.6%，实现增加值 13.28 亿元，占体育用品制造业增加值的 56.6%，从业人员 0.67 万人，占体育用品制造业从业人员的 50.7%；其他体育用品制造（不含服装、鞋帽）实现总产出 53.14 亿元，占体育用品制造业总产出的 45.3%，实现增加值 8.05 亿元，占体育用品制造业增加值的 34.3%，从业人员 0.53 万人，占体育用品制造业从业人员的 40.2%。

7. 体育用品、服装、鞋帽及相关体育产品销售

体育产品销售业包括：体育用品、服装、鞋帽及相关产品批发、零售、贸

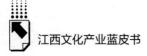

易与代理服务等。2013 年，江西省体育产品销售业实现总产出 108.48 亿元，占整个体育及相关产业总产出的比重达 38.7%；实现增加值 21.70 亿元，占整个体育及相关产业增加值比重达 30.8%；从业人员 2.91 万人，占整个体育及相关产业从业人员的 29.0%。其中体育产品零售实现总产出 55.58 亿元，占体育产品销售总产出的 51.2%；实现增加值 13.29 亿元，占体育产品销售增加值的 61.2%；从业人员 1.98 万人，占体育产品销售从业人员的 68.0%。体育产品批发实现总产出 51.83 亿元，占体育销售总产出的 47.8%；实现增加值 8.20 亿元，占体育产品销售增加值的 37.8%；从业人员 0.90 万人，占体育产品销售从业人员 31.0%。

8. 体育场馆建筑

至 2013 年，江西省共投入资金 1.6 亿元，建设村级农民体育健身工程 2538 个，乡镇级体育健身工程 182 个，老区和贫困地区"雪炭工程"8 个，全民健身活动中心 1 个，"民生工程"项目 27 个。2013 年，全省体育场馆建筑活动实现总产出 5.28 亿元，扣除中间消耗后实现增加值 2.29 亿元，从业人员 0.67 万人，分别占全省体育及相关产业总产出、增加值和从业人员的 1.9%、3.3% 和 6.7%。

三 体育产业发展较为突出的增长点

（一）体育彩票业发展迅速，销售量突破50亿

江西省的体育彩票事业发展迅猛，在江西省内连续 9 年保持市场份额优势，2013 年，全年省内体育彩票销量实现 50.67 亿元，增长 40.7%，全国排名从 2012 年的第 11 位跃上第 9 位，进入全国体彩销售过 50 亿元省（市、区）行列，省本级就上交企业所得税 7791 万元，提供了万余就业岗位。该年度，全省共完成了 2581 个电彩网点的形象统一建设以及 157 个竞彩网点的标准化建设，新增电彩网点 157 个，建设直营店 6 个，户外销售亭 17 个。

2013 年，江西体彩筹集的 12.37 亿元体彩公益金，用于建设江西的体育场馆"雪炭工程"33 个、青少年俱乐部 122 所、全民健身活动中心 9 个、全国社区体育俱乐部 8 个、村级农民体育健身工程 6815 个、乡镇级体育健身工

程 426 个、健身路径 2200 余条。不仅如此，还在文化、教育、医疗、赈灾、扶贫等社会公共事业领域发挥着越来越大的作用。如：为支持赣南原中央苏区振兴，江西体彩中心专门设计发行了"红色印迹"振兴赣南苏区主题即开型体育彩票，从中提取的公益金，直接用于资助赣南原中央苏区的各项建设和发展。同期，江西体彩中心还出资联合江西省体育科研所开展了"'中国体育彩票'赣南等原中央苏区国民体质监测健康万里行"活动，为赣州、吉安、抚州三地 10 个县市的两万余位普通市民免费发放科普书籍、赠送健身器材、开展科普讲座、推广科学健身项目。又如：江西体彩与《江南都市报》共同创办"平凡的感动"栏目，设立"江西体彩爱心奖池"，彩民每购买一注 2 元的"超级大乐透"，江西体彩就从发行费中拿出 1 分钱存入"爱心奖池"，用于奖励"平凡的感动"栏目所报道平民英雄。每位（组）英雄奖励 2000 元，2012～2013 两年间共筹资 30.8 万元，为 154 位（组）平民英雄颁发了奖励，另外，通过网友票选，评出了江西"2012 年度十大感动人物"，每位（组）奖励 1 万元。江西体彩中心还通过开展"公益体彩快乐操场"捐赠活动，向全省 20 所偏远、贫困的小学赠送了 20 万元的体育器材。2013 年为体彩系统从业者先后开办了 200 余场培训，受训人员超过 2.5 万人次，进一步提升了服务彩民的软实力。

（二）体育旅游业持续发展，资溪旅游收入逾15亿

江西省体育旅游资源十分丰富，井冈山、庐山、三清山、龙虎山等早已誉满天下，而近些年来名不见经传的资溪县大觉山却异军突起，在由国家体育总局、国家旅游局、中国奥委会和安徽省人民政府共同主办的"2013 中国体育文化·体育旅游博览会"上，荣获体育旅游精品项目，这是江西大觉山旅游风景区连续四年获得此殊荣。该景区在旅游旺季，日接待游客达 1 万人。先后获得"中国十佳休闲旅游景区"、"新赣鄱十景"、"最佳旅游创意奖"、"最佳国际休闲旅游名县"、国家"4A 级旅游风景区"等荣誉称号。回头重游客近30%，影响力大为增长。因为体育旅游业的快速发展，大觉山旅游景区集团公司对劳动就业也有一定的拉动作用，公司季节性安排就业 500 余人，长年安排就业 300 余人。大觉山景区的旅游发展，直接带动周边农村经济发展和农民收入增加，大觉山村已成为大觉山景区集团公司"员工村"，该村因景区的发展

直接增加的人均收入达 5000 元以上。旅游服务业的发展，也间接拉动了当地经济发展，景区沿线建起了十多家以"农家乐"经营为主的农家酒店、菜馆。大觉山旅游带动了资溪县住宿、餐饮等服务业的发展。更大的效应是，十多年来，以大觉山景区为龙头的资溪县的旅游事业大放异彩。这个只有 70 个行政村、4 个居委会、10.9 万人口的山区小县，已成为拥有 11 个国家级旅游品牌的旅游大县，先后被授予江西省旅游强县，中国生态旅游大县，中国十佳休闲旅游名县，中国最具原生态的旅游大县和最具发展潜力的旅游大县，江西省旅游产业发展先进县。自 2008 始，先后成功举办了全国登山健身大会暨"大觉山杯"登山大赛、"百万青少年游江西"活动启动仪式、中国资溪大觉山生态旅游节、大觉山国际自然水域漂流大赛、全国山地自行车比赛、全国登山比赛等赛事。年度旅游人数由 2006 年的 26 万人次，5200 万元总收入，到 2010 年年度接待游客突破百万人次，旅游总收入超过 7 亿元，直至 2014 年跃升到243.6 万人次，旅游总收入激增至 15 亿元，呈持续且急速增长的态势，使资溪成了全国瞩目的旅游新星。

（三）落户江西的国际比赛，助推体育竞赛业的发展

体育竞赛业作为体育产业的本体产业，示范带动效应明显，在拉动和促进相关体育产业及其他产业的发展中占有重要地位，尤其是国际比赛对体育竞赛业，会形成一条巨大的产业链，乃至对其他产业的发展都影响巨大，江西省对此进行了多年的努力，已成功举办了多个有一定影响力的国际体育赛事。

1. 环鄱阳湖国际自行车大赛

始于 2010 年，由江西省政府主办的环鄱阳湖国际自行车大赛是江西精心打造的精品赛事，旨在推动全民健身，促进体育休闲旅游，传播健康、低碳、环保的运动理念。首届环鄱阳湖国际自行车大赛是全国规模最大的自行车赛事之一，也是规模最大的公路自行车和山地自行车同时进行的赛事，20 多个国家 200 多名外国公路自行车选手及国内近 400 名山地自行车选手参加。骑行路线覆盖江西省 11 个设区市。大赛层次高、规模大、参赛国家多，具有较大的国际影响，已成为亚洲顶级自行车赛事之一，2014 年的赛事总奖金达到 102万人民币，发展态势良好。

2. 江西国际女子网球公开赛

2014 年 7 月，在南昌国际体育中心举行的江西国际女子网球公开赛，是WTA（国际女子网球协会）125K 系列赛 2014 全球首站赛事，这项由国家体育总局、江西省人民政府主办，国家体育总局网球运动管理中心、江西省体育局承办，江西省网球运动管理中心、南昌国际体育中心协办的赛事，是江西省有史以来举办的级别最高、规模最大的国际网球赛事，中、俄、意、法、日等近20 个国家和地区的 40 多名球员参赛。赛事奖金 12.5 万美元，冠军积分 160分，成绩最好的中国女子球员将享有 WTA 皇冠明珠赛事中国网球公开赛外卡一张，其影响力仅次于 WTA 顶级赛和国际赛。

四　体育产业发展存在的主要问题

（一）体育产业发展总体水平较低

尽管江西省的体育产业近年有较大的发展，但是受历史和现时经济发展的影响，与全国和一些省比较，尚处较低水平。具体表现为：一是低于全国2013 年的平均水平 0.15 个百分点（2013 年全国体育及相关产业总产出 1.1 万亿元，实现增加值 3563 亿元，增加值占全国 GDP 比重的 0.63%，江西省为0.49%）。二是体育产业的贡献率均低于全省人口占全国人口的比重（江西省2013 年体育及相关产业总产出占全国体育及相关产业总产出的 2.55%，增加值占全国体育及相关产业增加值的 1.97%，而江西省总人口占全国人口的3.32%）。三是与已收集到相关信息的其他省市比较，江西省的体育产业发展处于较低水平。如江苏省 2013 年体育产业增加值达到 626.11 亿元，占当年全国体育产业增加值总量的 17.6%，占全省 GDP 比重的 1.06%。福建省 2013 年体育及相关产业总产出 2455.83 亿元，占全国体育及相关产业总产出的2.55%；实现增加值 800.37 亿元，比上年增长 7.4%（按现价计算，未包括个体和产业活动单位），占当年全国体育产业增加值总量的 22.46%；体育及相关产业增加值占全省 GDP 比重的 3.7%。广东省 2011 年体育及相关产业总产出达 1798.22 亿元，实现增加 541.76 亿元。浙江省 2014 年体育及相关产业总产出 1105 亿元，实现增加 279.29 亿元。

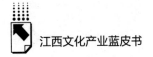

（二）产业结构欠合理，核心产业不突出

众多研究较一致地认为，体育产业可划分为核心产业、外围产业和相关产业。体育组织管理业和体育健身休闲业是体育产业的核心产业，是体育产业的关键领域，是体育产业发展的基础。体育培训业、体育场馆管理业、体育中介业和体育彩票业是体育产业的外围产业，外围产业由核心产业衍生而来，主要为核心产业提供外围服务。诸如体育用品、服装、鞋帽销售业，体育场馆建筑业等，它们是体育产业发展衍生出的相关产业。因此，体育产业的合理结构应以核心产业为主导，引领、带动外围产业和相关产业的发展，反过来，外围产业和相关产业应为核心产业提供必要的条件保障。以此为依据分析江西省当下的体育产业，结构明显欠合理，核心产业发展不够突出，其中体育用品、服装、鞋帽及相关体育产品的制造业产出 117.29 亿元，占总产出的 33.4%，增加值为 23.46 亿元，占增加值的 41.8%；体育用品、服装、鞋帽及相关体育产品的销售业产出 108.48 亿元，占总产出的 30.8%，增加值为 21.70 亿元，占增加值的 38.7%。而作为体育产业核心的体育组织管理业的产出和增加值分别是 8.06 亿元（占总产出的 2.9%）和 6.45 亿元（占总增加值的 9.2%）；体育健身休闲业的产出和增加值分别是 15.86 亿元（占总产出的 5.7%）和 7.21 亿元（占总增加值的 10.2%）。

（三）无形资产开发不力

无形资产的开发是体育产业发展的重要途径，主要通过对体育竞赛活动的举办权和经营权（包括冠名权，冠杯权，广告发布权，广播电视转播权，竞赛表演活动的名称、会徽、吉祥物等标志的特许使用权和经营权），体育组织、团体和名人的声誉、广告及其代理权，体育知识产权（如著作权、商标权、专利权和非专利技术等的使用权、转让权及其他体育科技成果权），体育场馆、设备的租赁权，土地使用权，体育彩票的发行权、专营权和销售权以及法律、法规规定的或国际惯例承认的其他体育无形资产进行运营，使之产生经济效益。如中超联赛的品牌价值高达 6.5 亿元，每年一次的北京中国网球公开赛的品牌价值超过 3 亿元，北京马拉松的品牌价值也超过了 2.5 亿元，仅北京现代作为其主赞助商的冠名费就达到了 3000 万元。而江西省由于体育产业整体水平较低，所举办的几项品牌赛事，由于时间短，开发不力，尚未能形成足够的品牌价值，使其附加值难以大幅度提升，因此，对无形资产的开发任重而道远。

五　体育产业发展的对策建议

（一）优先发展体育健身业

重点发展群众喜爱的运动健身休闲项目，大力普及养生健身类体育健康项目，鼓励开办各类体育健身休闲俱乐部（中心），广泛吸纳社会资本，采取多种形式投资建设体育健身休闲设施和基础硬件设备。省、地、县（区）应成立和创办全民健身中心，加强宣传推介，培育体育健身消费市场，加大培训社会体育指导员的力度，提升服务水平，构建城市社区全民健身服务网络。体育和旅游部门要充分利用江西省资源，共同举办全民健身旅游活动，开展具有江西特色的体育旅游，开发体育健身休闲旅游热线。重点推进以环鄱阳湖经济圈为基础的健身休闲体育服务圈、以中央苏区为核心的红色体育教育服务基地建设；规划发展以南丰（或萍乡）为龙头的傩文化健身休闲体育服务连锁产品，以赣南客家文化为底蕴的客家健身休闲体育服务产品，以宜春农耕健身大赛和天工开物园为基础的农耕健身休闲体育服务产品以及以本省境内各名山大川为基地的攀岩、定向、拓展、野外生存等"户外运动"健身休闲体育产业链等，力争将健身休闲体育融入现代服务业集聚区。引导和扶持江西省已确定的国家级非物质文化遗产中与体育有关项目的产业开发和利用，包括南丰跳傩、婺源傩舞、乐安傩舞、万载县傩戏、永新盾牌舞、吉安县鲤鱼灯舞、武宁打鼓歌、万载得胜鼓、全丰花灯、石城灯会、丰城岳家狮、湖口草龙、樟树药俗等，使之具有鲜明的地方特色、服务于大众的体育健身休闲活动，并成为体育健身休闲旅游新的增长点。

（二）大力发展体育竞赛表演业

以积极引进和承办国内外高水平体育赛事为抓手，建立竞赛中介机构和竞赛经纪人制度，鼓励社会各界以冠名等方式参与体育赛事。逐步提高体育赛事的商业化运作程度，支持企业举办商业性体育比赛和体育表演活动。鼓励和支持各设区市举办和承办具有地方特色的体育赛事，逐步形成地方品牌赛事。努力将环鄱阳湖国际自行车大赛、江西国际女子网球公开赛、玉山中式台球世界锦标赛以及鄱阳湖全国龙舟赛、九江国际龙狮赛、宜春全国农耕健身大赛等打造成品牌赛事；创立并发展以江西省水上运动中心、射击运动中心等先进场地设施为平台的国际和全国性比赛，周期性地举办大觉山（庐山、井冈山、武功山、三清山等）登山节、客家体育文化节，探索举办全国攀岩比赛、全国定向运动赛、全国拓展运动比赛、全国健身路径比赛、全国青少年航空模型比赛等赛事。

（三）稳步发展体育彩票业

在已取得成绩的基础上，要进一步加强对体育彩票发行和销售工作的领导、管理和监督，挖掘体育彩票的文化内涵，提升服务质量和诚信度。在扩大体育彩票销售规模的同时，完善风险防范机制。保持体育彩票销售量在全国处于中上游水平。

（四）做大做强体育用品业

鼓励、引导和支持现有体育用品企业开展技术、产品、管理和营销手段创新，在未来3~5年内，创建1~2个国家级体育产业基地。加强体育用品研发、质量监管和产品认证工作，提升产品质量，打造具有自主知识产权的品牌。推动江西省体育电子设备研究所、南昌飞机制造公司体育运动健身器材，星子思麦博的足球，南昌市的龙狮器具等体育用品设计、生产和批发销售基地提档升级，加快产业集聚，形成外部经济。开拓体育用品会展业，加强宣传推介，努力创办在海内外具有一定影响的体育用品博览会。

（五）加快发展体育培训业

利用区位、气候、人文、资源的优势，争取在未来3~5年内，再建1~2个国家级运动项目训练基地，打造以"新中国体育摇篮"命名的井冈山、瑞金红色体育爱国主义教育基地，吸引更多运动项目的国家队、其他省市运动队来赣训练和接受革命传统教育。鼓励和引导有办学优势的省内高等学校大力发展体育职业教育，开展体育MBA、公益性和职业社会体育指导员以及健美操、航模、攀岩、定向运动、高尔夫球等各类体育培训活动。依法规范培训主体，鼓励各体育培训机构与国内外知名的体育培训机构、俱乐部、职业体育联盟等合作开展培训，做大做强体育培训业。

（六）探索发展公共体育设施管理业

在坚持公共体育设施公益性、共享性、开放性原则的基础上，积极探索新的管理模式。借鉴国际通行的委托管理和公司管理等新型管理手段和模式，实行专业化管理，提升江西省体育设施运营管理水平。

（七）努力发展体育无形资产

加强体育宣传和广告包装，推出能代表江西形象、能为企业塑造品牌形象的更直接、更有效、更长远的体育无形资产产品。通过公开评估、招标、联营、体育赞助、代理体育广告、生产运动队（员）徽章标志、体育用品、纪念衫等，把体育无形资产进行有效形塑、包装，逐步推向市场，变为现实资源。

（八）积极推行体育产业集约化发展

积极引导和引进社会资金，对风景旅游区和大型体育中心进行资产重组，建立具有体育旅游内涵的风景旅游区和集体育场馆建设、旅游、商贸、网上体育用品交易、展示、体育传媒等相关行业为一体的体育产业集团，提升核心竞争力，充分发挥其辐射、示范、带动作用，充分发挥规模、品牌优势，促进江西省体育产业的加速发展。

区域报告

Regional Reports

B.12

南昌市文化产业发展报告

南昌市文化广电新闻出版局

摘 要： "十二五"期间，南昌市文化产业发展迅速，亮点纷呈，文化产业增加值占全省比重、文化产业从业人员人数都有大幅增加，观光旅游业、节庆会展、演艺影视业、艺术产业、娱乐产业、印刷复制业都有了显著发展。随着"十三五"规划的制定，文化产业成为南昌市经济发展的重要组成部分，深化文化体制改革，创新文化事业单位管理模式，开放文化产业经营权，整合社会资源，盘活闲置资产，拓展文化创意和设计服务与其他产业的融合空间，推动文化产业转型，成为未来五年发展的重要任务。

关键词： 南昌市文化产业　文化产业转型　对策建议　规划

"十二五"以来，南昌市文化产业发展成果丰硕，对经济发展的影响力和

178

贡献率日益提高。一方面，演艺、影视制作、新闻出版等传统文化业态持续发展，走势向好；另一方面，动漫游戏、移动多媒体、数字出版等新型文化业态亦十分活跃，发展潜力正在逐步释放。南昌市迎来了文化产业发展黄金期，增长速度迅猛，文化产业的活力和潜能正有力地推动着南昌市经济的快速增长。

一 政策与环境优势

（一）政策服务优势

中共南昌市委、市政府已经出台多项政策措施，支持文化产业进一步发展。2012年南昌市委、市政府先后出台了《关于深化文化体制改革和推动社会主义文化大发展大繁荣的实施意见》《南昌市文化产业发展规划（2011－2020)》。紧接着，中共南昌市委宣传部、市财政局下发了《南昌市宣传文化发展专项资金扶持文化产业申报和管理办法》。2014年南昌市委、市政府又下发了《南昌市服务业三年强攻计划》，并在南昌市服务业发展引导专项资金管理办法中对文化创意产业进行扶持。2015年市政府出台了南昌市《关于稳增长促发展的若干政策措施》实施细则，其中的第42条专门对原创动漫企业进行扶持。南昌市对社会资本进入文化领域实行"非禁即入"，凡是法律法规没有明令禁止的，都可以投资兴办。对文化项目，除享受一般的投资项目优惠待遇外，在土地、行政审批、融资等方面给予了更多便利，市财政还在项目补助、贷款贴息、保费补贴、绩效奖励多个方面对文化项目给予专项扶持；此外，南昌市正在建设"三单一网"，即负面清单、权力清单、责任清单以及网上并联审批系统和政务服务网，程序公开、简化，努力使政务环境程序最简、效率最高；进一步完善了绿色通道、要素保障、综合协调以及信息跟踪等机制，确保项目建设运营过程中得到更好的服务。

（二）区位交通优势

南昌市是江西省会城市，是全省政治、经济、文化、教育和科技中心，总面积7402平方公里，总人口524万。南昌是一座有着2200多年建城史的历史文化名城，是诞生人民军队的红色英雄城市，同时还是一座西枕梅岭西山、水域面积占全省面积近三分之一的绿色生态之城。南昌是唯一毗邻长三角、珠三角和闽三角的省会，具有承东启西、沟通南北的战略性地位，是长江中游城市群核心城市、国家"一带一路"发展愿景节点城市。沪昆高铁等多条铁路在此交会。现在坐高铁 2~3 个小时就可以到杭州、武汉、长沙、上海、福州等周边城市。随着高铁网络的进一步完善，很快两个小时也能到南京。此外，昌北国际机场开通了至国内大多数中心城市和多个境外目的地的航线。通达四方的区位使南昌的文化产业具备了更广阔的发展空间。

（三）产业基础优势

南昌在新闻出版发行、广播电视电影、文化创意设计、文化信息传播、文化休闲娱乐、文化艺术、工艺美术、文化用品生产等文化产业门类有较好的发展基础，是国家文化与科技融合示范基地、国家数字出版示范基地，还有泰豪（南昌）国际动漫产业园、南昌桐青金属工艺品有限公司等两个国家级文化产业示范基地。也涌现了江西出版集团、金太阳教育集团等一批文化龙头企业，建成了新华安 699 文化创意园、791 艺术街区、樟树林文化生活公园、江西慧谷红谷创意园、南昌古玩城等多个特色文化产业园区。2014 年南昌市文化产业主营业务收入达到 488 亿元，同比增长 15.6%。

（四）市场辐射优势

随着昌九、昌抚一体化的推进，南昌大都市圈正在快速形成，南昌一小时经济圈覆盖人口过千万；作为带动全省发展的核心增长极，南昌的文化服务吸引了全江西 4500 多万人民的关注。尤其是交通的进一步发展，2~3 小时到达范围的扩大，南昌的辐射影响范围进一步向周边省份延伸，为文化、产业的发展提供了更多的市场和消费需求。

（五）人力资源优势

南昌拥有 40 多所高等院校，在校大学生、研究生 80 余万人，省市级以上科研院所 69 家。目前全市人才总量已超 53 万人，人才综合竞争力已进入全国同类城市前列。规模宏大的人才队伍，为文化产业专业化发展提供了强有力的智力支持。

二 文化产业基本状况

2014 年，在全面深化文化体制改革的推动下，南昌市文化及相关产业（以下简称文化产业）更加充满活力，呈现文化制造业主导，文化服务业领先，优势产业贡献突出，文化市场欣欣向荣的特点。快报数据显示，2014 年南昌文化产业继续保持快速增长，文化产业法人单位实现主营业务收入 488.0 亿元，同比增长 15.6%，占全省的 23.7%；实现增加值 144.1 亿元，增长 12.0%，占 24.8%。文化产业发展态势良好，总量占全省首位。

（一）文化产业相关数据

南昌市共有十三个县区。从全市各县区文化产业的发展情况看，文化产业法人单位增加值在 10 亿元以上的县区分别是：青山湖区（19.98 亿元）、西湖区（15.90 亿元）、经开区（13.19 亿元）。这三个县区实现增加值占全市的 51.3%。同时，这三个县区增加值占 GDP 比重均高于全市水平（见表1）。

表1 全市文化产业法人单位分县区情况

单位：万元

县区	单位数（个）	主营业务收入	增加值	增加值占 GDP 比重（%）
南 昌 市	1520	3628859	956022	3.19
东 湖 区	444	260197	66041	1.78
西 湖 区	255	647678	158953	4.05
青云谱区	99	248227	46737	2.01
湾 里 区	31	2203	1687	0.48
青山湖区	234	570345	199853	4.94
南 昌 县	84	149281	51303	1.17
新 建 县	62	339549	84536	3.51
安 义 县	50	3749	1930	0.26
进 贤 县	96	310246	81554	3.49
高 新 区	48	243307	39070	1.24
经 开 区	65	716898	131860	6.07
红 谷 滩	49	133319	91994	10.34
桑 海 区	3	3860	504	0.56

资料来源：2012 年市统计局数据。

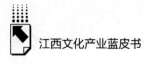

（二）特色企业

1. 大型文化产业企业落户南昌

南昌文化产业的快速发展，吸引了大批产业资本投资兴业。南昌万达文化旅游城，总投资超过 400 亿元人民币，占地 4000 余亩，拥有全球最大的室内海洋馆、大型舞台秀、科技电影乐园、大型室外主题公园等娱乐文化中心单元，将于 2016 年开业，预计年接待游客将达 2000 万人次。绿地南昌国际博览城项目总投资约 300 亿元，集商务、商业、居住、会展会议、风情小镇、文化旅游等为一体，项目正如火如荼推进。南昌市已经成为诸多文化产业资本的聚焦点。

2. 文化创意企业兴起

在国家大力扶持文化创意产业的大背景下，南昌市涌现出一批文化创意产业园区，如江西泰豪动漫产业园、新华安 699 文化创意园、791 艺术街区、樟树林文化生活公园、江西慧谷·红谷创意产业园、八大山人梅湖景区、茵梦湖国际旅游度假区等。这些文化创意产业园区的涌现，为南昌市文化产业的发展带来了极强的生命力、吸引力和发展潜力。

3. 文化用品旺销

"华夏笔都"进贤文港镇文化用品企业达 3000 多家，2013 年文化用品产业总产值达 20 亿元，税收 1800 万元，南昌市工艺美术品市场已迈进了发展的快车道。

4. 文化娱乐场所火爆

万达、中影经典、华影、紫金城、百花洲、上海永乐等影城年收入达上亿元，占全省电影票房收入 80% 以上。秦岛之夜、新中原、南昌剧场等演艺项目经营良好、效益明显。农民业余剧团蓬勃兴起，已达 60 多家，不断丰富了广大市民文化生活。

三　文化产业发展的特征与亮点

（一）传统文化产业发展强劲

在中央和地方的系列文化产业政策扶持下，南昌传统的文化用品制造、新闻出版发行、广播电影服务发展势头强劲，2014 年新闻出版发行主营收入 137 亿元，广播影视主营收入 43 亿元。新闻出版产业继续保持稳步发展、稳定增长的势头。

（二）观光旅游业品牌凸显

以八大山人纪念馆、滕王阁、绳金塔、安义古村等为代表的历史文化遗迹影响越来越大。以天香园、象湖、梅岭及各县区农业休闲观光等为代表的绿色文化园区异军突起。南昌绳金塔庙会、军山湖螃蟹节是行业内颇具影响的旅游品牌。即将开业的万达文化旅游城、茵梦湖国际旅游度假区及已经签约南昌华侨城等项目，将给南昌观光旅游业带来新的活力。

（三）特色文化名声大振

2008 年，南昌瓷板画被国家文化部评为国家级非物质文化遗产，成为南昌首个国家级非物质文化遗产项目。江西桐青工艺品有限公司作为铜工艺特色产品享誉海内外，南昌铜雕、漆画、八大山人等特色文化产业脱颖而出，影响深远，使南昌文化产业发展如虎添翼。

（四）文化创意园区逐年增加

2014 年止，南昌有国家级文化产业基地 2 家，省级文化产业基地 11 家，省级文化试验基地 1 家。这些园区多以文化创意产业为主，门类包括文化用品制造、动漫企业、演艺企业等行业。在政府大力扶持下，这些基地发展势头良好，园区内企业创业热潮高涨，已经产生园区聚集效应。

四　文化产业发展中存在的问题

南昌市文化产业在发展的过程中一主多元、齐头并进，逐步形成了健康的产业发展格局，但是在发展的过程中出现了不均衡、不合理的问题。

（一）文化产业总量及文化企业规模较小

全市文化产业虽然较多，但是文化产业法人增加值仅占 GDP 的 3.9%，与

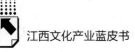

"十二五"规划中文化产业占GDP的5%差距较大，文化产业对区域经济的影响力和贡献率不足，与建设文化大市、文化强市的产业发展战略不相匹配。南昌市文化产业发展空间需要大型文化单位支持，拓展发展渠道，注入发展新动力。

全市的文化产业法人企业中，除了"规模以上制造业、限额以上批零业和文化服务重点企业"外，有1384家，约占全市单位的91%，实现增加值31.53亿元，仅占文化产业增加值的32.98%，企业规模、技术处于弱势，缺乏核心竞争力。

（二）文化产业行业类型趋同，不同行业单位数量差别大

在全市的文化产业法人单位1520家中，网吧84家，广告业259家，书报刊印刷90家，包装装潢100家，以上四种行业在120个文化产业类别中占三成，其他行业还有很大的发展空间和发展潜力，需要引进资本和技术，同时一些重复的赢利不足的企业应加快转型力度，或推出新产品新项目提升产品竞争力。

（三）文化产业结构失衡，核心行业发育不足

在文化产业增加值中，传统的文化产业增加值达到43.82亿元，占全市文化产业增加值的45.84%，而文化艺术服务、文化创意和设计服务、文化娱乐休闲等新兴文化产业增加值占比较小。特别是南昌的演艺市场、旅游市场亟待开发，传统文化产品文港毛笔需整合抱团发展。

另外，构成南昌市文化产业十大门类及50个中类结构不优。由于不同的行业增加值不同，南昌市目前附加值较高的龙头型文化企业较少，企业技术更新换代慢，创新能力不强，产品雷同多，导致总体增加值不高。

（四）文化人才比较匮乏，培养力度还需加强

众所周知，作为"文化朝阳产业"的传媒业、文化娱乐业、出版业等是文化产业发展的主体力量，其快速发展会带来联动效应，推动其他产业发展，从而为一个国家和地区的发展带来巨大的社会效益和经济效益。但是，随着现代传媒、动漫游戏、网络文化、数字视听、文化旅游、会展博览、演艺娱乐等

新兴文化产业的逐步兴起和扩张，地区产业格局和竞争态势正逐步发生重大变化。南昌市地处内陆，经济发展、信息传播远远落后于沿海发达地区，人才匮乏问题日益凸显，尤其缺少那些能融合文化资本运营、文化艺术商务代理、文化产品营销、网络及多媒体文化服务等众多知识于一体的经营复合型人才，这在一定程度上制约了文化产业向广阔的新兴领域发展。

五　文化产业发展的对策、建议

文化产业的发展有其自身规律，同时发展文化产业也需要审时度势，只有敢于创新、推陈出新才能建设文化大市、文化强市。针对存在问题，提出以下几点建议。

（一）强规划，加强组织保障，加快构建文化产业服务体系

加强和改进对文化工作的领导，是建设文化强市的必然要求。当前虽然全市上下对发展文化产业的重要性有了统一认识，但对文化产业了解比较泛，对如何界定文化产业、如何发展文化产业、发展什么样的文化产业，认识不是很清晰，仍存在一定的认识偏差，甚至有的人认为文化产业就是传统的演艺和文化产品等传统行业。思路不明，信心不足，措施不力。因此在下一步工作中各级党委和政府首先要把推动文化发展摆在全局工作的重要位置，提高认识，尤其是对文化产业的概念认识；再结合国家和省"十二五"规划中文化产业发展纲要和南昌市实际将文化产业发展纳入经济社会发展总体规划，并以规划为引领出台各项促进措施。同时，要进一步深化文化体制机制改革，解决文化发展深层次矛盾，加快完善文化管理体制和文化生产经营机制，理顺政府与市场关系，基本建立现代文化市场体系。放宽文化企业注册门槛。鼓励支持更多非公经济进入文化领域。加快政府职能转变，由"办文化"向"管文化"转变，强化政府的公共文化服务职能，着力培育良好的文化发展环境。

（二）抓重点，发扬特色，加速形成现代文化产业体系

一是升级传统行业、发展新型产业。南昌市要重点抓好新闻出版发行服务业、广播影视及文化用品制造等制造业，要立足书、报刊印刷，包装装潢及其

他印刷等传统产业，扶持现有的规模以上制造业、批零业、重点文化服务业做大做强，贡献更多的文化产业增加值。同时，积极推进文化产业与旅游休闲、信息物流等产业融合发展，延伸文化产业链，提高产品和服务的附加值。二是发扬地方特色、促进文化项目建设。传承千年洪城文化，梳理"八一英雄城"精神，改造赣江两岸，举办各种类型的文化周活动，在挖掘历史文化和改善环境方面做大量工作，建立独特而具有优势的文化产业。同时，大力推进文化项目建设，强化文化项目建设调度，缩短建设周期，尽快投产见效，做大文化产业总量。三是抓区域、打造特色产业集群。产业集群作为当前最具活力的一种产业发展模式，与文化产业的区域性、特色地方文化等高度契合，正在成为文化产业发展的重要模式。南昌市要在各县区的区域行业分布雏形的基础上，整合地域文化资源，形成聚集效应和规模效应，提高市场集中度，打造区域性特色文化长效集群，如西湖区的出版业、经开区的文化产品制造业、进贤笔业等。引导和鼓励社会资本进入文化领域，打造具有地方风格的特色文化品牌，对获得省著名商标、全国驰名商标的文化企业，进一步加大宣传和支持力度，在龙头企业的带领下，帮助法人企业上规模，帮助具备一定规模的文化个体工商户升级为法人制企业。

（三）抓基础，多措并举，加强促进文化产业发展的要素保障

一是加强投入保障，加大公共财政对文化建设的投入力度，科学合理利用好财政每年的文化发展专项资金，对文化企业给予税收优惠。二是加强人才保障，切实制定和落实文化人才培养规划。充分挖掘南昌市文化的深厚底蕴和区域特色，以丰富的文化内涵吸引人才，以优厚的条件和优美的环境吸引人才。逐步形成有效的人才培养、引留和激励机制，深化用人制度、分配制度和社会保障制度改革，把构建人才资源高地作为文化产业发展的战略重点、工作重心和基础工程，建设高素质的文化产业人才队伍，推进文化企业的稳步健康快速发展。三是加强土地保障，对实际重点文化产业项目给予优先用地保障，鼓励将城市转型中推出的工业企业原有的用地用于发展文化产业，对原有文化遗产进行创意改造，保持城市历史文脉。注重分析文化产业发展的运动态势、发展态势、发展模式和存在的问题，及时将文化产业发展动态向相关领导反映，为各级对文化产业发展的科学实施决策和宏观调控提供依据。

六 文化产业发展的趋势与展望

随着昌九、昌抚一体化的推进，南昌大都市圈正在快速形成，南昌一小时经济圈覆盖人口过千万；作为带动全省发展的核心增长极，南昌的文化产业将借助国家、省、市政策措施向周边省市辐射。同时对接"互联网＋"国家战略，积极参与"一带一路"合作互动，融入"一带一路"国家战略，拓深南昌文化品牌经营渠道。充分利用各种展会拓展南昌文化影响，不断做大南昌文化产业。

为推进南昌市文化创意和设计服务与相关产业的融合发展，根据南昌实际，"十三五"期间南昌市确定了七大"重点任务"。

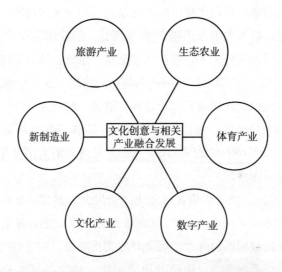

图 1 南昌市"十三五"规划文化产业重点项目

"十三五"期间，南昌市将构建现代文化产业体系。进一步深化文化体制改革，改革广电传媒产业的管理体制，深挖产业资源，加快技术升级，增强产业市场竞争力。加快传统文化产业的市场化进程，吸收社会资本，整合地方院团，组建新型演艺集团，创意开发历史资源，创新演艺产业发展模式，树立赣地演艺品牌。开放文化产业经营权，鼓励大型文化企业融合新科技，积极参与市场竞争，扩大南昌市文化企业影响力。创新网络文化产业管理模式、经营模式，规范新兴网络文化业态，积极推动传统文化产业与新兴网络文化产业融合发展。鼓励政府通过购买文化消费品等方式，扶持有地方特色的中小微文化企业，引导文化市场消费行为，发展多元的文化产业体系。南昌市还将打造本土文化产业品牌。建立区域文化产业产权交易平台，鼓励文学、影视、动漫、戏剧、美术、音乐等门类艺术原创品牌。坚持保护、传承和创新发展相结合，促进传统文化元素与现代科技的有效融合，促进陶瓷、刺绣、雕刻、油画等艺术原创产品、授权产品、衍生产品的开发生产，积极挖掘、拓展产业链，加快工艺美术产品、传统手工艺品创新开发，培育特色产业和自主品牌。重点支持南昌瓷板画、文港毛笔、江西桐青工艺品等产业发展。

"十三五"期间，南昌市将加快江西出版产业基地建设，建设集编、印、发、供、管为一体，同时具有出版、博物、会展、艺术品市场和动漫生产、网络出版等多功能的高品位现代化出版产业基地；加快大唐西市与八大山人文化产业园项目建设，以八大山人书画艺术为核心，建设国家级书画（古董）艺术创作街，依托昌南陶瓷艺术，建造瓷器交易一条街，结合元代航海家汪大渊"海上丝绸之路"航线打造异国风情街和航海博物馆；加快中国（江西）针织服装创意产业园建设，规划研发设计总部经济区、时尚文化区、商贸区、生产生活配套区等四大功能区。强化市场物流区、品牌服饰生产拓展区两大功能区；加快建设南昌市 699 文化创意园文化创意基地，集文化交流与展示、文化休闲、餐饮、娱乐为一体。

"十三五"期间，南昌市将加快文化"走出去"步伐。推动新闻出版、动漫设计、陶瓷艺术在"一带一路"节点城市的合作，建立长期、友好、稳定的合作关系，并通过国内国际大型展会开展文化交流，拓展国内外市场。尤其要扩大南昌瓷板画品牌张力；积极参加"一带一路"各城市及国家高端艺术品展博会，拓深品牌经营渠道。南昌瓷板画还要作为江西特色商品，入选省文化厅将在西班牙设立的江西特色商品交流中心展示销售，乘此强劲西风，迈出"借船出海"关键步伐。

B.13
景德镇市文化产业发展报告

景德镇市文化广电新闻出版局

摘　要：　陶瓷产业在景德镇市文化产业中占据重要地位，围绕陶瓷文化，景德镇市形成了陶瓷创意产业、陶瓷文化旅游业、陶瓷非物质文化遗产，等等，奠定了瓷都特色产业的优势。在陶瓷产业中，景德镇市近年来发展了一批重点项目，如景德镇市陶瓷历史博览区、景德镇市法蓝瓷实业有限公司、景德镇佳洋陶瓷有限公司等三家国家级文化产业示范基地和景德镇雕塑瓷厂、景德镇三宝陶艺研修院、景德镇浩瀚创意文化产业发展有限公司等十家省级文化产业示范（试验）基地，这些文化产业示范基地，产业发展异彩纷呈、各具特色，成为景德镇文化产业发展的重要典型和标杆。此外，景德镇博物馆、茶文化亦有区域特色，成为全市文化产业发展的另一个亮点。在"十二五"期间，景德镇市文化产业发展取得了不少成绩，取得了不少发展经验，但亦产生了不少新问题，因此，大力发展重点文化产业、优化文化产业布局、促进"文化＋"产业融合发展、扩大文化消费、推动文化产品和服务出口等都是未来景德镇市文化产业的可能发展路径。

关键词：　景德镇市文化产业　发展经验　对策建议　未来展望

景德镇市是驰名中外的瓷都，中国古代四大名镇之一，国务院首批公布的24个历史文化名城之一。近年来，景德镇市依托丰富的陶瓷资源，取得了文化产业的快速发展。在大力发展陶瓷创意产业的同时，依托文化优势打造旅游

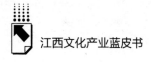

业、广电业、会展业等行业齐头并进的发展态势。景德镇市文化产业现已初步形成了陶瓷为主，多业并举的发展格局。在未来的发展规划中，将进一步传承陶瓷文化，突出县域文化产业特色，优化全市文化产业结构和产业布局，扩大景德镇市文化产业的知名度和影响力。

一 景德镇市文化产业发展基本情况

（一）发展环境

景德镇市是享誉世界的千年瓷都，是中国古代四大名镇之一，是海上丝绸之路起点之一，是世界创意城市网络手工艺与民间艺术之都，是国务院首批公布的 24 个历史文化名城之一。下辖乐平市、浮梁县、昌江区和珠山区，设有1 个国家级高新区和 2 个省级工业园区，国土面积 5261 平方公里，总人口 167万，其中市区建成区面积 90 平方公里，市区常住人口为 53 万，城镇化率为62.28%，工业化率为 51%。景德镇市山水环抱，四季常青，全市森林覆盖率65.07%，建成区绿化覆盖率达 53.27%，有全国面积最大的城市森林公园，境内饮用水长期保持国家二类水质标准要求，是全国生态环境最好的城市之一，是最适合人居的生态之城。

（二）基本情况

"十二五"以来，景德镇市文化产业保持了较快增长，产业结构不断完善，经济总量不断扩大，发展态势良好。全市现有创意产业经济实体近 5000家，广播电视台 3 家，电影院 6 家，印刷企业 54 家，娱乐场所 99 家，互联网上网服务营业场所 166 家。

在大力发展文化创意的同时，广播影视、旅游、会展、印刷等行业迅速壮大，助推全市经济社会发展。文化产业在国民经济中的地位与作用得到增强，对全市经济发展的影响力和贡献率日益提高。目前，陶溪川国际陶瓷文化产业园、景德镇考古御窑遗址公园、名坊园等重大工程项目正在建设中。通过项目的带动作用，将进一步增强全市文化产业发展后劲。

2012 年，景德镇市法人文化产业单位主营业务收入达 88.77 亿元，比上年增长 24.5%，实现增加值 25.71 亿元，比上年增长 22.3%，占全市 GDP 的比重达 4.09%；2013 年全市文化产业法人单位主营业务收入达 108.09 亿元，比上年增长 21.76%，实现增加值 27.59 亿元，比上年增长 1.88 亿元，增幅 7.31%，占全市 GDP 的比重为 4.06%；2014 年全市文化产业法人单位主营业务收入达 127.1 亿元，比上年增长 17.59%，实现增加值 38.03 亿元，比上年增长 10.44 亿元，增幅 37.84%，占全市 GDP 的比重为 5.15%。

表 1　2013 年全市文化产业法人单位十大分类情况

单位：万元

行业分类	主营业务收入	增加值
全市	1080853	275936
一、新闻出版发行服务	1241	395
二、广播电视电影服务	3404	1203
三、文化艺术服务	11397	3643
四、文化信息传播服务	3121	927
五、文化创意和设计服务	1789	576
六、文化休闲娱乐服务	174015	43075
七、工艺美术品生产	588638	163633
八、文化产品生产的辅助生产	199294	40500
九、文化用品生产	53770	10765
十、文化专用设备的生产	21534	2577

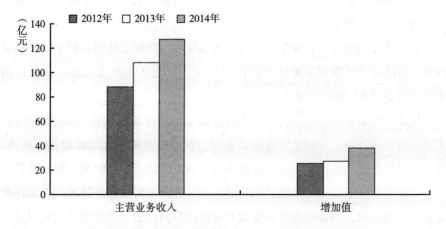

图 1　2012～2014 年文化产业法人单位发展情况

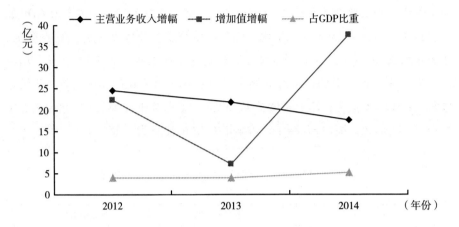

图2　2012～2014年文化产业发展增幅及占GDP比重

（三）重点企业

景德镇市现有国家级文化产业示范基地3家（景德镇市陶瓷历史博览区、景德镇市法蓝瓷实业有限公司、景德镇佳洋陶瓷有限公司）、省级文化产业示范基地9家（景德镇雕塑瓷厂、景德镇三宝陶艺研修院、景德镇浩瀚创意文化产业发展有限公司、景德镇鼎窑瓷艺文化传媒有限公司、景德镇春涛包装有限公司、景德镇市望龙陶瓷有限公司、景德镇市真如堂陶瓷有限公司、景德镇陶邑文化发展有限公司、景德镇国信创业投资管理有限公司）、省级文化产业试验基地1家（景德镇陶瓷研究所）。

景德镇市国家级、省级文化产业示范基地均与陶瓷文化密切相关。景德镇古窑民俗博览区（陶瓷历史博览区）是国家级文化产业示范基地，也是以陶瓷文化为主的5A级国家景区。

法蓝瓷实业有限公司、佳洋陶瓷有限公司、鼎窑瓷艺文化传媒有限公司、望龙陶瓷有限公司、真如堂陶瓷有限公司、景德镇陶瓷研究所以研究、生产、展示、销售各类陶瓷产品为主，作品丰富、创意独特、产品精美、各具特色。

佳洋陶瓷有限公司、景德镇雕塑瓷厂、三宝陶艺研修院、浩瀚创意文化产业发展有限公司、国信创业投资管理有限公司分别打造了皇窑陶瓷文化创意产业园、雕塑瓷厂文化创意园、三宝陶艺研修院、1949建国创意园、"珠山东市"陶瓷文化博览城等数个产业园区，涵盖手工制瓷、产品销售、休闲娱乐、文化交流、创意展示、教育培训等功能，为大学生提供了创业平台，提升了文化产业的创意水平，也吸引了不少外来艺术家来景德镇创作。

陶邑文化发展有限公司正在实施的景德镇陶溪川国际陶瓷文化产业园项目是一个集现代服务业和陶瓷文化创意产业于一体的重点项目。位于老城核心地段，占地面积约 3600 亩，承载 65 亿巨资。该项目的战略定位涵盖为世界级艺术创意交流平台、国家文化复兴先锋示范区、江西旅游核心目的地、景德镇城市工厂保护区。该公司将精选 300 余家实体机构入驻，入驻机构将在 2015 年 6 月开始装修，9 月底正式开园。

春涛包装有限公司是包装设计企业，开发、研究、引导景德镇陶瓷包装改进，为景德镇传统陶瓷产品增添了创意文化设计元素，为传播陶瓷历史文化，全面提升陶瓷品牌效益和陶瓷产品的附加值，做了大量卓有成效的工作。

景德镇市各文化产业示范基地发展速度较快，至 2014 年，已初步构建了层次分明、结构合理的文化产业示范基地体系。

二　文化产业发展特征与亮点

文化创意是景德镇市文化产业的重点，按国家统计局《文化及相关产业分类（2012）》，景德镇市文化产业法人单位文化创意和设计服务、以陶瓷文化创意为核心的工艺美术品生产 2013 年主营业务收入共计 59.04 亿元，占全市文化产业主营业务收入的 54.62%；增加值共计 16.42 亿元，占全市文化产业增加值的 59.51%。由于景德镇市文化产业经营模式多样，除有规模较大的法人模式，又有"公司＋工作室"模式，还有无法细致统计的遍布全市的手工作坊，文化产业包括陶瓷文化创意产业主营业务收入及增加值远高于统计数字。

（一）陶瓷创意产业重点突出

景德镇市在深化国有陶瓷企业改制后，对原有的土地、老厂房、老作坊进行再利用，使之成为发展陶瓷文化创意产业的新载体。同时，全市民营陶瓷文化企业日益壮大。民营文化企业业务范围涵盖了陶瓷文化研究、交流、策划、

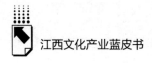

展示等诸方面，民营陶瓷文化企业作为景德镇市文化产业的重要组成部分，对景德镇市文化产业的发展壮大做出了积极的贡献。

（二）陶瓷文化旅游发展迅速

景德镇市现有 A 级景区 18 个，其中古窑历史博览区既是国家级文化产业示范基地，也是国家 5A 级景区。众多的陶瓷文化旅游景区、景点，体现了景德镇市陶瓷文化的深厚和悠久。景德镇市旅游总收入 2013 年达 152 亿元，2014 年突破 200 亿元，已成为景德镇市经济发展的重点产业之一。

（三）博物馆体系不断完善

打造陶瓷名家个人艺术馆及设立民营博物馆。设立"景德镇陶瓷名家个人艺术馆"是景德镇市的一大创举，2014 年经市政府授牌设立陶瓷名家个人艺术馆达 8 家。另外，景德镇市已有 13 家民营博物馆、1 家行业类博物馆。景德镇市努力形成国有博物馆和民办博物馆融合发展的生动局面，全面提升公共文化服务能力和水平。众多的名家大师和民办博物馆对陶瓷文化创意产业也起到了引领作用，通过建大师馆、工作室、办陶瓷展，引领、带动大批的文化经纪人、国内外陶艺家投身到景德镇市的陶瓷文化产业中。

（四）非物质文化遗产保护有力

在民间手工技艺方面，陶瓷制瓷技艺是景德镇市非物质文化遗产的重要组成部分。其中包括传统制瓷原料加工配制技艺、传统颜色釉瓷烧制技艺、传统青花瓷制作技艺等。在民间文学方面，众多民间故事反映了景德镇窑工、瓷工、瓷器品种以及景德镇城乡人文故事的传说。在民间习俗和民间美术等方面，陶瓷业也对景德镇市非物质文化遗产的传承有深远影响。目前，景德镇市有国家级非物质文化遗产生产性保护示范基地 2 家、省级 4 家、市级 18 家，有国家级非遗传承人 10 人、省级 40 人、市级 307 人。

（五）古建筑文化产业独具特色

乐平市至今尚存有 412 座从宋至明清时期的古戏台，它们融建筑、雕刻、工艺、美术和文学于一体，在全国绝无仅有，中国中央电视台及全国数十家媒体曾予以推介，这是乐平文化对外的一大特色。乐平现有 14 家古戏台雕刻公司，形成了特色文化品牌，在全省乃至全国有较高的知名度。

（六）茶文化源远流长

浮梁茶文化源远流长，精典璀璨，内涵十分丰富，素有"瓷都之源、名茶之乡""瓷茶并茂"之美誉，全县现有茶园总面积 10 万亩，其中高山茶园 3.5 万亩，高产连片茶园 4.5 万亩。

三 发展文化产业的主要做法

（一）依托示范基地，提升文化企业竞争力

到目前为止，景德镇市已成功申报国家级文化产业示范基地 3 家、省级文化产业示范（试验）基地 10 家，评选出市级文化产业示范基地 11 家。这些文化产业示范基地以陶瓷文化为主，涵盖了研究设计、创意服务、艺术产品等各方面。同时，推动"文化＋创意"融合发展，培育了瓷立方、景陶、曙光等一批陶瓷创意创业孵化基地。完善"公司＋工作室"经营模式，打造了建国创意园、明清园等一批示范性园区，改变了大而散的作坊式生产。通过整合资源，进一步提高了景德镇市文化企业的竞争力。

（二）服务创意园区，形成创意产业集聚区

景德镇市目前有雕塑瓷厂、建国陶瓷创意园、三宝陶艺研修院等多个文化创意园区，均为文化产业示范基地。这些创意园区不仅是展示和提升景德镇市创意及设计水准的基地，更是聚集国内外优秀创意人才的中心。在创意园区的发展过程中，景德镇市积极做好服务与指导工作，加强支持引导。文化创意园区在快速发展过程中，形成了规模较大的文化产业集聚区，为景德镇市文化产业集聚发展提供了强大动力。

（三）打造产业项目，壮大文化产业竞争力

依托景德镇市陶溪川国际陶瓷文化产业园、陶瓷名坊园、绿地国际陶瓷文

化旅游城、皇窑陶瓷产业园等大型项目建设，争取文化产业发展水平得到新的提升。通过打造大型文化产业项目，建设五星级度假山庄、大型陶瓷商贸会展中心、产学研合作基地、陶瓷文化交流中心，以及总部基地集群、国际商务办公、高端酒店集群、科技人文住宅等。通过这些项目建设，提升景德镇市陶瓷文化创意设计水平，吸引创意人才，并将这些项目打造成具有强大市场竞争力的综合服务体。在项目建设过程中，通过申报重点项目、争取专项资金等方式支持项目尽快完工。

（四）培育产业龙头，发挥龙头企业引领作用

为进一步加强景德镇市文化产业影响力，提升文化企业知名度，形成提升文化产业的氛围，景德镇市启动了"十大文化产业创新项目""十强文化企业""十大陶瓷文化品牌"评选活动。这些评选活动有利于龙头企业的培育壮大，通过龙头企业的引领作用，带动景德镇市文化产业全面发展。

（五）做好联合办刊，扩大文化产业影响

2013 年，景德镇市文化广播电视新闻出版局与国家文化部的《中国文化报》洽谈合作，联合做好《文化财富周刊》的办刊工作。通过 12 期 24 个版面的宣传，弘扬了景德镇的陶瓷文化，扩大了景德镇市陶瓷文化的影响力。

（六）依托陶瓷文化，发掘旅游亮点

景德镇市有 1700 多年的制瓷历史，传统制瓷工艺是中国传统工艺的优秀组成部分。景德镇瓷器造型丰富、釉变奇妙、装饰多样，文化底蕴十分深厚。如重点展示陶瓷文化的景德镇市古窑民俗博览区是国家级文化产业示范基地，5A 级国家旅游景区；御窑遗址公园既是重要的文化遗址，也是充满陶瓷文化的景点，展现了中国漫长的御窑发展历史和御窑工艺。众多旅游景区与陶瓷文化密切相关，陶瓷文化已成为景德镇市的旅游亮点和城市名片。景德镇传统的手工制瓷技艺展示，独特的瓷业习俗等文化遗产资源与旅游紧密结合，实现了文化与旅游并驱发展。

四　文化产业发展存在的问题

一是投融资渠道比较窄，财政投入仍是主要渠道，对外开放程度不高，吸

引外资和社会资本规模不大；创业者融资困难。

二是文化企业规模小、布局散、实力弱，虽已形成产业集群，但缺少带动性强的骨干龙头文化企业，尚无上市文化企业；产业集聚区本身营销意识也不强，缺乏整体营销。

三是文化产业发展不平衡，相比陶瓷创意产业，演艺娱乐业、数字出版业、影视服务业等门类普遍规模偏小，没有形成强大的产业群体。

四是相对于工艺美术专业人才，文化创意产业链重点的创意、技术、营销等环节人才尚存不足，文化中介组织和经纪人也不多。

五是能代表景德镇陶瓷文化的标志性品牌尚未建立。

六是文化及相关产业分类涉及部门众多，全市还没有健全统一规范的文化产业统计工作机制。

五　加快发展文化产业的建议

为进一步加快文化产业发展，解决景德镇市文化产业发展过程中出现的问题，可以重点做好"四个结合"。

（一）政策法规与文化产业发展相结合

进一步明确文化产业发展地位，创建适应文化产业发展的管理制度，有效定位并理顺相关部门管理职能。同时，在项目立项、用地、财政税收、投融资、资产处置、工商管理、进出口等方面进一步出台扶持政策，对文化产业创新、创意成果给予重点保护。加大对知识产权的保护力度。对自主品牌文化产品与服务出口、中小型文化企业孵化给予强有力的政策引导，为文化产业发展提供快车道。创新人才政策，健全完善文化产业人才培养引进、选拔使用、评估激励和社会保障机制，创造良好的人才发展环境，努力造就一批文化企业领军人物，加快培养一大批文化创意人才、文化经营管理人才和复合型应用人才。

（二）分类指导与文化产业集聚相结合

在文化产业的发展过程中，应当对创意文化产业、广电产业、新闻出版业

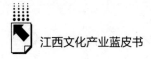

等文化产业分门别类，根据不同类别的文化产业特点制定有效促进其发展的政策，加强对文化产业的分类指导，有效优化文化产业的发展结构。

同时，要重视集聚效应，形成文化产业的地区集中化发展。大力推动陶溪川国际陶瓷文化产业园、皇窑陶瓷文化创意产业园、雕塑瓷厂文化创意园、三宝陶艺研修院、1949建国创意园、珠山东市等创意园区发展，打造集旅游演艺、创意办公、会展商务、创业教育、艺术交流为一体的平台并打造陶瓷主体超级文化综合体。

（三）传统制瓷与传承陶瓷文化相结合

景德镇市传统制瓷单位很多，大多存在小而散的状况，具有核心竞争力和创新能力的企业不多，不能发挥引领作用，因此必须尽快形成传统制瓷工艺具有市场主体竞争力的龙头企业。

同时，注重对手工技艺的政策倾斜，对非物质文化遗产手工技艺给予专项资金扶持。要通过加大对非遗示范基地、非遗传承人的评选和扶持保护力度，将传统制瓷工艺企业与传承陶瓷文化有机结合，起到互相促进的作用。

（四）重点发展与加强品牌建设相结合

景德镇是举世闻名的瓷都，陶瓷文化底蕴深厚，陶瓷文化创意产业发展迅速。在文化产业的发展上，景德镇市重点要促进陶瓷文化创意产业进一步扩大规模，推动其他文化产业加快发展。同时，要重视文化产业的品牌建设，打造具有较高知名度、美誉度的文化品牌，进一步强化景德镇文化产业的竞争力、吸引力、凝聚力，为文化产业的发展提供强大动力。

六 文化产业未来发展规划与展望

（一）大力发展重点文化产业

1. 陶瓷文化创意产业

实施重大项目带动战略，精心实施景德镇国际陶瓷艺术创意园区等文化园区建设，发挥好陶瓷历史博览区、法蓝瓷等国家级和佳洋、雕塑等省级文化产业示范基地示范作用，积极发展陶瓷文化创意企业及艺术家工作室和艺术馆，大力支持原国有陶瓷企业转型改造为各具特色的陶瓷文化产业园区，形成大师云集、人才辈出、精品荟萃、器走天下的景象，扩展富有活力、融合发展、彰显瓷都特色的优势文化产业集群，造就一批重点骨干企业，打造一批在国内外有良好声誉的文化知名品牌。

2. 文化旅游业

突出文化观光、休闲度假、陶瓷创意三大特色，打造"世界瓷都、艺术之城、千年名镇、生态家园"的旅游城市形象品牌，大力发展陶瓷创意、茶文化、红色文化、休闲农业体验、古镇古村落风貌和陶瓷工业旅游；注重老城区的保护、开发和利用，打造精品里弄，恢复重建一批老店铺、古码头、古里弄、古会馆和古戏台等，在沿昌江东岸恢复和建设一个集观光旅游、休闲购物于一体的综合性历史街区，高起点、高水平规划建设一批标志性文化旅游工程；注重开发特色文化旅游商品，延伸文化旅游产业链条，提高综合效益；以景区创建为抓手，提升景区吸引力和竞争力，支持古窑和瑶里创建国家5A级景区。

3. 传媒业、网络业和影视制作业

坚持走规模化、多元化发展之路，发展现代传播体系，加强《景德镇日报》、《瓷都晚报》、景德镇广播电视台等传媒设施建设，完善重要媒体采编、发行、播发系统，加快数字化转型。鼓励以资产和业务为纽带，实行传媒业兼并重组、强强联合。鼓励发展电视购物，扩大陶瓷网上销售份额。积极发展网络业，推进"三网融合"，建设3G数字网络，做大做强景德镇在线、中瓷网等网站，促进网络经济快速发展，逐步形成具有瓷都特色的个性化、专业化网站。积极推进影视制作业，充分利用景德镇市丰富的自然资源、人文资源，凝练特色，创作一批影视精品，加强创意设计，打造集影视制作、旅游观光、休闲度假、商务购物于一体的影视基地。

4. 会展业和演艺娱乐业

在新起点上提升瓷博会的效应，使之成为中国会展业的知名品牌。将瓷文化旅游节、茶文化旅游节等打造成中外有影响的经贸活动。建设集展示交流和交易为一体的大型陶瓷商务会展中心，运用市场化运作方式，探索政府和社会力量合作举办文化会展的新路子，做好陶瓷文化海内外的交流展览活动。发展

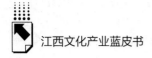

特色演艺娱乐业。建设一批满足不同需求的休闲娱乐设施，重点打造瓷乐、瓷都风情、乐平赣剧等一批有特色、有市场、有影响的品牌演艺节目，提高演艺娱乐业的品位、档次和水平。

5.出版业、印刷包装业和广告制作业

在做好传统出版业的同时，加快发展数字出版、网络出版、手机出版等多介质出版业态，规范陶瓷文化出版市场，重点提高陶瓷类图书的影响力和市场占有率。以全国版权示范基地为龙头，加大陶瓷版权保护力度。培育壮大印刷包装业。大力提高陶瓷产品包装设计与印刷工艺水平，加快企业规模化经营步伐，重点扶持花纸印刷业做强做大。提高广告制作业发展水平。大力整合创意、策划和设计力量，扶持广播影视广告、报刊广告和户外广告，发展互联网、移动通信广告等新媒体广告业态。

（二）优化文化产业发展布局

完善文化产业发展规划，以陶瓷创意文化为特色，发展多业并举的现代文化产业体系。在新城区打造15平方公里的景德镇陶瓷文化创意新区，老城区打造沿陶瓷文脉"一轴五片十一厂"展开的集现代服务业和陶瓷文化创意产业于一体的"鄱阳湖生态经济区景德镇陶溪川国际陶瓷文化产业先导示范区"。乐平、浮梁、昌江、珠山要大力发掘古戏台文化、红色文化、绿色文化、古镇（村、街）文化等亮点，和社会资本、旅游业等紧密结合，使之不断发展壮大。

（三）促进"文化+"产业融合发展

促进陶瓷文化、茶文化、名城文化、红色文化等地域特色文化有机组合、同生共长，以"文化叠加"实现"裂变效应"，催生文化新业态，延伸文化产业链；以产业为主导，在充分发挥产业集群效应优势基础上，打造带动力强、辐射力大的"文化产业航母"，发挥大项目、骨干企业的"主引擎"作用，拓展"文化+旅游""文化+城市""文化+商贸""文化+科技""文化+金融"深度融合之路，带动旅游、服务、商贸等其他行业全面发展，加快文化产业整合力度，引领文化企业集约发展。

（四）扩大文化消费

注重国内外消费市场研究，增加文化消费总量，提高文化消费水平。拓展大众文化消费市场，开发陶瓷等特色文化消费，扩大文化服务消费，提供个性化、分众化的文化产品和服务，培育新的文化消费增长点。提高基层文化消费水平，引导文化企业投资兴建更多适合消费者需求的文化消费场所，促进景德镇市文化消费总量逐年提高。

（五）推动文化产品和服务出口

实施文化走出去工程，举办陶瓷精品会展，推动陶瓷创意产品、艺术品出口，组织瓷乐赴境内外演出。完善支持文化产品和服务走出去政策措施，进一步扶持文化出口重点企业和重点项目。认真落实出口奖励、出口退税等政策，鼓励文化企业开展文化贸易。

B.14
九江市文化产业发展报告

九江市文化广电新闻出版局

摘　要：　"十二五"期间，九江市积极利用其优良的区位优势、丰富的文化资源、优美的自然环境及快速增长的经济发展态势，加强文化产业发展规划和政策实施，成效明显。2014年，九江市文化产业主营业务收入、文化产业增加值占GDP比重都处在全省前列，产业结构进一步优化，文化产业发展态势成效明显。但是，文化产业人才匮乏、产业规模相对较小、文化品牌效益不明显、文化企业融资困难等诸多问题制约着九江市文化产业的进一步壮大，因此，加大重视力度、政策支持手段多元化、优化发展环境等必将有力推动九江市文化产业的更快发展。

关键词：　九江市文化产业　对策建议　发展展望

九江自然资源和文化资源丰富，区位优势明显，"十二五"以来，九江市找准定位，盘活现有资源，提升相关行业文化内涵，努力实现由文化资源大市向文化产业强市的跨越，推动文化产业成为国民经济的支柱性产业。

一　"十二五"期间文化产业发展基本情况

（一）宏观环境

1. 地理环境

九江享有"三江之口，七省通衢"的美称，是江西省唯一通江达海的外贸港口城市，是联结全省与长江开发带和沿海开放带的"北大门"。九江位于国家"十二五"期间文化产业重点发展区域之一的环鄱阳湖经济圈，是长江三角洲、珠江三角洲、海峡两岸经济区等重要经济板块的直接腹地，地处现代红色文化比较发达的湘皖鄂赣地区和历史文化比较深厚的沿长江城市群之间，是湘皖鄂赣地区的中心结合点城市，在接受辐射和发挥影响力方面具有不可比拟的优势。

2. 文化环境

九江是一座拥有 2200 年历史的文化名城，集名山、名江、名湖于一体，曾有"天下江山眉目之地"的美誉。宗教文化、书院文化、诗歌文化、名人文化、山水文化、青铜文化、市镇文化、政治文化、军事文化、商业文化、建筑文化等各种文明在这里汇聚，代表了中华五千年文化精髓。九江文化具有多样性，修水有"山背文化"，武宁有"幕阜文化"，都昌有"鄱湖文化"，湖口、彭泽有"彭蠡文化"，永修、德安有由南昌延伸的"豫章文化"，等等。九江风景秀美，是中国优秀旅游城市，2013 年，庐山品牌国际化迈出新步伐，联合国教科文组织《世界文化景观——庐山宣言》正式发布，庐山西海获批国家水利风景区。

3. 社会环境

公共文化服务体系完善，助推文化产业发展。市直公共文化设施完善，新建成的文化艺术中心（市文化馆）、市美术馆、市博物馆、琵琶亭生态文化园等重点文化设施建设项目经费投入达 10 多个亿。这些文化设施无论投资、规模、外形，还是功能布局、设施设备，都是全省一流的重大文化标志性建筑。县级"三馆"普遍得到提升改建，修水、武宁、瑞昌等 11 个县（市、区）均建成上规模的文化场馆。全市建有文化馆 15 家（国家一级馆 3 个、二级馆 5 个、三级馆 5 个）；图书馆 15 家（国家一级馆 6 个、国家二级馆 3 个、三级馆 5 个）；博物馆、纪念馆 16 家（三级博物馆 4 家）；美术馆 9 家；剧院 15 家。乡镇村文化阵地齐全，建有 227 个乡镇综合文化站、13 个街道（社区）文化活动中心、1825 家农家书屋、1736 个村级文化活动中心。

4. 经济环境

2011 年，九江市城镇居民人均可支配收入 17911 元，增长 13.6%；农村居民人均纯收入 6778 元，增长 21.3%，全市社会消费品零售总额 329.7 亿元，增长 18.1%；2012 年，全市社会消费品零售总额 382.7 亿元，增长 16.1%，城镇居民人均可支配收入 20330 元，农民人均纯收入 7785 元，分别增长 13.5%、14.9%；2013 年，社会消费品零售总额 435.63 亿元，增长 13.8%。居民消费价格总水平上涨 2.6%，城镇居民人均可支配收入 22504 元，增长 10.7%，农民人均纯收入 8805 元，增长 13.1%；2014 年，社会消费品零售总额 496.4 亿元，增长 13.9%，居民消费价格总水平上涨 2.1%。随着经济的快速发展和全面建成小康社会进程的推进，居民收入不断提高，生活质量跃上新台阶，文化需求不断增长。

5. 政策环境

一是政策支持。九江积极策应"昌九一体化"规划，做大做强文化产业，加速融入南昌一小时经济圈。中共九江市委、市政府出台了《九江市"十二五"时期文化体制改革与文化发展规划纲要》和《中共九江市委关于深化文化体制改革，推动社会主义文化大发展大繁荣的实施意见》，为文化产业发展扫除体制机制障碍。还出台了《九江市文化产业发展专项资金使用管理办法》，每年安排 300 万元文化产业专项资金，扶持中小文化企业发展。二是组织保障。九江市积极引导文化企业加入江西省文化企业协会，并于 2014 年成立了九江市文化产业协会，积极发挥协会"三争三建"功能，"三争"即争资金、争政策、争项目，"三建"即建设信息交流平台、发展服务平台、投融资平台，切实加强对九江市文化企业的组织、协调、服务和指导，积极推动九江文化产业繁荣发展。三是精心规划。九江以城市发展为主线，以鄱阳湖为九江发展的源头，凭借 2200 年悠久的历史和深厚的人文底蕴，以近现代工商业城市的建筑为主要特色，结合自然资源与人文资源，规划打造五条各具特色的文化带。一是滨江生态公园带（浔阳江头）；二是八里湖新区文化景观带；三是环庐山生态文化旅游带；四是环鄱阳湖生态经济带；五是人文生态修河带。便利的交通、优越的地理位置、优质的资源禀赋及国家优秀旅游城市名片，为九江市文化产业发展带来新的机遇。

（二）基本状况

1. 总量规模稳定提升

"十二五"期间，九江市 GDP 在全省排名保持在前三位，经济稳定增长，国民经济运行良好，为文化产业发展提供了优良环境。据统计，2011 年，全市文化产业主营业务收入 102.94 亿元，增加值 29.28 亿元，占 GDP 比重 2.33%；2012 年，文化产业主营业务收入 127.71 亿元，增加值 35.61 亿元，占 GDP 比重 2.51%；2014 年，全市文化产业主营业务收入达 231.1 亿元，增加值达 60.5 亿元，同比增长 20.2%、20.5%，占 GDP 比重达 3.4%，文化产业呈现良好发展态势。

2. 发展水平显著提高

随着文化体制改革的不断深入，一批国有或国有控股文化企业发展壮大，各种非公有制文化企业发展水平提升。星子渊明金星砚工艺厂、金星宝砚斋、仙客来生物科技有限公司荣获江西省版权保护示范单位，武宁山水星光有限公司被评为江西省乡村休闲文化旅游示范基地。2013 年 10 月，江西统百利彩印包装股份有限公司在天津股权交易所成功挂牌上市，龙韵琴行有限公司被评为九江市首批服务业龙头企业，江西鄱湖投资发展有限公司被评为九江市首批服务业集聚示范区。2012 年，江西鄱湖珍珠核工艺有限公司获批江西省第三批文化产业示范基地；2013 年，江西龙韵琴行有限公司、江西鄱湖投资发展有限公司获批江西省第四批文化产业示范基地；2014 年，江西美凯宝包装有限公司、江西省万顺木艺有限公司、江西群鹿实业有限公司获批江西省第五批文化产业示范基地，至此，九江市获批省级文化产业示范基地的文化企业增至 6 家。

3. 文化产业投资持续升温

文化产业高附加值的特性吸引了投资者的目光，大量资本涌入该领域。美孚·1910 文创园、九动天地文创园、恒盛科技园、联盛·浸谷小镇、欧洲风情街、中国鄱湖国际珠贝城、中信庐山西海文化产业园、东林大佛文化园、星子温泉休闲文化园、中华贤母园、大千世界、瑞昌青铜文化主题公园、九江文博园、庐山音乐石刻园、华宸图书大市场、清大文创（共青城）产业园、传灯寺文化旅游、九江寻承艺术博物馆、本色当代西洋油画艺术馆等文化产业项目相继建成。

4. 特色文化产业蓬勃发展

初步形成以瑞昌竹编、都昌珠贝生产为主的工艺品加工类，以麦秆画、剪纸创作为主的艺术作品生产类，以修水全丰花灯、湖口青阳腔、武宁打鼓歌表

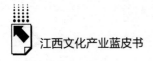

演为主的舞台演艺类三个类别的特色文化产业。

5. 新型业态不断涌现

近年来，九江涌现出一批文化科技类企业或项目，大力推进高新技术在九江市传统优势行业的集成创新和转化应用，推动文化产业获得新的发展空间，如九江市新华书店网络销售平台研发，九江市联盛集团电子商务平台研发，蓝特尔科技公司开发台球 APP。各县对发展动漫产业也有浓厚的热情，涌现了一批动漫企业。2013 年，九江学院庐山植物园网上展馆获得了江西省人民政府动漫奖。

（三）重点企业

本着发挥优秀企业的示范性、行业的代表性，同时为申报省级、国家级基地打好基础，九江市组织评选了 12 家市级文化产业示范基地（园区），成功申报了 6 家省级示范基地。

江西鄱湖珍珠核工艺有限公司是一家集淡水有核珍珠养殖、鱼类养殖、珍珠核制造、贝类工艺品加工为一体的民营企业。公司资产总额 6449 万元，其中固定资产 4836.5 万元。水产养殖面积 17000 余亩，设有珍珠核制造、贝类工艺品加工企业各一个，安排农民工就业 456 人，年支付员工工资 912 万元，年产值 1.085 亿元。公司贝类工艺品品种繁多，在国内外同行中一枝独秀，培育的正圆形超大有核珍珠在国内外处于领先地位，是国际首创。

九江龙韵琴行有限公司是集乐器销售、乐器制造、音乐培训、幼儿教育为一体的民营独资文化企业。经过十五年的辛勤耕耘，成功将"龙韵"打造成我国著名的民乐品牌，打破了二胡生产地"北京、上海、苏州"三足鼎立的垄断格局，让江西人有了自己为之骄傲的民乐品牌。在历届国家级二胡制作大赛中，龙韵连续四届（2004、2007、2009、2011）获得大奖。2009 年公司董事长辜存雄先生获"二胡制作大师"荣誉称号。

江西鄱湖投资发展有限公司建设的"中国鄱湖国际珠贝城"，涵盖文化商贸旅游综合体服务区、珠贝产业电子商务服务区、市场运营推广服务区、仓储及物流配送服务区。是鄱阳湖地区首个中高端国际时尚文化展示及精品购物中心，是集鄱湖珠贝文化产品创意制作、交易中心于一体的现代服务业聚集区。该项目被评为"九江市第一批市级现代服务业聚集区"、"江西省第三批中小企业公共服务示范平台"和"全国知名旅游商品集散地购物旅游目的地"。

江西美凯宝包装有限公司是江西省包装行业设备最为先进、年产值上亿的优秀包装企业，是一个综合性的包装生产企业。公司以生产纸板及各类中、高档纸箱、彩箱为主，具备日产50万平方米纸板及30万个纸箱的生产能力，目前是江西省生产能力最大的纸板、纸箱、彩箱生产企业之一；是同行业配备最齐全、产值最大的包装企业。

江西群鹿实业有限公司是集规范化、规模化梅花鹿养殖、生产销售、鹿产品研究综合开发、旅游观赏、科普教育及鹿文化研究于一体的科技型农林业科技文化示范企业。公司精心打造江西梅花鹿科技文化生态示范园，园内拥有梅花鹿养殖观赏园区、农耕文化展示园区、课外拓展园区、奇石文化园区、彭泽县森林博物馆、陶艺创意制作园区等。公司获批江西省产业化省级龙头企业、江西省林下经济省级示范基地、首届江西鄱阳湖绿色产品（深圳）展销会金奖等荣誉。

江西省万顺木艺有限公司是一家集工贸为一体，生产中、高档木竹日用家居产品的民营出口企业，打造了包括木梳、发针梳、化妆刷、美容化妆镜、浴室用具、礼品套装等在内的六大产品系列，1300多个单件品种（其中五项已获国家专利），荣获全国乡镇企业创名牌重点企业、江西省著名商标等荣誉。

九江联盛实业集团有限公司是横跨六大产业的综合性民营企业，1996年创办策划广告公司，2002年创办江西联盛足球俱乐部，2007年建立九江联盛绿色农业开发有限公司，2013年创立"联盛易佳电子商务有限公司"、打造文化旅游园区浸谷小镇·联盛奥莱、创办北京旺乐神州文化发展有限责任公司。联盛集团在文化产业方面涉足策划广告、足球俱乐部、绿色农业、电子商务、文化旅游、文化传媒，是九江本土商业龙头企业、也是江西省服务业龙头企业。

江西民生集团打造了民生·大千世界梦幻乐园（九江市青少年科普教育基地），是江西省第一家4A级现代主题乐园，该项目紧融科学教育、科技文明展示、地方文化交流三大功能于一体，为九江呈现一座现代、新奇、独特的科学文化普及教育基地。

九江中京文化传媒有限公司打造了九江美孚1910文化创意园，园区总面积270亩，项目以美孚洋行旧址为空间依托，以文化创新为目标，以城市经营

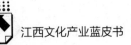

为理念，以文带产，以业促业，导入文化展示、创意办公、特色餐饮、时尚休闲等多种业态，是九江首个文化创意产业的孵化器和文化休闲旅游的集散中心。

九江高飞动力文化发展有限公司打造九动天地文化创意园，是工业遗产保护基地和创意文化产业园区。项目占地约 150 亩，现有地上建筑约 4 万平方米。园区重点打造成为集文化、艺术品交流、交易，展览演艺，创意办公，艺术家工作室，金融服务，文化、艺术培训以及相关配套物流、餐饮、娱乐等业态为一体的综合性文化创意产业平台。

九江恒盛科技发展有限责任公司打造集科技孵化企业、服务外包企业、高端配套产业和都市型企业、区域性中小企业总部基地、文化创意等现代服务业为一体的恒盛科技园，这是目前江西省唯一一家民营国家级科技企业孵化器。

二　文化产业发展中存在的问题

（一）完善的文化产业政策体系缺位

思路决定出路，而观念又决定思路是否清晰正确。混淆文化产业和文化事业的概念，长期以来形成的"事业观"，造成了九江市决策层对"产业化"存在片面认识，缺乏完善的行之有效的文化产业政策体系。表现在实际操作层面，则是忽视文化创意和设计服务一类的文化产业，对文化项目的引进和扶持存在认识缺陷，因此扶持政策出台迟缓，抓不住发展机遇。

（二）政策支持不够

一是没有做到"活水养鱼"，政府对文化设施投入资金是比较多的，但是用来扶持文化企业发展的资金有限。九江市文化产业发展专项资金 300万，却不能专款专用。二是出台的文化产业扶持政策针对性不强，不具备操作性，流于形式，而且在财税方面的优惠政策处于空白状态。三是发展环境不够优良，致使一些有意落户九江的项目出走其他省市，错失发展机会令人痛心。

（三）市场主体小而散

市场主体是实现资本、人才、技术等生产要素有机融合的载体。当前，九江市文化企业的规模普遍偏小，规模以上数量较少；还没有形成运转良好的文化产业园区，产业集聚度偏低；虽有 6 家省级文化产业示范基地，但还没有国家级文化产业示范基地，缺乏文化龙头企业。

（四）创新能力薄弱

资本、人才、技术等产业要素融合不够，导致文化产业创新能力不足。一是资本要素方面，九江市目前还未形成有效的文化产业投融资体系，尽管政策鼓励社会资本进入文化产业，但是，文化产业发展领域仍然存在"天花板"现象，文化企业融资难问题突出。二是人才要素方面，九江市现有文化企业众多，但普遍规模小，经营能力弱，缺乏文化产业领军人才；专业人才匮乏，既缺乏打造项目的创意型人才、技术人才，又缺乏推广项目的经营管理人才；文化人才缺乏走出去的意识，既存在文化去商业化的心理，小富即安，又存在经济利益至上心理，成就事业的使命感不足。三是技术要素方面，九江市文化产业在科技、内容、形式等方面的自主创新能力不足问题突出，内涵深刻、形式新颖、风格独特、技术先进的精品力作、创意大作和知名的文化品牌较少。

三 九江文化产业发展的对策和建议

（一）加大重视力度，转变发展观念，优化发展环境

将发展文化产业作为优化经济结构、拉动经济增长、助推社会进步的突破口，做到"五纳入"，即将发展文化产业纳入各级党委、政府重要议事日程，纳入经济和社会发展规划和年度计划，纳入财政预算，纳入精神文明建设方案，纳入党委、政府目标管理考评。明确发展文化产业的内涵，树立产业化意识，妥善处理政府与市场的关系，找到文化发展规律和社会主义市场经济规律的结合点，进一步明确政府在发展文化产业中的职能定位，制定科学有效的文

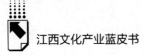

化产业政策，努力打造政策支撑、投资融资、公共服务、贸易合作和人才培养五大平台，营造良好的发展环境。

（二）推动资本、人才、技术等产业要素的有机融合，增强文化产业创新能力

健全文化产业投融资体系，放宽社会资本准入门槛，破解文化产业存在的实实在在行业门槛，和审批环节等造成的无形的行业门槛，为民间资本、社会资本进入文化产业提供公开透明、公平竞争、平等准入的发展环境；推动文化企业借力货币、资本、保险等各类金融市场融资，有效缓解文化产业发展的资金短缺问题。完善人才政策，尤其要重视领军人物的培养和引进，同时加强各类专门人才的引留，为加快文化产业发展提供智力支持。加快文化和科技融合发展，把推动文化产业共性技术、核心技术和关键技术的研发、生产、推广和应用作为重要内容，通过不断创新技术、研发新产品、激发新创意、开拓新市场，增强文化产业的可持续创新能力。

（三）培育市场主体，推动集聚发展，打造示范基地

培育市场主体，加大扶持力度，依靠市场化机制推动产业并购、重组，组建大型企业集团，推动产业结构优化，继续加快国有经营性文化单位转企改制步伐，增强企业活动，培育一批核心竞争力比较强的国有控股大型文化企业，继续加大对非公有资本进入文化产业的引导、扶持、规范力度，培育龙头企业。目前，省级文化产业示范基地（园区）、国家级文化产业示范基地（园区）已经成为培育骨干企业、推动产业集聚的重要载体，要助推文化企业申报各级示范基地（园区），特别是在"十三五"时期，要填补九江国家级文化产业示范基地（园区）空白，积极争取国家级的荣誉和扶持。

（四）完善产业政策体系，增强扶持政策效应

当务之急是要完善出台行之有效的文化产业政策体系，争取财政、国土、税务、发改、金融、科技、商务等政府部门支持，出台具有可操作性、衔接性的配套政策，从产业发展的各个环节实现政策效应。具体来讲，要加大文化产业发展专项资金规模，支持企业起步和发展，支持重大项目建设，支持文化科

技研发应用，支持创新型人才和营销人才培育和引进。制定《九江市文化产业发展专项资金管理办法》，严格审核资金使用情况，专款专用。将文化产业用地纳入城市规划、土地利用总体规划和年度计划。对于投资超过一定数额的文化项目，纳入审批绿色通道。认真落实已有的税收扶持政策，逐步完善相应的税收政策。对于一定规模以上的文化企业的用电、用水、用气价格实行与一般工业企业同等的价格；对于小型微利的文化企业降低税率征收所得税。支持管理体制清晰、符合国家文化产业发展战略和发行上市条件的文化企业上市融资；引导金融机构与文化企业开展多种方式业务合作，推出促进文化消费的金融产品。

四　九江文化产业发展展望

（一）发展目标

文化产业发展速度明显高于同期地区生产总值增长速度，在国民经济中所占比重逐年提高；文化产品和服务更加丰富多彩，人民群众精神文化需求得到进一步满足；文化市场主体活力增强，文化产业结构更加优化、布局更加合理；文化产品市场和要素市场更加健全，文化市场秩序更加规范。

（二）发展任务

以加强整合开发特色文化资源和健全现代文化市场体系为突破口，加快推进文化产业规模化、集约化、专业化发展，重点发展提升文化旅游、工艺美术、新闻出版、印刷复制四大龙头产业，做大做强广播电影电视、文化艺术、休闲娱乐、文化制造四大支柱产业，加快培育数字出版、动漫游戏、数字设计、新媒体四大文化与科技融合新兴业态。

（三）发展布局

根据九江市实际，在区域发展战略上，形成以重点文化产业为主导，相关产业联动发展的，城区四点、县区两片格局。城区四点，一是浔阳区以美孚·1910文创园为中心沿江布局，整体开发美孚洋行旧址、浔阳楼、锁江楼塔、

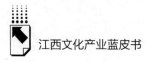
琵琶亭、烟水亭、日本台湾银行旧址、亚细亚公寓等沿江景观，形成一个集休闲旅游、古玩交易、婚庆礼仪、广告创意为一体的文化产业带。二是庐山北门以联盛集团的浸谷小镇·联盛奥莱为中心，形成一个集旅游集散、文化艺术品交易和旅游产品研发和销售为一体的文化创意园。三是环八里湖带以九江文博园为中心，形成一个集文博交流，文化艺术展览、展演，数字传媒、高科技产品研发为主的文化创意孵化、研发基地。四是庐山区南以九江动力机厂为中心，建设一个集工业遗址展示、保护以及文化创意、设计、休闲、娱乐为一体的"九动天地"文创园。县区两片，一是鄱阳湖生态经济区。重点打造中国南北商贸古城吴城镇、活力共青城、鄱湖渔家文化、鄱湖农耕文化、候鸟观赏区等鄱湖核心文化，延揽中国最美乡村九江、庐山、西海、红色经典等鄱湖地区已有精品，构建适应"鄱湖山水、人杰地灵"主题形象的产业增长极与文化向心力。二是人文修河带。结合修水的幕阜山文化、黄庭坚纪念馆、秋收起义纪念馆、德安的义门陈文化产业园、武宁全国生态园林城市、瑞昌的青铜主题公园、庐山西海文化旅游休闲，打造人文生态修河。

上饶市文化产业发展报告

上饶市文化广电新闻出版局

摘　要：　上饶市地处闽浙皖交界处，文化底蕴深厚、风景秀美，为文化产业发展提供了较好的文化生态环境。加之各级党委、政府高度重视文化产业发展，制定了一系列文化产业发展的激励措施，推动了上饶市文化产业的快速发展，产业特征、亮点明显，文化与经贸活动日趋紧密，重点文化建设项目、旅游重要景点、旅游文化产品、文化艺术品交易市场应运而生。但上饶市文化产业发展也存在不少问题，诸如文化产业发展目标定位还不明晰，全市文化产业缺乏整体规划，产业结构不合理，缺少大型龙头文化企业和知名文化品牌，文化产品科技含量低，各项政策缺少实施细则和部门配合支持很难落实到位，社会和民间资本缺少投资文化产业的热情。因此，要解放思想、转变观念、明确文化发展战略，旗帜鲜明地提出建设"文化强省"和"文化强市"的战略目标；要抓好促进文化产业发展政策措施的制定和落实；要抓好文化资源的挖掘、保护、传承、开发和利用；要抓好文化发展的基础；要抓好文化产业园区的规划建设；要抓好实施文化创意产业重大项目带动战略；要抓好文化演艺市场和艺术品市场建设。这些对上饶市文化产业快速发展都具有重要的意义。

关键词：　上饶市文化产业　存在问题　对策建议

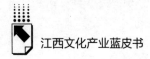

上饶位于江西省东北部，与闽浙皖毗邻，面积2.28万平方公里，人口760余万，下辖九县二区一市，自东汉建安年间设鄱阳郡始，已有1800余年历史。由于上饶历史悠久，人文荟萃，史称"上乘富饶"之地。至2014年底，上饶市遗存了丰富文物资源和非物质文化遗产，不可移动文物3736处，其中国保单位17处，列入上饶市非物质文化遗产名录75项，入选国家级非物质文化遗产名录9项。此外，上饶的红色文化、历史文化、民间文化、绿色生态文化都有重要影响。尤其是稻作文化、戏曲文化、书院文化、道教文化、民俗文化、名人文化、铜文化、纸文化、砚文化以及红色革命文化等在文化史上都占有重要地位。丰富的文化资源与便捷的交通枢纽区位优势为上饶文化产业的快速发展奠定了良好基础。

一　文化产业发展的基本情况

上饶市文化产业发展历程经历了从无到有、从小到大、从公益到市场、从慢到快、从传统到现代、从低端到高科技的发展阶段。从20世纪八九十年代仅有的十几家电影院、小剧场和国营新华书店发展到现在的文艺演出市场、电影电视市场、文化旅游市场、文化娱乐市场、文化艺术品市场、艺术培训市场、图书、音像、出版、印刷和文化用品生产等一系列传统文化市场体系，以及新兴的文化创意、网络手机动漫游戏、数字影视、音像、出版印刷等高科技文化产业。至2014年底，上饶共有文化经营单位3000余家、从业人员近4万人，文化产业增加值以20%左右速度增长，2013年主营业务收入达129.21亿元，占GDP比重2.41%。国家级文化产业示范基地的一家。省级文化产业示范基地10家，列入选全国特色文化重点项目名单2家。

二　文化产业发展特征与亮点

上饶在各级党委、政府的重视下，积极促进文化走进市场，发掘文化的商品属性，走出了一条具有地方特色的文化产业发展方式。

一是文化与经贸活动联系日趋紧密。上饶四省四市民间艺术节，婺源"中国乡村旅游文化节"和国际茶文化节，万年"中国万年稻作文化旅游节"、鄱阳"中国鄱阳赣剧（饶河调）艺术节"，弋阳"中国弋阳年糕（大米粿）文化艺术节"，横峰葛文化艺术节，信州区"百花洲杯"全国京剧票友艺术节，玉山三山艺术节等，不仅拓展了文化交流，更与经贸旅游紧密关联，成为上饶一张张文化名片和经济发展的一个个平台。

二是规划建设了一批重点文化建设项目。近几年上饶和各县（市、区）相继开工建设了一批重点文化项目，如上饶艺术中心、上饶图书馆、双塔文化公园、朱熹博物馆、弋阳文广中心、弋阳腔剧院、余干世纪公园文化墙、德兴博物馆、德兴图书馆、玉山艺术中心、玉山博物馆、横峰文博产业园、横峰博物馆、婺源朱子龙尾砚文化园等，以及正在筹建的上饶市博物馆、上饶市文化活动中心、陆羽公园、鄱阳湖湿地生态博物馆、鄱阳湖文化主题公园、铅山畲族民俗文化博物馆、上饶县包家金矿物质考古公园、余干影视文化城、婺源旅游商贸文化演艺中心等。这些文化产业项目将为上饶文化产业提供广阔的发展平台。

三是一批文保单位成为旅游重要景点。如上饶集中营、葛源闽浙赣苏维埃省政府旧址、三清山三清宫、鹅湖书院、江湾等国家文物保护单位成为到上饶的游客必看的热门景点。

四是一批非物质文化遗产开发成为旅游文化产品。如铅山连四纸产品供不应求；婺源三雕（石雕、砖雕、木雕）受到收藏界热捧；婺源歙砚催生朱子砚文化产业园和大畈砚文化一条街，全村80%以上人从事砚及相关产业的生产、销售；婺源甲路工艺伞年销售近百万把；广丰的木雕形成红木文化街，有200余家厂家入驻。非物质文化遗产文化产品已成为上饶市文化产业的重要组成部分。

五是一批历史名人成为城市文化符号。城市文化广场、文化主题公园、城市雕塑以及车站、街道、学校等以辛弃疾、朱熹、詹天佑、方志敏等历史名人命名，既体现了当地的历史文化，又成为具有代表性的文化符号，也是上饶独具特色的旅游景点。

六是一批具有浓郁地方特色的演艺团体成为演出市场的骨干。如鄱阳县赣剧团、鄱阳青年赣剧团每年演出多达六七百场，深受群众喜爱；弋阳腔剧团、徽剧团走向市场，受到群众欢迎；婺源傩舞、茶艺表演也吸引了许多游客。上饶有61家演出团体正活跃在城乡舞台和旅游景点，吸引了众多观众。特别是婺源大型山水实景演出《梦里老家》演出已常态化，受到众多游客欢迎称赞；

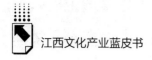

三清山、鄱阳等地也正在旅游景点建设大型实景演出剧目。

七是一批文化艺术品交易市场应运而生。如东湖古玩交易市场、上饶石交易市场、上饶美术交易市场等，使上饶工艺美术家、雕刻家、书画家等艺术家走进市场，在文化创意产业领域异军突起。

三 特色文化产业、重点文化企业情况

（一）信州区信息服务业产业园

信州区信息服务业产业园位于志敏大道87号，毗邻"上饶大学城"，三个基地总占地面积240亩，其中电子商务产业基地占地96亩，上饶淘宝园占地135亩，上饶慧谷占地10亩；总建筑面积约5万平方米；已引进企业195家，带动就业近千人。2014年营业额达16.7亿元，完成税收1.1亿元，较2013年提高4.5倍。

信息服务业产业园已形成一园三基地，产业发展格局如下。

1. 互联网产业基地——上饶信息（电子商务）服务业产业园是江西省第一个专业型信息服务业园区，专精于大型多人在线游戏运营、应用软件开发和网络技术服务。园区成立于2013年，位于上饶志敏大道南侧，毗邻"上饶大学城"，占地面积96亩，已有入驻企业30余家，带动就业200余人。园区先后获得"江西省电子商务示范园区""江西省大学生创业孵化基地""省级小微企业创业园""江西省文化创意产业基地"等多项荣誉。

2. 网络零售基地——上饶淘宝园是一所专门为网络零售企业提供专业化培训、同业交流、物流配送和客户习惯大数据分析等相关服务的专业化园区。淘宝园位于江南大道1号（原成功电子厂区），占地152亩（含江南大道），其中正在使用主厂区80亩，主厂区对面空地50亩，建有7000平方米办公综合楼一栋，1300平方米食堂一栋，2160平方米四层宿舍楼一栋，厂房两栋共9000平方米。自2014年8月开始建设，已投资200余万元，完成7000平方米办公写字楼的主体改造和停车场的水泥铺设，食堂和部分仓储设施也已改造投入使用。已有200多家网络零售商与焦点公司签订合作协议并有77家进入园区开展业务。

3. 智慧产业（物联网）基地——上饶慧谷专注于城市智能化建设的各项软硬件服务。该基地由区政府提供 1.7 万平方米的三江大厦（原计划建设三江行政服务中心），上饶移动公司和信息产业园管委会共同经营管理。已引进永天、云图等 10 家大型设备智能化服务企业，成为信州区信息服务业发展的新高地。基地一楼为上饶移动智慧生活体验馆，专门介绍、体验、推广物联网智慧产品。

省级文化产业示范基地——上饶市巨网科技股份有限公司就在该园区内，创作的动漫《将星传》，被评为 2013 年度江西省人民政府动漫奖。

（二）江西含珠实业有限公司

江西含珠实业有限公司，位于铅山县城西工业园区，占地 2 万平方米，是一家以文化产品推广和传统产品、地方特产加工、生产与销售等为主要业务的多种产业经营的公司，拥有资产 1.3 亿元。公司先后获国家文化部评审的"国家级非物质文化遗产生产性保护示范基地"、全国生态文化协会授予的"全国生态文化示范企业"，以及江西省文化产业示范基地，2014 年被中国版权协会评为中国版权最具影响力企业。

2008 年初，江西含珠实业有限公司成立了铅山连史纸制作技艺传习所，恢复和建设了占地 2000 平方米的连四纸手工制作技艺生产线、制作技艺展示中心和制作技艺培训中心，完全恢复连四纸古法 72 道工序制作技艺。

公司制作纸品质量先后得到杭州西泠印社、中国国家图书馆等重点文博单位的认可，并被列为杭州西泠印社连四纸定点生产基地和国图用纸生产单位。2012 年全年生产连四纸 2 万刀（每刀 100 张），产值约 1400 万元。2013 年，连四纸抄纸工艺进行了技改，年产达 5 万刀，产值约 3500 万元。连四纸产品除供应国家图书馆、杭州西泠印社及数家省级图书馆外，市场只有少量零售。百分之五十纸品均自留在本公司"含珠阁"线装书印刷厂以作印刷用纸。

（三）万年国米文化生态产业园

江西万年贡米集团公司融资 60 亿元新建国米文化生态产业园，位于万年县城北部迎宾大道东侧，用地 3000 亩，规划期限为 2013～2017 年。产业园充分发掘全球重要文化遗产——"万年文化稻作系统"的深厚文化底蕴，以稻

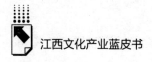
为媒，向世人展示万年贡谷从生产、加工到食用过程中所使用的加工工艺和特色风俗习惯，将稻作文化、生态产业、粮油食品加工、仓储物流、商贸交易及综合功能配套服务项目融为一体，构建生态旅游农业、新型工业和现代服务业相互支撑、相互促进的宜业、宜居的稻作文化生态产业园。

四 文化产业发展存在的问题

由于文化产业发展目标定位还不明晰，上饶市文化产业缺乏整体规划，产业结构不合理。文化产业占 GDP 比重偏小，新兴文化产业发展缓慢。缺少大型龙头文化企业和知名文化品牌，文化产品科技含量低，主要还是停留在传统文化行业，市场竞争力不强。对于国家和江西省出台的扶持文化产业发展的各项政策，在本土落实缺少实施细则，部门之间配合支持也难落实到位，社会和民间资本缺少投资文化产业的热情。丰富的文化资源未能有效转化为文化产业的发展优势，文化与旅游的深度融合有待加强。特别是全市文化基础设施落后和文化经营、创意创新人才缺乏成为文化产业发展的瓶颈。

五 文化产业发展对策、建议

上饶市文化产业存在诸多问题，既有共性的，即其他地区发展过程中依然存在的体制机制问题，也有个性的，即在发展文化产业过程中，没有清晰的定位，缺乏对自己特点、优势的有效提炼和分析。因此，上饶市在文化产业发展中应注重差异化发展战略，寻求适合自己的文化产业发展路径。

一是要解放思想，转变观念，真正树立文化也是生产力的理念，要把发展文化事业和文化创意产业作为绿色崛起的主要抓手，抓好文化发展。

二是要明确文化发展战略，要旗帜鲜明地提出建设"文化强市"的战略目标，各级政府要高度重视文化和文化产业工作，抓好"文化和文化产业发展规划"的编制、完善。要科学规划文化和文化产业发展布局，把文化创意产业打造培育成新兴支柱产业，促进文化大发展大繁荣。

三是要抓好促进文化产业发展政策措施的制定和落实，为文化产业发展提供财政、土地、税费、信贷、融资和人才等全方位的帮助支持，并督促相关部门把中央、省、市出台的扶持文化产业发展的各项政策措施落到实处，市、县政府要设立文化产业发展基金，并逐年扩大规模，以支持文化企业尤其是小微文化企业发展。

四是要抓好文化资源的挖掘、保护、传承、开发和利用。上饶有着丰富多彩的红色文化、历史文化、民间文化、绿色生态文化以及具有上饶地方特色的非物质文化遗产等独具上饶特色的文化资源，要认真做好把文化资源优势转化为文化发展优势这篇文章。以文化的大繁荣促进旅游的大发展、上档次、提品味。

五是要抓好文化发展的基础，即文化基础设施建设。市、县（市、区）要达标建设文化馆、博物馆、图书馆和文化活动中心，乡镇（街道）要建设好文化站，中心城市和旅游集散地要有能满足需要的演出场馆，真正落实文化均等化和标准化。

六是要抓好文化产业园区的规划建设。市、县（市、区）要根据各地文化资源科学规划建设文化产业园区，充分发挥文化企业集聚效应，把文化创意产业做大做强。

七是要抓好实施文化创意产业重大项目带动战略。要积极引进大型知名文化企业来上饶投资建设大型文化产业项目，一个好的文化项目就有可能成为一个地方的支柱型产业。

八是要抓好文化演艺市场和艺术品市场建设，抓好景区、城区、演艺，打造与旅游景区相关联、与地方特色文化元素相结合的表演节目。同时积极发展旅游文化产品生产和交易市场，推动上饶"三雕"和上饶石发展。

九是要抓好文化人才的引进、培养和使用，要重视文化创意人才、文化经营管理人才、文化遗产传承人才、文化研究与创作人才等各方面文化人才，为文化发展提供有力的人才支撑和智力支持。

十是要把文化纳入旅游总体规划，科学布局文化、文物景点旅游线路，并使旅游景点有上饶历史文化或代表人物介绍，有配套文化设施，有地方文化品牌的文化产品出售，有文艺演出和非物质文化遗产展示和表演，有专业的文化推介队伍和专业人才。

B.16
赣州市文化产业发展报告

摘　要： 赣州市拥有丰富的自然资源和文化资源，在江西文化产业迅猛发展的时代背景下，赣州市在文化产业发展中逐步找准了本土的发展亮点和特色。赣州市上犹油画创意产业园有限公司、赣州福雷斯文化传播有限公司、宁都县飞天工艺品有限公司等一批文化产业重点项目异军突起，在国内市场，甚至国外市场都具有较强的竞争力、辐射力和影响力。当然，思想认识不到位、文化产业规模小、新兴文化产业发展滞后、工作机制不够顺畅、专业人才相对缺乏、配套政策措施尚未落实、文化产业缺乏有力的财政投入和支持、文化企业融资困难等问题制约着赣州市文化产业的进一步壮大。因此，优化文化产业发展环境、积极拓展融资渠道、加快文化产业人才培养等都是赣州市文化产业未来发展的重要努力方向。

关键词： 赣州市文化产业　发展对策　趋势展望

一　赣州市文化产业发展现状

2014 年，赣州市共有文化产业经营单位 2108 家（据赣州市统计局法人名录库），从业人员达 5 万余人。2014 全年文化产业主营业务收入 172.9 亿元，全年文化产业实现增加值 46.7 亿元，增加值占全市 GDP 比重为 2.5%。其主要贡献来自于视听设备制造和玩具制造。而最具附加值，代表文化活力的"文化创意和设计服务"类收入达 9.33 亿元，占文化主营业务收入 5.39%。

文化创意产业初步形成了以广告业、动漫、专业设计、数字内容等为主的产业群体。

（一）培育了一批文化产业龙头项目

赣州市大力实施重大项目带动战略，重点培育和扶持了赣州印刷产业园区、赣州休闲娱乐城、赣州五龙风情园、兴国三僚文化旅游景区等一批投资亿元以上的文化产业项目。赣州东宏锡制品有限公司、赣州淦龙旅游开发有限公司、宁都飞天工艺品公司、赣州市上犹创意油画产业园开发有限公司、赣州市华邦红木艺术有限公司、赣州福雷斯文化传播有限公司、勤业工业（龙南）有限公司已经获批成为江西省文化产业示范基地。

（二）加大了文化产品出口

宁都飞天工艺品公司主营孔明灯、十字绣等文化工艺品生产和出口，2012年外汇收入约合人民币3000多万元。2013年成立了宁都文化创意产业园，孔明灯生产基地从义乌转移到宁都，初步形成工艺品出口聚集地、工艺品全球电商基地。2014年实现外汇收入折合人民币1.74亿元。赣州大余东宏锡制品公司研发了一系列锡制工艺品、标牌、奖牌，产品销往中东和欧美，并成为联合国维和部队服装标牌。

（三）吸引了社会资本投资赣州文化产业

加强文化产业招商，吸纳社会资本加大赣州文化产业投资建设，调动了全社会参与文化建设的积极性。至2014年，在深圳文博会上，赣州文化招商项目超过40个，签约资金上百亿元。赣州已经建成银河欢乐影城、中影国际影城等28家数字影院，103个影厅。引进原籍兴国的河北客商回乡注册江西三僚景区开发有限公司，已投资1.5亿元。引进福雷斯（北京）科技有限公司，成立赣州福雷斯动漫公司，在赣县建设动漫产业基地，创作生产了动漫作品《脐橙历险记》。江西温暖影视投资3000万元，投资制作大型电视真人秀节目《精彩中国说》（第一季），已在山东卫视播出，制作的网络大电影，在全国17个网络平台播出。

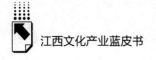

（四）金融扶持文化产业发展工作取得进展

组织征集了全市首批 57 个有信贷融资需求的文化产业项目，并向全市驻市 13 家银行进行了推介；召开了赣州市文化产业银企对接签约会，13 家银行与 16 家企业共签订信贷协议 19 个，签约资金 4. 297 亿元。

（五）重点打造工业遗址改（扩）建文化创意园项目

原赣纺项目、水泵厂项目已进入规划设计阶段，计划投资 4.5 亿元。设计中的赣纺创意园项目，占地面积 60 亩，总投资近 1.5 亿元。按照规划设计的意图，该项目通过修复、改造赣纺原生产车间及办公大楼，唤醒赣州工业发展变迁的历史记忆，赋予其创新的时代精神。园区将着力打造集设计创意、科技孵化、电子商务、文化旅游、休闲娱乐为一体的设计创业街区，最终形成赣州高端设计创意产业集聚区。

二　重点文化企业介绍

（一）赣州市上犹油画创意产业园有限公司

赣州市上犹县创意油画产业园有限公司成立于 2013 年 5 月，由中国著名油画家陈子荣先生牵头创建成立，是一家以油画创作为主兼营油画销售、产业开发等业务的油画创意有限责任公司。公司现有画师 160 多人，正在建设中的中国上犹油画创意产业园计划项目总用地 460 亩，总投资 30 亿元人民币，将建设成为中国中部规模最大、品种最全、管理最完善的，以油画为主导，涵盖所有画种及工艺品的专业市场和油画集散地。园区将专设国家、省、市级美术家、艺术师的创作工作室和作品交易区，预计年主营收入约 10 亿元，带动相关配套产业收入约达 30 余亿元。

中国上犹油画创意产业园的建成，将吸引国内专业拍卖机构、收藏公司及经纪人公司入驻，吸引更多国家级乃至世界一流名画家、工艺大师入园创作，将作为提升赣州、江西城市品牌的重要引擎之一，成为赣州乃至江西的文化名片。

（二）赣州福雷斯文化传播有限公司

赣州福雷斯文化传播有限公司是一家专业的三四线城市文化创意产业园运营服务商，依托全球的科技创新、中国的城镇化发展，结合当地政府、市场、资本、人力资源及其他传统产业优势，扎根服务于全国三四线城市的产业升级。公司现有员工约90人，公司下设四家分支机构，分别为：赣州福雷斯科技有限公司（江西唯一集国家高新技术企业认定、双软认定及劳务派遣经营许可证资质为一体的公司，专业提供电子商务、电子政务、人力资源服务外包行业最佳解决方案，公司致力于发展成为全国互联网信息技术服务众包商）、赣州福雷斯文化传播有限公司（赣南地区唯一一家经文化部、财政部、国家税务总局认定的动漫企业，以动漫创意设计为核心，专注于文化项目的咨询、策划、运营和传播推广，致力于为客户提供品牌传播及市场营销文化创意项目最佳解决方案）、赣州福雷斯商务信息咨询有限公司（专注于社区品牌策划、设计制作、媒体代理、活动会展等的综合性文化传播机构）、赣州福雷斯职业培训学校（是一家经赣州市人力资源与社会保障局批准设立、赣州市民政局备案登记的开展软件开发、动漫设计、电子商务相结合专业培训机构，专注于培养服务于赣南地区本土的软件、动漫、电商人才，公司以承接动漫、软件、电子商务、培训及服务外包项目为起点，逐渐走向原创，深入挖掘赣南地区的红色文化资源，致力于发展成为以红色动漫开发为主，集动漫衍生品、信息化服务为一体的公司）。

（三）赣州淦龙旅游开发有限公司

赣州淦龙旅游开发有限公司成立于2003年2月，注册资金4671.26万元，现有员工420人，是一家经营房地产开发、旅游景区建设及园林绿化等多元化项目的大型企业，是江西淦龙房地产集团的核心企业。公司投资建设赣州市章贡区重点旅游项目——赣州五龙客家风情园和旅游地产项目五龙桂园。公司坚持"以人为本、人才兴企"的科学发展理念，本着"诚实勤恳，与人为善，小事做好，难事做成，大事做响"的企业文化精神，于2003年开始筹备建设五龙客家风情园，并确定了以生态为主题、客家为品牌、龙文化为底蕴，集旅游度假、休闲娱乐、农业观光、生态养殖、修身养性、运动

健身、科教会展、户外素质拓展训练等多功能为一体的旅游胜地。至 2014
年，五龙客家风情园已打造成全国休闲农业与乡村旅游示范点和国家级 4A
景区，同时开发了赣州旅游地产第一品牌项目五龙桂园，取得了良好的社会
效益和经济效益。

（四）宁都县飞天工艺品有限公司

宁都县飞天工艺品有限公司成立于 2007 年，是一家集研发、生产、销售
孔明灯、天灯、水灯、荷花灯、十字绣、数字油画、萤光电板为一体的专业文
化生产企业，年销售孔明灯 2000 万个、十字绣及油画 860 万件，年销售额
9000 多万元。公司产品远销全球 80 多个国家和地区，2008～2010 年连续三年
在同类企业中产品销量全世界第一，两度受中国中央电视台《财富故事会》
和《致富经》栏目专访。公司现有员工 4000 余名，是全国大学生创业成功典
型企业，该公司及其负责人刘鹏飞成为国内知名的大学生创业英雄榜样。

（五）大余县东宏锡制品有限公司

大余县东宏锡制品有限公司为大型综合性现代化深加工文化企业，系江西
省文化产业示范基地和文化产业重点企业。创建于 2003 年，占地面积 10 万余
平方米，从组建以来，已陆续投入 5.2 亿元。立足"世界钨都"大余丰富的
有色矿产资源，集锡矿原料采选、精选、冶炼、电解精炼、锡制品加工为一
体，专业从事高档精制工艺品的开发、生产及销售。

公司涵括四个生产加工基地，其中"金莲山"锡制品综合生产基地名气
较大，主要冶炼生产火法精炼锡、无铅电解锡和工业无铅锡制品，并设计开
发、生产制作 99.99% 以上高纯锡制系列旅游工艺品、南安砚石工艺品和锡 +
石的工艺品。该公司通过多年的努力，生产技术达到国内一流，是锡工艺品国
家标准的制定者。其生产的锡制工艺品填补了江西省有色金属旅游工艺品的空
白，产品符合现行的国际食具容器卫生标准，获得德国食品及日用品法令
（LFGB）认证和国家质检机构的认证。生产的各类精锡制品绿色环保，"金莲
山"品牌 2011 年被评为江西省著名商标、全国锡行业十佳品牌和中国知名品
牌。大余县东宏旅游工艺品有限公司是金属标牌制造基地。为壮大东宏的文化
产业，延伸文化产品链条，东宏与全亚洲最大的金属标牌制造商——东莞济安

五金塑胶厂合资合作，主要生产锡、铜等金属标牌及系列旅游工艺品，年产量6万件以上，品种达3000余种，并获准为2012年伦敦奥运会指定产品生产厂家。

（六）赣州市华邦红木艺术有限公司

赣州市华邦红木艺术有限公司成立于2008年，起步于中国红木家具之都——福建莆田仙游。2010年初，公司决定从福建客属场地内迁回家乡赣州，购进国际最先进的红木制作雕刻设备，引进国内最优秀的设计研发制作人才，创建规范高效的团队，集开发、设计、生产、销售、服务于一体，专业从事红木家具、古典艺术家具、木雕产品、木艺工艺礼品生产研发，成功地完成了从作坊到现代化企业的嬗变。在华邦公司的示范带领下，赣州其他类似家具企业纷纷引入现代企业管理制度，集体完成了企业管理上的一个创新。2014年，公司员工总数达220余人，注册资本2500万元，总投资2亿元，2014实现全年产值达9000万元。

此外，公司名下拥有省内牌匾木艺类规模最大、藏品数量最多、藏品最精美的古牌匾收藏博物馆——赣州华邦木艺博物馆（民办）。该博物馆总面积达1万余平方米，收藏了万余件明代、清代和民国年间的各式匾额、古代建筑门窗、黄花梨古典家具、木雕、石雕、砖雕、瓷器、书画、古玩艺术杂件等，藏品有明代万历，清代乾隆、康熙、咸丰、光绪、同治年间的众多状元匾、寿匾、科举匾、荣耀匾，以及名人如清代名相曾国藩，清代民族英雄林则徐，清代才子纪晓岚，清代大学士、军机大臣张之洞，中华民国大总统孙中山，民国直系军阀首领吴佩孚，国民党陆军一级上将唐生智等题写的匾额。赣南首位状元戴衢亨的"状元及第"匾额为馆藏珍品。该馆对于解读国学，弘扬传统文化，了解匾额习俗与历史文化内涵、匾额与建筑的关系进行了有益的探索，是江西省首家从事匾额搜救、保护、展览、研究于一体的主题性民办博物馆。

随着公司的不断发展壮大，华邦家具从家庭式作坊到规模企业，拥有近3000平方米的现代化的生产厂房，分别在海南海口市，赣州市章贡区、南康区，抚州市东乡县设立了5个红木家具展示馆和红木家具形象馆，营业面积达1万余平方米。

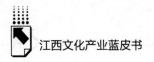

（七）勤业工业（龙南）有限公司

勤业工业（龙南）有限公司为港资企业，成立于 2005 年，是香港全利集团（控股）有限公司（1982 年成立）在江西龙南经济技术开发区投资兴建的生产基地，注册资本 5400 万美元，投资总额 4.6 亿元，主要从事高品质玩具的设计、生产与销售。公司占地面积 25 万多平方米，是江西省最大的玩具加工出口企业，产品远销欧洲、美洲、亚洲等国际市场。近 3 年公司年均出口总额达 5 亿元人民币，年均税收 2800 多万元人民币。

公司不仅加工出口国际著名品牌的玩具，而且致力于研发推广自主品牌的文化产品。2006 年，公司推出明明小巴动漫系列（Ming the Minibus）；2008年，推出尚芳空气清新机系列；2012 年，推出 Bonbonnière 童装及婴儿用品系列；2013 年，推出 Bon Bear Creation Palace 派对用品及玩具；2014 年，推出"三国志、西游英雄谱"高品质人偶模型系列。

正是凭着"追求卓越品质，满足顾客需求，创造双赢局面"的立厂宗旨，公司赢得了社会、政府、客户、供应商、员工的信赖与支持，先后荣获"江西省外贸出口先进企业""江西省外商投资企业进出口二十强""全省就业先进企业""纳税信用等级 A 级纳税人""江西省文化产业示范基地""赣州市外贸出口创汇大户""赣州市突出贡献奖""龙南县重大贡献奖"等诸多荣誉。

三　赣州市促进文化产业发展的政策支持

（一）重点奖励优秀文化企业

对产值过亿元或各门类排名前列的文化企业，市文化产业发展专项资金给予 10 万~20 万元的奖励，对发展前景较好的优秀文化企业，也给予 10 万元的奖励，对文化企业做大做强起到了鼓励作用。

（二）组织相关龙头文化企业发起并成立了赣州市文化产业促进会

围绕产业发展中的共性问题和会员企业的发展需求，开展调查研究，加强重大发展课题攻关，帮助会员企业排忧解难，切实为企业做大做强提供有效服务，有力推进赣州市文化产业项目的建设、园区的培育、品牌的打造和提升。

（三）加大文化产业招商力度

积极组织相关人员外出招商。以重点产业、重点区域、重要客商为主线，整合资源，创新方式，充分发挥赣州市文化元素多元化，尤其是宋城文化、客家文化、红色文化、生态文化等交相辉映的资源优势。组织各县（市、区）文化广播电视局把重大文化产业项目印制成《赣州市重点文化产业招商项目》手册，在深圳文博会期间以招商的形式发布，并组织赣州市重点文化企业参展，重点加强赣州国家印刷包装产业基地、赣南红色影视基地、赣州红色文化创意产业园等项目的招商引资力度。

四 赣州市文化产业发展中存在的问题

（一）思想认识不到位，对文化产业在经济发展中的重要性认识不足

从调查的情况看，文化产业作为绿色产业、朝阳产业的共识已初步形成。但各级党委、政府尤其是党政主要领导对如何全面发展赣州市文化产业的规划、目标、措施还没有提高到重要的议事日程上来。广东省梅州市提出的"不比工业产值比旅游文化产值，不比 GDP 增长速度比老百姓幸福指数，不比物质享受比健康长寿"的绿色发展思路，值得赣州市文化产业发展借鉴。

（二）文化产业发展规模小，整体水平有待进一步提高

尽管这几年赣州市文化产业发展迅速，但总体上仍处于探索、培育、发展的初级阶段，对经济发展的贡献份额偏小，文化产业产值占 GDP 的比重低于全省平均水平，与周边地区还有一定差距。

（三）新兴文化产业发展滞后

赣州市现有文化产业在整个文化产业分类体系中偏重于"传统型"，产

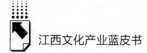

业主体在经营上基本上局限于传统主业，技术含量不高，在发展上主要靠内容的复制、模仿与传播，创新不足，缺少创意型、带头型文化资源配置特色，缺少跨行业、跨地区、跨领域经营的大型文化产业集团尤其是新兴文化产业企业集团。

（四）工作机制不够顺畅，市场发育不够成熟

政府工作机制还未理顺，政府角色仍没有很好转变，从办文化到管文化的转变不明显，文化部门与产业部门之间工作职能划分尚未清晰，且各自为政，发展定位不明确，在现有分级管理体制下，难以形成合力；文化市场尚未成熟，市场培育难度较大，文化产品的生产、供给、消费循环不够顺畅，产业链条不完善，且上下游各个环节联动性不够；文化产业发展的中间层，如行业协会、民间机构建设等十分滞后，管理协调功能没有很好地发挥。

（五）文化产业精英人才相对缺乏

人才紧缺是制约赣州市文化产业发展的重要因素。整体而言，主要缺乏两类人才。一是缺乏文化创意人才。赣州市缺少文化创意人才，尤其是那些既通晓文化产业内容又具有自主创作能力，既懂产品研发又懂艺术创作的高层次复合型人才，它直接制约着赣州市文化产业发展的速度和深度。二是缺乏文化经营人才。赣州市的文化经营人才屈指可数，它直接决定了赣州市文化产业发展的广度和厚度。

（六）配套政策措施尚未落实

文化产业发展涉及多个行业，是一项系统性综合性的大工程，赣州市虽然出台了一系列促进文化产业发展的政策措施，但其执行比较难，比较完善的政策实施细则还没有出台，文化产业发展的统计指标体系也没有真正建立，文化产业发展中对于政府扶持、政策倾斜、税收及土地优惠的具体执行规则也没有出台或执行力度仍不够；包括文化市场、行业规范和投融资等在内的整个文化产业体系还不健全；文化产业发展的服务平台也没有很好地形成，致使文化企业在技术创新、信息咨询、市场拓展、人才培训等方面缺少更好的指导和帮助。

（七）文化产业缺乏有力的财政投入和支持，文化企业融资困难

赣州市文化创意产业的政策支持力度有待进一步加强。2014 年赣州市文化产业专项扶持资金仅为 2000 万元，远远落后于发达地区。赣州的文化创意企业急需政府采取项目资助、研发投入资助、贷款贴息、创建品牌资助、纳税奖励等有效措施。

五　文化产业发展的对策和建议

（一）强化扶持引导

政府关于中长期加快文化产业发展的相关政策措施的制定，是以更大的力度、更高的层面、更细的措施支持文化产业发展的大前提。同时，对"十二五"以来中央、省、市出台的文化产业政策进行系统梳理，并结合当地实际抓紧制定配套政策，争取当地党委、政府支持，出台有含金量、可操作性的政策措施，争取随财政增长而提高，积极探索采取项目补助、股权投资、贴息等方式，支持具有导向性、示范性的重点文化产业项目建设，真正把好的政策用好用活、落到实处。

进一步加强文化产业促进会的组织建设、制度建设，加强文化产业发展规律的研究，加强招商推介平台的搭建，拓宽会员企业与政府部门的沟通渠道，强化信息共享、政策宣传、产业交流、行业监督的作用。条件成熟的县（市、区）要适时组建好文化产业促进会，把影视制作、印刷包装、动漫游戏、文化用品等文化产业各门类的企业吸纳进来，以协会的形式管理和服务文化企业，以加强文化产业发展的内驱力。

（二）加大宣传推介

赣州发展文化产业有三大优势。一是资源优势。赣州历史悠久、文化灿烂，是国家历史文化名城，有着深厚的历史文化、客家文化、生态文化和红色文化，各县（市、区）都有独具特色魅力的地方文化，发展文化产业有得天独厚的优势。二是政策优势。2012 年，国务院出台《关于支持赣南等原中央苏区振兴发展的若干意见》及配套政策，对口支援的叠加效应为文化产业发展带来了前所

未有的历史机遇。中共赣州市委、市政府明确要把文化产业作为国民经济战略性、支柱性产业来培育和发展，为文化产业发展提供了坚强的政策保障。三是市场优势。赣州人文环境良好，人居环境优越，具有较大的消费市场。随着赣南苏区振兴发展的纵深推进，各项平台的搭建和项目落地，赣南必将培育更多的市场热点，辐射带动文化产业加速发展。这三大优势正表明，发展文化产业机遇难得、正当其时。一定要发挥优势，抢抓机遇，加大宣传推介力度，积极引进和培育壮大文化产业项目。下一步，要立足当地优势文化资源，围绕区域特色、企业发展、产业延伸、科技创新等，以创新的思维谋划和征集一批市场前景好、切实可行的文化产业项目，聘请高水平专业机构按照市场需求，精心搞好项目的策划和包装，提高项目的可报批性、可实施性和吸引力；要积极参加文博会等招商推介活动，以赣州特有优势和各地优秀的文化资源吸引各地资金、项目进驻赣州。

（三）全面深化改革

要加快推进文化体制改革，加快推进国有文化企业改革，进一步理顺文化产业发展的体制机制问题。要按照"非禁即入"的原则，简化准入手续，积极发展印刷包装、影视制作、休闲旅游、文化创意和设计服务等文化业态。加快数字技术、网络技术的普及应用，让更多的文化产业搭上"互联网＋"的快车道，促进文化产业中的传统行业和中小微企业向规模跃升、向高端迈进。要积极了解和关注"创客"文化产业发展的前沿动态和最新业态，善于发现文化产业发展的新动向，研究市场的新需求，顺应新常态、助力新常态，推动文化产业创新发展、转型升级。

（四）加强分析研究

宣传、统计、文广等部门要建立文化产业统计信息交流共享平台，及时准确地加强文化产业统计数据的分析、研究、应用，全面掌握当地文化产业发展现状。要将文化产业统计数据与主要经济指标进行比对，把历年的文化产业数据进行纵向动态比较，掌握当地文化产业发展的基本规律。要深入企业、园区，加强调查研究，了解企业经营状况，分析存在的问题，提出切实可行的举措或建议，加快制定和完善文化产业发展规划，明确工作重点和阶段性目标，为决策部门提供依据。

鹰潭市文化产业发展报告

鹰潭市文化广电新闻出版局

摘　要： 鹰潭市道教文化底蕴深厚、风景秀美，为文化产业发展提供了较好的文化生态环境。"十二五"以来，中共鹰潭市委、市政府高度重视，制定了一系列文化产业发展的激励措施，推动了鹰潭市文化产业的快速发展，产业特征、亮点明显，文化产业示范基地建设成效突出、雕刻产业蓄势待发、赏石文化产业异军突起、艺术培训业势头强劲、文化娱乐业发展势头良好等。当然，鹰潭市文化产业发展也存在不少问题，诸如文化产业管理体制和运行机制还没有完全理顺、文化资源没有得到充分有效利用、产业结构不合理、文化体制改革滞后、文化产业投资机制不够完善等。因此，提高认识、加强领导，积极营造文化产业发展氛围；突出重点，开拓创新，有力推进文化产业新常态发展；加大文化产业的融资力度；大力开展文化招商；整合演艺娱乐资源与旅游、表演市场；多渠道培养文化人才等，对鹰潭市文化产业快速发展都具有重要的意义。

关键词： 鹰潭市文化产业　发展对策　发展趋势

"十二五"期间，鹰潭市进一步着力推动经济的转型升级，紧紧围绕新兴产业发展计划和打造文化软实力战略，进一步深化文化体制改革，改革文化发展中的关键领域，加快培育文化骨干企业，以市场为导向，着力推进文化产业项目建设，产生了一批具有地区特色的知名文化品牌，文化产业取得了较大发展，成为全市经济发展的重要增长极和发展引擎。

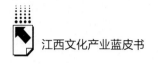

一 鹰潭市文化产业发展概况

近几年来，鹰潭市文化产业增速明显，产业结构逐步优化，区域品牌逐步形成。文化产业成为全市经济发展的一个亮点和增长点，在全市 GDP 中的比重进一步提升，在产业发展规模、质量和效益上都取得了比较明显的成绩。

（一）积淀深厚，资源丰富，生态环境优越

1. 旅游资源丰富，潜力巨大

鹰潭市 2006 年被评为中国优秀旅游城市，拥有国家级重点文物保护单位1 个；省级文物保护单位 5 个；市级文物保护单位 10 个；县级文物保护单位32 个。市内有世界地质公园、国家重点风景名胜区、5A 级景区和一批各具特色、有一定知名度的旅游景区、景点，旅游资源丰富，旅游市场发展空间较大。

2. 历史文化遗存丰厚，吸引力强

鹰潭市拥有反映 3500 多年前的商代制陶工艺的"角山文化"；拥有土生土长，根系发达，影响广泛的道教文化；拥有年代久远，扑朔迷离的远古崖墓文化；拥有充满时代气息的现代工业铜文化。这些得天独厚的文化资源，为鹰潭市发展文化产业提供了十分有利的条件。

3. 新型业态方兴未艾，发展迅猛

近年来，鹰潭市信息技术发展迅速，网络文化服务成为发展最快的新兴文化服务业。2014 年，全市网络文化服务业增加值达到 1 亿元左右。互联网已成为大众文化服务的重要媒介和交流平台。文化产业尤其是新型业态不断出现，如传媒广告业（报业广告、广播电视广告、网络广告、户外广告）、创意产业、休闲服务业等发展迅速。

（二）政策落实，改革迅速，政策环境良好

为贯彻落实中央和省委关于文化产业的总体要求，中共鹰潭市委、市政府高度重视，出台了一系列推动文化产业发展的政策措施。2012 年 3 月，制定了《关于加快文化改革、大力发展文化产业、全面繁荣文化事业的意见》，

2012 年 5 月出台了《关于加快文化休闲娱乐等服务业发展的意见》，2012 年 2 月，成立了鹰潭市文化产业发展和文化体制改革工作领导小组，全面启动文化体制改革。在体制上整合组建了鹰潭市文化广播电视新闻出版局，鹰潭市广播电视台，实现了局台分离。对文化市场实行了统一执法，整合组建了市文化市场综合执法支队。以此次文化体制改革为契机，鹰潭市进一步把文化产业作为重中之重，找准切入点，加大招商引资力度。把文化产业"文章"做强、"蛋糕"做大。

（三）基础夯实，规模壮大，产业扩张较快

1. 文化产业基础门类基本健全

鹰潭市文化产业类型多样，结构合理，涵盖了文化艺术服务、广播影视服务、新闻出版印刷、网络文化服务、文化休闲娱乐服务、旅游、文化产品经营、体育健身服务、体育竞赛经营、文化用品及相关文化产品生产等 10 多个大类。其中，木雕及铜工艺品生产形成了自身的品牌优势，具有较强的竞争力，成为鹰潭重要的城市名片。

2. 文化产业总量有了一定扩张

据统计，2014 年鹰潭市文化产业从业人员 13834 人，占全市各类经营从业人员的 2.6%。鹰潭市文化市场共有各类文化经营场所 409 家，其中网吧 175 家，KTV47 家，电子游戏 53 家，印刷企业 53 家，音像制品 18 家，工艺品美术品 63 家；纳入江西省重点文化企业名录 129 家，其中演出服务业 57 家，动漫业 3 家，工艺美术品生产 63 家，文化用品生产 5 家，文化产业园区 1 家。

目前，鹰潭市有国家级文化产业示范基地 1 家（江西东源文化投资有限公司，2012 年获评），江西省文化产业示范基地 4 家（余江县雕刻产业示范街，2013 年获评；江西晶赢文化产业发展有限公司，江西泓金文化旅游产业有限公司，鹰潭市铜锣湾旅游文化商业投资有限公司，2014 年获评）。截至 2014 年底，全市在建亿元文化产业项目 5 个，其中鹰潭市铜锣湾国际旅游文化城总投资 15 亿元（2013 年），鹰潭市文化创意产业园 2.8 亿元（2012 年），龙虎山逍遥城 5 亿元（2012 年），龙虎山文化艺术创意产业园 2 亿元（2012 年），龙虎山红背带树屋养心谷 1 亿元（2014 年）。

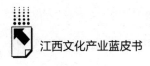

3. 个体民营经济成为文化产业重要力量

文化类个体经营户和民营文化企业在同类经济中比重已经过半。"体制外"文化经营量的快速成长，规模和数量的逐步提升，为文化产业发展注入了新活力。在民营文化企业中，红背带文化产业创意园脱颖而出，成为特色鲜明、将在今后实施的鄱阳湖生态经济区建设中在全省有一定影响的文化产业亮点。

（四）产值增加，规模扩大，发展形势看好

2013～2014年，鹰潭市文化产业增加值分别达33亿元、35亿元，连续两年为全省增幅第一，占GDP的比重为3.89%，比上年增长0.7%。

2014年，在文化产业中，直接从事文化活动的"文化服务"各行业创造的增加值为4539万元，占全市文化产业增加值的4.13%，从业人员占全市文化产业从业人员的18.54%；提供文化用品、设备及相关文化产品生产和销售活动的"相关文化服务"各行业实现的增加值为2.971亿元，占全市文化产业增加值为27.06%，从业人员占全市文化产业从业人员的34.48%；文化休闲娱乐服务业增加值为7.5049亿元，占全市文化产业增加值的68.37%，从业人员占全市文化从业人员的33.13%。

从部门看，国有的文化事业部门产业增加值为1655万元，占全市文化产业增加值的1.51%；广播电视行业增加值为1973万元，占全市文化产业增加值的1.8%；新闻出版行业增加值为1388万元，占全市文化产业增加值的1.26%；旅游文化产业比重最高，旅游行业增加值为7.0636亿元，占全市文化产业增加值的64.35%。由此可以看出，鹰潭市文化产业已初具规模，特色逐步形成，产业结构有待于调整和优化，文化产品和服务进一步提升，并在此基础上逐步建立了文化产业发展新格局，推动文化产业规模的扩大、质量的提升和影响的提高。

（五）重点文化企业简介

1. 江西东源文化投资有限公司

江西东源文化投资有限公司是一家为客户提供木结构别墅、自驾车木屋营地、生态视听影院、树屋养心谷、景区木栈道、实木家具及户外园艺品的专业生产厂家。是一家充分体现国家倡导的资源节约型、自主创新型、环境

友好型发展模式的企业。2012年被国家文化部评为国家级文化产业示范基地。企业定位清晰，坚持自主创新、自主品牌，走区域特色发展之路，聚集了一批国内外优秀的木结构设计、木材保护、休闲旅游开发、生态视听影院研发的专家，是中国防腐木生产标准的制定者。企业集设计、生产、建造为一体，先后在武夷山、井冈山、黄山、龙虎山、北戴河、三清山等著名景区建造了一批优质景观工程，社会效益明显，获得国家相关部门的一致好评，企业的发展历程与成就为中国的景区建设探索了道路，提供了一个经典案例，推动了中国低碳经济的发展。同时也为中国生态旅游文化创意产业发展探索出了一条新的道路。

2. 江西晶赢文化产业有限公司

江西晶赢文化产业有限公司是一家集创作、设计、生产、销售为一体的国内较大的舞蹈产品生产基地。2014年8月注册资本从最初的1220万元，增资到3000万元，经营范围为"舞蹈用品、服装、服饰、鞋帽设计生产、销售；文化创意、文化传媒、商务服务"。2014年生产各种规格的服饰45万件，产值达5500万元，实现销售收入2700万元，实现利税600万元，其中利润总额570万元，上缴各种税金30万元。

二　鹰潭市文化产业发展的
特征与亮点

（一）产业示范基地建设成效突出

江西东源文化投资有限公司（红背带）继2012年获全国文化产业示范基地称号后，2013年又被评为"江西省十大文化创意企业"；2014年，该企业实现产业收入1.2亿元，新增就业岗位60个。2013年余江雕刻文化创意产业园被评为"江西省文化产业示范基地"和"江西省文化创意旅游休闲街区"，2014年实现产业收入10亿元，从业人员500余人。果喜实业集团有限公司跻身"江西省文化企业10强"行列，2014年实现产业收入10亿元，从业人员1000余人，龙虎山旅游文化发展有限公司入选"江西省重点文化企业"。2014年鹰潭市又有3家文化企业评为"江西省文化产业示范基地"。

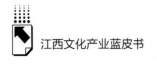

（二）雕刻产业蓄势待发

余江雕刻示范一条街发展潜力巨大，而江西振兴雕刻文化发展有限公司是雕刻一条街中代表性企业，注册资金 500 万元，总投资额 3 亿元，占地 100 亩，建筑面积 10 万平方米。2014 年主营业务收入 15.1 亿元，利润总额 1.2 亿元，税金 4680 万元，安排就业 1.2 万人。

（三）赏石文化产业异军突起

鹰潭黄蜡石产于信江流域，以其光泽温润、色彩艳丽、造型奇特被世人瞩目，得到各地石友和专家的好评。2012～2014 年，鹰潭成功举办了三届中国（鹰潭）中华赏石展暨黄蜡石文化博览会，共设展位 3000 个，吸引各知名藏家、石商近 3000 人参展，现场成交额 9000 多万元，举办石博会是鹰潭市坚持"政府搭台，市场唱戏"，采取各种措施扶持黄蜡石产业做大做强的重要举措；会展充分开展跨领域、跨学科、跨地域的横向合作与交流，再现了觅石、交易、赏石、藏石、雕石的完整产业链，进一步巩固了鹰潭市"全省最大的黄蜡石集散中心"的地位。铜锣湾国际旅游商业城总投资 15 亿元，其中黄蜡石交易中心已入驻企业 100 余家。

（四）鹰潭市文化创意产业园启动建设

2014 年 11 月，鹰潭市文化创意产业园项目正式启动建设。此项目为鹰潭市文化广播电视新闻出版局与江西金太阳教育研究有限公司签约，总投入 2.8 亿元。

（五）龙虎山文化艺术创意园开工建设

2012 年 12 月，龙虎山文化艺术创意园项目正式开工，该项目占地面积 106 亩，建设内容为写生基地、艺术家会所、国际自然民俗文化艺术会议中心等，总投资 5 亿人民币，预计 2015 年年底竣工交付使用。

（六）文化休闲娱乐等服务业发展态势良好

2013 年 10 月，鹰潭市委、市政府高起点编制了文化休闲娱乐等服务业发展规划，同年对市区七条特色街进行了规划，编制了一批具有本土特色的文化休闲娱乐项目，2013 年 10 月，鹰潭市建设路小吃一条街升级改造结束，2013年 12 月龙源小区古玩街升级改造顺利完工。

（七）出版印刷业初显规模

2012 年以来，随着鹰潭市经济的快速发展和投资环境的不断优化，出版业、印刷业发展迅速，尤其是印刷业、包装装潢印刷企业增速较快，行业资本迅速扩张，品种、设备、原材料、从业人员、产值逐年递增。至 2014 年底，全市有报纸 2 家，连续性内部资料出版单位 10 家，各类出版刊物发行单位 70家，农家书屋 361 家，印刷企业 53 家，音像经营场所 18 家。2014 年全市出版发行业总收入 2160.1 万元，印刷业产值 7.2 亿元。

（八）体育产业效益初显

2007～2014 年，全市已建成体育场馆 595 个，占地面积 79.6294 万平方米。其中标准体育场馆 359 个，非标准体育场馆 234 个。作为江西省第十三届运动会主场馆——市体育中心总投资约 2.4 亿元，占地面积为 2.7543 万平方米，总建筑面积 5.5061 万平方米，项目建设内容包括体育场、体育馆、游泳（网球）馆、全民健身活动中心及室外球场、停车场等设施。体育馆自 2007年 7 月开馆以来至 2014 年 12 月，积极承办各类比赛和文艺演出，先后承接全国、全省和全市大型赛事 100 余次；承办市直和企事业单位赛事 300 多次，坚持常年对外开放羽毛球、乒乓球、游泳等健身项目，2010～2014 年市体育馆经济收益达 280 余万元。

（九）文化娱乐业发展势头良好

鹰潭市的文化娱乐业发展于 80 年代末期，各类歌舞厅、练歌厅等娱乐场所如春笋般兴起，逐渐走进普通消费者的视野，进娱乐场所消费也逐步成为时尚。2014 年鹰潭市有花都国际、金翅鸟、兰桂坊、英皇、富豪、皇家、天伦皇朝、紫晶同乐迪等一批实力较强、影响较广的文化娱乐场所。截止到 2014年，全市共有文化娱乐场所 275 家，其中网吧经营场所 175 家，歌舞娱乐场所47 家，电子游戏室经营场所 53 家，全年总收入约 3150 万元，上缴税款约 372万元，从业人员约 6090 人，接待消费者约 1080 万人次。

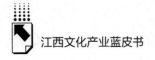

（十）节庆会展业形成品牌

从 2000 年开始，鹰潭市借助道教文化品牌，举办各种节庆文化活动，搭建文化产业发展平台。2000～2014 年成功举办了 13 届龙虎山道教文化旅游节。2010 年"江西·鹰潭首届畲族文化艺术节"也形成了独具特色的地方文化品牌，有力地推进了会展经济的发展。

（十一）艺术培训业势头强劲

艺术培训业在鹰潭市的基础较好，在艺术培训行业中，民营资本占 90%以上。民营艺术培训学校凭借其灵活的招生方式、新颖的教学方法和对市场需求的适应，吸引了省内外的学生前来参加培训。舞之韵、青鸟、阳光等舞蹈学校已成为鹰潭艺术培训行业中的佼佼者。其中，舞之韵舞蹈学校学生多次参加鹰潭市演出并代表鹰潭市参加省级各类大型文艺演出，在社会上享有良好的声誉。

（十二）广播影视业持续发展

2000 年以来，鹰潭市努力开拓广播影视全面协调可持续发展的新格局。到 2014 年底，全市广播影视系统共有从业人员 398 人，其中市级 245 人，县级 153 人，资产总额 6231.8 万元，形成了涉及广播、电视、节目制作、播出、无线、有线、手机电视等多领域的事业、产业格局。全市现有市级广播电台 1座，八〇七实验台 1 座，电视台 1 座，电视发射台 1 座，广播电视报 1 家，广电网站 1 个。市级广播节目 2 套，电视节目 2 套。县级广播电视台 2 座，有线电视节目 2 套；企业有线电视台 3 座，企业电视节目 3 套。市级广播每天自制节目 30 小时；电视每天自制节目 45 分钟，2 套节目全年播出 1.1114 万小时。县级电视每天自制节目 1 小时 10 分钟，全年播出 401.5 小时。全市广播人口综合覆盖率 96.6%，电视人口综合覆盖率 97.7%。全市有线广播电视传输网络干线 7245 公里，有线电视用户 4.1 万家。

（十三）动漫产业实现零的突破

2010 年 3 月，鹰潭市成立了动漫协会，该协会集体创作的作品《快乐大本营》单行本第一、二、三册由江西高校出版社出版发行，并入围中国文化艺术政府奖"最佳动漫出版物奖"。2013 年 10 月～11 月，由鹰潭市动漫协会创作的漫画读本《牵手》（六本）参加 2013 年全国交通安全宣传作品评选和江西省人民政府动漫大赛，分别被中宣部、国家公安部等评为国家级一等奖和省级二等奖。

三 鹰潭市文化产业发展中存在的问题

一是文化产业管理体制和运行机制还没有完全理顺，政企不分、政资不分的现象依然突出，政府部门与所属文化企业的关系没有很好地理顺，没有形成全面、系统、操作性强、引导文化产业发展的政策体系。国有文化资产管理体制没有很好地建立起来，文化体制改革还有待进一步深化。

二是市场意识不够，文化资源没有得到充分有效的利用。鹰潭市文化资源虽然丰富，但没有得到充分的发掘、开发和利用，现有文化旅游开发处在比较低的层次上，文化产业发展还比较薄弱，原因在于投资主体单一，融资渠道少，行业政策性限制过多；市场对资金、技术、人才、信息、项目等文化资源配置没有起到基础性作用，市场主体不突出，造成文化资源大量闲置和浪费。

三是产业结构有待进一步优化，传统文化产业比重较大，创新水平不高，现代新兴文化产业所占比重较低，科技含量不高。文化产品质量不高和文化服务水平较低，竞争力有待进一步提升。

四是文化体制改革滞后于经济体制改革，对经济发展制约性越来越明显，产业组织形式还处于小规模分散化状态，科学的管理体系没有建立，国有文化产业事业单位普遍缺乏活力，市场风险意识不强，没有形成自主经营、自负盈亏、自我发展、自我约束的市场主体，创新创意水平不够，缺乏激发企业主体地位的有效政策措施，创新机制和氛围没有形成，现代化的科学的文化产品生产和组织方式没有得到充分运用或有效推广。

五是文化产业投融资机制不够完善，企业发展资金匮乏，产业基础十分薄弱。文化产业发展投融资渠道狭窄，除娱乐业、网吧和音像制品外，文化产业发展资金主要来自政府拨款或文化事业单位的自筹，融资渠道少，资金匮乏，社会参与度较小，无法有效吸纳民间投资，直接影响了全市文化基础设施建设和文化产业的快速发展。

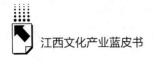

四　鹰潭市文化产业发展对策

（一）提高认识、加强领导，积极营造文化产业发展氛围

文化产业是知识密集型、智慧主导型战略产业，是现代城市经济的新载体、新形式和新动力，是推动经济快速、健康可持续发展的重要杠杆，鹰潭市上下对此都有一个明显的共识。为此，要充分认识文化工作的重要性和紧迫性，切实加强对文化工作的领导，采取各项积极措施促进文化产业的大发展，做到文化建设"五纳入"：纳入各级党委、政府的重要议事日程，纳入经济和社会发展规划和年度计划，纳入财政预算规划，纳入精神文明建设方案，纳入党委、政府任期考核目标内容。进一步加强文化产业的宣传，形成"以工投文、以工施文"的共识和氛围，鹰潭市文化产业发展和文化体制改革工作领导小组要加强领导和协调，形成合力，切实发挥文化"软实力"对经济的"硬支撑"作用。

（二）突出重点，开拓创新，有力推进文化产业新常态发展

文化产业涉及范围大、前景广阔，要政策引导、体制创新。要与时俱进，出台更多详备务实的扶持文化产业发展的政策，为文化产业发展提供有力保障。看准适合本市发展的方向，突出重点，狠抓基础设施项目建设。同时政府要优化服务、精心培育，形成具有品牌效应的产业群。

（三）加大文化产业的投融资力度

文化产业需要资本的拉动，资本的匮乏直接影响文化产业的充分发展。文化产业的发展仅仅靠国家财政投入是远远不够的，这对迅速壮大的产业来说无疑是杯水车薪，因此，应消除制约文化产业发展的投融资体制障碍，广泛开拓融资渠道，采取多种形式，吸收社会资本，诸如设立文化产业发展引导基金、风险投资基金或引导社会资本投资入股，共享文化企业发展的成果。对一些重大项目政府要进行引导和扶持，尤其是在政策扶持上，应加大力度，逐步建立起符合社会主义市场经济规律的文化产业投融资机制。同时要加强产业开发项

目的研究，加大研究开发力度，增加相应的资金投入。通过政策扶持、税收减免等手段，积极鼓励社会和个人兴办各类文化艺术基金、文化产业发展基金。在企业可以承担的债务范围内，逐步扩大文化产业直接融资比重，具有较好的发展潜力的文化企业可以利用企业债券、股票等融资手段，广泛吸纳社会融资，解决企业发展的资金短缺问题。经过有效尝试，逐步建立起投资主体多元化、投资方式多元化、投资风险契约化、投资机制市场化的新型文化投融资体制，为全市文化产业发展铺平道路。

（四）大力开展文业化规则

在加强文化资源普查、挖掘、整理的基础上，积极进行项目规划、设计、包装，通过政策吸引，进行文化招商，吸引国内外具有较强实力的文化企业前来考察、落户和发展。鼓励跨界融合，采取灵活有效的合作方式，支持非文化企业向文化产业投资，尤其是向有发展潜力的重点文化企业投资，积极吸引国内外有实力、知名品牌的文化产业资本参与本地文化建设，共享文化产业发展成果。

（五）整合演艺娱乐资源与旅游、表演市场

一是大力促进市级文艺表演团体和鹰潭学院的合作与交流，推动演艺作品、演艺活动不断优化，加强校企合作，资源共享，互动双赢；二是促进市级文艺表演团体和鹰潭职业技术学院的合作与交流，加强演艺人才的交流培训、培养，提高演艺人才的创作水平、表演水平和创意水平；三是促进旅游景区与表演团体的合作与交流，加强创意创新，提高演艺娱乐节目水平，增加著名景区旅游演艺娱乐活动的文化内涵，打造文化品牌，留住旅客，提高旅游业的经营效益和文化维度。

（六）多渠道培养文化人才

一是选拔有潜力的中青年文化人才赴国内大型媒体和文化集团研修、考察或赴高等学府学习、深造，造就一批高级文化创作人才、经营管理人才、经纪人才。整合地区教育资源，开发文化职业学校和特色专业，使之成为文化人才培养的重要基地。二是注重文化人才引进。完善文化人才引进政策，设立文化

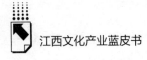

人才发展基金，建立鹰潭文化人才信息网和交流平台，吸引、聚集国内外优秀文化名人和文化经营人才。三是建立分配激励机制。完善按劳分配为主体、多种分配方式并存的分配制度，实现劳动、资本、技术和管理等生产要素按贡献参与分配原则，允许有特色才能、有自主知识产权、有突出贡献的人才以其管理、技术、专利、品牌等参与收益分配，给予奖励。

五　鹰潭市文化产业发展规划

（一）总体目标

到 2020 年，全市文化产业主营业务收入力争达到 200 个亿，年均增长20% 以上，成为全市经济结构优化的重要驱动力和经济增长方式转型升级的重要着力点。

（二）发展战略

积极推动文化旅游、文艺演出、娱乐休闲等传统文化产业以及创意产业园、数字动漫业、数字广播影视业、数字媒体业等产业发展，加强科技应用水平，充分利用动漫产业园、影视基地等现有发展条件和发展基础，促进和引导产业链条式发展，拓展产业链条，尽快形成产业链条长、集中度高、专业化水平高、科技含量高的产业集群。

（三）发展重点

积极借鉴省内外深化创意产业发展的先进经验，培育市场主体，整合文化资源，适度建设产业园区，重点扶持、优先发展动漫游戏、表演艺术、文化旅游、艺术品及古玩市场和出版发行、广告等产业。

1. 加快建设一批园区基地

以建设文化创意产业园和文化创意产业项目基地为切入点，加强对大项目的统筹规划，坚持标准，塑造精品，突出特色，促进各种资源合理配置、整合和产业分工，着力建设五大文化产业园区（基地）。

（1）影视基地。充分利用龙虎山自然人文资源，延伸和扩大龙虎山影视拍摄基地建设，加强品牌宣传与推介。在景区建设仿古民间商贸街，通过鼓励和支持大型剧组来本地拍摄影视剧，建设大型影视拍摄基地，促进鹰潭文化旅游业的发展。

（2）文化创意产业园。加快鹰潭市文化创意产业园建设，力争打造成"国家级文化产业示范基地"，实现年总产值2亿元以上。

（3）工业品外观设计示范基地。以国家级文化产业示范基地——东源投资发展公司的"红背带"木结构生产为基础，突出提升工业产品的外观设计水平及工业品的附加值；同时，开展家庭影视研发、木质工艺品、石木文化博览、珍稀植物盆景等文化产品的研究、开发，形成以创意产业为核心的示范、带动基地，力争实现年总产值1亿元以上。

（4）龙虎山道教文化博览园。在龙虎山风景名胜区内，以道文化为主题，建设龙虎山道教文化博览园，以道文物展示、道文化"非遗"演绎及道教养生休闲等一系列活动为载体，把龙虎山道教文化博览园打造成集观光旅游、文化会展、餐饮购物、养生度假为一体的多功能复合型现代化生态旅游发展区。项目建成后，力争实现年总产值5000万元以上。

（5）环保型印刷工业园。在高新区、信江新区或白鹤湖景区设立文化创意产业园区，筹备建设鹰潭市绿色印刷包装产业园和赣东北图书批发市场。以园区建设为依托，确立科学发展目标，建设环保型印刷工业园，在消化吸收的基础上，争取每年引进现代化印刷企业5家以上，提高企业科技转化能力，积极发展包装装潢印刷和高附加值印刷加工业，加强营销能力，把鹰潭建设成为赣东（中）北最大的印刷基地。到2020年，实现入园印刷企业30家，年总产值达2亿元。

2. 建设一批颇具文化产业特色的专业市场

依托特色文化产业园区（基地），建设一批有特色、多门类、功能全、辐射力强的大型文化产业专业市场。重点建设五大类专业市场。

（1）文化、旅游工艺品、古董交易市场。以独具鹰潭地域特色的工艺美术品、收藏品和旅游产品为基础，在文化创意产业园建设文化、旅游工艺品交易（批零结合）市场。

（2）雕刻工艺品交易市场。以玉雕、木雕、铜雕、根雕产业群为基础，在余江县城区建设大型雕刻工艺品专业生产和交易市场，并力争建成省级文化

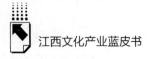

产业示范基地。

（3）图书出版发行批发市场。通过政府规划和政策扶持，充分利用鹰潭市交通区位相对优势，配合大物流的快速发展，建设一个辐射赣东（中）北的大型图书出版发行批发中心，促进物流型大型图书批发企业成长，促进图书批发业繁荣发展。

（4）文化娱乐演艺市场。依托现有文化体育场馆设施并加快建设鹰潭大剧院，大力培育和发展演艺娱乐市场，扶持发展演艺中介机构和经纪人队伍，以市场需求为导向，深度挖掘目标市场，积极开发丰富多彩的具有区域特色的文化产品和服务，有效融入科技、文化元素，形成以演出为核心的高附加值的多元产业链条。

（5）木结构、木质工艺品市场。以生态型木结构为载体，提高工业品外观创意设计水平，强化艺术造型，推出系列木质建筑、亭台楼阁以及木质艺术品。

（四）着力培育一批龙头文化企业

进一步加快推进文化体制改革，推动国有企事业单位的体制机制创新和产权制度改革，鼓励投资主体多元化；加大对重点文化创意企业的扶持力度，鼓励社会资金从事文化产业；进一步加大招商引资力度，每年引进投资 2000 万元以上的文化创意企业 5 家以上。到 2020 年，培育、发展 10 家年产值达亿元和 20 家年产值超千万元的具有较强竞争力和影响力的大型文化企业和企业集团。

抚州市文化产业发展报告

抚州市文化新闻出版局

摘　要：　抚州市历史文化底蕴深厚、风景秀美，为文化产业发展提供
了较好的文化生态环境。近年来，中共抚州市委、市政府高
度重视，制定了一系列文化产业发展的激励措施，推动了抚
州市文化产业的快速发展。2014 年，全市文化产业主营业务
收入 192.30 亿元，较去年同期相比增长 66.54%；文化产业
实现增加值 40.92 亿元，同比增长 68.97%，增幅居全省首
位。但是，抚州市文化产业发展也存在不少问题，诸如认识
上的错位制约了观念的转变、规划上的滞后影响了发展的进
程、政策上的空缺削弱了支持的力度等。因此，为推动抚州
市文化产业的快速发展，提高认识，树立文化产业的支柱地
位；明晰思路，制定科学的产业发展规划；突出重点，铸就
以汤翁为引领的文化灵魂；发挥优势，强攻文化休闲旅游产
业；强化扶持，着力优化文化产业发展环境，等等，都具有
重要的意义。

关键词：　抚州市文化产业　发展优势与困难　对策建议

2012 年以来，抚州市文化产业工作根据《中共江西省委关于深化文化体
制改革推动社会主义文化大发展大繁荣的实施意见》（赣发〔2012〕6 号）的
总体要求和中共抚州市委、市政府"文化强市"战略部署，紧紧围绕建设
"幸福抚州"目标，全市文化产业得到了长足发展，文化产业已逐渐成为推动
抚州经济发展的新的增长点，在推动社会经济发展和满足人民群众文化需求方

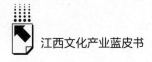

面发挥着越来越重要的作用。本文为抚州市文化新闻出版局在多次进行文化产业发展调研基础上形成的报告，全面分析研究了至 2014 年抚州市文化产业发展的现状、存在的问题和今后发展的方向，以更好地为市委、市政府和有关部门规划今后文化产业发展提供依据。

一 抚州市文化产业发展现状和优势

（一）发展现状

1. 文化产业产值增速较快

2012 年以来，中共抚州市委、市政府高度重视文化产业的发展，制定了《抚州市文化发展纲要》，以建设文化生态名城为目标，以深厚的临川文化为载体，以"市场引导、企业主打、政府推动、社会支持"的模式发展文化产业，一批文化产业企业实力日益壮大，已初步形成包括新闻出版、广播影视、文化旅游、网络文化、文化艺术、文化休闲娱乐和文化用品、设备及相关文化产品设计、生产、销售等在内的综合型文化产业体系。2014 年，全市文化产业主营业务收入 192.30 亿元，较去年同期相比增长 66.54%；文化产业实现增加值 40.92 亿元，同比增长 68.97%；文化产业增加值占全市 GDP 比重为4.85%，文化产业招商引进资金额 63.34 亿元，同比增长 41.34%。全市主营收入超亿元的重大文化产业企业 65 家，上千万产值的文化企业 326 家。文化产业单位数 1800 家。其中，文化产品制造业、文化产品批发零售业、文化服务业分别占文化产品增加值的 57.2%、5.4%、37.4%。文化产业成为抚州市经济发展新的亮点和增长点，成为最具活力和发展潜力的重要产业之一。

2. 文化产业品牌园区凸显

截至 2014 年底，抚州市有省级文化产业示范基地 8 个（江西省黎川县油画城、江西省南丰县正通工艺礼品有限公司、江西省环球陶瓷有限公司、江西荣胜艺术有限公司、江西省华星陶瓷有限公司、江西开拓文化产业投资有限公司、资溪县百越民俗文化旅游开发有限公司、抚州市玉茗堂文化实业有限公司），省级乡村休闲文化旅游示范点 1 个（抚州市乐安县小蓬莱景区），省文化产业协会副会长单位 3 家（江西宇萱文化传媒有限公司、抚州市玉茗堂文化实业有限公司、江西荣盛艺术有限公司）。

3. 文化产业品牌集群形成

全市形成了以荣盛艺术村为龙头的根雕木雕产业链、以高新区印刷产业园为首的印刷产业、以黎川油画为代表的油画产业、以黎川陶瓷为龙头的工艺瓷产业和以资溪大觉山为首的文化休闲旅游产业五大产业集群，并已成为抚州市文化产业的聚集地和"孵化器"。文化产业各行业中涌现了一批品牌企业：江西荣胜艺术有限公司，2010年公司创作的雕塑作品《渔翁》《南海春色》《椰岛风情》在上海世博会上作为中华艺术珍品会展馆展陈，2011年雕塑作品《群婴会》被中国国家博物馆收藏。江西省环球陶瓷有限公司"十二五"期间保持单个企业出口量名列全省前列，已成为全国最大的耐热瓷生产企业。江西开拓文化产业投资有限公司是全省最大的生产企业。黎川被评为"江西油画之乡""中国民间文化艺术之乡（油画）"。

4. 文化产业活动日益丰富

自2012年以来，中共抚州市委、市政府出台了《抚州市关于深化文化体制改革，推动社会主义文化大发展大繁荣的实施意见》等促进文化产业发展的文件，在市文化新闻出版局设立了文化产业科，先后举办了市中心城区文化生态名城建设高峰论坛、纪念汤显祖逝世大型文化活动、江西艺术节（玉茗花戏剧节）、第一届中国（抚州）汤显祖艺术节、中国（南丰）国际蜜橘节、中国（广昌）白莲节、中国（大觉山）生态旅游节、全国古玩交流大会等。此外，荣胜艺术村2014年3月举办的"大型木雕公共艺术品创作暨东乡木雕现场创作邀请赛"，来自澳大利亚、新西兰、意大利、罗马尼亚、坦桑尼亚等10多个国家的顶级木雕大师齐聚一堂，共创作36件作品，名扬海外。2014年7月，市文化新闻出版局联合黎川县组织10余家油画生产企业远赴俄罗斯伏尔加河畔参加俄罗斯油画展。展会上，共展出了100多幅油画，期间签订了各类油画订单共计3000万元，对抚州市油画产业走向世界起到了积极作用。同年在义乌举办的中国义乌文化产品交易会上，展出油画120幅，交易油画90幅。2014年12月，总面积达1200平方米的黎川油画展馆成功入驻南昌樟树林文化生活公园，作为展览、推介黎川县油画的橱窗和名片。形式多样、内容丰富、特色鲜明的文化活动，有效改善了文化产业发展的投资环境、金融环境和服务环境，吸引了大批市内外游客前来观光游览，也吸引了不少客商来抚州投

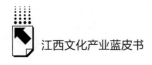

资文化产业。

5. 文化产业项目带动成效显现

2012 年以来，抚州市中心城区先后投资约 50 亿元，相继实施了抚州文化园、抚州体育中心、拟岘台、梦园、名人雕塑园、凤岗河湿地公园、文化馆、图书馆、博物馆、纪念馆等一批具有重大示范带动效应的文化项目。这些项目的建设和完善，促进了文化交流，产业要素加速集聚，产业结构不断优化，城市品位显著提升。2014 年，抚州市建立了重大文化产业招商引资项目库，将资溪新月畲族民俗文化节、金溪书铺街雕版工艺展示街区、临川玉茗堂艺术创意产业园、崇仁理学文化苑、南丰曾巩文化园、东乡佛岭国际公园、南城麻姑山生态茶业园和南城醉仙湖风景区开发等 24 个项目作为重点文化产业招商引资项目，项目资金总计超过 60 亿元。

（二）优势所在

1. "才子之乡"人才辈出，文化产业发展有着雄厚的基础

抚州自古人才辈出，彪炳史册，诞生了名列唐宋八大家的王安石、曾巩，婉约派著名词人晏殊、晏几道父子，明代伟大戏剧家被誉为"东方莎士比亚"的汤显祖，"百世大儒"陆九渊，著名学者李觏，医林高手陈自明，地理学家乐史，元代史学家危素，明代抗倭名将谭纶，清代书画大师李瑞清，方志学家李绂。历代宦游于此的名士王羲之、谢灵运、颜真卿、戴叔伦、陆游等在此留下了珍贵的遗存和不朽的著述。近现代中国物理学界"四大名旦"之一的饶毓泰，中国波谱学奠基人丁渝，文学史家游国恩、萧涤非，无产阶级革命家赵醒侬、李井泉，书法家舒同，音乐家盛中国等一批先贤名流，都曾为临川文化增光添彩。改革开放以来，抚州人秉承了先辈们良好的文化素养，众多才子辈出。目前，抚州籍中国科学院、中国工程院院士有 8 位，在美国攻读博士学位的有 1700 人之多，仅在北京、上海、广州等大城市的医学专家就有 1000 多位，向全国高等院校输送优秀学生 36 万余人。从历代先贤名流到当今莘莘学子，是抚州发展文化产业最重要的人脉资源。

2. 文化遗产古迹众多，文化产业发展有着肥沃的土壤

抚州市现有全国重点文物保护单位 9 处、中国历史文化名村 5 处、省级重点文物保护单位 21 处、省级历史文化名镇 6 处，及各级文物保护单位 535 处。

市中心城区文化古迹众多，有始建于南宋重修于明朝的文昌桥；始建于唐朝为历代抚州知府首选办公地和居家后花园的金柅园；宋徽宗御赐牌名的玉隆万寿宫（抚州会馆）；充满神秘色彩的羊角石、二仙桥；东晋书法家王羲之的洗墨池；建造于明朝万历年间，为纪念抚州历代乡贤才子，又期待千千万万之后人都夺得文章魁首的万魁塔，以及王安石纪念馆、汤显祖纪念馆、汤显祖墓等；还有若士路、梅庵路、同叔路等数条以历史名人命名的街道。县（区）有金山寺、曹山寺、疏山寺等佛教名刹；乐安流坑古村、宜黄棠阴镇、广昌驿前镇、浒湾书铺街、金溪竹桥古村以及体现"洪帮"传说的黎川、南城、广昌的船形古屋；有麻姑山、曾巩读书岩、曾巩纪念馆、陆象山墓、谭纶墓、舒同书画博物馆，等等。近现代的革命遗址如中国工农红军第四次反"围剿"黄陂战役旧址，第五次反"围剿"高虎脑战场旧址，康都会议及红一方面军总部旧址等。还有"南丰跳傩""乐安傩舞""宜黄戏""广昌孟戏""抚州采茶戏"等国家级非物质文化遗产及"崇仁跳八仙""南丰蜜橘栽培技艺""乡射遗乐""金溪手摇狮"等省级非物质文化遗产。王祥卧冰、沧海桑田、掷米成丹、麻姑献寿、黄粱美梦、南柯一梦等众多典故与抚州有关。

3. 绿色生态独具特色，文化产业发展有着良好的载体

抚州市山清水秀，气候宜人，境内河流纵横，水源充沛，动植物资源丰富，种类繁多。全市现有国家森林公园、自然保护区、乡村旅游示范点、水利风景区共8个，省级自然保护区、风景名胜区、乡村旅游示范点共7个，赣鄱十大美景1处。空气质量优良、负离子含量高、森林覆盖率61%，最高达87%，整个抚州宛如一个天然氧吧，绿色生态王国。南丰、广昌、临川、崇仁分别被评为"中国蜜橘之乡""中国白莲之乡""中国西瓜之乡""中国麻鸡之乡"，是宝贵的自然资源优势、潜力和品牌。

二 影响抚州市文化产业发展的主要问题

抚州市多年来积极探索文化产业的发展模式，取得了一定的成绩。但总体来说尚处起步阶段，总量低、规模小、结构散、重点不突出、定位不明确，等等，这些问题与抚州文化名城的声誉不相称，与经济社会发展水平不协调，与两大国家战略区域重要成员的地位不匹配。导致这些现状的主要原因有以下三个。

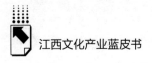

（一）认识上的错位制约了观念的转变

抚州市文化产业发展起步较晚，对文化产业认识不足，对文化产业在推动经济发展中的作用认识不足，对文化产业发展重视不够，引导推动不力，思想不到位，成效不明显，对所属文化资源认识不透，挖掘不深，不善于发现文化价值以发展文化产业，不善于挖掘并利用文化资源，不善于把文化资源转化为产业发展优势，"守着金山过穷日子"，对文化产业发展定位不清晰，创新创意水平不够，导致产业结构趋同，同质化竞争等问题。

（二）规划上的滞后影响了发展的进程

抚州市文化产业目前仍以传统行业为主，与发达地区迅猛发展的动漫、网络游戏、影视基地相比，层次低、规模小，尚处于粗放式经营阶段；新兴的高科技新媒体产业、创意产业还很薄弱，高科技动漫产业还未真正起步，这种现状与目前全市尚没有出台文化产业发展规划指导有关。

（三）政策上的空缺削弱了支持的力度

抚州市对文化产业企业和个人的降低准入门槛、贷款贴息、项目补贴、税收扶持、人才引进、公平竞争等优惠政策不明晰，不论公民营文化企业还是个人，都不敢贸然进入和发展。文化企业的融资信息与金融服务之间无法实现快速对接，无形资产评估交易体系不健全，融资程序不透明，知识产权质押制度不完备，风险监控体系不完备，制约了文化金融业务的创新与发展。

三　做大做强抚州市文化产业的对策研究

文化产业作为 21 世纪的朝阳产业和绿色产业，科技含量高，资源消耗低，环境污染少，符合环境生态保护的要求，从可持续发展角度说是最符合科学发展观要求的产业之一。为此，就做大做强抚州市文化产业提出五点建议。

（一）首要之义是提高认识，树立文化产业的支柱地位

市、县各级政府要树立"抓文化产业也是抓经济，也是抓发展"的观念，

更新发展理念，切实担负起推进文化产业发展的政治责任、文化使命，把发展文化产业摆上全局工作的重要位置，抓住当前难得的历史发展机遇，以时不我待的紧迫感，以抓经济建设的精神状态和拼搏干劲，自觉地、积极地把文化产业作为先导性、战略性、支柱性产业来培育。在坚持以工业化为主导，充分发掘自己的人文优势、自然优势，做大做强文化产业，打造一个新的增长极，为建设殷实、文明、和谐的幸福抚州提供扎实的文化基础。

（二）当务之急是明晰思路，制定科学的产业发展规划

产业发展，规划先行。要加快文化产业发展，当务之急是制订科学的、具有区域特色的文化产业发展规划，力争通过三至五年时间，使全市的文化产业成为支柱性产业。建议《规划》在总体目标上，以汤显祖为引领，全力将市中心城区和临川区捆绑打造成引领抚州市、服务南昌市、面向长三角的国家级文化产业示范园区。至2020年，全市文化产业增加值占全市GDP比重达到8%以上，年递增30%以上。在大体思路上，以临川文化、生态资源为依托，以现有文化设施为基础，以社会资本为主体，依托独具特色的文化、生态资源，实施重大文化产业项目带动战略，形成文化产业发展优势，推动文化产业跨越发展。在具体布局上，重点发展文化旅游业、文化生态休闲业、工艺美术业以及具有地域文化特色的文化产业，带动以新闻服务、印刷复印、音像制品、图书出版发行销售、网络传媒、广告会展、文化创意、文化产品制造业等产业的发展。

（三）关键之举是突出重点，铸就以汤翁为引领的文化灵魂

抚州市的文化底蕴深厚，文化产业一旦与文化灵魂紧密结合，文化的引领效应将越来越凸显。文化产业发展最可挖掘的文化资源是历史名人，而在抚州众多的历史名人中，最能发挥引领效应的文化灵魂首推"东方的莎士比亚"汤显祖。因为他不仅是抚州的、江西的，更是中国的、世界的，这就要重点铸就以"汤翁"为引领的文化灵魂，打好"汤翁"牌。

1. 要加强学术研究

研究汤显祖之所以成为剧坛巨星的家庭环境、自然环境、人文背景、社会情况，挖掘其学术价值、教育价值、寻根价值、体验价值、探奇价值、了解风

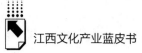

土人情价值，提炼汤氏族谱、汤翁诗文中的情境，再现汤翁的生活风貌、才识学养、创作激情、人格精神，等等，使"汤翁"品牌在抚州臻于成熟，从而成为研究和传播汤文化的中心和基地，成为与国际文化交流的通道。

2. 要做足"汤翁"文章

汤显祖演艺公司等演艺团体要创新模式，在演好《临川四梦》，重点演好《牡丹亭》的同时，提升、策划和包装一批群众喜闻乐见的文化消费项目，开发特色文化消费产品，引进国家级演艺团队来抚演出，发展演艺事业，打造"戏曲之乡"。要改造提升汤显祖纪念馆、《牡丹亭》影视城，建好玉茗堂，还原汤显祖生活和创作的主要场景，使抚州成为全国了解汤翁的研究之地，学习戏剧的拜祖之地，《临川四梦》的必演之地。要以汤翁《临川四梦》为主题，兴建"中国·汤显祖小镇"，把住宅小区与文化景观完美结合，把厚重历史与现代建筑完美结合，把人文环境与生态效应完美结合，建成江西乃至全国最有文化品位的江南小镇。

3. 要构建交流平台

要加强对外交流，特别是与鄱阳湖生态经济区、海西（赣西北）经济区及"四省九市"（即毗邻抚州市周边江西、福建、浙江、广东的九个地市）经济协作区的联系，高质量地举办汤显祖国际艺术节，设立"中国汤显祖艺术奖"，成立"中国汤显祖艺术学院"，建立"中国汤显祖艺术研究基金会"，开展汤显祖文化年活动、汤翁寻梦旅游年活动，召开汤显祖文化研讨会、学术论坛交流会、新闻发布会，邀请国内外知名词曲作家来抚开展"汤显祖故里行"创作采风活动等，让汤显祖文化品牌渗透到对外宣传的各个层面，增强要了解、纪念、研究汤显祖首选抚州的影响力、吸引力。

4. 要开发系列产品

要抢注汤翁商标，使有形资产、无形资产都打上汤翁的烙印。充分挖掘汤显祖文化品牌中蕴含的经济元素，加强衍生产品的开发，使汤显祖以及汤翁笔下的人物成为商家注册的商标，成为企业吸引顾客的招牌。发挥"汤翁"文化灵魂的引领效应，还要大力发展以"才子之乡"为主线，以名人、名居、民俗、名优特产等为主体，紧密联系的名人文化产业。如建设名人商业街，对兴鲁书院遗址等名人名点周边场所等环境加以改造，恢复部分名人故居，使古居、老街、画廊、文苑与古玩字画收藏相映成趣，打造文化产业新名片；提升改造王安石纪念馆、曾巩纪念馆等名人纪念馆，挖掘名人纪念馆的历史文博研究价值，增强参观的大众性、历史的研究性和教育性。

经过近些年的努力，各县的文化产业已初具特色，有的已经形成了自己的品牌，如东乡县的根雕木雕，黎川县的陶瓷工艺、油画制作，资溪县的生态旅游，临川区的古玩艺术品市场等，都呈现良好的发展前景。因此，各县文化产业发展的重点，市政府不需要统一规定。原则上，要充分利用本土的人文和自然资源，突出区域特色，注入文化元素，大力开发"文化＋生态""文化＋生态＋旅游""文化＋生态＋休闲"等独具特色的文化产业品牌，走出一条文化与吃住游购娱相结合的发展路子。

（四）有效之策是发挥优势，强攻文化休闲旅游产业

文化产业的门类和品种很多，齐头并进地发展是没有出路的，最有效的是扬优成势。抚州市除有深厚的临川文化外，老城区有一大批文化基础设施和待建的30个小游园，城南的汤显祖大剧院、博物馆、图书馆和近千亩的抚州名人雕塑园，城西的体育中心和数千亩的梦湖和梦园，城东的连片数百亩的汝水森林公园、拟岘台和拟建的王安石纪念馆新馆，都是市民娱乐休闲的好去处。周边民风淳朴的村落农庄，低丘缓坡的自然环境，65%的森林覆盖面，即将穿境而过的向莆铁路，全部实现高速化的抚州全境道路，再加上一流的空气、一流的水质、一流的生态环境、一流的人居环境，可以说是"青山绿水一幅画，白云生处有人家"。这些资源表明，市中心城区走"文化＋生态＋休闲"之路有更丰富的载体和平台，抚州发展生态娱乐休闲业和现代服务业具备天时地利人和的优越条件。抚州作为江西连接闽台的"桥头堡"、南昌的"后花园"，具有这些人无我有、人有我优、人优我特的优势，文化娱乐休闲服务业的发展前景十分看好。因此紧紧抓住这个契机，打造具有浓厚休闲特色、"宜业、宜游、宜居、宜学"的文化生态城市，吸引全国各地的游客来此休闲娱乐，也可吸引有创业意向的人来置业安居。

1. 做大城区休闲娱乐产业

通过政府调控、市场引导，下力气在较短的时间内改变文化市场布局杂、专业特色淡、消费半径小、人气指数低的现状。要积极规划建设一批彰显地域文化特色的标志性文化设施，通过招商引资，引进知名娱乐经营企业等，完

善、优化娱乐休闲的基础设施和消费环境，加大专业市场、特色街道的建设，开发规模大、档次高、综合性强、丰富多彩、健康高雅与文化结合的休闲、娱乐、旅游、健身、教育等服务性消费。如以汤显祖大剧院等基础建设为主体，配套建设一批宾馆酒店、茶楼网吧等休闲娱乐设施，形成赣东规模较大、功能较齐全的文化娱乐休闲之都。以市体育中心为主体，打造一个集体育竞赛、健身娱乐、体育创业、文艺演出、旅游休闲、商务会展、健康养生等为一体的健康之地。让本市和外来人口享受高品位的文化消费和高质量的优雅生活。

2. 做强乡村休闲旅游产业

抚州市旅游业具有商业价值的观光点不多，不能单一走观光型的旅游发展之路，而应重点向发展休闲娱乐度假游转变。鼓励多元投资开发丘陵山地，利用市中心城郊山清水秀的生态环境，兴建观光农园、休闲农庄等休闲度假基地，开展旅游与考察、休闲、学习、疗养有机结合的民俗旅游、野外活动，精心打造能融参观、欣赏、参与、互动、餐饮、购物等于一体的特色农家乐、古村游、生态游、红色游等休闲旅游精品；充分挖掘和发挥民俗风情、民间艺术等特色文化优势，融合古村落、特色餐饮、纯朴民风、生态农产品等方面的优势，开发特色旅游商品，满足游客求购土特产、纪念品、旅游用品等旅游商品的需求。

3. 做精市县文化休闲景区

以市中心城区辐射牡丹亭影视基地——钟岭森林公园景观体系、文昌公园——文昌里历史古街区景观体系、临川温泉旅游休闲度假区——精艺文化产业园景观体系建设；带动临川温泉文化游、资溪山岳—温泉文化游、乐安流坑古村文化游、宜黄曹山寺宗教文化养生游、南丰蜜橘生态文化游、中央苏区县红色文化游、南城福寿文化身心和谐游、黎川陶瓷油画艺术文化游、广昌白莲绿色文化游等精品文化休闲景区的发展，做精做实，形成历史文化、名人文化、红色文化、宗教文化、建筑文化、温泉乐园和原始森林等具有巨大市场开发潜力、地区特色的特色文化休闲景区。

（五）根本之道是强化扶持，着力优化文化产业发展环境

1. 强化组织领导

建议将文化产业发展列入"一把手"工程，中共抚州市委、市政府班子

成员和人大、政协主要领导每人每年负责抓好一个重点文化产业项目。成立由市党政主要领导为组长、各相关部门负责人为成员的市文化产业发展领导小组,中共市委宣传部设立文化产业发展办公室,协调指导全市文化产业发展工作。文化行政主管部门具体组织实施,相关部门密切配合,确保做大做强文化产业的各项任务落到实处。建立相关的考核、评价和责任制度,作为评价地方发展水平、衡量发展质量和领导干部工作实绩的重要内容。

2. 加大保障力度

建议"十三五"期间,中共抚州市委、市政府每年安排 20 个具有重大示范效应或产业拉动作用的重点文化项目建设。设立市文化产业发展专项资金。用于支持重大文化产业项目。充分发挥财政资金的调节、杠杆作用,采取贷款贴息、项目补助、补充资金、奖励等多种形式,重点扶持符合产业发展规划、具有龙头带动作用的文化企业或项目。要组建抚州市文化产业投资公司,负责管理国有或国有控股的风险投资基金,重点扶持新兴文化产业。在文化产业发展初期,政府要在产业政策上给予强力支持,搭建信息服务平台,尽快制定和完善财政、税收、金融、投资、土地、工商管理、市场准入、知识产权等一系列产业优惠政策。

3. 鼓励多元投资

尽快出台《关于鼓励和支持非公有资本进入抚州市文化产业的实施意见》,鼓励社会资本、民间资本投资参股文化产业,鼓励社会各界兴办文化企业和项目,落实扶持政策,支持、引导和鼓励文化企业拓宽融资渠道,建立有效的多元投融资体系,积极吸收社会资本、民间资本,甚至境外资本,逐步形成多渠道、多元化投资融资机制,支持多种经济成分参与文化产业,支持民资、外资以合资、合作、参股、兼并、收购、项目招标等形式投资兴办文化产业项目。

4. 大力培养人才

发展文化产业,人才是关键。尽快出台《抚州市文化人才引进培养管理办法》,制定文化产业激励机制,建立文化产业特殊人才专项津贴,重奖为文化产业发展做出突出贡献或在全国文化界取得重大奖项的个人;积极鼓励企业培养和引进人才,营造良好人才发展氛围,大力引进一批海内外文化创意、研发、管理等领域的高端人才,加强文化产业职业教育建设,加强文化企业与科

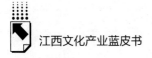

研院校的合作与交流，努力培养、造就、凝聚并留住一批文化产业领域的领军人物和专业人才，注重人才队伍梯队建设，带动整体文化产业人才队伍建设。积极培育人才市场，建立文化人才数据库，充分发挥市场在人才资源配置中的基础性作用，引导文化人才合理、有序流动，为文化产业发展提供坚强人才保障。

5. 提高服务水平

抚州市不少企业有投资文化产业的意愿，政府应加强引导，成立市文化产业发展咨询委员会，建立投资信息服务平台。通过定期和不定期组织文化产业项目推介会、交流会或发布相关信息和动态数据等，推动信息高效传播，为实力雄厚的知名企业获取信息并进入文化产业领域提供必要条件。同时对重点文化产业项目要实行领导挂点，责任部门要跟踪服务，切实解决项目实施中碰到的各种困难和问题。同时整合各类媒体资源，建立和完善政策引导、企业为主、部门协商、口径统一、形式多样的工作机制，加大宣传力度，叫响文化产业品牌。

Ⓑ.19
宜春市文化产业发展报告

宜春市文化广电新闻出版局

摘　要：　"十二五"期间，宜春市制定出台了一系列文化产业发展的激励措施，推动了宜春市文化产业的快速发展，宗教文化旅游业、烟花爆竹业、印刷产业成为地区文化产业增长点和亮点。产业发展特色、亮点突出，文化旅游业、印刷发行业、体育产业、文化服务业、文化艺术品制造业等五大行业发展成效明显，月亮文化品牌、禅宗文化品牌、生态文化品牌、历史文化品牌、农耕文化品牌、县域文化品牌等六大文化品牌具有较大的发展空间。同时，宜春市文化产业发展仍存在不少问题，诸如企业规模普遍偏小，产业结构不合理、文化创意产业滞后，文化产业园区建设缓慢等。因此，打造重点文化企业、拓宽融资渠道、加强人才队伍建设、优化产业结构、培育新兴文化业态等必将有力推动宜春市文化产业的更快发展。

关键词：　宜春市文化产业　发展措施　对策建议

　　"十二五"以来，中共宜春市委、市政府围绕建设幸福宜春、文化强市目标，全面实施《宜春市文化发展纲要（2011－2015）》，重点建设"四大工程"，打造"六大品牌"，推动产业跨界融合，促进传统产业转型发展，推进重点地区和重大项目建设，优化文化市场环境，加快文化"走出去"步伐，文化产业继续实现稳步增长，文化软实力不断增强。在2014年11月国家人力资源社会保障部、文化部联合开展的全国文化系统先进集体、先进工作者和劳

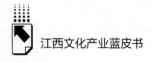

动模范评选中，宜春市文化广播电视新闻出版局荣获"全国文化系统先进集体"称号。

一 文化产业发展基本情况

（一）政策环境

一是政策环境大为优化。宜春市在"十二五"时期即制定下发了《宜春市文化发展纲要》，对文化产业提出了明确的发展目标。同时，与之相配套，制定完善了《中共宜春市委、宜春市人民政府关于进一步加强文化建设的意见》、《关于进一步推进全民创业和加快中小企业及非公有制经济发展的意见》和《中共宜春市委、宜春市人民政府关于进一步加快县域经济发展的实施意见》，通过大力推进全民创业、放宽市场准入、加大财税扶持力度、加大金融支持力度、大力提升社会化服务水平、引导和促进企业提高自身素质、维护企业和职工合法权益等，对文化产业发展给予了更多引导和支持，积极鼓励、支持和引导民间资本参与兴办文化企业，大力鼓励发展创意产业。

二是体制机制逐步完善。近年来，宜春市通过不断深化文化体制改革，理顺政府和市场关系，逐步构建起了有利于文化产业繁荣发展的体制机制。一方面，文化市场主体开始得到尊重和重塑，市场意识进一步激活和提高，活力和竞争力大大增强；另一方面，政府职能也不断发生转变，文化部门由"办文化"向"管文化"转变，服务于文化产业发展的能力明显提升。

三是文化市场更加规范有序。宜春市把规范文化市场秩序作为保障文化产业健康发展的重要手段，加大了市场法制建设，文化市场的规范化、法制化水平得到较大提升；行政审批程序不断简化，管理全面规范，文化市场监管能力不断提升，文化市场管理理念、方式和手段不断完善，应对市场风险能力不断提升，初步构建了文化市场管理长效机制。

（二）基本状况

1. 总体规模持续扩大

"十二五"期间，宜春市文化产业总体规模持续扩大。据市统计局数据，

2010 年全市文化产业主营业务收入 34.8 亿元；2011 年为 70.84 亿元；2012 年为 163.48 亿元；2013 年为 198.7 亿元。2014 年据省统计局快报初步统计，宜春市文化产业主营业务收入为 226.8 亿元，比上年增长 14.14%；文化产业增加值为 62.94 亿元，比上年增长 15.68%；文化产业增加值占 GDP 比重达 4.13%，比上年提高 0.23 个百分点，跃居全省第三位。全市共有省级文化产业示范基地 7 个，在建过亿重大文化产业项目 16 个，在建过千万的文化产业项目 7 个，全市已逐步形成了包括文化创意、新闻出版、印刷复制、文化旅游、演艺娱乐、文化会展和艺术品产业等在内的综合性文化产业格局，文化产业已经成为宜春市"创新驱动发展、经济转型升级"的重要力量。

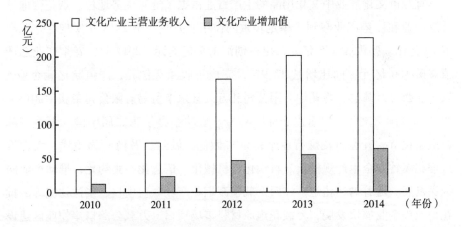

图 1　宜春市文化产业主营业务收入增长情况

资料来源：宜春市统计局。

2. 印刷产业一马当先

宜春市印刷企业总数由 2010 年 183 家增加到 2014 年的 222 家，增长 21.3%；从业人数从 6000 余人增加到 1 万余人；年产值由约 16 亿元到 2014 年的 61 亿元，增长了近 3 倍；利税总额由 1.7 亿元到 2014 年的 6.5 亿元，增长了 3 倍多，实现了跨越式发展。2014 年新落户印刷企业 14 家，新增投资总额 4.45 亿元；全市营业收入超 1000 万元的印刷企业 35 家，其中超 5000 万元的 16 家，超亿元的 9 家；印刷设备和技术不断进步，先后引进海德堡、罗兰、小森、三菱等国际知名印刷设备以及配套的印前、印后自动化设施；绿色包

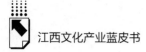

装、无菌包装、防伪包装、防蛀精品书刊等新技术、新工艺也陆续被应用；印刷企业先后荣获省、市科技进步奖，全国印刷行业百佳科技创新成果奖，第十一届毕昇印刷技术奖，中国包装科技创新优秀奖等多项荣誉。2014年，鸿圣包装在香港主板成功上市，成为宜春市第二家上市印刷企业，全省也仅有这两家。以鸿圣包装、众安科技、成志包装、庆丰包装、恒辉纸品等为代表的一批外资印刷企业以其创新的经营模式和先进的技术设备，成为行业龙头骨干；南湖包装、集贤纸业、鑫达包装、一超印刷、同茂印务等本地草根企业也迅速崛起，助推宜春市不断向印刷强市迈进。

3. 传统产业优势明显

宜春市文化产业中文化用品的生产行业占据了绝对优势地位。烟花鞭炮等传统产业和优势产业起到了举足轻重的作用。万载花炮2013年实现花炮总产值70亿元，创税收3.5亿元，出口创汇1.9亿美元。2014年，花炮产业总产值突破100亿元，同比增长42.9%，完成税收4.9亿元，产值超亿元企业5家。江西省万载县金峰花炮有限公司和万载县永丰贸易有限公司荣获"2013~2014年度国家文化出口重点企业"称号。成功举办了第二届中国·万载国际花炮文化节。宜春市花炮行业坚持以"做优、做强、做稳"为主线，大力推进烟花爆竹安全生产规模化、科学化、机械化、信息化、集约化，推动产业向纵深发展。随着鑫达花炮、江西万载李渡烟花产业联盟项目、华洋物流等一批花炮龙头企业加快发展，万载花炮原材料市场项目、万载公路口岸作业区建设项目、华洋国际宜春物流基地建设项目、烟花燃放国际赛事中心建设项目等一批花炮重大项目投入建设，烟花鞭炮产业规模化、集团化发展进程不断加快。

4. 产业基地（园区）逐步推进

宜春市各县、市（区）都已建成或在建文化产业基地（园区）。靖安中部梦幻城、树化玉文化园、中国生态硒谷园、高安大城文化产业园等一大批重大项目（基地）正加速崛起，此外还有樟树阁皂山道教文化园、樟树古海养生旅游度假区、宜丰东方禅文化园等一大批重大项目（基地）正在加紧开发。由国家级文化产业示范基地深圳永丰源投资10亿元在宜春市工业园区建设的宜春市洪洲瓷业有限公司项目一期工程正紧张施工，预计2015年末正式投产。2014年，江西丝黛实业有限公司列入第六批国家文化产业示范基地推荐名单，江西铜鼓江桥竹木业有限责任公司荣获江西省第五批省级文化产业示范基地称号。

5. 广播影视发展良好

宜春市有广播影视播出机构 11 家，数字影院 23 家，广播电影电视局（含广播电台）2013 年产业总收入 2449 万元，2014 年产业总收入 2510 万元；数字影院 2013 年的票房总收入 2336 万元，2014 年票房总收入 2755 万元。

6. 文化服务业健康发展

宜春市演出、歌舞娱乐、电玩、网络等文化休闲娱乐市场不断发展壮大，2014 年，全市共有网吧 469 家，就业人数 1664 人，全年营业收入达 9905 万元，同比增长 20.15%。娱乐场所 509 家，就业人数 1584 人，全年营业收入达 1.3 亿元，服务业高中低档消费层次分明，行业规模、硬件环境和服务水准有了很大的提升，基本形成了门类齐全、形式多样、体制多元的城乡文化服务行业格局。

（三）特色企业

江西丝黛实业有限公司（国家级文化产业示范基地）创立于 2007 年，是一家以动漫服装、动漫假发等动漫衍生产品为主导，集生产、销售于一体的实体经济与文化产业经营相结合的多元化公司。公司在浙江义乌设立了义乌丝黛假发有限公司、义乌派对服饰有限公司两家全资子公司，拥有江西宜春和浙江义乌两大生产基地。公司本部现有员工近千人（含子公司人数逾 2000 人），注册资金为 4000 万元；公司业务领域和服务范围集中在动漫衍生品行业，与美国迪士尼的 Princess Fairy、美泰公司的 Barbie 和 Monster High、环球影城的 Universal、梦工厂和福克斯影业等世界知名公司建立了长期的授权合作关系；产品供应 Wal – Mart、Target、Tesco、Kaufland、Daiso 等和家乐福、华联等知名连锁零售企业，服务于中国、美国、日本、德国、英国等数十个国家。2012 年销售收入 2.46 亿元，净利润 3043 万元；2013 年销售收入 2.99 亿元，净利润 3754 万元；2014 年销售收入 3.98 亿元，净利润 5835 万元，净资产达 2.36 亿元。荣获江西省重点出口名牌企业、江西省著名商标、江西省名牌产品、宜春市电子商务示范企业、宜春市优秀企业、宜春市外贸出口先进企业等多项荣誉，是国内最大的动漫假发和动漫服饰等动漫衍生品企业。公司已向香港联交所提交申请并已顺利通过审查，进入聆讯阶段，预计在 2015 年第三季度正式

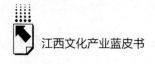

挂牌香港主板。

宜春市袁州一超印刷制品有限公司创立于 1995 年，是一家以药品包装盒、药用 PTP 铝箔、颗粒包装卷材、多层复合制动卷材等印刷品为主导，集设计、印刷、印后加工为一体的综合型印刷企业。拥有政府定点采购资质，已通过 ISO9001：2000 质量管理体系认证、全国工业产品生产许可证、国家药品包装用生产许可注册证，拥有两条无菌印刷生产线、三条 QS 生产线和一条塑料膜生产线，项目总投资 9600 万元。业务领域集中在印刷品行业，尤其是药品包装盒、药用 PTP 铝箔、颗粒包装卷材、多层复合制动卷材的印刷。

宜春市洪州瓷业有限公司是由市文化广播电视新闻出版局引进，国家级文化产业示范基地深圳市永丰源实业有限公司投资兴建的。项目规划投资 9.8 亿元，占地 590 亩。建成后是全球最大的集生产、销售为一体的高档日用陶瓷基地。主要产品为高档日用陶瓷，年产量为 1.2 亿件，项目分二期实施，2014 年新建素烧窑、釉烧窑、烤花窑、喷雾塔、注浆线、研发中心。一期工程建设面积 19.97 万平方米，年产 7200 万件高档日用陶瓷产品，预计 2015 年末正式投产。全面投产后，年上缴税收 8000 万元以上。

樟树市德泰木制品有限公司是一家集开发、设计、生产、销售等的木制品企业。占地面积 60 余亩，建筑面积近两万平方米。公司拥有先进的木工数控设备和无尘喷漆车间，有自己核心的传统工艺技术和知识产权，通过了 GB/T19001 - 2008 质量管理体系认证、GB/T24001 - 2001 环境管理体系认证、GB/T28001 - 2001 职业健康安全管理体系认证。公司产品主要包括档案装具、图书设备、密集架、书架、文件柜、书柜、古籍柜，以及办公家具、樟木箱、字画盒、收纳盒、五斗柜、鞋柜、根雕、衣架、小摆件等香樟木制品。

二　发展文化产业的主要措施

（一）做好产业规划

2010 年，宜春市颁布了《宜春市文化发展纲要》，以"培育一批文化产业、打造一批文化精品、争取一批文化名片、建设一批文化项目、彰显一批文化特色、培养一批文艺人才"为着力点，重点培育和扶持文化旅游业、印刷发行业、体育产业、文化服务业、文化艺术品制造业等五大行业；精心打造月亮文化品牌、禅宗文化品牌、历史文化品牌、农耕文化品牌、生态文化品牌、县域文化品牌等六大文化品牌。文化产业走上了良性发展轨道。2013 年 4 月，制定了《宜春市文化产业发展规划》，引领打造全市文化产业"四区驱动"，即以市中心城区、袁州区、明月山温泉风景名胜区、经济技术开发区和宜阳新区为重点的文化产业核心区；以靖安县、奉新县、宜丰县和铜鼓县等昌铜高速生态经济带为重点的文化休闲旅游区；以丰城市、樟树市和高安市为重点的文化产品生产区和以万载县、上高县为重点的文化产业提升区。2014 年 6 月，制定了《昌铜高速赣西生态经济带建设文化专项规划》，充分挖掘沿线文化资源，本着"沿途风光令人陶醉，内在文化令人向往，今天匆匆走过，来日细细探访，穿越风光带，漫游文化圈"的理念，努力打造六大文化品牌。

（二）推动跨界融合

宜春市积极推进文化创意和设计服务与相关产业融合发展。在与数字内容产业融合发展方面，与中央电视台合作拍摄的电影纪录片《禅境宜春》已在央视 10 套播出，引起了强烈反响，在第十届好莱坞中美电影节上，获金天使奖并入选年度最佳中国纪录片；26 集动画片《宜春问禅》已在后期制作中；江西首部现代题材戏剧电影《阳台上的野菊花》举行了首映式。在与人居环境融合发展方面，铜鼓县排埠镇、丰城市张家巷镇白马寨村及筱塘乡厚板塘村等三个历史文化名镇名村保护规划编制完成并已上报省政府批复。在与旅游业融合发展方面，重点打造温泉、禅宗、生态、月亮四大特色旅游产品。推广"非物质文化遗产进景区"，打造温泉休闲旅游、禅宗文化精品旅游等特色文化旅游。在与特色农业融合发展方面，打造环中心城区休闲农业圈、环南昌休闲农业圈和山区休闲农业片等"三大板块"。铜鼓县大塅镇古桥村被命名为"江西省首批乡村休闲文化旅游示范点"。在与体育产业融合发展方面，举办了全国农耕健身大赛、火龙追月、全国情侣登山比赛、千人骑行、万人广场舞—我哩跳月等活动。2009 年宜春市被命名为全国唯一的"全国农耕健身基地"。

（三）做好重大项目建设

继续推进宜春市洪洲瓷业有限公司、宜春西海国际温泉度假村、樟树古海养生旅游度假区、靖安树化玉文化园等文化项目建设，不断优化产业功能布局。宜春市洪洲瓷业有限公司一期工程正在建设，建设面积 19.97 万平方米，一期宿舍楼六栋已封顶，厂房正在做基础处理；宜春西海国际温泉度假村项目护河堤基本完成，基础设施（地桩）、门楼现浇已完成，土方工程道路基础、公寓楼、跨河桥正在建设中；樟树古海养生旅游度假区二期芳香植物园项目施工单位已进场，正在进行基础设施建设；靖安树化玉文化园项目树化玉展厅已封顶，别墅屋面已完工并封顶，化石馆基础地梁施工已完成，村化玉丛林已开工。

三　文化产业发展存在的问题

宜春市文化产业门类齐全，主体众多。但企业规模普遍偏小，社会化、产业化程度较低，产业结构上传统产业所占比重较大，技术含量不高，文化产业园区建设低端化倾向明显，与文化产业发达城市相比，宜春的文化新兴产业仍处在起步阶段，独具宜春特色的文化产品尚未形成。

（一）文化产业基础薄弱

全市文化产业总体处于起步较晚、发展动力不足的状况，文化产业发展定位不清晰，没有形成自己的发展特色，产业规模小、资金小和集约化程度低，投融资体制不完善，文化企业融资困难，制约其快速发展。

（二）文化产业结构不合理

一是新兴文化产业发展滞后，缺少文化创意、动漫游戏等以信息化、数字化为核心的新兴产业。二是传统文化产业呈现小、散、弱特点。休闲娱乐服务档次低、规模小、条件差。演艺业仍未脱离传统的小规模、粗放式发展模式，与市场的结合度不高。

（三）产业特色不够明显

宜春市文化产业主要包括印刷复制、烟花鞭炮制造等传统型的文化产业，地方性的特色不够明显，在文化产业全部增加值中，传统产业所占比大，达到一半以上，真正具有地方特色的文化旅游、工艺美术等比例小。这种结构，与周边地区相比，既没有特色上的比较优势，也缺乏与大城市的对接交融和面向大市场的对外辐射力。

（四）文化产业人才缺乏

宜春市从事文化产业人员虽多，但高端人才偏少，特别是真正既懂文化产业并掌握现代科技知识，又会经营管理的复合型人才更少。

四 文化产业发展对策、建议

（一）大力发展新兴业态

全面落实国务院关于推进文化创意与相关产业融合发展的若干意见，加快推进文化创意与农业、科技、旅游、工业设计等相关产业融合发展。积极谋划设计服务、数字出版（印刷）、动漫游戏等创意产业，培育一批有创新能力、有自主知识产权的文化企业和企业集团；积极推动中心城区新建文化创意产业园。

（二）打造提升传统文化产业

将高新技术与传统优势文化产业相融合，通过科技创新，推动新设备、新材料、新工艺的研发和应用，改造和提升传统产业，开发生产高新技术产品，提高产品科技含量和附加值，推动企业成为创新主体。

（三）拓宽融资渠道

建立多元投入机制，鼓励非公有制经济以多种方式进入文化领域，政府通过减免税、土地置换等方式，鼓励民间资本、社会资本尤其是资金雄厚的非国有经济成分及非文化性质的大型企业跨界进入文化产业，促进社会资金向文化领域流动。

（四）抓重大项目

以项目为抓手，通过项目的有效经营、管理来不断提升文化企业的生产

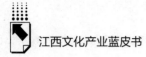
力、竞争力。逐步完善项目策划、招商、建设、管理和运营等工作机制，吸引海内外具有重要影响力的知名文化企业来宜春，建设一批投资规模大、带动能力强、占领市场前沿、填补省内乃至国内空白的文化产业项目，从而带动本地文化企业整体水平的提升。

（五）加强人才队伍建设

加强文化人才队伍建设，通过项目带动，培养、造就和凝聚一批高素质、复合型的文化人才和文化经营管理人才队伍，同时应大力引进海内外文化产业领域的领军人物和专门技术人才，建立文化人才库，通过待遇留人、环境留人，积极发挥市场对人才资源配置的主体作用，盘活人才资源，为文化产业的发展提供智力支持，推动宜春市文化产业实现跨越式发展。

吉安市文化产业发展报告

吉安市文化广电新闻出版局

摘　要： 吉安市具有丰富的历史文化资源和生态资源，文天祥、欧阳修、杨万里等历史名人震烁古今，庐陵文化、吉州古窑遗址、白鹭洲书院等闻名遐迩，井冈山、青原山、武功山景色宜人，为文化产业发展提供了较好的文化生态环境。同时，吉安市委、市政府高度重视，制定了一系列文化产业发展的激励措施，推动了吉安市文化产业的快速发展，产业特色和亮点不断涌现。当然，制约江西文化产业发展的常态问题在吉安市也普遍存在，因此，加强科学规划，完善扶持政策；优化产业结构，建设特色园区；培育文化产业龙头企业，打造自主品牌；加强队伍建设，搭建产业平台等必将有力推动吉安市文化产业的更快发展。

关键词： 吉安市文化产业　多业态融合发展　对策建议

"十二五"规划以来，吉安市加大了文化产业发展支持力度，一批重大项目得以产生，具有区域特色的文化产业项目也"星火燎原"，特点和亮点纷呈，吉安市文化产业发展进入前所未有的机遇期，同时也面临诸多问题。

一　文化产业发展基本情况

（一）政策措施

2012年，成立了由中共吉安市委、市政府主要领导担任正、副组长的推进文化大发展大繁荣领导小组，先后出台了《中共吉安市委、市政府关于加强文化事业建设和加快文化产业发展的意见》（吉发〔2011〕15号）、《中共吉安市委、市政府关于进一步深化文化体制改革，建设文化强市的意见》（吉发〔2013〕17号）、《吉安市文广新局关于推进文化创意和设计服务与相关产业融合发展的实施意见》（吉文广新字〔2014〕76号）等一系列文件，明确了吉安市文化创意产业发展的整体目标、发展任务和保障措施。通过在财政、用地、税费、金融等方面的优惠政策，打造文化产业发展平台，引进了一批重点文化创意产业项目，培育重点文化创意企业，初步形成了多业态产业融合发展的良好态势，吉安市区域文化产业健康度过起步、探索和培育阶段，开始进入快速发展的新时期，呈现蓬勃发展的新气象。

（二）总体格局

2014年，吉安市文化产业已具雏形，形成了以广播电视、印刷发行、报刊影视、文娱演艺、文化旅游等为主体的产业发展体系，呈现投资主体社会化、经营成分多样化、市场功能效益化的格局。现有各类文化经营场所1594家，其中网吧358家，KTV－100家，电子游戏224家，文艺表演团体17家，演出经纪机构1家，美术品经营单位14家，电影发行放映场所19家，广播电台、电视台12家，广电报社1家，出版物经营单位201家，印刷企业（含打字复印）367家，音像制品经营单位90家，文物保护单位160家，其他文化类型35家。培育了一个国家级印刷包装产业基地以及包括井冈山华严文化发展有限公司、江西青之蘋实业有限公司、吉安仁达文化艺术投资有限公司在内的八个省级文化产业示范基地。

（三）产业结构

一是园区文化产业，在青原区规划井大阳光城文化创意产业园；永新县依托丰富的书法资源，创建了永新文化产业园。二是提升现代中心城市文化品位的文化产业，广电、出版发行、印刷包装、报刊、艺术表演团体等重点文化产业经过打磨，行业主体地位日益突出。三是打响"井冈山"品牌产业，立足历史文化的深厚积淀，打造井冈山红色文化创意产业园。四是区域特色文化产业，围绕"文化庐陵，山水吉安"的城市定位，发展文化产业基地。

（四）产业规模

2014 年，吉安市文化产业主营业务收入 177.6 亿元，全市在建和新开工建设的文化旅游项目 21 个，在建项目总投资 39.41 亿元。

（五）发展保障

文化产业的发展受多方面的影响，其中主要的有历史传承、社会需求、经济状况、科技水平、政策导向等方面。

1. 深厚的文化底蕴为吉安文化产业发展提供了丰富的创意源泉

吉安历史悠久，在这里，既有以吉州窑黑釉木叶天目瓷为标志的陶瓷文化，又有以人才辈出的白鹭洲书院为代表的书院文化；既有渼陂燕坊、钓源等众多古民居文化，又有灯彩、饮食等多种风情的非物质文化。名人荟萃，文风鼎盛。文天祥、欧阳修、杨万里等历史名人都出生在吉安。自古就有"隔河两宰相，五里三状元"的美誉。还有以革命摇篮为代表的井冈山红色文化。全市森林覆盖率达 65.5%，连续三年入选"中国特色魅力城市"。"红、古、绿"文化交相辉映，为吉安文化产业的发展提供了永不枯竭的创意源泉。

2. 快速发展的经济为吉安文化产业发展奠定了坚实的物质基础

吉安经济加速发展，2008 年被评为改革开放 30 周年全国 18 个典型地区之一，连续八年实现 13% 的高速增长，对接"长珠闽"的区域优势明显。2014年，主要经济指标中有 5 项增幅在全省列第一位，另有 10 项列全省前三位，全市生产总值 1242.11 亿元、增长 10.2%，财政总收入 195.17 亿元、增长 15.0%，规模工业增加值 688.56 亿元、增长 12.5%。高速增长的经济必然为文化产业的发展提供强劲的资本动力。

3. 日益增长的文化需求为文化产业的发展提供了广阔的消费市场

国际经验表明，人均 GDP 达到 1000~3000 美元，恩格尔系数下降到 30%~40%，文化消费进入快速增长时期。2008 年，吉安市均 GDP 已达 1535 美元，随着经济的快速发展，"十三五"时期，吉安市城乡居民文化消费需求将处于发展最快时期，特别是金融危机后，各国的人们需要精神生活，需要温暖人心，需要文化的抚慰，这些将为文化产业的发展和出口提供广大的消费市场。

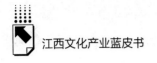

二 文化产业发展的特征与亮点

（一）具备良好的文化产业发展环境

"十二五"以来，中共吉安市委、市政府始终坚持"主攻项目，决战'两区'，跨越发展"的战略取得了突出成就。特别是文化建设超常推进等多项有利政策，为吉安文化产业的快速发展提供了很好的机遇。先后出台了《中共吉安市委、市政府进一步深化文化体制改革，建设文化强市的意见》《吉安市人民政府关于加快印刷复制产业发展的实施意见》《关于进一步加强全市公共文化服务体系建设的实施意见》等系列文件，提出了用3至5年时间把吉安建成国家公共文化服务体系示范区、国家级庐陵文化生态保护区和国家印刷包装产业基地等文化产业聚集区，打造特色鲜明、发展强劲的赣中文化强市的奋斗目标，并明确了全市文化产业的定位、行业布置、优势产业、实施对策、发展任务和保障措施。

（二）突出文化产业的区域特色

区域特色是文化产业发展的优势。吉安市围绕"文化庐陵，山水吉安"的城市定位，把特色优势转化为产业优势，形成了以中心城区为龙头，以吉泰走廊为主轴，以多县（市、区）为支点的建设格局，建立一个文化创意园，打造以创意展示、生态旅游为主的城南文化产业基地（庐陵人文谷）；打造以印刷复制包装为主的产业链；发展演艺影视、现代传媒、文化旅游、节庆会展等重点文化产业；成立吉安市文化产业促进会，整合吉安市文化资源，团结、带领文化产业经营者，在发展道路上打拼，维护他们的合法权益；联合网络文化连锁经营企业，打造吉安市电子商务交易平台，为吉安市文化产品走出吉安、走向全国、走向世界提供有利条件。

（三）努力培养文化产业品牌

通过全体市民的共同参与，大力开展城市精神大讨论活动，构筑"崇文、正气、开放、图强"的吉安城市精神，培育勤劳淳朴、文明开放、创新创造的新市民。立足历史文化的深厚积淀，打造一系列的文化产业品牌。大型实景演出《井冈山》、吉安国家印刷包装产业基地、江西省创意设计制造文化产业平台等项目纷纷在吉安市生根开花，这些品牌社会影响广泛，深受大众欢迎，也为吉安市带来了巨大的经济效益，成为招商的载体，发展的平台。

（四）重视多业态产业融合发展

一是推动"文旅融合"，坚持"旅游为体，文化为魂"，着力打造"红色、古色、绿色"交相辉映的大井冈旅游经济圈，以井冈山红色旅游为龙头，青原山、武功山和赣江库区旅游互动发展的"三山一江"战略，用文化创意点亮旅游品牌。二是推动"文农融合"，万安县建设了集农民画创作、展览、培训、交易于一体，农民画产业与休闲旅游，观光文农融合发展的田北农民画村。三是推动"文居融合"，在城市建设中努力种植庐陵文化，城市建筑注重传承"青砖黛瓦马头墙，飞檐翘角坡屋顶"的庐陵风格。

三 特色文化产业与重点文化企业

（一）特色文化产业

吉安市注重突出地方特色，融入庐陵文化元素。投资2.1亿元的吉州窑遗址公园于2013年11月30日正式开园迎客。投资3.8亿元的武功山金顶景区、投资6.14亿元的青原山风景区整体开发项目，投资1.2亿元的白鹭洲公园整体维修改造工程正在加紧建设中。启动建设了古后河绿廊工程和螺湖湾湿地绿道工程。在老城区街头巷尾整合了80多块街头绿地，基本实现"300米见绿，500米见园"的公园绿地服务半径目标，突出了文化传承的理念，促进了人居环境的改善。

全市多地先后举办了庐陵文化艺术节、庐陵文化旅游月、井冈蜜柚节、井冈山国际杜鹃花节、青原山庐陵文化旅游节、遂川国际狗牯脑茶文化旅游节、泰和乌鸡文化节等，进一步打响了井冈红色旅游、庐陵文化旅游品牌，推出了吉州窑陶瓷、永丰菊花石、吉安农民画、新干剪纸等特色文化产品，正在兴建和策划吉州窑（吉安）陶瓷文化博览城、吉安庐陵人文谷、泰和乌鸡原创动漫游戏基地等项目。

（二）重点文化企业

至 2014 年，吉安市有文化企业 1283 家，从业人员达 4 万人，其中 8 家企业被评选为省级文化产业基地。全市 100 强文化企业中民营企业占 80% 以上。2013 年全市文化产业实现主营业务收入突破 200 亿元，达到 221.4 亿元，文化产业增加值突破 50 亿元，达到 55.16 亿元。文化艺术中心、图书馆、博物馆、城市展示馆、科技馆等一大批文化公共设施在城南行政中心拔地而起。

实景演出《井冈山》是井冈山华严文化发展有限公司投资打造的大型文艺表演，以当年十送红军的拿山乡作为演出地点，以秀美真实的山水自然风光作为布景，以当地农民的本色演出作为基调，以乡土原生态的艺术元素来创作音乐舞蹈，结合这些方面，节目的演出带来了巨大的艺术魅力，让观众耳目一新，创造了强烈的艺术效果。这台节目由中国电影家协会原主席、电影《开国大典》导演李前宽担任总导演，吸收了当地 600 位农民做演员，100 余名当地管理人员，解决了 700 余人的就业。演员年收入达 6000 余元，当地农民年增收达 500 余万元。农民增收进入全省增幅最大、增速最快的乡镇行列。到目前为止，共演出 1420 场，观众 80 余万人次，门票收入达 1 个多亿。2014 年接待观众占来井冈山旅游的游客量比例与 2013 年同期相比上升了 4 个点。井冈山华严文化发展有限公司先后被评为"江西省第二批文化产业示范基地"、"江西省重点文化企业"、"吉安市服务业龙头企业"和"吉安市第五批爱国主义教育基地"。

吉安庐陵人文谷是上海申卯企业发展有限公司投资，以"江西庐陵人文谷投资发展有限公司"注册公司实施的，既具有浓郁地方特色人文环境，又具有国际时尚文化创意的文化产业项目。项目位于吉安市城南庐陵新区，坐落在距市行政中心 500 余米的古后河绿廊、金腰带中心地带。项目坚持以文化为核心、以旅游为载体、以科技为支撑、以旅游为平台、以生态为依托的发展理念，致力打造成吉安市首个文化创意丰富、旅游亮点纷呈、科技水平高端、产业发展集约，具有庐陵文化特色的旅游景区及绿色产业聚集地，建成后预计每年接待游客 50 万人次，增加税收 3 亿元以上，安排就业 2000 人以上。将成为 500 万吉安人寻找城市记忆和 50 万在外吉安成功人士寄托乡愁的人文小镇。项目整体分为三期完成：第一期为庐陵老街，由明代、清代、民国庐陵韵味的状元街、钱市街、甜爱街等组成；第二期为庐陵 MALL，由庐陵秀场、禅意上院、儿童体验馆、水上乐园、电商创意大厦、人才培训大厦、艺术教育大厦、生态旅游酒店、仁达时尚汇等组成；第三期为艺术家村落，由创意作坊、艺术长廊、大师工作室组成。项目总用地面积 222 亩，总投资约 8 亿元，总建筑面积 35 万平方米。该项目不仅可以促进吉安地区文化、科技、旅游、生态资源的合理利用、高效开发，更进一步增强吉安在全国经济辐射力和影响力，增强文化科技产业的创意研发水平和规模化生产能力，对于提升吉安文化产业发展水平和城市文化软实力具有十分重要的意义。项目建成后将成为新吉安文化旅游商业中心，新吉安绿色产业中心，新吉安时尚生活中心。

吉安市印刷包装产业基地获得新闻出版总署批复组建国家级印刷包装产业基地并进行了揭牌，这是全国继上海金山国家绿色创意印刷示范园和西安印刷包装产业基地后的又一个国家级印刷包装产业基地。基地拟建设印刷、出版、印刷机械、油墨、包装等一套完整的产业链，引进国内外印刷企业进驻。目前已有江西青之藾实业、协泰彩印、景福彩印等印刷包装企业入驻。为扶持该项目建设，吉安市成立了项目建设指挥部，按照市政府出台的《关于加快印刷复制产业发展的实施意见》，从降低货物运输成本，降低用水、用电价格，降低用工成本，加快政策扶持，减轻收费负担，支持技术改造，实行税收优惠，给予金融支持等 10 个方面落实优惠政策，集中全力面向海内外印刷包装企业招商，争取更多更先进更环保的印刷包装企业进驻基地。

四　文化产业发展存在的问题

（一）认识和协调不够到位

吉安市对文化产业可以说是高度重视，但具体到文化创意和设计服务业这一新的文化产业形态，还存在认识模糊，重视不够，界定不清，宣传不到位的问题。同时，由于这项工作涉及发改、财政、金融、税务、建设、人事、农业、旅游、体育、统计等多个部门，存在条块分割、多头管理、各自发展等问题。目前，虽然建立了市文化产业发展领导小组办公室，但该领导小组成员单

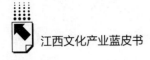

位还未涵盖建设、农业、体育部门，在协调管理上还不够顺畅，力度不够大，需要建立统一高效的组织协调机构，高位推动文化创意和设计服务与相关产业融合发展。

（二）相关法规政策不完善

目前，国家和江西省都还没有文化产业发展方面的法规和条例，吉安市人大常委会也没有制定吉安文化产业发展方面的条例，法规的缺失导致有关文化产业发展方面的政策措施强制力、约束力不够，文化产业发展空间受到一定程度限制，文化产业本身的规范发展也受到影响。另一方面，在文化产业发展政策上，民办文化企业与国有文化企业还没有取得同等的待遇，国家和省级层面的相关的优惠政策还没有完全落实，有关文化创意与设计服务业的政策也没有配套跟进。

（三）技术和人才欠缺

文化创意和设计服务产业是知识密集型产业，吉安市相关产业大多停留在传统技术基础上，运用高新技术不多，创新不够。而且，由于吉安市属于经济欠发达地区，相关人才引不进、留不住，十分缺乏，严重制约了文化创意和设计服务与相关产业融合发展。

（四）市场拓展能力不强

吉安市国有文化企业市场意识较为薄弱，市场开拓动力和开拓意识不强，也没有形成与市场经济发展相适应的经营模式，产品的附加值和市场占有率低。一些民营文化企业现代企业法人制度还在建立之中，企业的现代企业管理制度没有完全确立，企业经营上，没有形成完整的产业链，企业营销能力较弱。

五　文化产业发展的对策与展望

（一）确立文化产业发展战略

1. 实施产业聚集战略

吉安市文化产业发展着重打造三个产业聚集基地。一是打造吉安文化创意产业城，依托庐陵文化园，建设特色艺术品拍卖市场、古玩市场、知识产权交易市场，设立动漫工作室及新干的剪纸、木艺等非遗展示厅，形成吉安文化产业创意中心；二是打造城吉安南现代文化创意产业基地，把吉安市会展业、演艺业、影视业、广告传媒业和动漫业聚集在城南新区，依托吉安市文化艺术中心、吉安市传媒中心，建设一个现代化文化新城区；三是打造红色演艺基地，依托吉安丰富的红色资源，着力做好大型实景演出《井冈山》，打造《记忆庐陵》等演艺基地。

2. 实施项目带动战略

一是组建吉安出版报业集团，以《井冈山报》为龙头，整合各区县相关新闻出版企业。二是培育组建吉安演艺集团，以大型实景演出《井冈山》和《记忆庐陵》演艺基地为核心，整合区县各演出剧团和民营演出团体，组建演艺集团。

3. 实施文化品牌战略

一是以东固革命根据地为主，培育城市文化旅游品牌。精心开发东固革命景区，打造吉安中心城区沁园文化景观带，把"东井冈"红色文化、文天祥陵园文化、青原山禅宗文化、畲乡民俗文化、渼陂与陂下古村文化和临江古窑文化相串联起来。二是打造红色文化品牌。充分挖掘和弘扬吉安刚正义烈的光荣革命传统，将遂川县、永新县、宁冈区等地的革命历史文物和景点结合为一体，打造以井冈山为主的大井冈红色文化旅游圈。三是打造武功山道教文化旅游产业。安福武功山是道教文化盛行地，也是"全国重点风景名胜区""国家森林公园"，武功山高山草甸每年举办的帐篷节在全国颇有影响，通过把武功山宣传打造成国内知名的道教文化旅游品牌，从而带动相关文化产业发展。

（二）做大做强吉安优势文化产业

1. 大力发展文化旅游业

加快吉安各文化旅游景点景区的统筹开发，使富有吉安特色的单个的文化旅游景点连成线，形成片，串成链，推动吉安文化旅游整体发展。进一步深化打造实景演出《井冈山》和大型情景歌舞剧《记忆庐陵》，把这两个剧目打造成全国知名演艺品牌。这两个剧目属于文化与旅游、文化与演艺相结合的文化

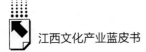

产业项目，可在井冈山、吉安的景点常年演出，促进文化与旅游结合发展。紧紧依托吉安市丰富的"红、绿、古"旅游资源，坚持不懈地实施井冈山、青原山、武功山互动并进的"三山"战略，打响井冈红色旅游、吉安生态休闲旅游、庐陵文化旅游"三大品牌"，开发特色旅游纪念品，加快由旅游文化资源大市向旅游文化产业大市的转变。

2. 大力发展印刷复制业和文化制造业

一是加快推进吉安国家印刷包装产业基地建设。充分抓住国家将赣州、吉安一并纳入创建国家印刷包装产业基地范畴的有利时机，发挥产业聚集优势，引进东莞印刷企业进驻经济开发区，做大做强吉安市印刷复制产业，打造印刷复制产业品牌，做大市场份额，增强市场竞争力。二是加快井冈山电子图书城（吉安市新华书店）项目建设，建设具有现代化水准的新华书店。三是扶持航盛、先歌、合力泰等企业做大做强吉安市文化制造业。

3. 大力发展动漫创意娱乐产业

一是高位推动积极引进动漫产业项目，扶持泰和乌鸡原创动漫基地项目的建设，积极引导和组织企业创作反映吉安市历史文化、风景名胜、民间故事等方面的文化作品，打造动漫原创品牌。二是激发文化创意，扶持吉州陶瓷文化博览城项目，促进体现吉安红色文化、庐陵文化的服装、玩具、食品、礼品等衍生产品的研发、生产和销售。三是整合文化休闲娱乐业，扶持庐陵人文谷创意产业城等项目的建设，引进建设高层次的文化娱乐休闲会所，提升文化娱乐休闲的档次和品位。

4. 大力发展文化产业电子交易平台

文化产业需要实现真正的整合，实现大发展，只有一条路，就是必须全面转向进入电子商务时代。吉安市将重点扶持由北京新软时代科技有限公司牵头打造的吉安市文化产业电子交易平台，做大做强电子商务，提高了中小文化企业的贸易水平和竞争能力。

（三）完善配套政策，开展配套服务

围绕引进社会资本进入文化产业领域，制定包括财政、税收、金融、土地、人才等多种手段的文化产业政策体系，制定促进文化产业发展的系列配套优惠政策，通过有力的政策调控引导文化创意和设计服务与相关产业融合发

展。建立健全知识产权保护体系，加大知识产权的保护和宣传力度，形成尊重创新、保护创新的发展环境。

（四）加强队伍建设，搭建产业平台

文化产业发展关键在人才队伍建设。要发挥职业教育在文化传承创新中的重要作用，将文化创意和设计服务人才的培养、非物质文化遗产传承人才的培养纳入职业教育体系，在吉安职业技术学院设立文化创意和设计服务、庐陵文化传承创新专业点，加快培养一批文化创意与设计服务人才。完善在职人员培训机制，设立文化产业职业培训机构和教学科研实习基地。探索建立以知识产权、无形资产、技术要素等参与分配的新路径，营造有利于人才脱颖而出的良好氛围。

B.21
新余市文化产业发展报告

新余市文化广电新闻出版局

摘　要： "十二五"规划以来，新余市制定出台了一系列文化产业发展的激励措施，有效改善了文化产业发展环境，文化产业快速发展，文化企业实力不断增强，产业结构逐步优化，特色文化企业逐步升起，新余市渝州绣坊有限责任公司、江西省瀚皇典影视文化传媒有限公司、江西杰锋印刷包装有限公司、江西星漫文化传播有限公司等文化企业发展迅速，在省内甚至在国内文化产业领域都具有一定影响力。当然，文化产业多头管理、协调困难等问题长期存在，"小、弱、散"的问题非常突出；文化企业融资难长期存在、较为普遍等问题是制约新余市文化产业加快发展的瓶颈问题。因此，发挥领导小组作用，加大文化产业发展协调力度；发挥项目带动作用，力推"一核、三带、八园"建设；发挥产业集聚作用，创设文化创意产业孵化基地；发挥融资杠杆作用，设立文化企业的贷款风险池，等等，对推动新余市文化产业快速发展都具有重要的意义。

关键词： 新余市文化产业　发展举措　建议对策

"十二五"规划以来，新余市大力贯彻实施国家、省、市文化产业发展重要战略，积极推动文化产业转型升级。此期间，新余市大力推进文化产业发展，不断提升文化产业的规模化、专业化、集约化水平，全市文化产业主营业务收入、增加值、占 GDP 比重连年增长，为新余市经济发展增添了强劲动力。

一　新余市文化产业发展的基本情况

"十二五"规划以来，新余市文化产业在起步中发展，在发展中壮大，对经济发展的辐射力、影响力和带动力不断提高，极大地满足人民群众精神文化需求，推动了经济的快速发展。

（一）产业规模不断扩大

初步形成了文化及文化相关产品生产10个大类、50个中类、120个小类、29个延伸层的产业体系。2014年，全市文化产业增加值22.3亿元，较2010年增长191%；文化产业增加值占GDP比重2.5%，较2010年提升1.58个百分点。

（二）产业结构不断优化

至2014年，新余市文化产业结构呈现三大变化：一是新兴文化产业占比上升、增长快；二是传统文化产业占比趋小，正处于转型调整期；三是文化相关产品生产继续保持增长。

（三）企业实力不断增强

经过多年发展和行业积累，新余市一大批文化企业脱颖而出，活力进一步释放，涌现出一批在全省乃至全国有一定知名度的文化企业（见表1）。

表1　新余市文化产业企业入选（获评）项目情况

入选（获评）项目	入选（获评）企业
首批国家级特色文化产业重点项目	新余市渝州绣坊有限责任公司
国家级文化产业重点项目	江西恩达麻世纪科技股份有限公司、江西沃格光电股份有限公司、新余市渝州绣坊有限责任公司、江西星漫文化传播有限公司、江西金利达电子商务有限公司
国家级新闻出版改革发展项目	江西省瀚皇典影视文化传媒有限公司、江西星漫文化传播有限公司
国家级文化出口重点企业	江西杰锋印刷包装有限公司

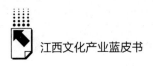

续表

入选（获评）项目	入选（获评）企业
国家级动漫企业	江西省瀚皇典影视文化传媒有限公司、江西省铃山堂文化传播有限公司
省级动漫企业	江西省天工开物文化传播有限公司
省级文化产业示范基地	江西仙女湖文化发展公司、新余天工文化创意产业园、江西恩达麻世纪科技股份有限公司
首批省级乡村休闲文化旅游示范点	新余市仙女湖畔生态农业开发有限公司岩宏山庄
全省广播影视制造企业 30 强	新余瑞德数码科技有限公司、中西安防科技（新余）有限公司、江西亿铂电子科技有限公司、江西联龙电子电器有限公司、江西好英王光电有限公司、江西盛泰光学有限公司
全省广播影视生产经营先进单位	江西省天工开物文化传播有限公司

（四）园区建设不断提速

2013 年新余市在建文化产业园区 8 个，其中抱石文化创意园、佛教文化博览园、天工文化创意产业园、文化旅游养生度假园建设初具规模，夏布刺绣文化创意产业园、汽车文化产业园、艺术陶瓷创意产业园、绿色低碳创意印刷产业园正在加速推进（见表 2）。2014 年，抱石文化创意园陶瓷园开园，汽车文化产业园奠基启动，恩达夏布文化创意馆、夏布绣博物馆先后开馆。

表 2　新余市文化产业园区分布情况

园区名称	园区分布
夏布刺绣文化创意产业园	新余市分宜县
抱石文化创意园	新余市仙女湖风景名胜区
佛教文化博览园	新余市仙女湖风景名胜区
天工文化创意产业园	新余市仙女湖风景名胜区
汽车文化产业园	新余市仙女湖风景名胜区
艺术陶瓷创意产业园	新余市分宜县
绿色低碳创意印刷产业园	新余高新技术产业开发区
文化旅游养生度假园	新余市渝水区

（五）产业就业不断增长

文化产业已成为新余市经济一个不可或缺的组成部分，在促进经济发展、扩大就业、涵养税源等方面发挥了积极作用。至 2014 年，新余市文化产业企业达 2605 家，较 2010 年增加 627 家；从业人员达 19457 人，较 2010 年增加 6441 人（见表 3）。

表 3　2010～2014 年新余市文化产业企业及从业人员数量统计

年份	企业数（家）	从业人员数（人）
2010	1978	13016
2011	2311	17864
2012	2589	19279
2013	2596	19410
2014	2605	19457

二　新余市文化产业发展的特征与亮点

"十二五"规划以来，通过优化产业结构和发展布局，完善产业发展政策，实施重大项目带动战略，优先发展高科技文化产业，加快发展民营文化企业，新余市文化产业发展迅速。

（一）认真调研，摸清文化产业家底

建立了《新余市文化产业企业库》，入库企业 2605 家；编制了《新余市文化产业项目库》，入库项目 24 个；编印了《新余市文化产业招商手册》，入册园区 8 个。"两库一册"的建立，对全市文化产业发展状况做到了心中有数，为促进文化产业发展提供了前提条件。

（二）拟订规划，明确产业发展方向

依据新余市地域文化资源、产业基础和发展潜力，2014 年 1 月以市政府名义印发了《新余市 2013～2020 年文化产业发展规划纲要》，明确了"一核"

（复合型文化产业发展核心区）、"三带"（制造型文化用品产业带、消费型文化旅游产业带、生态型文化创意产业带）、"八园"（夏布刺绣文化创意产业园、抱石文化创意园、佛教文化博览园、天工文化创意产业园、艺术陶瓷创意产业园、汽车文化产业园、绿色低碳创意印刷产业园、文化旅游养生度假园）的产业空间布局，提出了推进"文化与旅游""文化与科技""文化与市场"三大融合工程，加快发展文化创意、文化旅游、传媒出版、文化用品制造、广告会展、娱乐休闲、文化演艺、文化培训等八大重点产业的目标，为新余市文化产业发展指明了方向，成为指导全市文化产业发展的纲领性文件。

（三）出台政策，扶持文化产业发展

新余市不断加大政策扶持力度，加快文化产业发展。2012年8月以市政府名义印发了《新余市抱石文化创意园政策扶持办法（试行）》，在财政、金融、税收、工商、人才、奖励等方面明确了19项扶持政策，有力推动了抱石文化创意园的建设和发展；2013年5月，市政府常务会审议通过了《新余市扶持文化产业发展暂行办法》，在放宽市场准入、实行奖励扶持、促进人才成长等方面明确了34项扶持政策，并对具体操作办法做出了详细规定，2014年7月，将该《办法》内容纳入了市政府印发的《新余市促进经济发展办法》。一系列政策措施的实施，为新余市加快文化产业发展提供了有力保障。

（四）落实资金，确保政策落实到位

为发挥财政资金的引导作用，破解文化企业资金瓶颈，2014年1月，新余市专门设立了市级文化产业发展政策扶持专项资金，每年从市服务业发展资金中安排300万元，用于支持文化产业发展。与此同时，各县（区）也相继设立了文化产业发展专项资金，缓解文化企业资金压力。

（五）建立机制，合力促进文化产业

建立了文化产业发展每月、每季、半年一调度机制，即每月由文化部门调度一次，每季度由分管副市长调度一次，每半年由市长调度一次。调度分为全面调度、重点项目调度和现场调度，全面调度即对全市文化产业发展25项总体目标任务进行调度，重点项目调度即对八大文化产业园区建设情况进行调

度，现场调度即对文化产业重点企业、重点项目建设进行现场调度。通过加强工作调度，及时解决文化产业发展中的困难和问题，有力促进了部门责任落实、产业加快发展。

（六）招商引资，增强产业发展活力

为推进文化产业招商引资工作，新余市将文化产业招商引资工作纳入了县（区）、市直有关部门招商引资工作考核内容，明确了各项目标任务，重点围绕"招大、培强、选优"，广结人脉，深挖资源，不断提升引进文化产业项目的质量和层次，着力引进一批发展前景好、行业影响大、投放效益强的重点文化产业项目落户新余。同时，新余市高度重视培养和引进勇于创新、善于营销、精于管理的文化产业人才，采取"走出去，请进来"的方式，着力通过文化产业项目的引进，加快人才、资金、管理、技术等要素资源的引进。目前，新余市成功引进了一批文化产业项目落户新余，为文化产业发展增添了新的动力和活力。

（七）开展评比，激励企业做大做强

重点开展四项评比活动，即每两年组织一次市级文化产业示范园区（基地）评选和命名工作，每年组织一次市级文化产业十强企业评选，每年组织一次市级"文化企业自主创新奖"评选，定期开展"文化产业人才贡献奖"评选活动，扶持鼓励文化企业（项目）做大做强。

（八）严格考核，层层落实发展责任

为充分调动各职能部门抓紧、抓实、抓好文化产业的积极性和主动性，形成协调联动、合力推进的工作格局，新余市将文化产业发展工作纳入年度绩效考核体系，作为评价县（区）和市直部门工作水平、工作质量和领导干部工作实绩的重要内容。2013年10月，市政府专题召开全市文化产业发展协调会议，印发了全市文化产业发展任务责任分工，将25项目标任务逐一分解到各县（区）和20多个市直部门，明确牵头单位、协办单位和完成期限，按照文化产业总量、重大项目招商、骨干企业培育、综合环境服务等4个大类考核指标，在年底进行统一严格考核，促进了各项工作任务的有效落实。

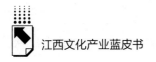

三 新余市特色文化产业和重点文化企业

"十二五"规划以来,新余市在苎麻(夏布刺绣)产业、动漫产业和文化用品制造产业等方面,形成了在省内有一定比较优势、在全国有一定影响的特色文化产业和龙头企业(见表4)。

表4 新余市特色文化产业及龙头企业情况

特色文化产业	龙头企业
苎麻(夏布刺绣)产业	江西恩达麻世纪科技股份有限公司、新余市渝州绣坊有限责任公司等
动漫产业	江西省瀚皇典影视文化传媒有限公司、江西省钤山堂文化传播有限公司等
文化用品制造产业	江西沃格光电股份有限公司、江西华腾地毯产业园有限公司等

(一)首批国家级特色文化产业重点项目:新余市渝州绣坊有限责任公司

新余市渝州绣坊有限责任公司是一家集夏布绣研发、制作、装裱、销售为一体的独具特色的文化创意企业,以首创夏布艺术刺绣而闻名。自2004年创建以来,公司一直致力于夏布绣的保护、传承、创新与发展,以被誉为"中国草"的苎麻夏布为面料,用其独创的夏布绣工艺将我国传统绘画、书法及其他艺术与夏布巧妙地融为一体,开发出具有鲜明地域特色和独特个性风格的夏布绣,填补了江西刺绣艺术的空白。公司的夏布绣作品先后荣获中国民间文艺"山花奖"和中国工艺美术"百花奖金奖"在内的国家级、省级金、银、铜奖60多项,被中国工艺美术馆等12家博物馆收藏;夏布绣工艺及外观设计获实用新型专利"设有绣层的夏布"等46项国家专利;获准注册"夏绣""张小红夏绣""巧妹""渝州绣坊"等5项注册商标,其中"夏绣"商标被评为江西省著名商标,被专家和业界誉为"中国夏布第一绣"。中国刺绣艺术大师、江西省工艺美术大师张小红为夏布绣国家非遗传承人。2014年,公司夏布绣列入国家级非物质文化遗产保护名录,夏布绣产业发展项目入选首批国家级特色文化产业重点项目，投资开办的"夏布绣博物馆"馆藏作品达 1050件（套）。

（二）国家级动漫企业：江西省瀚皇典影视文化传媒有限公司

江西省瀚皇典影视文化传媒有限公司是一家集广播电视节目制作与发行、动画产业经营、软件开发与动漫人才培训、企业形象策划设计与品牌营销推广等于一体的文化创意企业。公司凭借人才、技术等方面优势，经过短短几年，一跃成为国家级动漫企业和江西省重点动漫企业，并跻身国家百强动漫企业行列，成为国内动漫行业一颗冉冉升起的新星。由公司投资制作，国内首部以明代科学巨著《天工开物》为蓝本的大型原创动画片《天工开物·开心岛》，以青少年自我保护教育为主题的大型原创动漫系列剧《逐梦少年》等一批原创动漫精品屡获佳绩，囊括了优秀国产动画片、国家动漫精品奖、江西省人民政府动漫奖等多个国家级和省级大奖。其中，动画片《天工开物·开心岛》两次在中央电视台热播。2014 年，公司在打造江西首部原创动画电影《瓷童海梦》项目时，首开国产动漫电影与国际电影制片操作平台及境外发行团队合作之先河，并借鉴好莱坞电影投资模式和运作模式，运用金融创新理念和机制共襄盛举。

（三）江西省第三批省级文化产业示范基地：江西仙女湖文化发展公司

江西仙女湖文化发展公司是一家从事文化艺术交流和策划等经营活动的文化企业，是新余市抱石文化创意园的投资主体。公司投资建设的抱石文化创意园依托抱石文化特色品牌，引入多元文化元素，体现古典与现代艺术的完美结合，对艺术创作设计、教学培训、展览交流、休闲鉴赏、赛事会务等多种功能进行合理布局，打造具有文化、旅游、休闲、体验、商业功能的创意综合区、国内一流的文化艺术产业基地，推动仙女湖旅游产业和文化产业实现突破性发展。园区占地面积 460 亩，总投资 4 亿元，布局在仙女湖风景名胜区。项目建设包括抱石文化博览中心、书画创作区、陶瓷创意区、专家创意区、高标准园林、码头等设施。2014 年，抱石文化创意园陶瓷园开园，园区已入驻文化企业（艺术家）9 个。

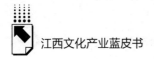

（四）江西省第四批省级文化产业示范基地：新余天工文化创意产业园

新余天工文化创意产业园布局在仙女湖风景名胜区。园区充分挖掘天工文化资源，利用《天工开物》这一无形资产，以打造多功能文化创意产业基地为目标，打造以研发、投资、孵化、制作、培训、交易等功能于一体的文化创意产业投资和孵化平台，引进动漫设计、影视制作、文化娱乐设施生产演示、文化娱乐产品研发及人才培训等项目入园。至 2014 年，园区已入驻文化企业（艺术家）7 个。

（五）江西省第五批省级文化产业示范基地：江西恩达麻世纪科技股份有限公司

江西恩达麻世纪科技股份有限公司是一家以麻纺为主导产业，集苎麻种植、苎麻微生物脱胶精干麻、纯麻纺、麻棉混纺、时尚面料、夏布床上家居用品、服装、夏布工艺系列产品研发、生产加工、出口与销售为一体的综合性科技民营企业。公司是农业产业化省级优秀龙头企业，国家级重点龙头企业，2010 年上海世博会（家纺类）特许生产商和零售商，连续四年跻身中国纺织服装企业竞争力 500 强企业、中国麻纺行业竞争力 10 强企业、中国纺织工业产品出口百强企业和"中国驰名商标"企业。2008～2014 年，夏布生产、销售、产品研发与出口创汇居全国首位，其夏布刺绣作品先后荣获"中国工艺美术文化创意奖"等国家级、省级金、银、铜奖。2014 年，公司以首届"中国（江西）国际麻纺博览会"为契机，在新余市仙女湖仰仙湾投资 9360 万元新建了恩达麻艺文化街。文化街以"弘扬民族工艺，营造健康家居"为宗旨，以"发展低碳家居，引领绿色生活"为目标，为实现"生态健康"的生活理念，把绿色、环保、天然的理念融入现代化的工艺中。计划在 2015 年，公司将建设一批销售收入千万元以上的规模文化服务企业，带动当地麻产品生产，及旅游、休闲娱乐、餐饮、零售、交通等第三产业的发展，推动麻艺文化经营上层次、上水平，拓宽并丰富市场苎麻纺织产品领域及品种，增加苎麻家纺用、产业用的比重，力争成为全国首家麻产品生产全产业链上市公司。

四 新余市文化产业发展的困难与对策

"十二五"规划以来，新余市文化产业发展虽取得了一定成效，但总体上还处于起步、探索、培育阶段，机遇与挑战并存，相对于人民群众日益增长的精神文化需求，新余市文化产业发展任重道远，诸多问题和困难亟待解决：一是文化产业多头管理、协调困难等问题长期存在，"小、弱、散"的问题非常突出；二是文化企业融资难长期存在、较为普遍，是制约文化产业加快发展的瓶颈。针对这些问题，新余市重点是做好"四个作用"发挥工作。

（一）发挥领导小组作用，加大文化产业发展协调力度

充分发挥各级文化产业发展工作领导小组作用，进一步加大文化产业发展协调力度，健全和完善文化产业发展调度机制和绩效考核机制，对文化产业发展进度和文化产业企业实施动态管理和服务；用好用足《新余市促进经济发展办法（文化业）》，尽快将文化产业发展政策措施落实到位；积极探索促进文化产业发展的新政策、新措施，努力形成文化产业发展合力。

（二）发挥项目带动作用，力推"一核、三带、八园"建设

按照新余市政府印发的《新余市2013~2020年文化产业发展规划纲要》，指导、督促县（区）加快"一核、三带、八园"建设，力争早开工、早建成、早落户、早投产、早见效。与此同时，指导、督促县（区）围绕文化产业项目建设大力开展招商引资活动，力争引进一批发展前景好、影响大、投放效益强的重点文化产业项目落户新余，吸引更多的资金、技术和人才投向文化产业。

（三）发挥产业集聚作用，创设文化创意产业孵化基地

在市主城区范围内，在土地用途和使用权人暂不变更的情况下，通过合理的方式，妥善处理和利用工业厂房、仓储用房、传统商业街等存量房产，采用向每户企业提供20~40平方米办公场所，免交3~5年房租，网线、电话线端口入户，提供办公桌椅、电脑、电话机等办公设备的优惠政策，创设新余市文

化创意产业孵化基地。孵化基地建设集展场、卖场、创意生活体验馆为一体的大师工作室、创意工作室，形成集文化创意研发、设计、生产、加工、制作为一体的游、购、娱的新型文化旅游休闲娱乐模式，使之成为最具创新氛围、最具投资吸引力、最具企业发展空间、最具人文活力的省内一流的文化创意产业孵化基地，成为赏绣、闻香、听曲、品茶、鉴艺的文化休闲娱乐场所、对外文化产业交流场所和一道亮丽的城市风景线。

（四）发挥融资杠杆作用，设立文化企业的贷款风险池

由政府与担保公司、银行合作共同支持文化企业贷款，解决文化企业融资难问题；支持相关金融机构成立文化产业专营团队，加大对文化企业贷款的专项扶持力度；引入担保公司按照1∶1配套，商业银行按照风险池资金10倍安排定向信贷资金支持文化企业，政府、担保公司、银行按照比例承担文化企业贷款风险，超出风险池部分由担保公司和银行按比例承担责任。

五　新余市文化产业"十三五"发展规划

产业发展，规划先行。为加快新余市文化产业发展，实施大项目带动战略和大平台集聚战略，形成布局合理、特色鲜明、优势突出的文化产业发展格局，将文化产业打造成全市支柱性产业，推动提前全面建成小康社会和实现城乡一体化目标的早日实现。2014年1月，新余市制定出台了《新余市2013～2020年文化产业发展规划纲要》。

（一）发展目标

以实施"138工程"（一核、三带、八园）为抓手，推动文化产业快速发展，形成1～2个在全省乃至全国有特色优势和竞争实力的文化产业主导行业和文化产业品牌，培育10家在全省乃至全国同行业中具有一定规模优势和品牌影响的文化企业，发展壮大30家以上具有自主知识产权和创新能力的新兴文化企业，力争1～2家文化企业上市融资，培育8个左右管理规范、集聚效应明显、辐射能力强的文化产业园区（基地），形成2个以上总产值超10亿元的重点文化产业园区、1个国家级文化产业示范基地、3个省级文化产业示范

基地，建设一批特色文化与商贸服务有机融合的多业态文化休闲娱乐街区，培育 3~5 个具有较大影响的节庆会展品牌，在影视动漫、广播戏曲等方面推出 3 部以上具有地域特色、自主知识产权和市场竞争力的精品力作，培养和引进 10 名勇于创新、善于营销、精于管理、在全省乃至全国有一定影响的文化产业人才。全市文化产业增速高于 GDP 增速，在 2020 年前文化产业增加值占 GDP 比重达到 5%，逐步成为全市国民经济支柱性产业。

（二）空间布局

依据目前全市地域文化资源、产业基础和发展潜力，明确发展主题特色，引导要素集聚，推动重点产业快速协调发展，初步形成"一核（复合型文化产业发展核心区）、三带（制造型文化用品产业带、消费型文化旅游产业带、生态型文化创意产业带）、八园（夏布刺绣文化创意产业园、抱石文化创意园、佛教文化博览园、天工文化创意产业园、汽车文化产业园、艺术陶瓷创意产业园、绿色低碳创意印刷产业园、文化旅游养生度假园）"的产业空间布局，并根据文化产业发展态势逐步增加相应产业园区。

（三）发展重点

紧紧围绕"一核、三带、八园"建设，着力推进"文化与旅游""文化与科技""文化与市场"三大融合工程，加快发展文化创意、文化旅游、传媒出版、文化用品制造、广告会展、娱乐休闲、文化演艺、文化培训等八大重点产业，确保文化产业发展各项目标顺利实现。

（四）保障措施

加强组织领导，强化机制保障；落实优惠政策，加大扶持力度；加强载体建设，引导做大做强；支持多种经营，促进文化消费；做强人才队伍，强化智力支撑。

B.22

萍乡市文化产业发展报告

萍乡市文化广电新闻出版局

摘　要：　2014 年萍乡市文化产业快速发展,文化产业主营收入达 268.9 亿元,增加值 79.57 亿元,占 GDP 比重达 9.2%,居全省首位,文化产业在经济发展中支柱作用明显。萍乡市文化产业特色鲜明,文化旅游业、动漫游戏业、茶叶包装业、工艺美术业、娱乐表演业都发展态势良好,但也面临着政策措施配套跟不上发展、认识协调不到位、高端人才缺乏等困境。依托现有产业基础,萍乡市重点抓好"两区二带三园二基地"建设;优化产业结构,着力打造文化产业集群,建设湘东茶叶包装基地、安源动漫创意聚集区、武功山文化产业园、莲花文化产业园等,推进产业集聚;加强人才队伍建设,非物质文化遗产传承人才培养纳入职业教育体系,在萍乡学院设立文化创意和设计服务专业,加快培养文化创意与设计服务人才。

关键词：　萍乡市文化产业　发展特色　发展建议

一　文化产业发展基本情况

(一)发展历程

2012 年,中共萍乡市委、市政府提出了"文化兴市"的战略部署,2012年制定了《关于贯彻落实党的十七届六中全会精神,大力推进文化兴市战略的实施意见》，2013 年制定了《萍乡市 2013～2015 年文化改革发展纲要》（萍办发〔2013〕5 号），2014 年制定了《萍乡市人民政府关于印发萍乡市现代服务业三年实施计划（2014～2016）的通知》（萍府发〔2014〕8 号）等系列文件，明确了萍乡市文化产业发展的整体目标、发展任务和保障措施。将繁荣文化事业、发展文化产业纳入城市转型主战略和经济社会发展总体规划，依托资源优势，加大资金投入，突出项目带动作用，促进文化资源向产业转化，文化产业呈现蓬勃发展良好势头。

（二）总体格局

2014 年，萍乡市文化产业已具雏形，形成了以广播电影电视、印刷包装、报刊影视、文娱演艺、文化旅游、动漫创意等为主体的产业发展体系，呈现投资主体社会化、经营成分多样化、市场功能效益化的格局。现有各类文化经营场所1258 家，其中网吧 217 家，KTV 52 家，电子游戏 24 家，文艺表演团体 10 家，电影发行放映场所 10 家，广播电台、电视台 12 家，广电报社 1 家，出版物经营单位 201 家，印刷企业（含打字复印）367 家，音像制品经营单位 86 家。

（三）产业结构

一是打响"红色安源"和"绿色武功山"品牌产业，立足历史文化的深厚积淀，打造中国安源文化博览园和武功山文化产业园。二是加快文化娱乐业发展，形成以萍乡新世纪大歌城、蓝波湾演艺中心和新建落成的安源大剧院为中心的演艺娱乐业，提升中心城市文化品位。三是加快印刷包装业发展，大力引进和培育专业化研发设计企业和模具开发等配套服务机构，加强茶叶包装的公共服务平台和服务体系建设。目前，正在全力推进老关、荷尧包装彩印基地的建设，该基地总体规划 17 平方公里，是江西省第一个茶叶包装生产基地。四是推动广播影视业持续发展。出台了《萍乡市 2014～2015 年县区影院建设发展目标》政策文件，积极推进县（区）数字影院建设发展目标。萍乡城区已建成 5 家多厅数字电影院，开发区建成 1 家汽车影院，各县（区）都已建成1 家多厅数字影院，在江西省率先实现地级市县（区）建成 1 家以上多厅数字影院的目标。五是打造一批经济效益和社会效益俱佳的文艺精品力作。打造编演了萍乡采茶剧《有事找老杨》，参加 2013 年全省文化节首演获得"玉茗花"

大奖，2014 年晋京参加"江西风景独好"文化周活动，4 月 30 日在国家长安大戏院倾情演出，反响非常好。积极参与电影《黄海怀》的拍摄。六是动漫产业蓬勃发展。截至 2014 年底，我市共 2 家动漫企业，都通过了国家动漫企业认定，其中凯天动漫公司还通过了国家动漫企业认定，每年加工和生产动漫作品近 10 部，成为江西省重要的动漫创意基地。

（四）产业规模

2014 年萍乡市文化产业主营收入达 268.9 亿元，增加值 79.57 亿元，占 GDP 比重达 9.2%，居全省前列。全市共有 10 家数字影院，票房总收入达 1840 余万元。在建亿元文化产业项目 5 个，其中武功山文化产业园总投资 40 亿元，湘东彩印包装基地总投资 20 亿元，萍乡经济技术开发区佳禾文化广场总投资 5 亿元，安源影视城总投资 4.8 亿元，中国莲文化园总投资 2.5 亿元，杨岐山普通寺旅游景区总投资 2 亿元。国家级文化产业示范基地 1 家（萍乡升华实业有限公司，2011 年获评），江西省文化产业示范基地 4 家（萍乡市凯天动漫有限公司，2012 年获评；萍乡市新世纪大歌城，2013 年获评；萍乡市时代工艺有限公司，萍乡市阳光实业有限公司，2014 年获评），省首批十佳乡村文化旅游示范点 1 家（萍乡市麻山幸福村，2013 年获评）。

二　文化产业发展的特征与亮点

（一）动漫文化创意业发展迅猛

按照"非禁即入"原则，全面放开投资领域，大力支持民营资本进入动漫文化创意行业，已经在省内形成了有较大影响的动漫创意基地。如：全力支持萍乡凯天动漫有限公司、萍乡市漫步青云有限公司等动漫公司研发产品、向上申报项目、做好版权认证和保护工作；大力支持凯天动漫等企业承接国内外服务流程外包、技术外包和知识服务外包业务。目前，萍乡市正在抓紧建设动漫渲染平台，建成后将成为江西省乃至中国中部省份唯一一家动漫渲染机构，这不仅能大大降低动漫企业的投资成本，还可提升江西省动漫产品的制作效率和创作综合实力，填补江西省的市场空白。

（二）茶叶包装业发展形成规模

湘东彩印包装产业在全国有包装销售营业网点 3000 余个，其中茶叶包装占全国市场份额 60% 以上。目前，正在全力推进老关、荷尧彩印包装基地的建设，该基地总体规划 17 平方公里，已成功申报成为江西省彩印包装基地。基地内的萍乡市时代工艺包装有限公司在全国的茶叶包装市场占领前三甲的地位，并在 2013 年全国的包装设计大赛上获得金奖。

（三）演艺娱乐业蓄势待发

以萍乡新世纪大歌城、蓝波湾演艺中心和新建落成的安源大剧院为中心的演艺娱乐业不断发展壮大。萍乡市人民剧院新世纪大歌城连续 13 年坚持每晚演出，节目常演常新。2013 年吸纳民营演出团体凯歌大歌城的资金和技术力量，使新世纪大歌城的演出市场得到进一步扩大，对国有演艺公司和民营演出团体的结合进行了积极探索，并于 2013 年被评为省级文化产业示范基地。

（四）文化旅游发展态势良好

以文化为核心、以旅游为载体，将文化创意和设计服务融入旅游，开展了各种活动：以"毛主席去安源"油画为设计原型，推出了织锦画、纪念金币银币、碳雕、旅游纪念套装等旅游产品；开发了傩面具小挂件、傩面具小摆件等一系列旅游纪念品；举办了 2012 年中国红色旅游博览会；举办了萍乡市首届乡村旅游节，开展了乡村旅游系列活动；开展了"5·19"中国旅游日庆祝活动；举办了中国莲文化节；举行了武功山国际帐篷节。

三　特色文化产业、重点文化企业介绍

（一）特色文化产业

1. 做优萍乡采茶戏

萍乡采茶戏源远流长，深受广大人民群众的喜爱，近几年来，由萍乡市

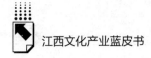

自创和编排的《喊山》《燃烧的玫瑰》《榨油坊风情》《有事找老杨》等都是市民喜爱的文化产品，每次晋京演出都捧回文化部大奖。萍乡采茶戏具有独特的地方特色，是萍乡乃至江西传统戏剧的奇葩。按照文化兴市要求，参照文化大市的做法，在挖掘、保护的基础上，加强创意，加大创作力度，融入现代元素，打造一批采茶戏剧目精品，积极利用立体传媒，做好宣传策划及营销，努力开拓市场，结合文化旅游，推向市场，提升旅游文化品质和萍乡城市形象。

2. 做精歌厅休闲文化

充分借鉴湖南歌厅文化运营的成功经验，在改造硬件、提升服务的前提下，大力营造歌厅休闲文化氛围，加大宣传力度，制定营销策略，提升节目质量和档次，使歌厅休闲成为市民的首选文化项目消费，成为游客观光旅游之余的必选项目。

3. 做强动漫创意业

以抓好凯天、漫步青云动漫制作基地，安源影视城建设为"切入点"，迅速培植壮大一批文化动漫创意、影视企业，实现文化产业的超常规、高速度、跨越式发展。

4. 做大茶叶包装业

湘东彩印包装产业在全国有包装销售营业网点 3000 余个，其中茶叶包装占全国市场份额 60% 以上。中共湘东区委、区政府紧紧抓住这一传统优势产业，正在全力推进老关、荷尧彩印包装基地的建设，已成功申报成为江西省彩印包装基地，并出台了相关发展规划。

（二）重点文化企业

江西凯天有限公司成立于 2001 年 3 月，长期以来致力于中国动漫产业，在长达 13 年的积累与文化沉淀过程中不断成长，逐渐形成以 2D、3D、2D + 3D 等多种手法的动漫制作生产线。目前公司已发展成为省级文化产业示范基地，通过国家动漫企业认定，并成为国家重点动漫企业。产品包括电影、电视剧、特效、行业应用等多类动漫产品，生产能力已达每年 3 ~ 4 部动漫电影、动漫电视剧及其他动漫产品，年生产能力达到 3000 分钟左右。

萍乡市人民剧院系全民所有制文化事业单位，始建于 1973 年 9 月，1995

年 2 月投资 400 万元改造人民剧院，开发创办了享誉赣湘两省边界的"新世纪大歌城"。坚持以剧院为载体，大胆改革，突破了传统的剧场经营理念，引入市场运行新机制，采取自主经营、灵活多变的演出运作方式，打造"演艺节目天天见"的经营模式，激活了演出文化市场，每年演出场次不少于 340 场，接待观众 13 万人次，年产值约 360 万元。一大批优秀演艺人才纷纷主动来此献艺献技，并以此为荣。宋祖英、阎维文、李丹阳、杨钰莹、巩汉林等一批知名艺术家均曾来这里倾情演出，俄罗斯小白桦国家歌舞团也曾来此登台献艺，这些高层次的文艺演出丰富了萍乡人民的文化生活，塑造了"萍乡新世纪之夜"这一文化品牌，创造了令人瞩目的成绩，2005 年获得全国文化工作先进集体荣誉称号，2013 年被评为省级文化产业示范基地。

萍乡市时代工艺包装有限公司是"江西省十大创意文化企业"，总投资 5000 万元，年产值 2.1 亿元，建设了萍乡市唯一一家包装彩印文化工程技术研究中心，高薪引进文化创意设计人才 10 余名，多项产品荣获国内外行业设计大奖，其中"红韵中国""镜花水月""玉芽"获 2013 年"世界之星"的优秀奖，"新茶语"产品获江西省林恩茶叶创意设计大赛的一等奖。其设计出的产品可作为抽纸盒、果盒、礼品盒等多用途重复使用，既环保又极具创意，公司 2014 年被评为省级文化产业示范基地。

萍乡市安源锦绣城，位于国家经典红色旅游区——安源景区的中心，2009 年被评为国家级文化产业示范基地，2015 年 2 月，升级为国家 4A 级旅游区。截至 2014 年，安源锦绣城已完成项目占地 260 亩，其中完成建筑面积 5.7 万平方米，绿化面积 16 万平方米，总计投资已超过 5.6 亿元人民币。锦绣城景区在萍乡市升华实业公司的管理和经营下，2014 年实现产值（营业额）1.32 亿元，上缴利税 1650 万元。其中门票收入 1506 万元，旅游产品销售、饮食住宿、文化娱乐相关收入 6970 万元，实现毛利润 3410 万元。

萍乡市漫步青云动漫发展有限公司是致力于动漫设计与制作的专业公司，专注为客户提供动画设计与制作、商业动画广告、漫画插画、动漫书籍、卡通形象设计、电子杂志、影视动画、游戏开发及互动多媒体等业务。公司占地面积约 1200 平方米，处于安源文化创意孵化区核心地点，该地段环境清幽，交通便利，是萍乡市安源区重点打造的文化产业聚集地。公司投资总费用达 1000 万元，年营业收入达 2000 万元。

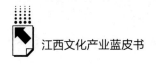

四 文化产业面临的发展困难

（一）认识和协调不到位

萍乡市对文化产业高度重视，但具体到文化创意和设计服务业这一新的文化产业形态，还存在认识模糊、重视不够、界定不清、宣传不到位的问题。同时，由于这项工作涉及发改、财政、金融、税务、建设、人事、农业、旅游、体育、统计等多个部门，存在条块分割、多头管理、各自发展等问题，在协调管理上还不够顺畅，力度不够大，需要建立统一高效的组织协调机构，高位推动文化创意和设计服务与相关产业融合发展。

（二）相关法规政策不完善

萍乡市相关文化产业政策不够完善，国家和江西省有关文化暨创意产业发展的政策措施在一定程度上还没有落实，相关优惠政策特别是对文化创意与设计服务业的优惠政策还不配套，民办文化企业与国有文化单位、企业还没有取得同等的待遇。

（三）技术和人才欠缺

文化创意和设计服务产业是知识密集型产业，萍乡市的相关产业大多停留在传统技术基础上，运用高新技术不多，创新不够。而且，由于萍乡市属于经济欠发达地区，相关人才引不进、留不住，十分缺乏，极大地制约了文化创意和设计服务与相关产业融合发展。

五 文化产业发展对策与建议

（一）加强科学规划

萍乡市发展文化产业，将坚持突出重点，分清主次，依托现有产业基础和文化资源，瞄准国际文化产业发展大势。今后五年将重点抓好"两区二带三园二基地"建设。"两区"即在中心城区北端（萍乡经济技术开发区和上栗县部分区域）打造北部低碳经济智能产业区、在中心城区南端（安源区）打造南部文化产业集聚区；"二带"即湘东百里特色农业休闲带、杨岐文化旅游观光带；"三园"即安源文化博览园、武功山文化产业园、中国莲花文化园；"二基地"即湘东印刷包装彩印基地、安源动漫创意生产基地。重点扶持、优先发展广播影视业、文化旅游业、动漫游戏业、茶叶包装业、工艺美术业、娱乐表演业等六大文化创意产业。

（二）完善扶持政策

要围绕引进社会资本进入文化产业领域，制定包括财政、金融、税收、土地、人才等多种手段的文化产业政策体系和激励措施，制定促进文化产业发展的系列配套优惠政策，通过有力的政策调控引导文化创意和设计服务与相关产业融合发展。

（三）优化产业结构，促进产业集聚

以建设湘东茶叶包装基地、安源动漫创意聚集区、武功山文化产业园、莲花文化产业园等产业园区为切入点，凝聚特色，夯实基础，优化结构，推进产业集聚。在综合规划的基础上，扶持建立一批示范性文化产业园区和产业基地，合理布局，突出亮点，明晰定位，错位发展，避免重复建设、雷同发展和同质化竞争。在园区内加强上下游企业的互补合作，优先发展创意设计、营销推广、品牌塑造等高附加值领域，形成完整的、效益明显的产业链，放大集聚效应。建立完善示范产业园区和基地的评估与奖励机制，注重风险预测与监控，促进园区快速健康发展。

（四）加强队伍建设

将文化创意和设计服务人才培养、非物质文化遗产传承人才培养纳入职业教育体系，加强实践锻炼，发挥职业教育在文化传承创新中的重要作用，在萍乡学院设立文化创意和设计服务专业，加快培养一批文化创意与设计服务人才。完善在职人员培训机制，设立文化产业职业培训机构和教学科研实习基地。探索建立以知识产权、无形资产、品牌价值、技术要素等参与分配的新路径，发挥市场作用，营造有利于人才脱颖而出的良好氛围。

个案研究

Case Studies

B.23

景德镇陶瓷文化产业发展研究

张 纯 段为松 丁小华 阎 颖 孙万欣*

摘 要： 陶瓷文化产业支撑了景德镇这座千年古城的发展。千年的陶瓷历史和深厚的文化底蕴，积累了丰富的陶瓷文化创意元素，吸引和聚集了一大批与陶瓷相关人才从事陶瓷创意产业，景德镇也建立了国内最为完善的陶瓷工业体系和陶瓷科技体系，形成了完备的陶瓷科技创新体系。景德镇陶瓷产业集聚突显，呈现了强劲的蓬勃发展之势。但也面临传统思想观念束缚，创意创新思维不足，产业要素配套不全，产业组织化程度低，外部竞争压力大等发展困难。要通过体制改革与创新，制定陶瓷文化产业中长期规划，加大财税支持力度，引导金融与陶瓷文化产业融合，培育壮大陶瓷文化企

---

* 张纯，景德镇陶瓷大学工商学院院长，教授；段为松，景德镇陶瓷大学讲师；丁小华，景德镇陶瓷大学讲师；阎颖，景德镇市文化局办公室科员，硕士；孙万欣，景德镇陶瓷大学工商学院副教授。

业，加强人才队伍建设，搭建产学研协同创新和文化交流平台等措施，促进景德镇陶瓷文化产业再创辉煌。

关键词： 景德镇　陶瓷文化产业　创新体制机制　对策建议

景德镇，是一座历史悠久的江南名城，汉唐以来即以盛产陶瓷而著称，宋代以后与汉口镇、佛山镇、朱仙镇并列为全国四大名镇，是中外闻名的瓷都。郭沫若 1965 年在一首诗中写道："中华向号瓷之国，瓷业高峰是此都"。景德镇制瓷始于汉，至宋代便已跻身天下名窑行列。在漫长的陶瓷发展历程中，景德镇承载和累积了许多独特的文化习俗和制瓷技艺，如：五代的朴实无华、宋代的温润清新、元代的充实茂美、明代的精工典雅、清代的雍容华贵，可谓姚黄魏紫，各有千秋。瓷器质地则有"白如玉、薄如纸、明如镜、声如磬"之美誉。青花、青花玲珑、粉彩、颜色釉是景德镇四大传统名瓷，代表了中国历史上瓷器制作的最高艺术成就。景德镇陶瓷以"集天下名窑之大成、汇各地技艺之精华""工匠四方来、器成天下走""行于九域、施及外洋"，开拓了世人称颂的"海上丝绸之路"，并以集大成者的英姿和开放兼容的胸怀，发展成为享誉全球的瓷都。

2010 年，景德镇市荣获中国第一批"服务业综合改革试点区域"，根据《景德镇国家服务业综合改革试点方案》，从 2011 年始，突出发展景德镇陶瓷文化产业，并且倡导把景德镇陶瓷文化纳入国家的文化发展战略，不遗余力地加以继承、传播并发扬。但是，也要看到，在全国已形成的几大各具特色的区域性陶瓷文化产业中，景德镇陶瓷文化产业从规模、效益、品牌、市场影响力以及可持续发展能力上都明显滞后。如何促进景德镇陶瓷文化产业的快速发展，关系景德镇市经济社会的发展前景。为此，及时借鉴经验和做法，加强对景德镇陶瓷文化产业发展的研究十分必要。

一　陶瓷文化产业发展概述

景德镇陶瓷文化产业发展具有起步早、底蕴深、载体多等独特优势。首先，景德镇陶瓷文化产业与景德镇区域性传统陶瓷产业密切关联，陶瓷文化产业的发展，不仅是景德镇在新的历史时期培植新的经济增长点的必然选择，而且可以对景德镇陈设艺术陶瓷、日用陶瓷与建筑陶瓷的全面发展起到十分重要的促进作用。其次，相关产业的蓬勃发展为景德镇陶瓷文化产业发展提供强劲动力。不同的产业通过广泛关联、合理嫁接，实现了优势互补、错位发展，使陶瓷文化产业的产业链迂回延长，并不断向高端化扩展。陶瓷文化产业的发展，不仅促进了景德镇陈设艺术陶瓷、日用陶瓷与建筑陶瓷等传统产业的繁荣，也使得景德镇陶瓷展贸、陶瓷文化交流、陶瓷教育与培训、休闲旅游等产业蓬勃发展起来。再次，景德镇陶瓷文化产业价值链基本形成。以雕塑瓷厂陶瓷文化创意产业园为例，现有入驻陶瓷创意工作室190余家，已形成创意产业作坊群、创意作品展示厅及创意艺术交流厅、创意作品游客自助服务坊、高校学生实习基地等，基本形成了与之相关联的一整条产业价值链体系。同时，景德镇有一批极具陶瓷文化潜力的大型项目，如陶溪川国际陶瓷文化产业园、绿地国际陶瓷文化旅游城等，正是这些项目蒸蒸日上的发展，使景德镇陶瓷文化产业实现了质的飞跃。正是如此，景德镇陶瓷文化产业支撑了这座城市的千年发展，造就了景德镇独一无二的城市特色。

（一）文化璀璨，积累了丰富的陶瓷文化创意元素

景德镇是国务院公布的中国第一批24个历史文化名城之一，并被列为甲类开放城市。景德镇御窑遗址是中国烧造时间最长、规模最大、工艺极为精湛的官办窑厂，在长达近700年的时间里，为"天下窑器之所聚"，体现了当时世界制瓷业的最高水平，是一座独一无二、不可复制的人类文明宝藏，在陶瓷史乃至人类文明史上都具有不可替代的价值，2006年被国家文物局直接公布为第六批古遗址类全国重点文物保护单位，2007年被列入国家重点支持的全国100处遗址，2010年被国家文物局批准立项，成为江西省唯一一处入选首批国家考古遗址公园立项名单；2013年再次列入国家重点大遗址、全国25处大遗址重点保护展示工程和全国10处大遗址保护展示示范园区。湖田古窑遗址是国内外迄今罕见、烧瓷历史最长、规模最大的国家重点文物保护单位。"景德镇陶瓷历史文化博物馆"被评为国家级非物质文化遗产保护单位，景德

镇手工制瓷技艺和传统瓷窑作坊营造技艺被列为首批中国非物质文化遗产。中秋烧太平窑、拜祭风火仙师的传统，大量的民间故事、瓷坊歌谣，手工制瓷技艺和传统窑炉作坊建造技艺，更是成为中国非物质文化遗产宝库中的奇葩。景德镇文物古迹众多且保存完好。据不完全统计，景德镇拥有 30 多处陶瓷文化遗址，如中国古代著名的瓷用原料产地及世界制瓷黏土高岭土命名地高岭村，现有地面陶瓷遗迹 30 多处，其中世界陶瓷原料"高岭土"的命名地高岭古矿遗址、历经 600 多年的珠山御窑厂遗址、中国古代制瓷规模最大的湖田民窑遗址、完整保存传统手工制瓷技艺的古窑遗址等，都属于精品级文化资源。以集古制瓷作坊、窑场、明清典型世俗建筑于一体，将千百年来手工制瓷的全过程重新展现在人们眼前。坐落在枫树山盘龙岗上的陶瓷历史博览区更是别具一格。此外，景德镇陶瓷文化氛围浓郁，已经渗透到城市社会生活的方方面面，如作坊文化、里弄文化、城市装饰及古矿洞、古街、古码头、古碑和古亭等，无不包含大量的陶瓷文化因素。这些都将是发展景德镇陶瓷文化创意产业天然、肥沃的文化土壤。

（二）人才辈出，聚集了一大批与陶瓷相关的人才

景德镇作为历史瓷都，有着千年的陶瓷历史和深厚的文化底蕴，吸引和集聚了大批陶瓷文化创意人才，拥有相当数量的国家级、省级、市级陶瓷工艺大师，此外，还有很多民间艺术家和老艺人，他们都在为景德镇陶瓷文化的发展和传承贡献着自己的力量。随着景德镇陶瓷企业的规模扩张和外来陶瓷企业数量的增多，各类陶瓷管理人才、研发人才、营销人才、策划人才、技术工人和熟练工人齐集景德镇市。据不完全统计，在景德镇市有近 10 万人从事陶瓷产业和相关生产配套服务，约占全市从业人员的 12%。这样一支人才队伍是国内其他任何一个陶瓷主产区都不能相比的，正是因为有了这批从事陶瓷艺术创作的骨干队伍，景德镇在新世纪依然是世界陶瓷艺术创作的圣地，不仅对国内的画家、艺术家，而且对世界各地的陶瓷艺术家，都具有极大的吸引力，形成了独特的"景漂"现象。此外，景德镇还拥有独特的教育资源，从培训、职业教育到学历教育，构成多层次、多学科的陶瓷教育体系，可以培养和输送大批的陶瓷方面的专业人才来充实和扩大景德镇陶瓷文化产业的队伍。

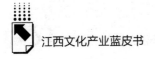

（三）科技支撑，形成了完备的陶瓷科技创新体系

景德镇自建市以来，建立了国内最为完善的陶瓷工业体系和陶瓷科技体系。景德镇拥有中国唯一的一所专门培养陶瓷高级专业人才的高等学校——景德镇陶瓷学院，每年输出大量的科研成果。以景德镇陶瓷学院为依托，整合各种优势资源，组建了国家日用及建筑陶瓷工程技术研究中心，并有绿色陶瓷材料工程研究中心、中国陶瓷知识产权信息中心、国家建筑卫生陶瓷生产力促进中心、国家建筑卫生陶瓷特色产业化基地等8个国家级科研创新服务平台，以及中国陶瓷艺术设计研究中心、全国陶瓷文献信息中心、中国陶瓷文化研究所、景德镇御窑研究院等10余个省部级科研创新服务平台，构建了面向陶瓷领域的科学研究、技术开发、中试孵化、成果转化、产品设计、产品制造、标准化建设、质量监督、产品检测、分析测试、技术交流、人才培养、信息服务及知识产权等全方位的服务体系。此外，景德镇学院、江西陶瓷工艺美术职业技术学院、中国轻工业陶瓷研究所、江西省陶瓷研究所、景德镇市陶瓷研究所、景德镇特种陶瓷研究所及大型陶瓷企业的科研实力也在逐年增强。这些均为景德镇陶瓷文化产业发展提供了坚实的科学技术支撑。

（四）集聚突显，呈现了强劲的蓬勃发展之势

景德镇紧紧抓住国家文化部出台支持景德镇市文化改革发展的八项举措这一契机，结合景德镇的城市功能定位要求，大力发展低碳、环保、高效的陶瓷文化创意产业。很多景德镇陶瓷艺术家都成立了个人的艺术馆、工作室、博物馆。景德镇市政府授牌设立的陶瓷个人艺术馆达8家，经省文物局批复设立的民营博物馆有16家，数量居全省首位。景德镇现有文化产业基地15家，其中国家级文化产业示范基地3家，省级文化产业示范基地9家，省级文化产业试验基地1家，市级文化产业示范基地11家。并且，景德镇市正在着手打造一个近百亿元规模的特色文化产业带——"陶溪川CHINA坊"国际陶瓷文化产业园。同时，正在规划打造景德镇陶瓷文化创意新区，力争将新区建成文化创意之城、陶瓷博览之城、商办聚集之城、生态宜居之城。此外，数百家陶瓷文化企业和近千家小型创意工作室分布在新都民营陶瓷园、中国瓷园、三宝陶艺村、陶瓷大世界及新厂路、朝阳路、陶阳路等区域。

表1 景德镇文化产业园区（基地）情况统计

园区名称	等级	批次	面积（亩）	入驻企业（家）	从业数（人）	投资规模（亿元）
陶瓷文化博览区	国家级	第二批	—	1	280	1.09
法蓝瓷实业有限公司	国家级	第三批	417	1	850	1.43
三宝陶艺研修院	省级	第三批	16	1	10	—
佳洋陶瓷有限公司	国家级	第六批	320	1	410	1.88
雕塑瓷厂	省级	第三批	169	259	2000	0.16
浩瀚创意文化产业发展有限公司	省级	第四批	35	56	36	1.2
鼎窑瓷艺文化传媒有限公司	省级	第五批	30	1	138	1
春涛包装有限公司	省级	第五批	10	1	30	0.05
望龙陶瓷有限公司	省级	第五批	146	1	162	0.9
真如堂陶瓷有限公司	省级	第五批	52.83	1	120	0.32
陶邑文化发展有限公司	省级	第五批	176	1	86	2.03
国信创业投资管理有限公司	省级	第五批	12	1	28	0.75

（五）配套完善，创造了良好的发展空间

景德镇市非常重视陶瓷文化产业的发展，不仅在"十一五"规划期间明确提出要发展陶瓷文化产业，也从法律法规、产业政策、资金支持、人才培养和市场培育等方面做了大量而卓有成效的工作。如：政府从加强知识产权的保护力度出发，制定了《知识产权保护办法》并落实，从根本上保护创意成果合法权益，调动了创意人的积极性等。市政府不仅对进入陶瓷科技园和工业园的企业与艺术家在财税上给予优惠，而且从公平税赋的角度加强税收征管，吸引更多的企业投身陶瓷文化产业。景德镇市还采取相应措施，多渠道筹措并合理支配陶瓷文化产业发展资金，为陶瓷文化产业的发展提供资金保障，如：锦绣昌南、陶瓷民营科技园、工业园的建成为陶瓷文化产业的发展提供了保障；在文化创意人才的培养方面，为民营企业提供了市级工艺美术师培训与评选的平台，在市场培育上不仅打造了景德镇陶瓷国际博览会，而且市场软硬件条件建设也上了一个新台阶。更为可喜的是，对陶瓷展销的市场模式已由过去的以堵为主改为今天的以引导为主。

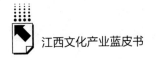

二 陶瓷文化产业发展存在的问题

（一）传统思想观念束缚，创意创新思维难产生

景德镇是中华优秀历史文化传统的主要承载者，但由于受到传统文化的影响，景德镇许多陶瓷艺术家都相对故步自封，满足现状，缺乏创新观念和思维。众多陶瓷艺术创作者更多的是采用传统的技法、传统的造型、传统的色彩、传统的设计观念，甚至不愿意尝试改变一些不入主流的设计风格，使得景德镇陶瓷在创新方面逐渐落后，也成为景德镇陶瓷艺术创作在国际艺术设计领域地位日渐衰落的主要原因。同时，由于景德镇市政府、高校、科研院所和企业之间缺乏交流协作平台，没有形成良好的互动机制，产学研合作长期分离，使得一些艺术教育观念、创意观念长期以来缺乏国际性视野，一些研究成果难于转化为现实的生产力。

（二）产业要素配套不足，制约产业发展的速度

原料方面，缺乏较大规模的原料供应商，导致瓷土等原料缺口较大、品质管理困难；同时由于原料环节缺乏整体统筹，因此陶瓷制造产业的采购运输成本、时间管理成本在较长一段时期内居高不下。燃料方面，煤气价格过低导致煤气供应方积极性不足，供应时断时续；旧燃料含硫量过高，设备容易损坏，成品质量低；新燃料市场规划不足，大大限制了陶瓷工业生产。釉料方面，高级釉料往往由大师独家调制，但因知识产权保护力度不足，无法形成标准化、规模化。科研与创新能力严重受损，无法满足现代工业大规模生产的需要。白胎生产方面，缺少针对白胎生产的大型企业，导致标准化与量化困难，无法形成规模效应，以至于大量厂家不得不从外地采购白胎，各项成本显著增加。

（三）产业对接矛盾突出，难以适应市场的需要

景德镇陶瓷文化产业与传统陶瓷产业脱节的问题突出，没有实现陶瓷文化产业化发展。在陶瓷文化产业链条中，其两端即陶瓷创意和品牌营销是陶瓷文化产业竞争力的关键环节，也是陶瓷文化产业价值链中增加值最高的环节。然

而，多年以来，由于缺乏对技术、材料、工艺、造型、装潢、艺术创作等方面的研究与创新，尤其是由于陶瓷工业设计能力严重不足，陶瓷文化产品缺乏创新。在造型、花色品种、个性、工程结构等方面设计陈旧，产品质量长期在低水平上徘徊，市场份额逐步丧失。从统计数字看，景德镇陶瓷文化创意人才不少，但真正了解市场需求的陶瓷工业设计人才短缺，导致产品不能抓住市场流行趋势，难以适应市场的需要和形成新的市场增长点。

（四）人才相对匮乏，影响产业发展的创新活力

景德镇的陶瓷文化产业仍处于产业链低端，对有自主知识产权、附加值高、牵动力强、辐射力广的原创性产品保护不足。文化生态失去有效管理，恶意竞争与盗版仿制层出不穷，导致创意、创新的动力不足，严重影响了陶瓷文化产业发展的创新活力。虽然景德镇已形成了以工艺美术大师为主导品牌、以手工作坊为生产制造的分散经营模式，但因产品两极分化，品牌凌乱、分散，始终缺乏具有国际视野的大型商业品牌，这不但制约了瓷器产品的文化提升空间，也限制了景德镇陶瓷文化产业的发展。此外，由于景德镇地理位置较偏僻，人才待遇不高，人才外流现象突出，特别是高端创意人才和陶瓷经营管理人才更为匮乏。

（五）产业组织化程度低，难于形成规模经济

景德镇陶瓷文化产业很多处于"散兵游勇"状态，随着景德镇国有陶瓷企业的改制完成，多数国有陶瓷老企业转化成租赁经营实体。个体经济、小作坊经济成为景德镇艺术陶瓷业的主体。艺术大师主要专注于自身艺术创作，所创作产品多数只能成为艺术爱好者的收藏，很难迅速转化成商品，带动性强的龙头企业和品牌很少。景德镇陶瓷文化企业主要以民营企业和个体作坊为主，大多数属于中小型企业。据统计，2013 年全市规模以上陶瓷企业仅 70 家，规模以下陶瓷企业和个体陶瓷作坊完成产值占全部工业产值的67%，这说明景德镇陶瓷文化产业具有经营粗放、组织化规模化程度低的特点。同时，由于企业规模小，企业在营销体系建立和品牌建设方面困难重重，多数企业以展销会形式促销产品，导致景德镇品牌声誉受损，产品附加值低。

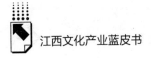

（六）体制机制障碍，羁绊文化产业的繁荣发展

虽然景德镇文化资源丰富广博，地理位置得天独厚，但是由于陶瓷文化产业发展规划受到历史、文化等方面的限制，发展思路欠清晰，国际化视野不足，一定程度上阻碍了产业化进程。尽管陶瓷文化创意产业受到政府重视，政府也出台了一些推动陶瓷文化创意产业发展的指导意见和文件，但截至目前，没有见到具有明确指导意义、针对性很强的具体政策扶持与管理机构。受管理体制影响，与陶瓷行业相关管理部门、行业协会之间缺乏有力协调，决策相互牵制，造成行业管理力度不够。国有陶瓷企业虽然进行了改制，实现了员工脱钩，但改制并不彻底，国有存量资产仍没有盘活，等等，加之由于部分中小陶瓷企业缺乏管控，市场经营环境混乱、价格管理不规范、产业分工模糊等问题的出现，这些问题严重影响着陶瓷文化产业的发展。

（七）外部竞争压力大，冲击文化产业化发展进程

20世纪90年代初，广东、福建、山东等产瓷区的民营企业开始积极引入资金、迅速扩大产业规模。与此相反，1995年景德镇市政府关闭了10家大型国有陶瓷厂。再加上景德镇陶瓷企业缺乏市场意识和销售渠道，景德镇千年"瓷都"成了市场竞争中的落伍者。近年来，景德镇陶瓷开始复苏，获得了较快发展。但是，景德镇陶瓷的发展仍面临巨大的国际国内竞争压力。从国际市场来看，我国陶瓷行业由"中国制造"向"中国创造"转变的压力越来越大。随着强制性环保标准以及新的《劳动合同法》《企业所得税法》的实施，我国陶瓷产品低成本优势将降低甚至丧失，高耗能、高污染的小企业和小手工作坊将面临被淘汰的风险；从国内市场来看，景德镇陶瓷在设计和营销方面处于弱势地位，尤其在艺术陶瓷日用化和产业化的过程中，面临潮州、宜兴、唐山、德化等地的竞争。

三　景德镇陶瓷文化产业发展对策

（一）体制改革与创新

体制改革与创新的重点在于不断创新景德镇陶瓷文化产业各大园区的管理

体制机制，切实转变行政职能，进一步提高工作效率、服务水平，充分发挥市场在资源配置中的决定性作用，政府从政策支持、发展引导上下功夫，合并裁减不必要的管理机制，放权让利给企业和市场，从而激发陶瓷文化产业发展的活力。

1. 成立陶瓷文化产业发展工作领导小组

加强陶瓷文化产业发展的政策研究、规划引导和服务协调，建立陶瓷文化产业发展会商研讨工作机制，切实落实上级部门支持文化产业发展文件精神，研究制定政府各部门扶持陶瓷文化产业发展的具体务实举措，形合发展合力，促进"政府主导、市场运作、社会参与、多元投资"发展格局的形成。

2. 成立景德镇陶瓷文化产业发展专家咨询机构

可聘请国内外文化产业界权威的专家学者以及国家有关部委领导组成咨询委员会，重点对陶瓷文化产业的发展方向、总体目标和重大项目开展深入研究，并通过走访、调研等方式加强与企业交流，为政府、企业提供科学的决策咨询建议。

3. 创立景德镇陶瓷文化产业协会

成立陶瓷文化产业协会，借鉴国外文化产业协会先进经验，充分发挥行业自律和规范作用。加快发展艺术经纪、艺术品评估鉴定、展示推介交易、拍卖行等服务机构，建立健全知识产权服务、信息交流、信用担保、法律政策咨询等社会化、市场化的中介服务体系。

4. 研究制定颁布陶瓷文化产业发展规划和投资指南

由于景德镇有近 3000 家陶瓷生产企业、大量民营个体作坊以及众多院校、科研院所，分布在全市各个角落，布局较为分散。倘若采用通常的产业园区建设管理模式，投资规模大、建设周期长、企业搬迁困难、转移成本高，因此，应根据景德镇陶瓷文化产业及历史文化遗产现实分布现状，扬长避短，按照统筹规划、合理布局、集中管理、保护历史、资源利用的原则，加强陶瓷文化产业的整体规划。

（二）财税支持与保障

通过财政投入、减免税等政府财政政策和社会融资，构建较为完善的财税支持与保障政策体系，鼓励企业兼并重组、扩大生产规模，促进景德镇陶瓷文

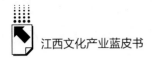

化创意产业集群发展。

1. 加大对景德镇陶瓷文化企业的财税扶持力度

对陶瓷文化创意产业项目在财政、税收等方面给予更多的优惠政策和扶持力度，增强景德镇对国内外陶瓷文化企业的吸引力。同时，针对重大项目（如重大技术及产品的研究和开发），可采取贷款贴息、项目补贴、政府采购、奖励等方式对重点创意产品、服务项目予以支持。

2. 设立景德镇陶瓷文化产业发展专项基金

该专项基金主要用于重点扶持有影响力、示范作用的龙头企业，孵化成效显著的陶瓷文化产业基地，聚焦效应明显的陶瓷文化产业园区，具有导向性、能够推广的陶瓷文化产品生产项目等。此外，对文化产业类企业制定认证标准，帮助积极争取江西省和国家专项资金的支持。

3. 完善对景德镇陶瓷文化企业的财税保障体系

对景德镇陶瓷文化企业可采取降低注册资金、简化审批手续、放宽年检期限等措施进行政策性扶持。对于符合陶瓷文化产业发展规划、能够推动陶瓷文化产业发展的企业，给予一定的奖励经费。从事文化产业技术咨询服务所取得的收入，免征企业营业税。高等院校、科研机构服务于景德镇陶瓷文化艺术产业的技术转让、技术开发、技术咨询和技术服务所取得的技术性服务收入，暂免征收所得税等。

（三）金融推动与创新

加强陶瓷文化产业投融资平台的建设，通过政府投资、直接融资、第三方融资、银行贷款、项目融资等多种形式推进陶瓷文化产业发展。

1. 搭建景德镇陶瓷文化产业投融资平台

依托国有资产经营公司，组建投资公司，对重点文化产业项目建设和具备条件的龙头骨干文化企业上市等给予大力扶持。其中，政府负责产业规划引导、政策环境、基础配套设施等，优化投资环境；景德镇陶瓷文化产业投资集团有限公司，主要通过政府资金撬动社会资金，加快景德镇陶瓷文化产业园区的开发建设和实现基地高效经营、防范风险、规范运作等。

2. 创新景德镇陶瓷文化产业投融资机制

出台著作权、文化品牌等无形资产的评估办法。鼓励企业通过银行贷款、社会融资等方式，投资战略性、先导性、带动性强的新兴文化产业项目。出台一系列优惠和激励措施，引导并鼓励担保机构为陶瓷文化企业提供融资担保。对符合信贷条件的陶瓷文化企业给予贷款利率优惠，并积极拓展贷款融资方式和相关服务。加强陶瓷文化企业信用评价工作，鼓励和支持金融机构广泛开展知识产权质押融资业务。

3. 拓宽景德镇陶瓷文化企业融资渠道

落实非公有资本、外资进入文化产业等国家有关政策，结合景德镇陶瓷文化产业发展特点和实际，积极吸收境内外资本进入政策允许范围内的文化产业领域，促进以公有制为主体、多种所有制共同发展的景德镇陶瓷文化产业新格局的形成。

（四）企业孵化与培育

进一步完善文化企业孵化与培育政策体系，为文化企业的孵化、发展提供硬件设施保障和政策保障，为陶瓷文化企业提供优化的资源及配置。

1. 孵化中小企业茁壮成长

贯彻国家"大众创新、万众创业"战略，研究制定《关于促进景德镇市中小陶瓷文化企业创业创新的若干意见》，依托景德镇陶瓷学院、景德镇学院和江西陶瓷工艺美术职业学院的人才和智力资源，建设一批辐射力强的陶瓷文化产业中小陶瓷文化企业孵化基地，鼓励和引导学生或创业者的技术发明和创意设计成果进入市场、实现效益、形成良性循环，使新兴的中小企业快速发展，涌现更多的成功创业者和企业家，并促进中小陶瓷文化企业茁壮成长、和谐发展。

2. 实施大企业培育工程

以项目为龙头，抓好景德镇陶瓷文化产业园区的建设和项目管理，要在主导产业集群中积极扶植龙头企业，充分发挥市场机制配置资源的作用，利用经济杠杆调节激发产业活力，不断培育和发展龙头骨干企业，使之逐步形成以龙头骨干企业为支点，各类企业相互紧密配合，专业分工与合作相协调，具有国际竞争力的产业集群和优势产业链。

3. 建立健全中介服务机构体系

充分发展陶瓷知识产权等各类中介服务机构，为企业提供创业指导、行政

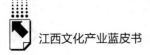

审批、政策咨询、市场推广、跟踪扶持等较为完整、系统的全方位服务。同时，积极引进知名的会计师律师事务所、人力资源开发公司等，为景德镇陶瓷文化企业发展提供保障。

（五）人才创业与发展

坚持以人为本，人尽其才、才尽其用，出台激励高级人才落户景德镇市的政策措施，加强人才引进与培育，为景德镇陶瓷文化产业发展提供人才和智力支持。

1. 加大人才引进与培育力度

完善高端、高层次人才的引进与培育的制度，建立高水平人才数据库，培养一批德艺双馨的文化创意大家。加强人才培养，鼓励企业通过校企委托培养模式，与国内外知名院校开展人才培养合作，派出优秀中青年企业骨干到境外研修培训，扩大人才的国际化视野。通过各种形式，多层次、多渠道培养和引进高层次人才，形成结构合理的人才梯队。

2. 完善景德镇陶瓷文化人才保障机制

坚持尊重知识、尊重人才、大力弘扬以业绩为重点的人才价值观，对有突出贡献的优秀陶瓷人才实行重奖，吸引一批具有国内外影响力和学术水平高的人才到景德镇工作。同时，要求相关企业完善用人制度，建立健全企业人才的使用、激励和引进机制，优化人才成长环境，推动企业良性互动发展。

（六）平台搭建与合作

以企业为主体，进一步整合高校、科研院所、行业协会的创新力量，搭建各种交流平台，创新产学研合作机制，提升陶瓷文化产业竞争力。

1. 构建产学研合作平台

充分利用景德镇特有的艺术院校、科研院所等先天条件，依托"三院三所"，充分发挥其创新能力、设计能力、研发能力，利用学校、企业与科研院所在人才培养与科技创新方面的不同优势，完善以市场为导向、以院所为依托、以政府为引导、以企业为主体的产学研用一体化机制。此外，加强陶瓷文化产业园区建设，培育一批陶瓷文化产业项目和文化品牌，推动三者之间产学研合作，逐步实现高校、科研院所等智力资源优势向产业和经济优势转化。

2. 建立文化交流互动平台

以景德镇陶瓷文化企业和其产业链相关企业为主体,定期开展陶瓷文化企业家联谊活动,交流文化创意思想,开拓文化创意视野,并通过活动的举办进一步加强陶瓷文化企业之间合作。以中国景德镇国际陶瓷博览会为重点,积极开展陶瓷文化创意设计活动周、陶瓷文化产业高峰论坛等活动,加强文化博览博物等杂志建设,编制和发布陶瓷文化产业年度发展报告,搭建对外宣传和互动交流平台,进一步扩大景德镇陶瓷文化产业和产品的对外宣传力度。

3. 加强国际合作与交流

积极融入"一带一路"国家战略,以中国国际陶瓷博览会为基础,坚持"走出去",积极在境内外精心举办影响力强的展销活动,大力发展会展经济。引导鼓励企业宣传推介文化产品,积极开展跨国经营和营销。组建景德镇陶瓷文化产品进出口公司,推动景德镇陶瓷文化产品和服务进入国际市场。坚持"引进来",政府要提供宽松的政策环境,吸引境内外知名的实力强的文化企业落户景德镇,不断促进景德镇陶瓷文化产业融入全球价值链的进程,着力培养一批国际知名商标和品牌。

B.24
黎川油画产业发展研究

郑文胜　潘发根*

摘　要：黎川油画起始于20世纪80年代，2010年以后，原中央苏区振兴发展的战略实施推动着黎川油画业发展繁荣。经过30多年的发展，黎川油画发展拥有良好的产业发展政策、拥有坚实的油画产业基地、拥有明显的区位优势、拥有油画创作的资源、拥有文化品牌效应、拥有创作和经营油画的人才资源优势，这些优势在政府的引领下，共同促进了黎川油画业繁荣发展。黎川油画也面临着资金不足，开发力度受限，竞争压力大，产业扩大有一定难度，知名度不够，与市场对接不够紧密等困难。当前，黎川油画要抓住机遇，乘势而为，用足用好中央、省、市的扶持政策，搞好油画产业科学规划，明晰发展目标；健全产业政策，加大对油画产业的扶持力度；培育发展市场主体，激活发展活力；实施油画产业品牌战略，做大做强油画产业示范基地；强化油画人才队伍建设，推动黎川油画产业发展上新台阶，实现"建世界油画基地，创文化产业名地"的宏伟目标。

关键词：黎川油画产业　历史与现状　发展对策

　　黎川油画起始于20世纪80年代，直至2010年以后，盛开在黎川这块土地上的油画之花，伴随着原中央苏区振兴发展的历史机遇，正披霞沐雨，争妍

　　* 郑文胜，黎川县政协副主席；潘发根，黎川县油画产业领导小组办公室工作人员。

斗艳，溢雅飘香，有力地推动着本县文化的发展繁荣，它以其独具特色的文化产业和充满魅力的文化现象引起了世人的普遍关注。正是由于黎川油画产业的迅速发展和蓬勃崛起，黎川因此获得了"中国民间文化艺术之乡油画"、"江西油画之乡"及"江西省文化产业示范基地"的殊荣。2014年6月，拔地而起的"黎川油画创意产业园"更是为黎川油画发展搭建了新的平台，增添了一道靓丽的风景。黎川油画产业正按照县委、县政府提出的"建世界油画基地，创文化产业名地"的宏伟目标扬帆起航、昂首高歌、阔步前进。

一　黎川油画的历史渊源

黎川是块山清水秀、文风鼎盛的地域，自三国吴太平二年（公元257）始建县以来，已有1750多年的历史，悠久岁月，孕育了灿烂的黎川文化。据史料记载，明清时期，黎川书画家的代表人物有邓杞、喻宗仑、陈希祖、陈孚恩、陈延恩、鲁琪光等，他们中有的虽然在书法上名声较著，但都是绘画高手。县籍清代女画家吴媛就是杰出的代表，《历代女画家》一书对她有专门介绍。明末清初，南昌籍著名画家"八大山人"曾游历黎川，创作了许多画作。时至民国前夕，县籍前清秀才邓养源，擅长国画，曾在江西创办美术专科学校，抗日战争时期回到家乡也没有离开美术教育，他的孙子、当代著名油画家、国家一级美术师、天津美协原副主席兼天津画院副院长邓家驹，就是在其祖父的影响下走上了美术道路。1934年，《大公报》记者、中国著名国画大师赵望云到黎川采风，留下了48幅民俗风景写生画作，流传至今。县中田乡籍的鲁宗鼎，是长期寓居武汉的著名画家，1937年，时任国民政府财政部长的孔祥熙，曾慕名请他绘制肖像，1943年，孙中山先生的儿子、时任立法院院长的孙科，邀请他担任过家庭教师，他的画被许多名家收藏，他返乡探亲时仍进行美术传授活动，对家乡影响深远。还有县籍画家饶桂举，少年痴迷绘画，考入上海美术专科学校后，师从刘海粟大师，抗日战争胜利后回家乡，担任过县立初级中学校长，黎川第一幅毛主席肖像油画就是他亲手之作。县籍著名瓷板画家、中国工艺美术大师杨厚兴，对瓷板画颇有造诣，他在南昌开办的瓷像画庄，声名远播。日寇占领南昌后，他回乡执业多年，传授绘画艺术。抗日战争期间，作为后方的黎川，也曾经有不少外地画家来黎川采风作画，举行美术展览。还有本县的一些美术教师，如鲁纬、李郁春、杨志公先生也经常在校举办培训班，培养学生的兴趣并开展各种美术活动。20世纪50年代后期至党的十一届三中全会前这20年，黎川美术活动也没有停歇过，活跃在画坛的知名代表人物有德胜关垦殖场的上山下乡美工张洁贞夫妇、其儿子曾端，还有县文教等单位的万成广、武一平、邓加追、何存奇等，他们都擅长壁画、国画和油画，在县城街头，在乡村田野，在宣传橱窗，在企业、学校、政府机关都曾有他们的画作。可以这样说，今天黎川油画的兴起，无不与黎川绘画历史渊源有密切的关系，正是因为历史的传承，黎川这块土地才受到绘画艺术的熏染，蕴含了油画艺术的基因。

二　黎川油画产业初始阶段

当时在这样一个地域比较偏僻的山城小县，能够办起油画行业，一定有它的内在因素。虽然起步艰难，但不甘寂寞的黎川人，还是鼓起勇气冲破各种束缚，跋涉油画王国，开始了艰辛的创业历程。回顾黎川油画产业发展的过去，主要特点有以下几点。

一是知青传带。20世纪80年代，留在当地的上海知青顾国兴，被选派参加省美术班培训后，分配在县文化馆担任美术专职干部，他和其他美术老师一起，经常在县文化馆开办美术培训班，吸引了不少喜欢画画的青少年，培养了一批美术苗子，为一些想学油画的爱好者打下了基础。

二是老板收徒。1985年，黎川樟溪乡来了外地老板，在乡政府的支持下，创办了装潢工艺公司，并从当地招聘了一批学徒，杨吉荣、严飞、杨云等人被挑选送到景德镇工艺美术培训班学习。后来，装潢工艺公司关闭，杨吉荣等人经过培训有绘画基础的徒工又到福建晋江拜师学艺，专攻商品油画。回乡后，1996年杨吉荣带领20多人在本县樟溪乡办起了油画一条街，其中一部分徒工后来便成了油画业发展的骨干。

三是职校培养。1985年，县委、县政府为适应本县陶瓷企业发展的需要，创办了"黎川陶瓷职业学校"，1994年升格为"职业中专"，被评为"江西示范性职业学校"，改名为"江西省黎川县中等职业技术学校"。学校自创办以来，开设了工艺美术专业，学生在学校学习素描、色彩、写生等绘画知识。在这些学生当中很多人转学油画，并从事油画行业，如画师张建斌、危彤就是其中的杰出代表。

随着中国的对外开放，商品油画首先在国内沿海城市盛行，各地有绘画基础的画工都纷纷投入沿海油画行业。黎川县一批有绘画技能的年轻人也离开家乡，去沿海城市闯荡画海，摸爬滚打，刻苦磨炼。通过打工，提高了油画技艺，还掌握了不少生产、销售等方面的业务知识。有了立足之地后，他们又串亲联友、授徒传技，黎川从事油画行业的队伍日趋扩大，由最初几十人发展成几千人。在这些人中有一部人为了免除租房开销，同时也因为牵挂子女、父母，回到家乡，自办画业，在家里承揽业务，为外地油画公司和经销商输送油画产品。

三　黎川油画产业发展现状和举措

从20世纪80年代开始，黎川陆续走出一批专门从事商品性油画的画师、画工，他们或由上海知识青年传带，或曾在乡镇企业工艺岗位锻炼，或经过职业技术学校培养。经过近30年的发展繁衍，从业人员已达3000多人，遍布深圳、厦门、上海等地。党的十七届六中全会以来，尤其是国务院《关于支持赣南等原中央苏区振兴发展的若干意见》明确提出"推进黎川油画艺术发展"之后，县委、县政府借助政策东风，依托自身优势，前瞻市场前景，回应游子回乡创业之愿，确定了"建世界油画基地，创文化产业名地"的目标定位，把油画产业作为重点文化产业进行培育，全力推动油画产业发展。目前，黎川油画创意产业园汇集从事商品油画的画师、画匠200多人，年生产、交易商品油画1.6万余张，年销售额超过1亿元。黎川先后被授予"中国民间文化艺术之乡（油画）""江西油画之乡""江西省文化产业示范基地"称号。

（一）政策扶持，加强产业基地建设

2011年，黎川县启动了"油画城百千万亿工程"，即在县城新区最繁华的国安商业步行街建设"一百个以上油画创作室、一千平方米以上油画精品展示厅、一万平方米以上油画产业基地，实现年产值一亿元以上"的油画城。县财政每年投入200万元专项资金，用于油画产业发展。对所有进驻油画城的画师，实行政府出资免费装修店面、店租免收三年，营业税收适当减免，画师

子女就近入学等优惠政策。县金融部门对符合条件的画师实行"一次授信、等额控制、周转使用、随用随贷"。对参加国内艺术院校学习深造的画师给予培训补贴,对推动黎川县油画培训工作的画师和学校予以资金扶持。油画城吸引了100多名画师入驻发展,成为集油画创作、生产、展览、销售、艺术交流及相关绘画用品生产、销售为一体的油画生产基地。

2012年11月,为了推动产业发展升级,县委、县政府把黎川油画创意产业园列入了重点建设项目,投资1.8亿元的黎川油画创意产业园项目破土动工。2014年6月,油画创意产业园一期主体工程已竣工投入使用,总面积达5万平方米。黎川油画产业创意园设有油画展厅、油画创作室、油画公司、油画培训中心等。油画创意产业园的建成,极大地改善了黎川油画产业发展的物质条件。2014年7月,有10多家公司,120多名画师、画工入园。目前,油画创意产业园已经成为黎川县集油画创作、生产、展览、销售、艺术交流、绘画用品销售及画框制作于一体的油画生产基地。

(二)健全组织,促进产业健康有序发展

黎川县专门成立了油画产业领导小组,设立了黎川县油画产业领导小组办公室,明确了工作机构的工作职责、工作任务和服务要求,设立了专项经费。组建了油画行业协会和油画商会,以提升组织化水平引领公司化运作,以公司运作加快产业化进程。协会和商会严格按章程运行,维护行业利益,创造公平有序的竞争环境。协会、商会定期组织会员外出了解市场信息,洽谈业务订单,拓宽销售渠道。依托油画商会这种第三种组织,架起油画经营者和政府、社会沟通的桥梁,通过政策扶持、外派人员服务等方式,广泛吸纳画家、画师、画商到黎川注册油画公司,开展、经营油画产业。目前,已有江西开拓文化产业投资有限公司、士龙油画有限公司、艺缘文化传播有限公司、视野文化有限公司、川鼎文化传播有限公司、本色艺术文化传播有限公司等10余家油画企业落户黎川。这些公司采取"公司+画师"的经营模式和"内建基地+外建窗口"的总部经济模式,辐射、带动、吸引画师、画工进行油画创作、生产及销售。多家油画企业在南昌、金华、深圳、淄博等国内大中型城市成功开设油画销售窗口,有力提升了黎川油画市场占有率,扩大了黎川油画的影响,带动了县内油画生产基地的发展。

（三）培育队伍，提高从业人员专业水平

黎川县油画从业人员虽然众多，但多数是擅长临摹和复制的画工，能够有创作水平、达到一定艺术高度的画师队伍还相对薄弱，为了全面提高油画从业人员的素质，县委、县政府非常重视人才的培养。实施"请进来、走出去"战略，通过市场机制，不断引进、培养油画人才，加强与外界的合作与交流，提升画师、画工基本素养与整体水平，增强自身实力。邀请了国家一级美术师、天津画院原业务副院长、天津美术家协会副主席、黎川籍全国著名油画家邓家驹等名家指导油画产业发展，传授油画技艺。还通过省外专局，请德国油画专家到黎川县举办油画专题讲座，辅导写生和油画创作。县职业中专开设了油画专业班，聘请优秀画师授课。同时，积极鼓励画师画工参加名校培训、进修，以提高画师画工的自身素质，与中央美院、中国美院达成协议，每年为黎川培训一批画师。目前，黎川油画产业队伍中拥有省美协会员 17 名，市美协会员 56 名。在省、市画展中都有黎川画师的精品佳作。

（四）扩大宣传，切实做好推介工作

黎川油画要走出山门、走向全国乃至世界，必须加大对外宣传和推介的力度。因此，黎川县积极主动与各级新闻媒体加强了联系，邀请中央、省、市主流媒体深入黎川，进行油画专题报道；同时采取在县政府网开设黎川油画专题、制作油画画册、刻制油画宣传光盘等方式，大力宣传黎川油画及其文化内涵。2011 年，"泛珠 9 + 2"合作大会在江西召开，黎川县主动承接海外 20 多家华文媒体深入县内，就油画产业进行深度聚焦。2013 年以来，新华社、中央电视台、《人民日报》、《光明日报》、《经济日报》、《江西日报》、江西电视台、《江西画报》、《江南都市报》、《抚州日报》、抚州电视台等中央、省、市媒体也多次对黎川油画产业发展进行专题采访和典型报道。此外，每年组织油画公司和画师参加全国性的广交会、文交会、文博会等展销活动。在江西省举行的纪念中国共产党建党 90 周年、抚州市纪念辛亥革命 100 周年等美术展，抚州市马家山广场油画专题展销，"庆祝十八大·秀美江西（黎川）油画展"等活动，都有黎川画师的作品展出。2012 年 9 月，黎川县受邀参加全省首届中国民间文化艺术之乡精品联展活动，这是全省唯一以省级民间文化艺术之乡

资格参展的艺术门类。2012 年在广州国际采购中心工艺展销会上，黎川县有 100 多幅油画入会展销。2014 年在义乌举办的中国义乌文化产品交易会上，展出了黎川油画 120 幅，交易油画 90 幅。2014 年参加俄罗斯伏尔加河流域—江西特色产品展销会上，黎川县有 80 多幅油画入会展销，交易油画 30 多幅。通过参加各级各类展销活动，黎川油画的品牌影响力大大提升。

四　黎川油画产业发展的优势

黎川油画经过近 30 年的磨砺和发展，已经形成了自己的特色、路径和模式，优势也日益凸显，为黎川油画做大做强创造了有利条件，从而进一步增强了县委、县政府大力发展黎川油画产业的信心和决心。

（一）拥有显著的油画人才资源优势

据不完全统计，到 2014 年底止，黎川在外从事油画行业的人员有 3000 多人，他们分布在深圳、厦门、泉州、义乌、上海等地，以生产、经营油画为业，他们当中的画师、画工所擅长的油画画种齐全，人物、风景、花鸟题材各异，水平较高，有多人次作品在省、市美术展会上获奖，有的人已成为国内油画行业的知名人士，还有的人不但懂绘画，而且积累了市场营销经验，是油画行业中的复合型人才。此外，县职业中专开设了油画专业班，积极培养油画后备人才，壮大新生力量，为油画产业发展提供人才支撑。

（二）拥有良好的油画产业发展政策优势

黎川是闽赣苏区的发源地，1933 年 5 月，苏维埃闽赣省政府在黎川湖坊乡创建。党中央、国务院对原中央苏区的振兴发展极为关心，2012 年，国务院颁发了《关于支持赣南等原中央苏区振兴发展的若干意见》，明确指出要推动黎川发展油画艺术。国家文化部直接对口支持黎川文化建设，把油画产业发展作为帮扶项目之一。县委、县政府高度重视油画产业发展，制定了文化旅游产业五年（2012~2016）发展意见，出台了一系列油画产业扶持政策。通过加大资金投入，优化产业发展环境，创新发展模式，加大人员培训等措施，为油画产业发展提供有力支持和保障。

（三）拥有坚实的油画产业基地优势

鉴于目前深圳、厦门等油画产业基地因受制于地域狭小、房租高涨、过于饱和等因素，众多企业和画师画工意欲移师外地发展，县委、县政府审时度势，在县城新区新建了一座占地面积45亩、投资1.8亿元的大型油画创意产业园，是黎川县集油画创作、生产、展览、销售、艺术交流、培训、拍卖等为一体的油画生产基地、展示平台和流通中心，可以吸纳大量画师画工和油画企业入驻发展，对加速产业集聚和发展升级极为有利。

（四）拥有油画创作的资源优势

黎川地处武夷山脉中段西麓，四面环山涌翠，自然风光优美，历史文化积淀丰厚。岩泉国家森林公园、玉湖、船型古屋、明清老街、苏维埃闽赣省旧址、福禄寿禧四大寺庙、新丰和横港两座千年古桥、资福古塔、德胜垦殖场等绿色、古色、红色众多风景名胜相映成趣，可为油画艺术家和画师画工采风、写生提供丰富素材和创作源泉。

（五）拥有文化品牌效应的优势

黎川油画通过近30年的发展历程，特别是2011年以来发展力度的加大，影响力增强，黎川油画已成为一张闪亮的文化名片，受到省内外的普遍关注。油画产业作为黎川文化的特色品牌，声名远播。黎川先后被评为"江西油画之乡"、"江西省文化产业示范基地"和"中国民间文化艺术之乡"。这些殊荣在一定程度上提升了黎川油画的知名度，成为黎川油画产业发展的无形资产，具有品牌效应的优势。

（六）拥有明显的区位优势

黎川是江西通往福建的东大门，是对接并融入海西经济区的桥头堡，福银高速公路的贯通，使黎川县的区位优势有了明显的改善，正在修建的鹰瑞高速公路和向莆铁路的开通，将进一步拉近黎川县与沿海城市的距离，在时空上可为油画产品的流通提供极大便利，也有利于降低经营成本。

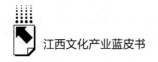

五 黎川油画产业发展中存在的问题和不足

经过四年的不懈努力，黎川油画产业发展态势日趋向好，成效也比较明显，但受一些不利因素的制约，发展中的问题和不足依然存在。

（一）资金不足，开发力度受限

任何产业发展，要形成规模、打开市场，都是前期投入多、收益少，油画产业发展也不例外，既需要政府坚定信心，更需要加大资金筹措力度。这对经济基础薄弱、财政收入低的黎川县来说，是很大的困难和挑战。

（二）起步晚，产业扩大有一定难度

黎川油画作为产业启动时间还不长，需要大量人才资源和社会资源，虽然出台政策鼓励黎川籍画师返乡创业，但大部分黎川籍画师早已是外地油画公司的骨干，这些公司将会不惜代价，采取各种手段争夺人力资源和抢占市场。

（三）知名度不够，与市场对接不够紧密

由于黎川油画产业在最近几年才得到一定发展，虽然国内媒体对黎川油画的宣传力度大，但是黎川油画在国内知名度还不是很高，一时难以在市场上占有很大份额。

六 抢抓机遇，推动黎川油画产业发展上新台阶

黎川油画形成产业时间不长，要想实现"建世界油画基地，创文化产业名地"的宏伟目标，需要进一步解放思想，更新观念，顺应潮流，立足现实，遵循市场经济规律和艺术自身发展规律，充分发挥市场在社会配置资源中的基础作用，充分发挥黎川油画的资源优势。要抓住机遇，乘势而为，用足用好中央、省、市的扶持政策，着力推动油画产业有序发展和壮大，不断上新台阶。

（一）搞好科学规划，明晰发展目标

要把黎川油画产业发展上升到"创文化名城，建文化强县"的战略层面，充分认识发展油画产业的经济价值、艺术价值、文化价值及社会价值，并纳入全县经济社会发展的总体规划，以推动其为先导性、支柱性产业来培育、来抓好、来落实。组建包括由市领导、画师、学者在内的专家队伍，加强对黎川油画整体状况进行调研，对油画产业发展现状进行深入研究、科学论证，做好顶层设计，精心编制出台具有前瞻性、战略指导性和可操作性的产业发展纲要和规划，确定五年、十年、十五年甚至更长远的发展目标、发展思路和发展举措，进一步明晰黎川油画产业发展的路线图、时间表和任务书。力争到 2020 年，黎川油画产业有大规模发展，产业增加值占 GDP 的比重大幅度提高。

（二）健全产业政策，加大扶持力度

一是争取项目支持。争取国家有关部门和省市重视，整合各类资金资源，重点扶持油画产业发展。二是设立基金支持。在现有的基础上，逐步扩大产业发展专项资金，用于扶持油画产业。三是给予税收支持。对于油画企业，自取得第一笔生产经营收入所属纳税年度起 3 年或 5 年内，以其实际缴纳的企业所得税地方留成数额为测算依据，根据纳税数量多少核定并安排奖励资金，支持企业发展，调动油画企业发展积极性。四是优先用地支持。将油画产业项目用地优先纳入本级土地利用总体规划和土地利用年度计划，积极争取政府支持，优先保障项目用地计划指标。目前，油画创意产业园虽然已解决第一期用地，随着产业的发展，规划到 2020 年，油画产业用地将达到 800 亩。五是投融资支持。对实施的重点油画产业项目和油画园区建设，对其建设资金国内贷款部分，按照当年实际贷款额度所付利息，给予不超过 50 万元的贴息补助，贴息期限设为 3 年；县财政设立"桥接"基金，为油画企业贷款提高还贷过桥服务；对入驻油画创意产业园的"小微公司"，每年给予每家 20 万元贷款支持，对画师给予每年最高不超过 10 万元的创业贴息贷款扶持。六是市场准入支持。鼓励非公有资本通过产权交易、收购兼并、股份制改造、政府特许经营权拍卖、经营权有期限转让等多种形式，参与政策允许的油画市场竞争。

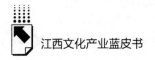
（三）培育发展主体，强化队伍建设

人才是立业之本，是产业发展的重要因素。继续实施油画人才培育工程。办好黎川职业中专油画专业班，定向培养贴近产业、市场需求的生产、销售等各类专业型、领军型油画人才。推荐本县优秀画师，参加申报国家级工艺美术大师。鼓励企业创办江西油画学校，从基础抓起，全面提升产业队伍的水平，促进画工向画师、画师向画家转变；产品向商品、商品向艺术品转变。对引进的高层次油画产业人才采取特殊优惠政策，以个人所得税地方分享部分为测算依据，自认定之日起 5 年内，由县财政全额奖励给个人，激励其积极性。对正式入驻黎川的高层次油画产业人才和领军人物，在其落户、亲属随迁，及其配偶、子女就业和就学、医疗保险等问题上提供绿色通道。

（四）实施品牌战略，激活发展活力

加强与省市宣传、文化部门的联系沟通，争取他们的支持与配合，把黎川油画作为文化品牌来加大宣传和推介，在当前已是"江西省文化产业示范基地"的基础上，争取尽快获评国家文化产业示范基地，积极申报中国民间文化艺术之乡，承接国家文化部对口支持的有利条件，在中国美术馆、海外中国文化中心等地举办展览活动，充分利用中国（深圳）国际文化产业博览交易会、中国义乌文化产品交易会等平台，加强项目合作与产品推介，进一步扩大黎川油画的竞争力。充分依托《江西日报》、江西广播电视台、《抚州日报》、抚州广播电视台以及大江网、中国抚州网等省内新闻媒体，运用公益广告形式，利用黄金时段、黄金版面进行立体式广告宣传，做到电视有影、广播有声、报刊有文、网络有言，进一步提升黎川油画品牌影响力。建立和开通黎川油画专业网站，面向全国、全世界展示作品。促进黎川油画创意产业园与东鑫电子商务园合作，引入淘宝模式，开展网上油画交易，进一步拓宽油画销售渠道。鼓励和支持画师参加全国书画展、文化产业博览会、个人艺术作品展等各种层次、各种形式的书画展，加强交流，扩大自身影响。支持画师参与各级美协的评级，提高自身声誉和黎川油画影响力。举办黎川油画艺术节等活动，把黎川油画作为对外接待礼品，加强对外宣传，不断扩大黎川油画的知名度。

（五）做大做强基地，完善发展功能

按照规划目标和要求，计划用 5 年时间，在县城安排 800 亩用地，建设高起点、高规模、高档次、公共设施完备齐全的油画创意园。在第一阶段主体工程已经竣工的基础上，抓紧进入工程实施的第二阶段（2013 ~ 2015 年），规划用地 300 亩，预期目标是建国内一流配置的油画展览中心、油画拍卖中心和画师创作、培训大楼，争取 8 ~ 10 家油画行业大型企业、1000 名画师入驻。第三阶段（2015 ~ 2017 年），规划用地 470 亩，建设油画交易、拍卖、休闲一条街，设有 1500 个以上油画店铺，10 万平方米以上的油画生产基地等，至 2017 年，争取 20 家以上油画行业大型企业、2000 名画师入驻。加快我县油画产业化的进程，加快油画产业与市场的对接，加快实现才华向财富转换，把黎川打造成名副其实、蜚声海内外的知名油画生产基地、交易中心、展示中心、培训基地和旅游热点。

文港毛笔产业发展研究

刘爱华 *

摘　要：　文港自古以来以毛笔闻名，是著名的"华夏笔都""中国毛笔之乡"，毛笔产量、产值扶摇直上，远远超过湖笔，成为中国新的毛笔制作中心，一支小小的笔，撑起了一个大产业。当然，随着文化生态的急剧变迁，文港毛笔产业发展也存在不少问题，因此，顺应时代需求，积极融入现代文化元素，挖掘毛笔文化虚拟价值，打造毛笔品牌，等等，是文港毛笔产业未来发展的重要路径。

关键词：　文港毛笔产业　技艺与历史　制约因素　发展路径

"药不到樟树不灵，笔不到文港不齐"，文港，古临川辖地，文化底蕴深厚，毛笔制作历史悠久，在承续李渡毛笔制作技艺的基础上，顺应文化大发展大繁荣的时代背景，不断开拓创新，努力发展毛笔产业，毛笔产量、产值发展迅速，远远超过湖笔，成为名副其实的"华夏笔都"。

一　小小的笔，大大的名

文港毛笔，在千年传承中，不断适应社会需求，对制笔工艺工序进行着变

* 刘爱华，民俗学博士，江西师范大学文旅学院副教授；基金项目：江西师范大学青年成长基金"文化生态视域下的毛笔文化保护与传承"，中国博士后科学基金第 57 批面上资助项目"'非遗'视域下的毛笔制作技艺生产性保护研究"（资助编号：2015M571724），江西省高校人文社会科学研究项目"江西文化产业品牌培育与发展研究"（批准号：JC1404）。

革。在信息时代的当下，文港人凭着敏锐的商业嗅觉，依托互联网，拓展电商营销经营，同时借助实体店的宣传、展示，不断推动文港毛笔进一步"走出去"，不断扩大和提升文港毛笔的对外影响力、竞争力和辐射力。文港毛笔，已经成为文港最重要的文化符号和金字招牌，使得一支小小的笔，最终支撑起了一个大产业。

（一）毛颖之技甲天下

文港毛笔制作技艺由北方传来，至今有1000多年历史。关于其历史渊源，有两种说法，一说其辖内周坊村从东汉末年从河南汝州迁徙而来，其毛笔制作技艺源自秦都咸阳①，一说其辖内邹姓是山东迁来的，其毛笔制作技艺源自山东省邹县，在西晋时传入，至今有1600多年的历史。② 其毛笔制作技艺源自北方，在今天依然可以找到相关证据。在文港毛笔制作专业村——周坊，今天不少传统风格的建筑依然留存"汝州后裔""汝南世家""泽承丰镐"等匾额，为其毛笔技艺源自河南汝州、陕西咸阳两地提供了重要实证。

文港毛笔制作技艺主要分水作（即毛笔头制作，又称盆作）、干作（即毛笔杆制作，又称旱作）、整笔和包装四个部分，工序繁多、芜杂、琐细，据不完全统计，各种工序加起来有150多道。在文港，坊间比较认同的工序大概128道③。完整做好一支毛笔，大约需要十天左右。其大体共同制作工序（狼毫、羊毫、兼毫）及基本工具。笔者在结合相关研究的基础上，归纳总结如表1。

表1　文港毛笔制作主要工序及基本工具 *

毛笔主要工序 （146道）	一级工序	二级工序及基本工具	具体工序名称及基本工具名称
	笔头工序	芯毛制作工序（30道）	选毛、整理、脱脂、对齐、去绒、分片、打绒、齐毛、切料、梳毛、分小片、去杂障、去弯锋、改刀（配料）、合梳、分组小片、第二次合梳、分毫饼、分衬、扎麻衬、切衬、分衬只、梳衬、定笔形、去杂毛、汇衬、加麻（加腰肚）、再梳、圆笔等。

① 陈良学：《明清川陕大移民》，中国文联出版社，2009，第343页。
② 聂国柱、陈尚根主编《江南毛笔乡》（内部资料），1993，第8页。
③ 毛笔制作技艺工序繁杂，很难做出统一的规定，128道工序也是一个概数，当然，实际操作中工序远在128道之上，笔者曾深入考察，并结合相关研究，归纳总结出文港毛笔制作工序为146道。

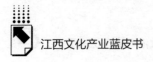

续表

一级工序	二级工序及基本工具	具体工序名称及基本工具名称
毛笔主要工序 (146 道)		
笔头工序	护毛制作工序 (36 道)	擢羊毛、捏小团、脱脂、对齐、去绒、分小片、打绒、齐毛、切毛、配料(上中下各部分比例)、反复梳毛、分小块、汇合、重复梳毛、再分小片、去杂毛、去弯锋、组合梳、分小块、去杂障、梳毛、护笔、烧兜、烧灰、捏揉、入盆、打灰、磕笔兜、熏笔头(指羊毫、狼毫、兼毫)、扎笔、吊笔、晾晒、粘兜、上笔杆、攀毛、去杂毛等
	基本工具	衬梳、毫饼梳、打麻梳、小木盆、衬板、毫刀、薄刀、厚刀、齐板、盖板、压板、尺寸板、侧子、水碗、灰盆、瓷盆、梳磨石(粗磨、细磨)、剪刀、笔筒、细线、纸箍、晾笔竹竿、吊笔石、桌凳、蜡、硫黄、大木盆、灰盆、火柴
笔杆工序	笔杆制作及芯杆组合工序 (31 道)	直杆类:选竹杠、洗砂、晾晒、存储、制笔尺、切料、筛选、绞直、捆扎、印花、浸湿、刺口、倒口、挖孔、镶头、镶管、刺头;斗笔类还需:笔杆挖空、测径口、刮型、笔斗挖孔、打磨、抛光、上蜡、定槽、粘接、吊尖、护线、组胶、粘头、干胶晾晒等
	基本工具	刀架、裁刀、棱子、刺刀、拖墩、棱刀柄、刺刀柄、桌凳、推槽石、磨刀石、定型尺、火炉、绞刀、绞刀架、火钳、印花铁槽、铅锭、蜡笔、印泥、刻蜡刀、画字刀、雕刻刀、微雕架、微雕刀、白乳胶、糊浆、挂线
整笔工序	治笔、雕刻工序 (19 道)	蘸清水、定笔形、去弯锋(用治笔刀)、沾茸、揉笔、梳笔、夹茸(用刀)、复梳、挤茸(用线)、修笔、挑盖毛、拔障、定型、半干清理(芯毛、护毛)、晾干、刻字画、贴商标、上笔套、捆扎等
	基本工具	桌凳、笔筒、治笔刀、刻刀、水碗、火炉、铁锅、鹿角菜
包装工序	包装工序 (17 道)	选料、切料、粗刨、挖型、细刨、打磨、上光、印字、喷漆、钉扣、打蜡、切布、定尺、制纸板、粘布、装扣、缝软带等
	基本工具	玻璃板、透明漆、火炉、水布、笔盒、尺子、蜡、颜料等
其他工序	其他工序 (13 道)	诸如笔头制作的选骨、开梳、磨梳等;笔杆制作的磨棱、开刺刀、磨竹刀、磨刮刀、定刀等;制笔工序的开治笔刀、合拼、下茸、煮茸、蘸清水等

*刘爱华、艾亚玮:《毛颖之技:江西文港毛笔制作技艺的考察》,载《民间文化论坛》2013年第 3 期,第 72~80 页。

从表 1 可以看出,毛笔制作工序繁杂、精细,一道小小的工序做得不好就会直接影响一支笔的书写性能。在上述工序中,毛笔头的制作则最为关键,

"笔之所贵者在毫"①，而毛笔头制作中，更为关键工序则是改刀（配料）和切料，稍有一点差池就会直接影响到毛笔的书写性能。

文港毛笔在传承历史传统的基础上，也顺应当代书画书写的需要，进行了不少改良，如在毛笔头中添加猪鬃替换苎麻，又如适应生态变迁研制出弹性更好的尼龙毛，等等，使得文港毛笔在制笔技艺方面已经大大进步，在各类文博会中脱颖而出。

（二）华夏笔都播远方

文港镇位于江西省进贤县西南部，抚河下游东岸，总面积 54.53 平方公里，辖 15 个村委会、3 个居委会，人口 6.4 万，其中外来人口 3.2 万。文港是北宋宰相、著名词人晏殊的故里，是闻名遐迩的毛笔之乡和中国楹联之乡，以毛笔闻名于世，是毛笔生产的发源地之一，是中国主要的毛笔产地和集散中心。毛笔类型齐全、品种繁多，大如扫帚小如针，林林总总，大致可分狼毫、羊毫、紫毫、石獾、斗笔、眉笔、条屏、排刷八大类 1000 多个品种，笔头色彩斑斓，红、白、黄、绿、青、蓝、紫七色俱全，具备"尖、齐、圆、健"之四德，笔头尖、笔锋齐、笔身圆、笔体健，软、硬、柔集一体，刚中有柔，能硬能软，吸水性强，书写流利，收得拢，撒得开，提按铺拢，锋露锋藏，汪洋恣肆，变幻莫测。

随着国家对优秀传统文化传承愈来愈重视，毛笔产业也因此发展迅速，从业人员众多，对外销售窗口迅速增长，市场占有率大幅提升。据统计，2014年，文港毛笔从业人员 1.3 万人，销售窗口达 5100 多个，几乎遍及全国所有县级城市，市场占有率达 75%，在全国同行业第一。

文港毛笔产业的迅速发展，也逐步为国内毛笔业界所认同，各种荣誉也纷至沓来。2004 年，中国轻工业联合会、中国制笔协会、中国文房四宝协会联合授予文港镇"华夏笔都"的荣誉称号。2006 年，文港毛笔制作技艺荣登江西省首批非物质文化遗产名录。2007 年，耗资 4000 多万元，总占地面积约 20 亩的中国毛笔文化博物馆在文港奠基。2008 年文港镇被江西省文化厅命名为首批省级文化产业示范基地。2010 年，全国首家毛笔文化研究机构——华夏

---

① （明）屠隆：《考槃余事·卷二》，中华书局，1985，第 41 页。

笔都中国毛笔文化研究所在文港挂牌成立。2012 年，中国轻工业联合会、中国文房四宝协会联合授予文港镇"中国毛笔之乡"的荣誉称号，文港镇同时被列为全国中小学生书法用品生产基地。

二　继往开来，硕果累累

"出门一担笔，进门一担皮"，具有典型江右商特征的文港人精明、勤奋，在坚守、传承传统毛笔制作技艺的基础上，不断顺应社会需求，推陈出新，提升制笔技艺。同时在思想上也更加开放、活跃，纷纷走出家门，向各地推销文港毛笔，拓展销售渠道，推动着文港毛笔产业的欣欣向荣。

（一）两大名笔，声名远播

上海周虎臣、武汉邹紫光阁和湖州王一品并称"天下三大名笔"。而前两支名笔其实都源自文港，其发展是文港毛笔史上浓墨重彩的一章。

上海周虎臣，又称周虎臣笔墨庄，它以清代文港周坊村人周虎臣（1672～1739 年）的名字命名。周虎臣出身制笔世家，擅长制作水笔，早年制笔自产自销，所制狼毫水笔，工艺精细，书写流畅，有"临川之笔"的盛誉。康熙三十三年（1694 年）设肆于苏州，至乾隆年间其制笔技艺声名远播，被指派为宫廷制作贡笔，特别是于乾隆 60 大寿时进贡 60 支寿笔，深得乾隆赞赏，特赐周虎臣笔墨庄牌匾。其后名声大噪。同治元年（1862 年），其后人于上海南市兴圣街（今永胜路）68 号开设周虎臣笔墨庄分号。其制笔技艺精湛，在上海名重一时，直接影响海上画派及吴门画派，正如著名画家清道人李瑞清所赞："海上造笔者，无逾周虎臣，圆劲而不失古法……。"①

邹紫光阁，为文港前塘村邹发荣及其弟邹发惊所创办。道光三十年（1850 年）兄弟俩贩卖毛笔到武汉时，发现该地人口众多，商业繁荣，遂"卸下笔担"，在汉口（原花布街上）开设"邹紫光阁"，并开设"邹隆兴杂皮笔料行"，兼做皮毛生意。

---

① 周虎文：《上海老周虎臣笔墨庄》，载《20 世纪上海文史资料文库（4）》，上海书店出版社，1999，第 268 页。

邹紫光阁以家乡文港前塘村为制笔基地，以汉口为销售中心，采用现代管理理念，遍访名师，广招笔工，程序规范，制作严格，所产毛笔质量稳定，书写舒畅，深受用户青睐。"至1916年，邹紫光阁的生产与销售达到了一个空前的规模，笔店员工近400人，年产毛笔100万支，常年流动资金达12.5万余元。"①邹紫光阁后来分成成记、久记和益记三个分店，在成都、南京、重庆、福州等地开设了分店，形成了产、供、销一条龙的庞大体系，影响深远。

除两大名笔外，文港毛笔还有一些毛笔名牌在国内也具有较大影响，现将其清代至民国期间十家毛笔品牌店信息整理如表2。

表2　清朝民国时期文港在全国开设的十家老牌毛笔店

笔庄名	创办时间	创办地点	创办人出生地	创办人姓名
周虎臣笔墨庄	清·康熙甲戌年（1694）	江苏苏州	文港周坊	周虎臣
邹紫光阁	清·道光庚子年（1840）	湖北武汉	文港前塘	邹发荣
生花馆	清·光绪末年	湖南永州	文港前塘	邹文庆
凌云堂	清·同治	江西赣州	文港曾湾	吴吉士
一品斋	清·同治甲戌年（1874）	江西南昌	文港周坊	周考勤
文宝楼	清·同治癸亥年（1863）	江西南昌	文港前途	周岂照
周元海	清·光绪丙子年（1876）	河南商城	文港前途	周元辉 周显辉
邹福记笔店	1912年	重庆、南京、黄梅	文港前途	邹发迪
周三益笔店	1936年	重庆	文港前途	周万兴
周荣光阁	1948年	重庆	文港周坊	周和财

资料来源：根据《江南毛笔乡》《进贤县志》等相关资料整理而成。

（二）产量产值，笔界翘楚

改革开放以来，文港承袭了李渡毛笔制作技艺，并不断加以弘扬、革新，毛笔产量产值迅猛发展。据统计，2013年，文港全镇大小毛笔生产作坊和经营企业共有2100多家，销售窗口5000多个，年产销毛笔6亿支，实现产值

① 周德钧：《名店"邹紫光阁"》，载《武汉文史资料》2007年第10期，第51~52页。

12.85 亿元,年出口创汇 3000 万美元,市场份额占到国内外市场的 70%。当年文港文化产业总产值为 35.97 亿元,毛笔产业产值在其中所占的比例超过三分之一,已成为文港镇主要的支柱产业。这种发展势头非常强劲。到 2014 年,文港全镇大小毛笔生产作坊和经营企业增加到 2200 多家,销售窗口 5100 多个,毛笔产量达到 6.6 亿支,实现产值 13.2 亿元,市场份额上升到国内外市场的 75%。

对比驰名中外的湖笔,文港毛笔可能在名声方面还有不少差距,但在产量产值等方面已经遥遥领先。据统计,2014 年湖州从事湖笔生产销售的企业与个体经营户 102 家,家庭作坊 187 家,从业 1500 余人,年生产湖笔 1030 万支,年销售 100 万元以上的企业 38 家,总产值 1.8 亿元。[①] 从中可以看出,文港毛笔产业已经成为中国毛笔制作中心和生产基地,成为名副其实的"中国毛笔之乡",湖笔已经难以望其项背。

(三)带动就业,惠及民生

文港毛笔生产和湖笔不同,不以企业为主体,而是以家庭作坊为主,作坊类型包括雇佣型笔坊、集体制笔坊、家庭型笔坊和混合型笔坊四种类型,目前主要有家庭型笔坊和混合型笔坊两种类型。毛笔作坊最大的特点就是灵活、自由、弹性大,毛笔制作不受时空、天气制约,无论天晴还是下雨,也无论是白天还是晚上都可以赶制毛笔。当然,最大的优势,就是可以大量吸纳劳动力,发挥人力资源的最大潜能,或者说具有很大的就业空间和容量。从文港实际来看,一般家庭成员都会制作毛笔,在订单较多的时候,全家人都要充分调动起来,上到八十多岁的老人,下到三岁的小孩,一起参加毛笔制作。

毛笔产业是文港镇最重要的支柱产业,经过一千多年的发展,已经形成了比较完备的产业链条,包括毛笔制作(毛笔头制作、毛笔杆制作)、制笔模具加工、包装、专业运输、原材料供应等。日益发达的专业分工,不断延伸的产业链条,极大地推动了当地的就业工作。据不完全统计,目前在文港从事毛笔生产、销售及相关行业的人员人数 1.3 万余人,其中从事毛笔生产的人员 0.3

---

① 昌银银:《湖笔的现代传承与创新》,《湖州日报》2014 年 10 月 18 日第 A05 版。

万余人，从事毛笔销售的人员 1 万余人，占劳力总数 60%。从业人员的收入水平也迅速提升，据统计，2013 年一个成熟笔工月工资收入为 2400 元，随着经济发展水平的提升及物价水平的上涨，到 2014 年，一个成熟笔工的月工资收入增长到 3600 元。毛笔产业是一种劳动密集型产业，这种产业的大力发展，直接推动了文港镇的就业，吸纳了大量农村剩余劳动力，提高了农民的生活水平，促进了当地特色经济的快速发展。

三　文化变迁，发展隐忧

文港毛笔产业已步入了快车道，产量产值大幅提升，重大项目陆续推进，如第一村（中国毛笔制作第一村周坊村）、第一庄（天下第一笔庄）、第一馆（晏殊纪念馆、中国毛笔文化博物馆、钢笔展示馆）、第一市（毛笔交易市场）、第一园（文化创意园）等的建设。但是，文港毛笔产业在发展中仍存在诸多问题，如文港毛笔的对外影响力和声誉极为有限，即便在南昌地区，也有很多人不知道文港毛笔。再如邹紫光阁和周虎臣笔庄两个著名品牌，早已成为武汉和上海的百年老字号，在人们心目中，很难再把它们和文港联系起来。此外，文港毛笔还存在宣传推介乏力、产业链条单一、产业人才匮乏等问题，这些问题始终制约着其持续发展。

造成文港毛笔产业发展上述困境或隐忧的原因很多，笔者认为，可从外部原因和内部原因两个方面来对其进行分析和厘清。

从外部原因来说，毛笔文化产业是一种传统文化底蕴深厚的产业，也是一种"小众化"的产业。随着科学技术的发展，人类书写生态的急速剧变，毛笔作为书写工具的功能已经逐步淡化，更多是作为书画艺术的附属产品而存在。"书法与日常书写的断裂，极大地阻断了电子文化出现之前人们从日常书写通向书法写作的普遍倾向，书法真的成了只是具有艺术胸怀的人才会进入的园地，成了一门纯粹属于艺术范围的行当。"[①] 从毛笔文化发展史来看，毛笔在发展过程中经历过三次大的技术革命，推动了毛笔书写生态的变迁：第一

---

① 张法：《书法何为——论书法在古今社会文化中的变迁和在全球化时代新位的重建》，载《书法与中国社会》，北京师范大学出版社，2008，第 8 页。

次是印刷术的发明及普及；第二次是近代西方硬笔工具的出现；第三次也是最近的一次是电脑的普及与互联网的广泛应用。在这三次技术革命中，第三次技术革命即电脑的普及与互联网的广泛应用对毛笔书写生态的冲击是重创性的或者说是毁灭性的。毛笔作为传统文化的瑰宝、文人心中的神圣符号也逐步被冲溃了，毛笔已经不再是那种可以凭汪洋恣肆、纵横捭阖的笔端写出惊天地泣鬼神锦绣文章的载体，不再是可以决定一个人命运或一个民族历史进程的生花妙笔，而仅仅蜕化为一种维系传统记忆或赋予缅怀意义的文化符号，毛笔地位角色的"祛魅"，使其不再像今天的电脑和互联网一样成为人们生活中须臾不可缺少的东西，而是充当着一种可有可无的角色，这种书写生态的急剧变迁是毛笔产业发展的重要的外部原因。文港毛笔自然不能排除在外，这种变化使其无法增大毛笔市场的"蛋糕"，而仅仅是改变其分法及所得比例。

从内部原因来看，毛笔制作技艺及毛笔作为商品本身具有半市场化属性①，决定了其既极度依赖于市场又超然于市场，毛笔产业亦然。从毛笔销售来说，作为一种商品，其必然要按照市场要求进行生产，生产出具有模式化、标准化、规模化的毛笔，保证毛笔性能的稳定性，以更好地推向市场。但从毛笔制作技艺来说，其制作工序繁杂，绝大部分工序主要依靠手工劳作模式，且其不是一般的商品，兼具实用性与艺术性。为了提供给书画艺术"利器"，生产者必须严格按照工序，为书写者量体裁衣，制作出更具个性的毛笔，遵循个性化、精细化、特色化的原则，这样势必导致生产与市场的脱离，亦即毛笔产业既极度依赖于市场又超然于市场。这一特性是制约文港毛笔文化产业发展最重要的内部因素。

此外，文港笔业主体权力的不平衡、毛笔市场竞争失序，也是影响文港毛笔产业发展的重要内部制约因素。

---

① 半市场化，在这里指称介于传统与现代之间的一种经济形态或市场结构，或者说传统生产制约下的市场化现象。半市场化是一个动态的变化概念，这里的"半"不是具指，而是泛指。半市场化不仅是一种经济现象，也是一种民俗文化现象，民间手工艺的内在结构、劳作方式、文化内涵、价值呈现等决定了半市场化经济形态或市场结构的产生，因此，半市场化对民间手工艺来说具有普遍意义。参见刘爱华、艾亚玮《半市场化笔业竞争与权力秩序重构——交换理论视角下的文港毛笔业》，《装饰》2012 年第 2 期。

四　顺应时代，奋力开拓

毛笔产业具有半市场化属性，现代市场性不强，且毛笔已经淡出了人们的日常生活，仅仅依靠传统产业模式已经很难有更大发展空间，因此，推进文港毛笔产业，需要从如何赋予传统更多现代性，如何融入现代元素的角度进行更多思考。

（一）树立"互联网＋毛笔""文化＋毛笔"的理念

李克强总理在 2015 年政府工作报告中指出：制定'互联网＋'行动计划，推动移动互联网、云计算、大数据、物联网等与现代制造业结合，促进电子商务、工业互联网和互联网金融健康发展，引导互联网企业拓展国际市场。① 今天，互联网已经成为人民生活的重要联系纽带、沟通方式及生产方式，文港毛笔产业的发展自然离不开互联网。当然，思想敏锐的文港人已经开始了这方面的尝试，2015 年 1 月中国文房四宝电商基地在文港正式启动，电商集群正式进入文港毛笔产业。如何进一步整合电商，促进"互联网＋毛笔"理念的实践应用是今后发展的一个重要趋势。

另一个重要理念就是"文化＋毛笔"。既要深入挖掘毛笔的文化内涵，做好研究、策划工作，展示其毛笔的文化魅力，又要通过文化宣传推介活动，让更多人了解文港的毛笔文化，了解毛笔不仅仅是书写工具，毛笔还具有深厚的文化内涵，是影响和改变人们观照自然、阐释世界和表达情感的重要工具和方式。

（二）挖掘文港毛笔的符号价值

毛笔兼具实用性和艺术性，因而在坚持传承毛笔制作技艺，提升毛笔制作技艺的基础上，要积极挖掘文港毛笔的符号价值。一方面应通过报纸、电视、互联网、微信、微博等新旧媒体的广告宣传及各种文化节、文博会等实体展

---

① 李克强：《2015 年政府工作报告》，人民网 http：//www. people. com. cn/n/2015/0305/c347407 – 26643598. html.

示，广泛宣传推介文港毛笔，"符号价值会令作品笼罩上一层仿佛已经被写入艺术史的光晕，也和所有的奢侈产品一样，这些增值又与茂盛的广告营销行为牢牢绑在一起"。[①] 另一方面依托现有文化产业园，积极拓展产业链条，增加融毛笔博览、名人雕塑、工艺体验、文房交易、创作写生、书画培训等为一体的休闲旅游区，通过塑造独特的文港毛笔文化产业园，挖掘其符号价值，从而提升文港毛笔的整体价值，增强其对外影响力、渗透力、竞争力、创新力和辐射力。

（三）促进文港毛笔产业集聚的升级与发展

积极整合文港毛笔文化资源，推进文港毛笔产业集聚的升级，一方面既要加强产业内部的集聚发展，加强毛笔制作、制笔模具加工、毛笔包装、原材料供应、毛笔电商等企业、作坊的集聚，通过这种区域集聚形成有效的市场竞争，共享公共设施、市场环境和外部经济，推动产业融合、科技创新、项目孵化等，构建出专业化生产要素优化集聚洼地，降低生产成本、信息成本及物流成本，提升文港毛笔的整体经济效益；另一方面也要加强产业外部的集聚发展，即推动文房四宝、金属笔、油性笔等相关行业的集聚，塑造整体文化品牌，推动外部集聚经济的快速发展。

（四）加强文港毛笔文化的综合旅游规划

建立和完善文港毛笔产业园，要打破时空局限，运用创意思维进行文化整合，加强综合旅游规划。一方面要充分利用包括文港在内的进贤、抚州等邻近地区的现有历史文化资源，如历史文化名人晏殊、王安石、汤显祖、董源、巨然、艾宣、徐熙、周虎臣等，深入挖掘其相关传说、故事，采用创意手段，如"雕塑＋文字"、"文化＋科技"等方式充实文港文化产业园，同时也可以通过采用拟真的方式等比例将临川墨池遗迹、抚州文昌桥等遗迹移植进来。当然，引入现代审美理念，移植并树立古代著名书法家如王羲之、张芝、颜真卿、米芾等人物的塑像，挖掘其与毛笔相关的传说、故事，同时对散落在全国各地的有关毛笔的遗迹如笔山、退笔冢、铁门槛等亦可进行移植，以增加文港毛笔文

---

① 尤洋：《艺术品功能价值与符号价值》，《中国文化报》2013 年 1 月 7 日第 5 版。

化气息，提升寓教于乐的毛笔文化休闲游的内涵与意义。另一方面要充分利用、整合文港及周边乡镇的旅游文化资源，如李渡元代酒窖遗址、七里乡陈家村昼锦牌坊、钟陵乡栖贤山和节凛冰霜坊、军山湖等，拓展旅游线路，丰富文化旅游的形式与内容。

（五）注重文港毛笔知识产权的保护

文港毛笔的产量产值已远远超过湖笔，在国内毛笔界举足轻重，成为国内毛笔制作中心和集散地。但是，相对来说，其对外影响力远逊于湖笔，名不副实的现象十分突出。自然湖笔的名气离不开众多的历史文化名人及其事迹，但除此以外，文港人在知识产权保护方面远不如湖州人重视，也是重要原因。虽然文港已经有不少商标品牌，据了解，截至2014年，文港已有68家单位注册了自己的商标，其中省级著名商标2件，市级著名商标5件，4件品牌毛笔被评为"南昌市市民喜爱的旅游产品"，邹氏农耕笔庄励牛堂毛笔被中国文房四宝协会授予"国之宝""中国十大名笔"称号，但是相对于那些星罗棋布散落在一家一户的大量的毛笔作坊，这些注册的商标还是太少。对于更多制笔技艺一般的家庭作坊来说，其商标意识或知识产权保护意识是十分缺失的，很多家庭作坊都没有注册商标或没有注册却自己随意贴上一个商标，甚至在售卖时盗用他人商标或湖笔的商标。

因此，加强知识产权保护宣传，增强人们的知识产权保护意识，规范市场秩序是文港毛笔产业长远发展的必由之路。

此外，加强人才队伍建设，有针对性地培养制笔技术人才、毛笔产业管理人才、毛笔销售人才和毛笔文化研究人才，加强文港毛笔的宣传推介，通过互联网和实体活动互动的方式及学术研究、学术会议等方式扩大文港毛笔的声誉和知名度，加强文港毛笔品牌的塑造，营造一批具有全国性重要影响力的知名品牌，这些对策都将有力推动文港毛笔产业的健康快速发展。

五　结语

随着国家经济的快速发展，传统文化开始得到人们更多关注和重视。2013年2月，教育部印发了《中小学书法教育指导纲要》的通知，要求中小学要开设相关的硬笔、毛笔书法教育课程，这一政策对包括文港在内的毛笔产区，无疑是一个重大利好，也实际上推动了毛笔产业的快速发展。当然，尽管在相当长一段时期内，毛笔产业都会有一个比较好的发展前景，但相对于其他文化产业来说，毛笔产业"蛋糕"的容量极为有限，且其整体粗放发展方式，极大地束缚着文港毛笔的进一步发展。

近年来，虽然文港毛笔产业产量产值快速增长，各种荣誉也纷至沓来，但诸多问题也随之产生，如对外影响力有限、文化品牌缺失、宣传推介乏力、产业链条单一、产业人才匮乏，等等，导致这些现象出现的原因，从外部看是文化生态的急剧变迁，从内部看是毛笔产业的半市场化属性、毛笔市场竞争的失序。因此，发展文港毛笔产业，需要积极融入现代元素，赋予文港毛笔以现代文化内涵，通过树立"互联网＋毛笔""文化＋毛笔"的理念，挖掘文港毛笔的符号价值，促进文港毛笔产业集聚的升级与发展，加强文港毛笔文化的综合旅游规划，注重文港毛笔知识产权的保护，加强文港毛笔各类人才的培养等。这些都是推动当前及未来文港毛笔产业快速发展可以尝试的路径。

专题研究

Monographic Study

B.26

江西省文化消费影响因素与对策分析

杨智勇　张友维*

摘　要：　十八大报告为文化产业发展注入了强大的动力，文化产业成为国民经济支柱性产业，被列入 2020 年全面建成小康社会的指标体系。扩大文化消费是文化产业发展的核心内容，也是我国发展的战略基点之一。本文基于时间序列数据，对 2001～2013 年江西省文化消费历年情况进行深入分析，通过 ADF 平稳性检验和协整检验分析，得到江西省文化消费关键影响因素，利用偏相关系数检验排除序列相关，利用 White 检验排除异方差性，构建江西省文化消费经典线性回归模型。结合实证分析，对江西省文化消费影响因素进行了深入

* 杨智勇，管理学博士，江西师范大学数信学院副教授。张友维，江西师范大学数信学院研究生。课题项目：江西省经济社会发展专项课题（编号：13TZ04）"江西文化产业品牌培育、发展研究"。

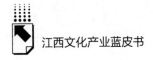
分析，找到了关键影响因素，基于此，提出了促进江西省文化消费及文化产业发展的相关建议与对策。

关键词： 对策分析　文化消费　影响因素

引　言

十八大报告指出，全面提高人民物质文化生活水平。把文化改革发展纳入经济社会发展总体规划，推动文化事业全面繁荣、文化产业快速发展。发展公益性文化事业，加快推进重点文化惠民工程，完善公共文化服务体系。广泛开展全民健身运动，促进群众体育和竞技体育全面发展。文化发展已经成为时代的话题，文化消费又对文化发展有重要影响作用。

文化消费是指对精神文化类产品及精神文化性劳务的占有、欣赏、享受和实用等。文化消费是以物质消费为依托和前提的。文化消费需求的增长总是受制于社会的生产力水平的发展，因而文化消费水平能够更直接、突出地反映出现代物质文明和精神文明的程度。因此，文化消费对于我们的生活的重要性日益凸显，也需要我们花费更多的人力、物力、财力对文化消费进行研究，从而能够更快更好地满足人民物质文明和精神文明的需求。

国外关于文化消费方面的研究，大部分是理论上的研究。其中，美国未来学家托夫勒根根据调查数据进行实证分析，提出了人类社会将进入追求更高层次精神需求阶段的结论。之后，法国社会学家布迪厄指出，必须将文化消费置于社会阶层中去理解，文化消费总是和社会等级相联系，构成社会区分的独特模式。

国内有关文化消费的研究开始于1985年，大多以调查研究和定性分析为主。

一　数据来源说明

文化消费受诸多因素的影响。占绍文（2015）在陕西省城镇居民文化消费影响因素实证分析中把文化消费影响因素分为需求与供给两个方面，选取人均文化消费支出作为被解释变量，选取居民生活水平、居民文化消费倾向、娱乐教育文化类居民消费价格指数和政府公共文化服务支出为解释变量；李忠飞、朱晓杰（2013）在基于 JJ 检验的河南农村文化消费时间序列模型分析中把文化消费影响因素分为需求和供给两个方面，选取人均文化消费支出作为被解释变量，选取了人均纯收入、居民消费价格指数、居民消费结构、居民消费倾向、人均社会福利救济费和人均文教娱乐固定资产投资额作为解释变量；徐萍（2007）在陕西文化消费规模分析预测中根据实际情况选取了人均文化消费支出作为被解释变量，选取了居民可支配收入、恩格尔系数、城乡居民储蓄存款余额、居民消费倾向和居民消费价格指数作为解释变量。根据前人经验、数据的可获得性和江西省的文化消费发展的实际情况，最终选取人均文化消费支出作为被解释变量，选取人均纯收入、每万人中的大学生人数、人均文教娱乐固定投资和居民消费水平作为解释变量。

本文的数据均来源于 2001～2013 年《中国统计年鉴》、《中国文化文物统计年鉴》及《江西统计年鉴》。其中 2001～2004 年农村人口和城镇人口数据，2001～2002 年教育全社会固定资产投资和文化、体育及娱乐业全社会固定资产投资等部分数据缺失，采用拟合的方法将缺失数据补齐。处理后的数据如表 1 所示。

表 1　江西省文化消费发展情况

年份	人均文化消费支出（元）	居民消费水平（元）	每万人中的大学生人数（人）	人均纯收入（元）	人均文教娱乐固定资产投资（元）
2001	276.516102	2500	241	3227.369347	63.09475949
2002	359.018801	2651	291	3622.663689	108.0894868
2003	373.6580984	2739	629	3969.348166	144.7502019
2004	432.4207159	3353	468	4591.75903	207.1404654
2005	472.5961016	3821	386	5251.941926	238.0055557
2006	522.3262826	4117	474	5892.523546	284.3916568
2007	539.5988041	4676	723	6933.191941	261.1653547
2008	529.6559949	5805	640	8075.991741	356.971806
2009	605.4647859	6212	686	8938.121719	419.2334655
2010	679.4048269	7989	692	10059.10201	350.830273
2011	826.6243069	9523	726	11737.31075	474.098699
2012	886.4994497	10573	829	13544.47965	523.0114371
2013	1006.679321	11910	939	15179.14421	706.9253037

数据来源：2001～2013 年《中国统计年鉴》，2001～2013 年《中国文化文物统计年鉴》，2001～2013 年《江西统计年鉴》。

其中：人均文化消费支出＝教育、文化体育娱乐总消费/总人口，人均纯收入＝（城镇人均可支配收入×城镇人口＋农村人均可支配收入×农村人口）/总人口，人均文教娱乐固定资产投资＝（文化、体育、娱乐固定投资＋教育固定投资）/总人口。

二 江西省文化消费现状分析

（1）人均文化消费增速与人均总消费增速

2009年以来两者增速明显，而文化消费的增长相对总消费的增长存在一个滞后期（见表2）。

表2 江西省人均文化消费增速与人均总消费增速

年份	人均文化消费支出（元）	增速(%)	居民消费水平（元）	增速(%)
2001	276.516102	1	2500	1
2002	359.018801	0.298364899	2651	0.0604
2003	373.6580984	0.040775852	2739	0.033195021
2004	432.4207159	0.157263064	3353	0.224169405
2005	472.5961016	0.092908097	3821	0.139576499
2006	522.3262826	0.105227658	4117	0.077466632
2007	539.5988041	0.033068452	4676	0.135778479
2008	529.6559949	－0.0184263	5805	0.24144568
2009	605.4647859	0.143128355	6212	0.070111972
2010	679.4048269	0.122121125	7989	0.28605924
2011	826.6243069	0.216688893	9523	0.192014019
2012	886.4994497	0.07243332	10573	0.110259372
2013	1006.679321	0.135566775	11910	0.126454176

数据来源：2001~2013年《中国统计年鉴》，2001~2013《中国文化文物统计年鉴》，2001~2013年《江西统计年鉴》。

（2）人均文化消费增速

2003年以来，江西省人均文化消费增速有所增加，2008年受金融危机影响严重，其后则有明显的提升（见图1）。

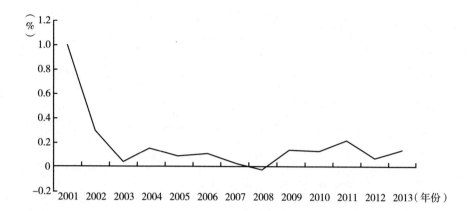

图1 人均文化消费增速

（3）居民消费增速

江西省居民消费增速总体上比较平衡，金融危机后的2009年至2013年则有一定的提升（见图2）。

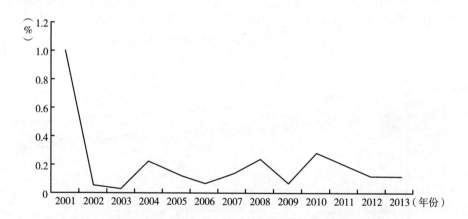

图2 居民消费增速

（4）人均文化消费支出占总消费的比例

总体而言，江西省人均文化消费支出占居民消费比重在2009年至2013年间有所下降（见表3）。

表3 江西省人均文化消费支出占总消费的比例

年份	人均文化消费支出(元)	居民消费水平(元)	占消费比重
2001	276.516102	2500	0.050220139
2002	359.018801	2651	0.056666541
2003	373.6580984	2739	0.054142048
2004	432.4207159	3353	0.057201231
2005	472.5961016	3821	0.054827188
2006	522.3262826	4117	0.054687438
2007	539.5988041	4676	0.048084571
2008	529.6559949	5805	0.041165699
2009	605.4647859	6212	0.043181048
2010	679.4048269	7989	0.043886025
2011	826.6243069	9523	0.047249526
2012	886.4994497	10573	0.044636625
2013	1006.679321	11910	0.046024507

数据来源：2001~2013年《中国统计年鉴》，2001~2013年《中国文化文物统计年鉴》，2001~2013年《江西统计年鉴》。

（5）人均文化消费支出占居民消费比重

江西省人均文化消费支出占居民比重在2009年至2013年间下降，显然是文化消费支出增长速度低于居民消费增长速度所致（见图3）。

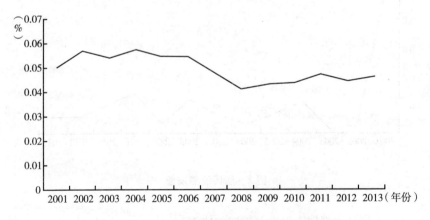

图3 人均文化消费支出占居民消费比重

（6）人均文化消费支出占居民纯收入比重

表4数据显示，与人均文化消费支出占居民消费比重类似，江西省人

均文化消费支出占居民纯收入的比重在2009年至2013年间也有所下降（见表4）。

表4　江西省人均文化消费支出占居民纯收入比重

年份	人均文化消费支出(元)	人均纯收入(元)	占人均纯收入比重(%)
2001	276.516102	3227.369347	0.085678481
2002	359.018801	3622.663689	0.099103541
2003	373.6580984	3969.348166	0.094135884
2004	432.4207159	4591.75903	0.094173216
2005	472.5961016	5251.941929	0.08998502
2006	522.3262826	5892.523546	0.088642205
2007	539.5988041	6933.191941	0.077828338
2008	529.6559949	8075.991741	0.065584019
2009	605.4647859	8938.121719	0.0677396
2010	679.4048269	10059.10201	0.0675413
2011	826.6243069	11737.31075	0.070427062
2012	886.4994497	13544.47965	0.065450979
2013	1006.679321	15179.14421	0.0663199

数据来源：2001~2013年《中国统计年鉴》，2001~2013年《中国文化文物统计年鉴》，2001~2013年《江西统计年鉴》。

（7）人均文化消费支出占居民纯收入比重

类似的，江西省人均文化消费支出占居民纯收入比重在2009年至2013年间的下降显然是文化消费支出增长速度低于居民纯收入增长速度所致（见图4）。

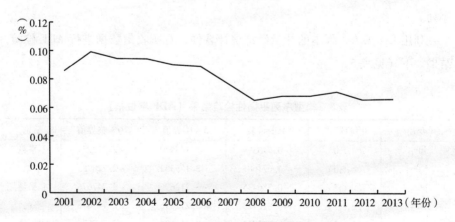

图4　人均文化消费支出占居民纯收入比重

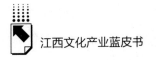

三 江西省文化消费影响因素实证分析

（一）理论模型

文化消费受诸多因素的影响，而且彼此之间的关系可能是线性模型、非线性模型、指数模型、对数模型，等等。对样本数据进行了分析与处理后，综合考虑，为了刻画影响文化消费的程度，构建对数线性模型。选取人均文化消费支出（ y_t ）作为被解释变量，选取人均纯收入（ x_{1t} ）、每万人中的大学生人数（ x_{2t} ）、人均文教娱乐固定投资（ x_{3t} ）和居民消费水平（ x_{4t} ），作为解释变量，其他的作为随机因素（ ε_t ），建立线性回归模型如下：

$$\ln y_t = a_1 \ln x_{1t} + a_2 \ln x_{2t} + a_3 \ln x_{3t} + a_4 \ln x_{4t} + \varepsilon_t$$

（二）模型的检验

1. 序列平稳性检验

在对时间序列分析时，容易产生伪回归，不能直接进行 LOS 回归。在进行回归之前，必须对时间序列平稳性进行检验。采用的方法是单位跟检验，利用 ADF 检验对变量的单位根进行检验。当给出的 ADF 值的绝对值大于临界值的绝对值时，则说明该变量是平稳的序列，反之说明该变量是非平稳的序列。

利用 Eviews7.2 版本的计量经济统计软件，对所收集数据进行 ADF 检验，结果如下（见表 5）。

表 5 模型序列平衡性检验结果（ADF 单位根）

变量	检验形式	ADF 检验	5% 临界值	10% 临界值	结论
$\ln y_t$	(c,t,0)	-0.775394	-3.144920	-2.713751	不平稳
$\triangle \ln y_t$	(c,t,0)	-4.671601	-3.175352	-2.728985	平稳
$\ln x_{1t}$	(c,t,2)	-0.386435	-3.212696	-2.747676	非平稳
$\triangle \ln x_{1t}$	(c,t,1)	-5.810713	-3.212696	-2.747676	平稳
$\ln x_{2t}$	(c,t,2)	-0.001925	-3.212696	-2.747676	非平稳

变量	检验形式	ADF 检验	5% 临界值	10% 临界值	结论
$\triangle \ln x_{2t}$	(c,t,2)	-4.642543	-3.259808	-2.771129	平稳
$\ln x_{3t}$	(c,t,0)	-2.352441	-3.144920	-2.713751	不平稳
$\triangle \ln x_{3t}$	(c,t,0)	-3.885844	-3.175352	-2.728985	平稳
$\ln x_{4t}$	(c,t,2)	0.993583	-3.212696	-2.747676	非平稳
$\triangle \ln x_{4t}$	(c,t,0)	-3.750803	-3.175352	-2.728985	平稳

注：检查形式中的（c，t，k），其中 c 表示是否含常数项，t 表示是否含有时间趋势，k 表示滞后阶数，滞后阶数的选择是根据 AIC 和 SC 标准自动选择的；$\triangle \ln x_{it}$ 是各时间序列对数形式的一阶差分。

2. 协整检验

（1）由检验结果可知，原时间序列 $\ln y_t$、$\ln x_{1t}$、$\ln x_{2t}$、$\ln x_{3t}$、$\ln_{4t}$ 均未通过 ADF 检验，即均为非平稳序列，而经过一阶差分之后，新的时间序列 $\triangle \ln y_t$、$\triangle \ln x_{1t}$、$\triangle \ln x_{2t}$、$\triangle \ln x_{3t}$、$\triangle \ln_{4t}$ 均通过 ADF 检验，所以各时间序列都是一阶单整序列。因此，各个时间序列 $\ln y_t$、$\ln x_{1t}$、$\ln x_{2t}$、$\ln x_{3t}$、$\ln_{4t}$ 之间存在一种长期的均衡关系。

由于序列符合回归残差平稳性检验的方法（EG 检验）的条件，本文用 EG 检验法进行协整检验。建立长期均衡回归方程：

$$\ln \tilde{y}_t = -3.948094 + 3.033550 \ln x_{1t} - 0.040043 \ln x_{2t} + 0.3209995 \ln x_{3t} - 2.053301 \ln x_{4t}$$
$$t = (-2.89683)(2.679035)(-0.209234)(1.760374)(-1.852988)$$

$R^2 = 0.991673$ 调整的 $R^2 = 0.987510$；$F = 238.1860$；$DW = 1.951581$

方程的拟合优度 $R^2 = 0.991673$、$F = 238.1860$，变量 $\ln x_{2t}$ 不显著，应该剔除，于是重新得到新的协整模型：

$$\ln \tilde{y}_t = -3.931356 + 3.031371 \ln x_{1t} + 0.326853 \ln x_{3t} - 2.085728 \ln x_{4t}$$
$$t = (-3.056465)(2.831887)(1.918807)(-2.010752)$$

$R^2 = 0.991628$ 调整的 $R^2 = 0.988837$；$F = 355.3181$；$DW = 1.995857$

方程的拟合优度 $R^2 = 0.991628$、$F = 355.3181$，并且各个变量显著，说明方程能够较好解释变量之间的关系，能够解释因变量。

另外，需要对方程的残差进行平稳性检验。设 E 为回归残差，对 E 进行 ADF 检验（见表6）：

表6 协整模型残差平衡性检验结果（ADF，基于 SIC，滞后期 = 0，最大滞后量 = 2）

		t-Statistic	Prob. *
Augmented Dickey-Fuller test statistic		− 5. 215089	0. 0018
Test critical values：	1% level	− 4. 121990	
	5% level	− 3. 144920	
	10% level	− 2. 713751	

因此，变量之间存在长期的均衡关系。经过 white 异方差检验（见表7）：

表7 协整模型 White 异方差检验结果

F-statistic	4. 577396	Prob. F(7,5)	0. 0566
Obs * R-squared	11. 24522	Prob. Chi-Square(7)	0. 1283
Scaled explained SS	4. 922566	Prob. Chi-Square(7)	0. 6694

知模型不存在异方差。运用残差分析中的偏相关系数和自相关系数，可知模型不存在自相关性。

（2）虽然解释变量 $\ln x_{2t}$ 在该协整模型中对 被解释变量 $\ln y_t$ 解释程度不显著，但是变量 $\ln y_t$、$\ln x_{2t}$ 均是一阶单整，他们二者之间存在着协整关系。

得到协整模型：

$$\ln \tilde{y}_t = -5.004341 + 1.852572\ln x_{2t}$$
$$t = (-3.4.65160)(7.042623)$$

$R^2 = 0851522$ 调整的 $R^2 = 0.838024$；$F = 63.08525$；$DW = 0.918728$

方程的拟合优度 $R^2 = 0851522$、$F = 63.08525$，并且各个变量显著，说明方程能够较好解释变量之间的关系，能够解释因变量。

对方程的残差进行平稳性检验。设 E 为回归残差，对 E 进行 ADF 检验（见表8）：

表8 X_{2t} 协整模型残差平衡性检验结果（ADF，基于 SIC，滞后期 = 0，最大滞后量 = 2）

		t − Statistic	Prob
Augmented Dickey − Fuller test statistic		− 5. 377775	0. 0014
Test critical values：	1% level	− 4. 121990	
	5% level	− 3. 144920	
	10% level	− 2. 713751	

因此，变量之间存在长期的均衡关系。经过 white 异方差检验（见表9）：

表9　X_{2t} 协整模型 White 异方差检验结果

F – statistic	0.203789	Prob. F(2,10)	0.8189
Obs * R – squared	0.509101	Prob. Chi – Square(2)	0.7753
Scaled explained SS	0.194179	Prob. Chi – Square(2)	0.9075

知模型不存在异方差。运用残差分析图中的偏相关系数和自相关系数，可知模型不存在自相关性。

四　结果分析

从上述（1）中的协整检验结果可以看出，$\tilde{b}_1 = 3.031371 > 0$，对应的 t 统计量等于 2.831887 显著，说明人均纯收入与人均文化消费支出同方向变动并且影响显著；$\tilde{b}_3 = 0.326853 > 0$，对应的 t 统计量等于 1.918807 显著，说明人均文教娱乐固定投资与人均文化消费支出同方向变动并且影响显著；$\tilde{b}_4 = -2.085728 < 0$ 对应的 t 统计量等于 – 2.010752 显著，说明居民消费水平与人均文化消费支出同反方向变动并且影响显著。在其他条件不变的情况下，人均纯收入每增加一个百分点，人均文化消费支出将增加 3.03%；人均文教娱乐固定投资每增加一个百分点，人均文化消费支出将增加 1.92%；居民消费水平每增加一个百分点，人均文化消费支出将减少 2.08%。一个合理的解释是，文化消费并非随着人民生活水平的提高而天然上升，在居民消费中存在一个阈值，经济不够发达时，居民消费水平小于此阈值，人们更关注物质消费、重视物质生活的追求，而忽视精神和文化消费，物质消费对文化消费形成挤出效应，导致文化消费占比下降；当经济发展达到一定水平，居民消费水平大于此阈值时，人们开始由重视物质享受转向重视精神享受，开始逐步注重精神和文化消费，此后，居民消费水平越高、文化消费越高。说明居民消费价格指数对于文化消费的影响最大，但是这一影响只有当经济发展水平达到一定水平、从而居民消费水平超过某一阈值时才能显现出来，才能形成文化消费随居民消

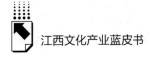
费稳步提升的良性互动。人均纯收入对于文化消费具有很大的影响,提升人均纯收入,也能够增加文化消费。

调整的 $R^2 = 0.988837$,说明回归方程即上述样本函数的解释能力机会 100% ,即人均纯收入、人均固定资产投资、居民消费水平对人均文化消费支出变动的 98.9% 做出解释。回归方程的拟合优度相当好,模型有良好的政策参考意义。在 5% 显著性水平上, $F = 355.3181$ 显著,说明人均纯收入、人均文教娱乐固定资产投资、居民消费水平对人均文化消费支出的共同影响是显著的。

从(2)中协整检验结果可以看出, $\hat{b}_1 = 1.852572 > 0$,对应的 t 统计量等于 7.042623 显著,说明每万人中的大学生数与人均文化消费支出同方向变动并且影响显著。在其他条件不变的情况下,每万人中的大学生数,人均文化消费支出将增加 1.85% 。

调整的 $R^2 = 0.838024$,说明回归方程即上述样本函数的解释能力机会 100% ,即每万人中的大学生数对人均文化消费支出变动的 83.9% 做出解释。回归方程的拟合优度相当好,模型有意义。在 5% 显著性水平上, $F = 63.08525$ 显著,说明每万人中的大学生数对人均文化消费支出的影响是显著的。

五　对策与建议

通过对江西省文化消费的影响因素进行探讨,得出文化消费与人均纯收入、教育水平和居民消费水平有密切联系。因此,为了提高江西省文化消费水平,需要提高人均纯收入,提高居民消费水平,加大教育投入。具体到政策与对策层面,需要从以下几个方面入手。

(一)切实提高居民收入

为使得文化消费水平迅速提高,就必须提高经济发展水平,增加居民收入。具体而言,主要应从以下方面入手。

1. 加快培育壮大战略性新兴产业
加快培育、壮大我省的战略性新兴产业是推进我省产业转型升级、加快转变我省经济发展方式的关键举措和突破口，是引领我省经济社会可持续发展、增强江西经济整体竞争力的重大战略选择，是促进我省"发展升级、小康提速、绿色崛起、实干兴赣"的重要途径。

在2014年及2015年我省战略新兴产业获得迅速发展的基础上，进一步加大在资源整合、技术创新、人才支撑、财政金融支持等方面的投入，进一步提速我省战略新兴产业的发展。

在资源整合方面，要进一步整合省内外资源，加强与国内外相关行业龙头企业的对接，围绕战略新兴产业上下游的各个重点环节，不断延伸产业链；在技术创新方面，对我省企业自主开发的新技术和新产品，全面列入政府采购名录并优先采购，进一步加大对我省战略性新兴产业自主创新产品的政府采购力度，鼓励以企业为主体建立国家级研发平台和工程、技术中心，积极引进消化吸收国际先进技术，参与国际和国内行业标准的制定，对战略性新兴产业关键技术和攻关项目进行重点扶持；在人才支撑方面，要进一步发挥企业家及回赣高级人才对资本、技术、人才、资源的集聚作用，运用科技、财政、税收、金融等多种手段加大对战略性新兴产业创新团队建设的支持力度；在财政金融支持方面，要增加投入，推动在省、市、县（区）各层级全面建立战略性新兴产业发展专项资金，用于支持战略性新兴产业发展，对重点支持的战略性新兴产业项目提供优先金融服务，进一步落实好相关优惠政策。

2. 加快承接东部发达地区产业转移

根据我国经济发展的梯度推进规律，中部是东部经济发展的过渡，我省承接东部发达地区产业转移是必经阶段，也是缩小地区经济发展差距、提升居民收入水平的必然选择。要进一步以优势互补为前提，借鉴东部先进发展经验，以优化我省产业结构为目标，积极利用东部地区技术、资金、人才、信息等优势，同时结合我省丰富的资源、巨大的市场潜力及独特的区位优势，寻找差异，谋求特色，以促进江西特色产业的发展，在融化吸收过程中形成自身优势，推动兼收并蓄、优势互补、布局合理的经济发展新格局的形成。

一是要利用立足中部的实际与优势，积极参与地区合理分工，优化产业结构，加强经济技术、文化产业合作，吸收东部发达地区资金和技术。先以劳动密集型产业的比较优势为主，通过与东部发达地区的经济技术合作，逐步提高劳动密集型产品的技术含量，创新技术，并实施产品差别化战略，提升整体发展水平和质量，快速推动劳动密集型产业向资本、技术密集型产业转变。通过多层次、多方向参与区域分工、合作交流，不断推进江西产业结构的升级和产业布局的优化。二是要坚持以信息化带动工业化，紧紧围绕国家中部崛起战略和长江经济带发展战略，增强江西产业整体竞争力、辐射力和影响力，积极推广运用信息技术、网络技术，加快发展电子信息产业，重视信息基础设施建设，推动信息技术升级，力争实现江西在一些关键领域关键行业的跨越式发展，并形成自身优势和特色，塑造特色品牌，努力在新一轮的竞争中赢得主动权和占据制高点。三是要坚持发挥市场机制作用和地区产业政策指导相结合，应遵循市场经济的内在规律，推动我省产业快速转移，以市场为导向，使生产要素按比较利益原则自由流动，以企业为主体，按照国内外市场需求结构的变化进行生产，以生产出适应市场需求的特色产品。只有这样，产业转移过程中的人才优势、资源优势和劳动力优势等才能真正转化为经济优势、发展优势，才能真正实现与东部发达地区的对接，推动江西经济的快速发展。

3. 加快文化创意产业发展

文化创意产业是知识密集型产业，可以吸纳大量高素质人才就业，因此，中西地区应当大力扶持文化创意企业做大做强，根据地方特色建立相应的文化旅游生态区和文化创意产业园区。不断完善公共文化基础设施建设，为文化产业发展与经济发展方式转变打下良好基础，在"新常态"时期持续增加居民收入，提高文化消费，促进文化产业健康、快速、繁荣发展。进一步落实《江西省关于加快发展文化创意产业若干政策措施》，为我省文化创意产业的迅速发展提供资金投入、融资渠道、税费支持、土地供应、人才支撑等全方位的政策扶持。

（二）加大教育投入

进一步加大保障教育优先发展的领导体制、决策机制和制度规范建设，以教育的优先发展支撑我省经济发展方式转变，服务国家和江西省区域发展战略。进一步促进义务教育均衡发展，重点扶持困难群体，大力解决好农民工子女就近入学、经济困难家庭学生资助等热点难点问题。进一步开展教育质量相关研究，形成科学规范的教育质量标准体系，把资源配置和全社会教育工作的重点集中到提高教育质量上来，建立以提高教育质量为导向的管理制度和工作机制。鼓励学校办出特色、办出水平，探索发现和培养拔尖创新人才的有效途径。紧紧依靠教师，进一步调动、激发和保护广大教师投身教育改革创新、承续教育发展进步、推动教育事业发展的积极性、主动性、创造性。进一步推动全省教育科学发展，因时因地制宜，分阶段规划，分步实施，分类指导，从自身发展水平和区域特点实际出发，合理定位，找准问题，突出重点，创造性地开展工作。同时，在加快推进教育事业发展的进程中，以学生为本，紧密把握发展前沿，必须始终不渝坚持改革方向，推动教育发展，促进教育公平，以改革提高教育质量，以改革增强教育活力。同时，要注重把改革力度、发展速度和社会可承受程度有机统一起来，使之相互促进、良性互动。

（三）加强社会保障体系建设

根据马斯洛的需求层次论，在满足了最基础的生存需求和安全需求的基础上，人才倾向于追求更高层次的满足。城镇居民的文化消费需求的增加必须建立在生存和安全得到保障的基础上，因此，应当继续完善社会救助、社会保险和社会福利等一系列社会保障制度，降低居民的未来不确定性预期，提升居民当期生活水平，振奋居民的消费信心，改变"高储蓄、低消费"的现实情况。并且，针对文化消费这一项目给予专项定额补贴，并采取公益性文化消费帮扶措施。

建立科学的动态的社会保障事业实施情况监测、评估、考核机制，将重点规划任务、指标和数据的完成情况纳入各级政府考核体系。进一步建立政府对人力资源和社会保障事业的常态投入机制和各级政府的分担机制、考核机制，将人力资源和社会保障事业列入公共财政支出的重点领域，经费优先拨付，保障人力资源和社会保障重大项目的实施。随着财政收入的增加，逐步提高社会保障支出占财政支出的比重，并相应加大各级财政对就业专项资金的投入力度，充分发挥失业保险基金促进就业和稳定就业的作用。进一步加大人才发展资金投入力度，鼓励和引导社会、用人单位、个人投资人才资源开发。针对人力资源和社会保障公共服务领域的关键部位、重要阶段和薄弱环节，实施一批基础性重大项目，制定实施优惠政策，带动工程项目建设，推动人力资源和社会保障基础设施的有效改善和管理服务能力的逐步提升。全面整合人力资源和

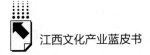

社会保障科研资源，建立理论研究与人力资源和社会保障事业发展的良性互动机制，加强重点领域基础理论研究、前沿发展趋势研究和重大政策研究，大力推广科研成果应用。

（四）转变消费观念，引领文化产业发展

政府帮助、引导并规范文化产业企业的经营运作，提高其经营水平，鼓励生产，提供更为丰富的文化产品和服务，以满足居民不同层次、多种类型的文化消费需求，同时，在产业方面为文化消费的可持续性发展提供支撑。提高居民的文化素质，培养消费主题高尚的消费品位，转变居民传统的消费观念，从而提高文化消费的边际消费倾向。

全面搞活我省文化产业，促进文化消费，必须正确认识文化消费，充分认识文化消费对于促进经济发展、拉动消费、带动就业、满足需求等方面的积极作用，明确文化消费在我省经济发展中的地位，进一步解放思想，树立正确、健康的文化消费理念，倡导大众积极参与文化消费活动，形成全省上下齐心协力发展文化消费的良好氛围。要进一步完善文化消费相关配套设施建设，制订科学的文化产业发展规划，对文博、旅游、娱乐、餐饮、休闲、购物等项目配套综合开发，制定符合我市实际、科学合理的文化行业发展规划。引进开发一批有特色的大项目，培育文化产业的消费中心。整合现有资源，形成多点式的文化消费群，加强对现有文化经营资源的整合，鼓励发展综合性文化服务项目，形成各具特色的文化消费品牌。

结　论

本文对 2001～2013 年江西省文化消费数据进行整理、研究和分析，在此基础上构建了江西省文化消费模型，对江西省文化消费影响因素进行了深入分析。结论表明，对江西省而言，文化消费与人均纯收入、教育水平和居民消费水平有密切联系。为了提高我省文化消费水平，需要大力采取措施保障并积极提高全省人均纯收入，大力发展本省经济，提升全省的居民消费水平，加大我省的教育投入。最后，从居民收入水平提升，消费水平提升及教育水平提升的角度，对促进我省文化消费及加快发展我省文化产业提出了相关的建议与对策。

参考文献

［1］杨晓光：《关于文化消费的理论探讨》，《山东社会科学》2006 年第 3 期。

［2］陈雷、张莹：《城镇文化消费的现状及影响因素分析》，《西安财经学院学报》2013 年第 1 期。

［3］朱伟：《大学生文化消费现状及影响因素分析》，《统计观察》2012 年第 17 期。

［4］周莉、顾江、陆春平：《基于 ELES 模型的文化消费影响因素探析》，《现代管理科学》2013 年第 8 期。

［5］李忠飞、朱晓杰：《基于 JJ 检验的河南农村文化消费时间序列模型分析》，《消费经济》2013 年第 4 期。

［6］房宏婷：《论文化消费与文化产业的互动关系》，《理论学刊》2011 年第 10 期。

［7］高莉莉、顾江：《能力、习惯与城镇居民文化消费支出》，《软科学》2014 年第 12 期。

［8］步雷英、王伟然：《山东省农村文化消费状况及影响因素实证分析》，《软科学》2010 年第 1 期。

［9］占绍文、李慧茹：《陕西省城镇居民文化消费影响因素实证分析》，《商业经济研究》2015 年第 11 期。

［10］徐萍：《陕西文化消费规模分析预测》，《商业时代》2007 年第 11 期。

［11］孟华、李义敏：《上海城镇居民文化消费的影响因素研究》，《预测》2012 年第 2 期。

［12］陈学真、李玉：《文化产业发展对经济增长影响的实证研究》，《统计决策》2013 年第 3 期。

［13］陈立新：《文化产业与中国经济增长的动态关系》，《统计决策》2009 年第 20 期。

［14］纪玉山、吴勇民：《我国产业结构与经济增长关系之协整模型的建立与实现》，《当代经济研究》2006 年第 6 期。

［15］叶德珠、连玉君、黄有光、李东辉：《消费文化、认知偏差与消费行为偏差》，《经济研究》2012 年第 2 期。

B.27
鄱阳湖生态经济区文化产业系统
关联的空间演化

刘 珊*

摘　要：　本文梳理鄱阳湖生态经济区与泛鄱阳湖生态经济区（以下简称
泛湖区域）的文化产业系统关联性的空间结构演化规律，运用
灰色理论中的灰色关联分析法测算2006~2012年生态经济区与
泛湖区域之间的关联特性的空间演变过程，从空间结构出发分
析文化产业的空间演化特征。结果表明：2006~2012年，鄱阳
湖生态经济区和泛湖区域的文化产业关联度为"蓄力－跨越－
辐射"的整体态势，文化产业系统整体关联度在2010年实现跨
越式上升；在空间上呈现"赣南－赣中－赣东西－区域一体化"
的空间结构；鄱阳湖生态经济区文化产业系统空间结构变化更
为显著。影响因素为：丰富的文化底蕴，多样的资源禀赋，通
达的交通区位，独特的人文因素和积极扶持的政策。

关键词：　鄱阳湖生态经济区　文化产业　空间结构

中国当代文化产业由起步、探索、培育逐步进入快速发展的时期，在国家
实施文化产业发展战略的积极推动下，文化产业蓬勃发展。江西省文化产业发
展"以培育大型骨干文化企业为抓手，以实施重大文化产业项目带动为战

---

* 刘珊，江西南昌人，管理学博士，江西科技师范学院讲师。基金项目：教育部人文社科青年
项目（编号：14YJC630085）；江西省社会科学研究规划青年项目（编号：14YJ38）；江西省
教育厅人文社科青年项目（编号：JC1458）。

略"，呈现主体壮大、速度加快、集聚发展、多元投入、优势显现的良好态势。"文化产业成为江西经济发展中最具活力、最具发展潜力的重要产业之一"。鄱阳湖生态经济区作为江西经济发展的龙头，其丰富的文化底蕴，多样的资源禀赋，通达的交通区位，独特的人文因素和积极扶持的政策为其带动江西省文化产业向空间纵深示范发展提供了基础。

文化产业不仅能有效振兴城市区域经济（Mommaas，2004），积累区域财富（De - Miguel - Molina，2012），同时能完善城市基础设施建设，提升城市形象（Bayliss D，2004），实现城市的可持续发展（Kagan，S.，Hahn，J，2011）和经济系统的演化（Jason，2009）。目前，对中国文化产业系统空间演化方面的研究还较少，主要是从经济角度出发，对城市（如北京、上海、西安和杭州等）的文化产业空间集聚、创意园区和产业空间分布进行研究，分析文化创意产业的分布特征和作用机制等。"核心—边缘"理论（Center - Periphery Theory）认为[1]，区位空间关系的变化必然会影响处于二者之间的边缘区的发展，并逐步实现融合，最终实现产业空间的一体化。研究江西省文化产业系统如何实现不同区域内文化产业的逐步融合与一体化进程中的空间演化过程，对江西省文化产业系统依托现有本土条件，促进区域经济的转型与发展，有着十分重要的意义。本文尝试梳理鄱阳湖生态经济区和泛鄱阳湖生态经济区（以下简称泛湖区域）文化产业系统关联性的空间结构演化规律，并以鄱阳湖生态经济区和泛鄱阳湖生态经济区作为研究对象，运用灰色理论中的灰色关联分析法测算 2006 ~ 2012 年生态经济区与泛湖区域之间的关联特性的空间演变过程，从空间结构出发分析文化产业的空间演化特征，提供理论和实际意义。

一 鄱阳湖生态经济区文化产业系统关联空间演化的因素

（一）鄱阳湖生态经济区丰富的文化底蕴

江西鄱阳湖是中国最大的淡水湖，以之为核心的生态经济区，范围包括南

---

① Friedmann J. R, *Regional Development Policy: A Case of Venezuela*, Cambrige: MIT Press, 1966.

昌、景德镇、鹰潭三市以及九江、新余、抚州、宜春、上饶、吉安的部分县
（市、区），共38个县（市、区），范围较广。江西鄱阳湖生态经济区的文化底
蕴丰富、特色浓郁，截至2011年底，江西省拥有国家级文化产业示范基地4家，
省级文化产业示范基地36家，省级文化产业试验基地3家，市县级文化产业基
地22家；其他建成或在建的各类主题公园、基地、园区有34家；国家级非遗保
护项目20项，省级非遗保护项目132项。豫章文化、临川文化、庐陵文化、客
家文化等也极具地方特色和产业发展价值，构成了独具特色的赣鄱文化底蕴。鄱
阳湖生态经济区和泛湖区域文化渊源一致，文化底蕴相同，文化地缘相接，成为促
使鄱阳湖生态经济区与泛湖区域文化产业系统空间结构演化的重要推动力之一。

（二）鄱阳湖生态经济区多样的资源禀赋

1. 生态资源

在各地纷纷打响雾霾阻击战的当下，"蓝天碧水、绿水青山"成为一种奢
侈，而江西，春有千峰耸翠、秋看层林尽染，生态尽显妖娆。2012年末，江
西森林覆盖率达63.1%，与福建并列全国首位。全省共有各类自然保护区220
个，湿地公园54个，森林公园161个，基本形成了类型齐全、分布广泛、具
有典型性和国际国内影响力的自然保护区网络。

2. 矿产资源

江西地下矿藏丰富，是中国矿产资源配套度较高的省份之一。有14种矿
产资源储量居全国前三位，其中铜、钨、铀、钽、稀土、金、银被誉为江西的
"七朵金花"。

3. 旅游资源

江西红色旅游、乡村旅游、温泉旅游、森林旅游发展迅速，旅游景区景点
建设规模和质量不断提高，截至2012年底，江西省有世界遗产5处，国家级
风景名胜区14个，国家级旅游景区61个，国家级历史名镇名村21个，古建
筑遗址22022处，四星级以上旅游饭店102家，旅行社752家，初步形成了以
山、湖、村、城为主要载体的旅游目的地体系[①]。丰富独特的资源禀赋是江西
大力发展文化产业的雄厚基础和扎实保障，以国家历史文化名城——景德镇为

---

① 朱虹：《论发展江西文化旅游产业的战略思考》，《江西财经大学学报》2013年第4期。

例，得天独厚的高岭土资源使得瓷艺技术蜚声海内外，形成了制瓷工艺、古窑遗址、瓷业习俗和文化遗产紧密结合的陶瓷文化旅游形式。景德镇陶瓷文化的开发对开放丰城洪州窑和吉安吉州窑有一定的示范作用，促进了鄱阳湖生态经济区与泛湖区域的文化产业空间上的联系。

（三）鄱阳湖生态经济区通达的交通区位

江西省地理位置优越，东邻浙闽，南粤西湘，北毗鄂皖，枕长江接武汉，通宁沪临沿海，是唯一同时连接"长三角"、"珠三角"和"闽南三角"三大经济区的省份，具有沟通东西、连贯南北的地域优势。鄱阳湖是全国最大的淡水湖，长江的水量调节器，"赣江通而众水归鄱"，是沟通省内外各地航道的中转站。鄱阳湖生态经济区交通区位优势十分明显，京九铁路和浙赣铁路纵横贯通全境，交通便利。随着交通干线、南昌核心极、昌九一体化、吉泰走廊、临空经济圈等一系列区域蓝图的实现和完善，人流、物流、资金、信息、文化等将通过交通载体不断从鄱阳湖生态经济区内聚集，同时实现向泛湖区域的扩散，将依托铁路、公路、水路等交通干线，形成鄱阳湖生态经济区和泛湖区域的良性互动循环。

（四）"江右"特色人文因素

1. 耕读的书院情结

江西物华天宝、人杰地灵、农耕发达，"区区彼江西，历来多贤才"，人是文化的载体，也是空间形态中重要的流动因素。古往今来，江西古代文化名人众多，陶渊明、欧阳修、王安石、黄庭坚、朱熹、汤显祖、八大山人、詹天佑、陈寅恪等，创造了许多具有深厚内涵的思想、文化、艺术形态。江西的人文因素中素来重视文化传统的培养，豫章书院、白鹭洲书院、白鹿洞书院和鹅湖书院曾经天下闻名。"书院情结""重农崇文"是江西的人文传统之一，进贤文港的"华夏笔都"、金溪浒湾雕版印书业和婺源歙砚正是植根于江西特定的人文土壤才有了曾经的兴盛与辉煌。

2. 红色的"八一"精神

"全省犹如一个没有围墙的革命历史博物馆"，革命摇篮井冈山、军旗升起的南昌、革命红都瑞金、中国工人运动策源地安源、中国工农红军万里长征始发地于都等，见证并记录了中国革命的历程，代表了江西特色的红色"八

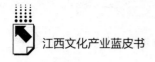

一"精神。江西省拥有2423处革命旧居旧址,红色遗址在地理空间上天然形成了鄱阳湖生态经济和泛湖区域文化产业系统空间的演化。

3. 公益的江右商帮

江右商帮拥有良好的历史契机、深厚的文化底蕴,重视诚信,他们热心于兴办公益,推动了地方社会事业的发展。这种古已有之的文化基因,使得今天的江西商人也乐于积极发展地区文化事业。在2011~2012年度国家文化出口重点企业目录中,江西本土企业达13家,居全国第11名,高于江西省GDP在全国的排名。2011年文化产业出口额达9.4亿美元,比2011年增长71.3%,高于全国49%的平均增速,在全国排名第五。

江右独特的人文因素为发掘、弘扬、保护和丰富赣鄱特色文化,发展、扶持、优化和升华江西文化产业提供了重要的精神依托,为鄱阳湖生态经济区和泛湖区域的文化产业系统的空间演化起了关键作用。

(五)积极扶持的政策因素

文化产业是江西省十大新兴产业之一,文化产业因其在经济发展中的活力和发展潜力在发展政策上得到相当重视,2014年初,江西省人民政府印发了《关于加快发展文化创意产业的若干政策措施》,突出了对文化创意产业的政策引导和要素扶持。这些政策的颁布将有利于文化产业系统的空间演化,反之,过度强调行政区划和各级地方政府的主体利益将割裂文化产业系统的整体性,形成行业壁垒甚至不同区域间的"袭夺"①。

二 鄱阳湖生态经济区文化产业系统的空间关联度测度

(一)指标体系

本文为测度鄱阳湖生态经济区文化产业系统的空间演化,将江西省分为鄱

---

① 董晓菲、王荣成、韩增林:《港口—腹地系统空间结构演化分析——以大连港—辽宁经济腹地系统为例》,《经济地理》2010年第11期。

阳湖生态经济区和泛湖区域两个子系统。江西省文化产业发展秉承"以培育大型骨干文化企业为抓手,以实施重大文化产业项目带动为战略",所以在考虑指标体系设计的时候,本文综合考虑经济、文化和社会因素,突出考虑鄱阳湖生态经济区域内的骨干文化企业和示范性文化产业基地,具体指标体系见表1。

表1　鄱阳湖生态经济区–泛湖区域文化产业系统指标体系

指标体系	变量	指标内容	指标体系	变量	指标内容
鄱阳湖生态经济区文化产业系统指标体系	x1	文化类产品零售价格分类指数	泛湖区域文化产业系统指标体系	x5	入境旅游情况
	x2	文化事业单位数(个)		x6	人均地区生产总值(元)
	x3	文化产业重点企业数(个)		x7	文化体育与传媒支出(万元)
	x4	国家级文化产业示范基地(个)		x8	文化、体育和娱乐业从业人数(万人)
				x9	剧场、影剧院数(个)
				x10	公共图书馆图书总藏量(千册、件)
				x11	国际互联网用户数(户)
				x12	人均可支配收入(元)

(二)研究方法

本文利用灰色系统理论中的灰色关联分析法(Grey Relational Analysis, GRA),定量分析鄱阳湖生态经济区和泛湖区域的文化系统关联程度。具体模型为:

首先确定反映系统行为特征的数据序列的参考数列和影响系统行为的因素组成的比较数列,即上文中的湖区系统和泛湖系统;其次对各个指标进行无量纲化处理;再次计算 t 时刻下湖区系统中第 i 个指标对泛湖系统中第 j 个指标的关联系数 $\xi_{ij}(t)$,其中,$\xi_{ij}(t) = \dfrac{\min\limits_{i}\min\limits_{j}\left|x_i(t) - y_j(t)\right| + \rho\max\limits_{i}\max\limits_{j}\left|x_i(t) - y_j(t)\right|}{\left|x_i(t) - y_j(t)\right| + \rho\max\limits_{i}\max\limits_{j}\left|x_i(t) - y_j(t)\right|}$,$x_i(t)$ 和 $y_j(t)$ 分别表示湖区系统和泛湖系统标准化后的值,ρ 称为分辨系数,通常取 $\rho = 0.5$;最后由于关联系数是湖区系统和泛湖系统在不同时刻的关联程度值,所以为了便于整体性比较,在 $\xi_{ij}(t)$ 的基础上计算平均值,作为湖区

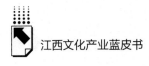

系统和泛湖系统关联程度的数值结果，关联度 $r(t)$ 公式如下：$r(t) = \frac{1}{m \times n} \sum_{i=1}^{m} \sum_{j=1}^{n} \xi_{ij}(t)$，本文中 $m = 4, n = 8$。

（三）实证结果

研究中所需数据主要来源于 2007～2013 年《江西统计年鉴》与《中国城市统计年鉴》，根据 2.2 中公式在 MATLAB 6.5 中编程运算，具体计算结果见表 2。

表 2　鄱阳湖生态经济区与泛湖区域文化系统发展的空间关联均值

年份	南昌	景德镇	萍乡	九江	新余	鹰潭
2006	0.7257	0.6809	0.6838	0.7122	0.6828	0.6800
2007	0.7219	0.6964	0.6890	0.7255	0.6773	0.6934
2008	0.7257	0.6956	0.6937	0.7137	0.6785	0.6896
2009	0.7019	0.7043	0.6442	0.6995	0.8366	0.7870
2010	0.7184	0.7930	0.8419	0.6520	0.7327	0.7145
2011	0.6873	0.6666	0.8063	0.6680	0.6553	0.8428
2012	0.7063	0.6843	0.6745	0.7421	0.6628	0.6814
年份	赣州	吉安	宜春	抚州	上饶	江西省
2006	0.7526	0.7204	0.7026	0.7068	0.7141	0.5159
2007	0.7435	0.7235	0.7042	0.7012	0.7080	0.5275
2008	0.7420	0.7247	0.6987	0.7026	0.7142	0.5001
2009	0.7681	0.6246	0.7035	0.6358	0.6321	0.7123
2010	0.7045	0.7562	0.783	0.682	0.7621	0.6763
2011	0.6464	0.7528	0.7357	0.6604	0.8017	0.6657
2012	0.7388	0.7394	0.7160	0.7042	0.7251	0.6017

三　鄱阳湖生态经济区文化产业系统关联的空间演化结构特征

（一）文化产业系统整体关联度实现跨越式上升

2006～2012 年，鄱阳湖生态经济区和泛湖区域的文化产业关联度为"蓄力－跨越－辐射"的整体态势（见图 1）。

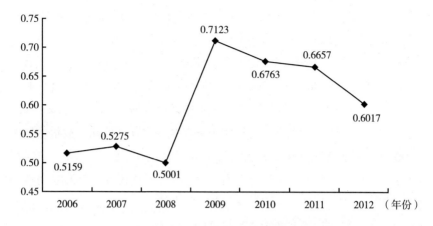

图1 2006～2012年江西省文化产业整体关联度

2006～2009年为鄱阳湖生态经济区和泛湖区域文化产业关联的蓄力时期，江西文化产业关联程度整体在0.5附近，2009年为最低值0.5001，这反映了该阶段江西省文化产业各地分布不一，空间地域上相对集中，处于两极分化的临界点。2009～2010年是鄱阳湖生态经济区和泛湖区域文化产业实现跨越式发展的关键阶段。由于鄱阳湖生态经济区上升为国家战略，以此为契机，整个鄱阳湖生态经济区和泛湖区域的经济发展环境发生了重大的变化，在相关产业政策的扶持下（如2009年颁布的《江西省文化产业发展专项资金管理暂行办法》和2010年出台的《江西省十大战略性新兴产业发展规划》），江西省文化产业实现了跨越式发展，江西省文化产业整体关联度在2009年达到最高值0.7123，在空间上实现了整个江西文化产业的"齐步一体化"，成功解除了文化产业两极分化的风险。此后，在2010～2012年，政策的首轮效应逐渐消失，江西省文化产业整体关联度稳定在0.6附近，鄱阳湖生态经济文化产业在空间上向泛湖区域进行平稳辐射。

（二）文化产业系统关联在空间上呈现"赣南－赣中－赣东西－区域一体化"的空间结构

2006～2008年，空间关联度向以赣州市为中心的赣南地区分散，同时在中部的南昌集中。南昌和赣州两地交通便利，南昌为江西省省会城市，为豫章文化的中心；而赣州处于东南沿海地区向中部内地延伸的过渡地带，毗邻福建、广东、湖南，资源丰富，历史悠久，客家文化源远流长。南昌、赣州两地

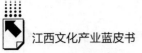

分别作为鄱阳湖生态经济区和泛湖区域文化产业空间演化的第一阶段的集中地，其交通区位和资源密集是影响空间演化的关键因素，同时文化产业空间演化缺少推动力，其空间结构演化过程相对停滞。

2009~2010年是鄱阳湖生态经济区和泛湖区域文化产业空间演化的第二阶段，2006~2010年是鄱阳湖生态经济区和泛湖区域文化系统的成长时期，随着鄱阳湖生态经济区开发上升为国家战略，相关文化产业扶持政策的陆续出台，给鄱阳湖生态经济区内赣中地区的文化产业注入了强有力的"推动剂"，在空间演化格局上反映为各个地市富有活力的竞争，各地纷纷出台特色鲜明的文化产业发展政策，扶持了一大批文化产业优势企业，文化产业在空间上形成了以鄱阳湖生态经济区为产业中心，景德镇、宜春、吉安、新余为两翼的空间发展格局。湖区经济一体化、区域竞争和政策的扶持决定了鄱阳湖生态经济区和泛湖区域文化产业的空间关系。

2011年是鄱阳湖生态经济区和泛湖区域文化产业空间演化的第三阶段，该阶段重要的空间特征是出现了明显空间圈层结构。圈层结构的出现是在鄱阳湖生态经济区和泛湖区域文化系统的成长周期中由于"距离衰减率"而形成的，以经济区为核心的集聚和向外扩散的圈层空间结构。在该阶段，鄱阳湖生态经济区和泛湖区域文化产业空间上出现了景德镇、鹰潭和宜春、萍乡、吉安两个分处赣东和赣西的文化产业内圈层，南昌则成为文化产业发展的中圈层，其余城市则为文化产业发展的外圈层。

2012~2014年是鄱阳湖生态经济区和泛湖区域文化产业空间演化的第四阶段，该阶段培育和壮大环鄱阳湖，沿赣江，依托京九、浙赣线为主轴的生产力布局，逐步形成赣东北、赣中南、赣西三大文化创意产业体系集聚区域，实现文化产业区域一体，构建江西省省内各地市点线面相互支撑、相互促进的文化产业综合发展空间格局。

（三）鄱阳湖生态经济区文化产业系统空间结构在重点产业基地的助推下变化更为显著

随着鄱阳湖生态经济区经济实力的增强，各地依托具有地方特色的文化资源，相继出台文化产业发展政策，扶持地方优势企业，南昌市和赣州市文化产业发展的优势逐渐削弱，这即符合城市产业发展的周期规律，也反映了江西省文化产业发展区域一体化进程稳步推进。在这个过程中，研究发现鄱阳湖生态经济区文化产业系统空间结构变化比泛湖区域更为显著，文化产业发展更为活跃，空间辐射能力更为突出。2006～2009年景德镇、鹰潭和萍乡的空间结构变化较为显著（图2a），2010年～2012年九江、上饶和吉安的空间结构变化较为显著（图2b），整体上，九江、鹰潭和吉安的空间变化最为显著（见图2c）。根据江西对文化及创意产业布局的基本构想，2009～2015年将重点打造南昌、景德镇、九江、赣州、萍乡、抚州六市文化及创意产业基地，即：南昌市综合型创意产业基地及传统书画艺术基地，九江共青城影视基地，赣州民间工艺创意基地，景德镇陶瓷艺术创意基地，萍乡网络游戏与动漫基地，抚州传统工艺基地。江西省文化产业发展势头强劲的城市大多数属于鄱阳湖生态经济区，同时重点文化基地项目是影响文化产业系统空间结构变化的重要推进因素。

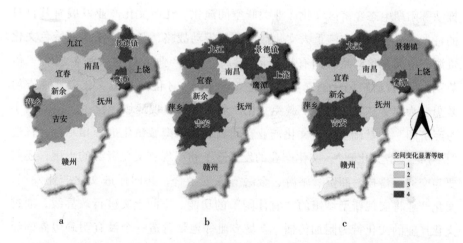

图2　2006～2012年江西省鄱阳湖生态经济区与泛湖区域文化产业空间结构变化

四　结论与讨论

本文梳理鄱阳湖生态经济区和泛鄱阳湖生态经济区的文化产业系统关联性的空间结构演化规律，结果表明：（1）2006～2012年，鄱阳湖生态经济区和泛湖区域的文化产业关联度为"蓄力－跨越－辐射"的整体态势，文化产业系统整体关联度在 2010 年实现跨越式上升；（2）在空间上呈现"赣南－赣中－赣东西－区域一体化"的空间结构，鄱阳湖生态经济区和泛湖区域文化产业空间上出现了景德镇、鹰潭和宜春、萍乡、吉安两个分处赣东和赣西的文化产业内圈层，南昌则成为文化产业发展的中圈层，其余城市则为文化产业发展的外圈层；（3）鄱阳湖生态经济区文化产业系统空间结构变化更为显著，同时重点文化基地项目是影响文化产业系统空间结构变化的关键因素。影响因素为：丰富的文化底蕴，多样的资源禀赋，通达的交通区位，独特的人文因素和积极扶持的政策。

江西省文化资源丰富，"绿色文化"、"红色文化"和"古色文化"构成了江西省文化产业独特的魅力，文化产业已成为全省第五大支柱产业，文化产业增加值占全省 GDP 比重超过 3%，重点项目建设是文化产业发展的基础，是文化产业系统空间演化的"助推器"。要开发利用江西特色文化资源，推动鄱阳湖生态经济区文化产业关联空间演化。江西文化产业发展有其自身的特点，只有积极实施重大文化产业项目带动战略，紧紧依托本地特色文化资源，遵循文化产品的固有生命周期，在文化产业发展的大潮中成功"借势"，而不盲目跟风，创立自主文化知名品牌，才能将打造文化产业强省的梦想变为现实。同时，为了避免文化产业发展中出现地域分化，应在"两小时经济圈"的基础上，将文化产业空间发展与新型城镇化进程相结合，打造"两小时经济文化圈"。文化产业的发展除了利用现有文化资源的土壤，还需要与交通、科技、商贸、旅游、金融等深度融合，共同促进文化产业发展，文化产业将实现新型城镇的"宜休闲"的功能。空间上突破行政界线，通过文化产业的文化行为附加传播，在城乡毗邻地带营造一个没有明确边界的经济文化圈层。

参考文献

[1] 朱虹：《论发展江西文化旅游产业的战略思考》，《江西财经大学学报》2013 年第 4 期。

[2] 雷宏振、邵鹏、潘龙梅：《我国文化产业集聚度测算及其分布特征研究——基

于省际面板数据的分析》,《经济经纬》2012 年第 1 期。

［3］董晓菲、王荣成、韩增林:《港口—腹地系统空间结构演化分析——以大连港—辽宁经济腹地系统为例》,《经济地理》2010 年第 11 期。

［4］郭平、彭妮娅:《中国文化产业发展的空间不均衡性分析》,《财经理论与实践》2013 年第 03 期。

［5］刘思峰、邓聚龙:《GM（1.1）模型的适用范围》,《系统工程理论与实践》2000 年第 5 期。

B.28
江西省特色文化产业品牌调查研究

杨智勇　张友维　刘海英*

摘　要： 通过文化产业品牌带动文化产业发展是国内外文化产业发展的一个普遍规律，建立、维护和发展特色文化产业品牌，对区域文化产业的发展能够产生重要的带动示范影响作用。江西省的文化产业在红色旅游、陶瓷、非物质文化遗产及创意产业等方面具有独特优势和差异化特征，本文就截至2014年5月的江西省文化品牌建设情况，针对全省各个地市进行了相关调查，共收集问卷658份。基于有效的调查数据，从地区、收入、学历、职业等不同视角分析了江西省最具有发展潜力的文化产业领域及最具有特色的文化产业品牌。在调查研究的基础上，从总体上理清了我省及各地市各自在文化产业品牌建设方面的特色和核心竞争力，并提出了相关建议。

关键词： 江西省　文化产业品牌　调查研究　列联表分析

一　国内外研究现状

对于我国文化产业品牌培育、建设与发展这一课题的研究，国内外学者从区域与城市两个层面及旅游与创意产业两个视角进行了大量研究。

---

* 杨智勇，管理学博士，江西师范大学数信学院副教授。张友维，江西师范大学数信学院研究生。刘海英，江西师范大学国教学院教师。课题项目：江西省经济社会发展专项课题"江西文化产业品牌培育、发展研究"（编号：13ZT04）。

一是区域文化产业品牌层面。学者们认为，文化对区域经济发展具有重要的影响，而文化产业品牌代表区域文化形象，体现区域文化竞争力，对区域文化产业的发展起着重要的引领作用（O'Reilly，2005；王仁海，2007；Rausch，2008；赵军，2008；Guzmán，Paswan，2009；赵心宪，2009；蒋海升，2011；葛华，2011；辛欣，2013）。在推进区域文化产业发展的过程中，要重视区域文化产业品牌建设，凸显地方特色、创新体制机制、强化区域协同（何惠欣，2010；凌宇，2011；Abankina，2012）。

二是城市文化产业品牌层面。学者们指出，城市文化产业品牌问题实际上是城市营销问题（赵正，2001；诸大建，2005；倪鹏飞，2007；张艺，2009；Lim，Bendle，2012），在经济全球化和城市化加速发展的大背景下，市场竞争、区域竞争已从产品竞争走向文化产业品牌竞争，城市文化产业品牌战略已经成为城市总体发展战略的重要组成部分，城市文化产业品牌的有效定位与提升对一个城市的发展会产生巨大的促进作用，有利于城市在全球化的竞争中获得更大的竞争优势，提高城市的竞争力和影响力（García，2004；李汉忠，2005；郭敏，2006；郝胜宇，2008；梁昆，2008；郭国庆，2009；王国中，2012；徐俊昌，2012）。

三是旅游文化产业品牌视角。学者们对民族文化旅游、民俗文化旅游、历史文化遗产旅游、名人文化旅游、红色文化旅游等方面进行了大量研究（王新祝，2001；Hall，2002；唐勇，2006；Konecnik，Go，2007；晓山，2010；覃雯，2010；张海燕，2011；魏佳，2012；焦世泰，2013）。旅游文化是旅游地极具吸引力和感染力的一种旅游资源，是旅游地在漫长的历史发展中的一种特殊文化积淀，是旅游业发展的灵魂。旅游文化产业品牌塑造即通过旅游文化的主题定位和整合创新，保持当地的文脉、促进旅游经济和文化的协调发展。它不仅是旅游业可持续发展的保证，而且对旅游地和优秀中华文化的传承具有重要意义（徐慧，2006；Richards，2007；郭胜，2007；王明霞，2007；张丽，2011；王志东，2011；毛粉兰，2012；张萌，2013）。

四是创意文化产业品牌视角。学者们的研究结果表明，创意品牌的开发与并购、本土化与国际化已经成为文化创意企业的必然选择。随着文化创意产业规模的扩大，文化创意产业将逐渐形成以创意品牌主导的创意产业群。以动漫游戏业为核心的文化创意产业集群优势明显，是转变经济增长方式的重要着力点（Elliott，Wattanasuwan，1998；郭科伟，2006；江旺龙，2009；方文龙，2010；胡银根，2010；刘纯，2011；李彗星，2012；张弘，2012；周建平，2012）。

针对江西文化产业的建设与发展，学者们的研究较为丰富，主要从红色旅游文化产业（黄红春，2005；彭波，2006；陈建，2007；魏佐国，2008；杨昌鸣，2011；刘祎，2012；张红，2012；饶志华，2013）、陶瓷文化产业（方文龙，2005；程云，2007；黄勇，2008；张新芝，2009；方文龙，2010；徐俊，2011；鲁伟，2012；张梅，2012）、茶文化产业（宁晓菊，2005；罗春兰，2007；万红燕，2008；余悦，2008；王立霞，2009；余悦，2009；胡泰斌，2010；余悦，2010；陈文华，2011；赖功欧，2012）、民俗文化产业（王俊奇，2004；叶涛，2005；李星，2009；叶小明，2009；王俊奇，2010；李梁华，2010）、创意文化产业（彭坚，2010；于红梅，2012；林火平，2012；鲁伟，2012；李建明，2013）等方面展开，取得了一系列成果。

周立华（2012）和方文龙（2010）等人对江西省文化资源的开发与品牌构建进行了初步的探讨和研究。总体而言，针对江西省文化产业品牌培育与发展的研究尚不多见。

2004 年以来，江西省的文化产业开始进入高速发展期，年均增长速度达到 20% 以上，比同期 GDP 平均高出约 6 个百分点，已经成为转变经济发展方式的重要推动力量。2014 年江西省文化产业法人单位主营业务收入达 2061.3 亿元，同比增长 15.57%，高于全省 GDP 增速 5.87 个百分点，文化产业综合指数及影响力指数首次进入全国前十名，文化产品出口位居全国前十，文化产业在全省经济稳增长中发挥了重要作用。全省文化产业增加值 580 亿元，增长 15.6%，增加值占 GDP 比重的 3.7%。在文化部发布的《中国省市文化产业发展指数》中，2014 年，江西省文化产业发展综合指数以 74.2 首度进入全国前十，文化产业发展影响力指数 77.6，位居全国第八。

我们于 2014 年 6 月至 8 月对江西省文化产业品牌建设状况进行了调查研究，力图理清我省文化产业在红色旅游、陶瓷文化、非物质文化遗产及创意产业等领域的特色和现实优势，探讨如何加强我省的文化产业品牌建设，以提升江西文化产业核心竞争力、促进江西文化产业的发展。

二 基本数据

文化产业是当前我国市场经济条件下繁荣与发展社会主义文化的重要载体，是满足人民群众多样化、多层次、多方面精神文化需求的重要途径，也是推动经济结构调整、转变经济发展方式的重要着力点。为了进一步地了解我省文化产业品牌建设状况，我们对全省各个地市进行了文化品牌建设相关的调查，本次调查共收集问卷 658 份，基本数据如下。

（一）被调查对象收入分布情况

如图 1 所示，被调查对象年收入在 84000 元以上的占 13%，在 42000 元与 84000 元之间的占 24%，10000 元与 42000 元之间的占 41%，10000 元以下的占 22%，收入结构具有较好的代表性。

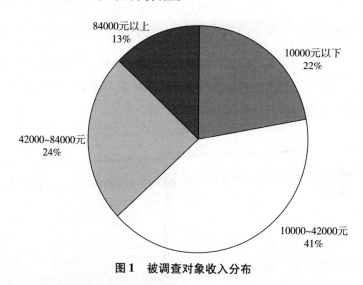

图 1 被调查对象收入分布

（二）被调查对象职业分布情况：

如图 2 所示，被调查对象中，个体户占 16%，工人占 5%，公务员占 12%，教师占 11%，农民占 15%，医生占 3%，其他职业占 7%，空白部分可视为符合上述比例分布，涵盖了几个最主要行业。

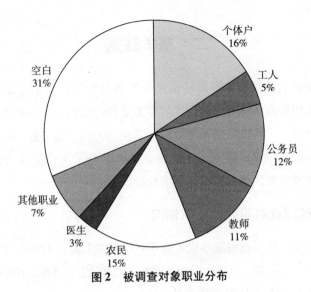

图2 被调查对象职业分布

（三）被调查对象学历分布情况

如图3所示，被调查对象以大专和本科学历为主，合计占比为52%，虽与居民总体学历结构有很大不同，但考虑到15～40岁群体是文化消费的主力，该学历结构较好地反映了此年龄段的学历状况。

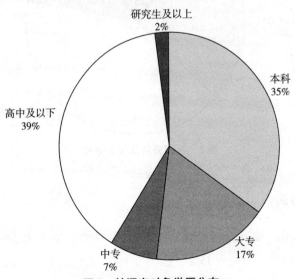

图3 被调查对象学历分布

（四）被调查对象家庭年文化消费分布

如图 4 所示，我省大部分家庭（64%）的年文化消费在 1000 元以上，少数则达到了 3500 元以上（25%）。家庭的年文化消费还有很大的提升空间。

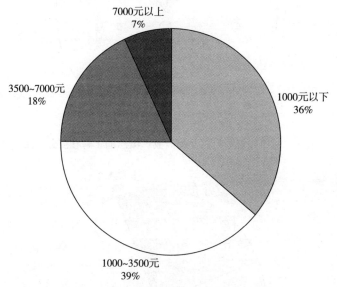

图4　被调查对象家庭年文化消费分布

（五）被调查对象对"文化产业"概念的了解程度

如图 5 所示，被调查对象只有极少一部分（11%）非常了解"文化产业"的概念，大部分人（89%）则不了解或只有模糊认识，说明在文化产业的宣传力度方面尚需要做更多的工作。

（六）被调查对象对江西省及当地文化产业相关政策的了解程度

如图 6 所示，被调查对象中了解我省及当地文化产业相关政策的人数比例更少，这体现了文化产业尚未成为支柱产业、尚不为普通人所知的现状，文化产业发展尚有巨大空间。

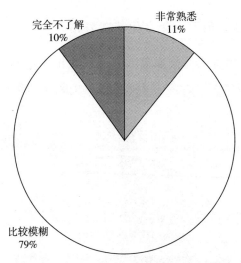

图5 被调查对象对"文化产业"概念的了解程度分布图

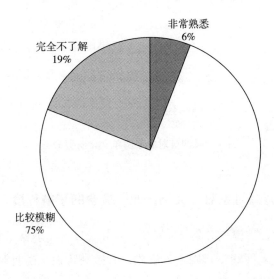

图6 被调查对象对江西省及当地文化产业相关政策的了解程度分布

（七）被调查对象文化消费内容

如图7所示，在被调查对象中，电影、广播与电视还是文化消费的最主要内容，文化旅游、文化休闲娱乐、文化艺术和工艺美术产品正在迅速成为文化消费领域的新增长点。

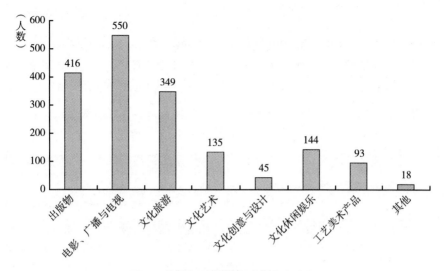

图7　被调查对象文化消费内容分析

（八）被调查对象获取文化消费信息的渠道

图8则显示，虽然电视仍然是人们获得文化消费信息的主要渠道，但网络和移动通信等新媒体迅速增长，也已经成为被调查对象获取文化消费相关信息不可或缺的渠道。

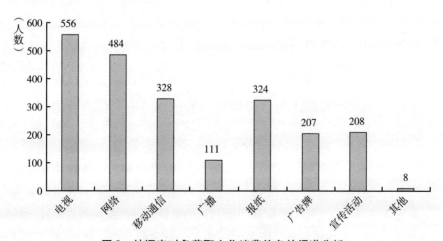

图8　被调查对象获取文化消费信息的渠道分析

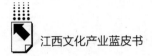

　　根据调查结果，约只有11%的人非常熟悉文化产业的概念，也就是说文化产业有待进一步得到广大群众的认知。一方面，政府为了加快文化产业的发展，出台了大量的扶持政策，另一方面，调查显示只有6%的人非常了解相关的政策，说明政府还需要进一步加大宣传力度，使得文化产业深入人心，从而进一步加快文化产业的又好又快发展，进一步促进江西省经济快速发展。

　　文化产业所包括的内容广泛，有出版物，电影、广播与电视，文化旅游，文化艺术，文化创意与设计，文化休闲娱乐，工艺美术产品等。调查发现，人们主要看电视、听广播、看电影、购买书籍、旅游、组织欣赏文化艺术品，而对于余下的方面，涉及非常少，也能反映文化产业发展不均衡的一面。因此需要进一步规范、加强我省文化产业品牌等相关方面的建设。

三　江西省最具有发展潜力的文化产业领域分析

　　根据问卷调查，来自不同地区、不同年收入、不同的职业、不同学历的人对于哪些文化产业领域是我省最具有发展潜力的文化产业领域有着不同的见解。通过对来自上述不同人群的信息分别进行处理、分析，我们得到了相应的统计结果，并对结果进行了分析。针对我省最具有发展潜力的文化产业领域的问题，采集有效样本数 376 个并进行了列联表分析，结果发现，文化旅游（79.0%）、文化休闲娱乐（46.8%）、影视广播（40.3%）是我省 3 个最具发展潜力的文化产业领域。

（一）不同地区的人群选择最具有发展潜力的文化产业领域

　　根据问卷设计的形式，选取南昌市、九江市、上饶市、宜春市、鹰潭市、吉安市、赣州市、景德镇、抚州市、萍乡市共 10 个地市。最具有发展潜力的文化产业领域有：印刷出版、影视广播、文化旅游、文化艺术、文化创意与设计、文化休闲娱乐、文化工艺产品生产和其他可供选择的文化产业领域。利用 SPSS 统计软件，采用列联表分析中的多项二分法进行分析，得出频数分布表和交叉列联表如下所示（见表 1）。

表1 不同地区人群选择最具有发展潜力的文化产业领域

		所在地										总计
		南昌市	九江市	上饶市	宜春市	鹰潭市	吉安市	赣州市	景德镇	抚州市	萍乡市	
印刷出版	计数	13	1	3	8	0	1	4	1	3	0	34
	占比(%)	3.5	.3	.8	2.2	.0	.3	1.1	.3	.8	.0	9.1
影视广播	计数	49	12	20	19	3	11	15	5	14	2	150
	占比(%)	13.2	3.2	5.4	5.1	.8	3.0	4.0	1.3	3.8	.5	40.3
文化旅游	计数	71	29	40	41	8	37	30	9	25	4	294
	占比(%)	19.1	7.8	10.8	11.0	2.2	9.9	8.1	2.4	6.7	1.1	79.0
文化艺术	计数	36	12	15	17	3	11	10	5	10	2	121
	占比(%)	9.7	3.2	4.0	4.6	.8	3.0	2.7	1.3	2.7	.5	32.5
文化创意与设计	计数	42	11	14	17	4	12	13	9	8	2	132
	占比(%)	11.3	3.0	3.8	4.6	1.1	3.2	3.5	2.4	2.2	.5	35.5
文化休闲娱乐	计数	44	23	19	22	6	22	12	8	15	3	174
	占比(%)	11.8	6.2	5.1	5.9	1.6	5.9	3.2	2.2	4.0	.8	46.8
文化工艺产品生产	计数	29	6	11	14	1	15	13	4	8	3	104
	占比(%)	7.8	1.6	3.0	3.8	.3	4.0	3.5	1.1	2.2	.8	28.0
其他	计数	0	0	0	0	0	1	0	0	0	0	1
	占比(%)	.0	.0	.0	.0	.0	.3	.0	.0	.0	.0	.3
总计	计数	97	35	45	53	10	48	37	12	31	4	372
	占比(%)	26.1	9.4	12.1	14.2	2.7	12.9	9.9	3.2	8.3	1.1	100.0

8个选项集合集

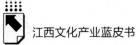

结果显示，南昌地区最具发展潜力的 3 个文化产业领域分别是文化旅游（19.1%）、影视广播（13.2%）、文化休闲娱乐（11.8%），九江地区最具发展潜力的 3 个文化产业领域分别是文化旅游（7.8%）、文化休闲娱乐（6.2%）、影视广播与文化艺术（均为 3.2%），上饶地区最具发展潜力的 3 个文化产业领域分别是文化旅游（10.8%）、影视广播（5.4%）、文化休闲娱乐（5.1%），宜春地区最具发展潜力的 3 个文化产业领域分别是文化旅游（11.0%）、文化休闲娱乐（5.9%）、影视广播（5.1%），鹰潭地区最具发展潜力的 3 个文化产业领域分别是文化旅游（2.2%）、文化休闲娱乐（1.6%）、文化创意与设计（1.1%），吉安地区最具发展潜力的 3 个文化产业领域分别是文化旅游（9.9%）、文化休闲娱乐（5.9%）、文化工艺产品（4.0%），赣州地区最具发展潜力的 3 个文化产业领域分别是文化旅游（8.1%）、影视广播（4.0%）、文化创意设计与文化工艺产品（均为 3.5%），景德镇地区最具发展潜力的 3 个文化产业领域分别是文化旅游（2.4%）、文化创意设计（2.5%）、文化休闲娱乐（2.2%），抚州地区最具发展潜力的 3 个文化产业领域分别是文化旅游（6.7%）、文化休闲娱乐（4.0%）、影视广播（3.8%），萍乡地区最具发展潜力的 3 个文化产业领域分别是文化旅游（1.1%）、文化休闲娱乐（0.8%）、文化工艺产品（0.8%）。

文化旅游在所有地区都被视为最具发展潜力的文化产业领域，这和我省旅游文化资源异常丰富的现状相吻合。文化休闲娱乐和影视广播除在少数地区外，在绝大部分地区也被视为最具发展潜力的文化产业领域之一，这和近年来我省人民生活水平稳步提升、人们对精神文化生活的需求迅速增加的总体态势也是一致的。文化工艺产品和生产及文化创意设计则在各地区呈现分化，这也充分体现了我省各地区在文化资源丰富这一共性特征的基础上，在文化资源禀赋上又存在各自特色。

（二）不同年收入的人群选择最具有发展潜力的文化产业领域

根据问卷设计的形式，选取年收入范围 10000 元以下、10000～42000 元、42000～84000 元、84000 元以上。最具有发展潜力的文化产业领域有：印刷出版、影视广播、文化旅游、文化艺术、文化创意与设计、文化休闲娱乐、文化工艺产品生产和其他可供选择的文化产业领域。利用 SPSS

统计软件，采用列联表分析中的多项二分法进行分析，得出交叉列联表如下（见表2）。

表2　不同年收入人群选择最具有发展潜力的文化产业领域

			年收入范围(元)				总计
			10000以下	10000～420000	42000～84000	84000以上	
8个选项集合集	印刷出版	计数	2	10	14	8	34
		占比(%)	.5	2.7	3.8	2.2	9.1
	影视广播	计数	23	67	36	24	150
		占比(%)	6.2	18.0	9.7	6.5	40.3
	文化旅游	计数	47	133	76	38	294
		占比(%)	12.6	35.8	20.4	10.2	79.0
	文化艺术	计数	14	49	36	22	121
		占比(%)	3.8	13.2	9.7	5.9	32.5
	文化创意与设计	计数	16	56	33	27	132
		占比(%)	4.3	15.1	8.9	7.3	35.5
	文化休闲娱乐	计数	29	78	39	28	174
		占比(%)	7.8	21.0	10.5	7.5	46.8
	文化工艺产品生产	计数	20	42	32	10	104
		占比(%)	5.4	11.3	8.6	2.7	28.0
	其他	计数	1	0	0	0	1
		占比(%)	.3	.0	.0	.0	.3
总计		计数	63	156	98	55	372
		占比(%)	16.9	41.9	26.3	14.8	100.0

结果显示，年收入范围在10000元以下的人群选择的3个最具发展潜力的文化产业领域有文化旅游、文化休闲娱乐、影视广播；年收入范围为10000～42000元的人群选择的3个最具发展潜力的文化产业领域有文化旅游、影视广播、文化休闲娱乐；年收入范围为42000～84000元的人群选择的3个最具发展潜力的文化产业领域有文化旅游、文化休闲娱乐、影视广播；年收入在84000元以上的人群选择的3个最具发展潜力的文化产业领域有文化旅游、文化创意与设计和文化休闲娱乐。

可见，文化休闲和文化旅游是人们日常文化消费的主要内容，也是大多数人的主要文化消费形式。随着收入的提高，人们更加关注创意元素与创意设计在文化产品中的体现，更愿意为创意付费。

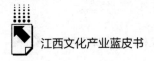

（三）不同职业的人群选择最具有发展潜力的文化产业领域

根据问卷设计的形式，选取白领、个体户、工程师、工人、公务员、教师、农民、医生8种职业。最具有发展潜力的文化产业领域有：印刷出版、影视广播、文化旅游、文化艺术、文化创意与设计、文化休闲娱乐、文化工艺产品生产和其他可供选择的文化产业领域。利用SPSS统计软件，采用列联表分析中的多项二分法进行分析，得出交叉列联表（见表3）。

表3　不同职业人群选择最具有发展潜力的文化产业领域

			职业								总计
			白领	个体户	工程师	工人	公务员	教师	农民	医生	
8个选项集合集	印刷出版	计数	12	5	1	2	6	5	2	1	34
		占比（%）	3.2	1.3	.3	.5	1.6	1.3	.5	.3	9.1
	影视广播	计数	36	31	4	4	17	27	21	10	150
		占比（%）	9.7	8.3	1.1	1.1	4.6	7.3	5.6	2.7	40.3
	文化旅游	计数	52	64	7	20	36	45	57	13	294
		占比（%）	14.0	17.2	1.9	5.4	9.7	12.1	15.3	3.5	79.0
	文化艺术	计数	23	24	2	4	21	19	23	5	121
		占比（%）	6.2	6.5	.5	1.1	5.6	5.1	6.2	1.3	32.5
	文化创意与设计	计数	29	28	4	9	20	20	17	5	132
		占比（%）	7.8	7.5	1.1	2.4	5.4	5.4	4.6	1.3	35.5
	文化休闲娱乐	计数	27	40	5	9	25	31	32	5	174
		占比（%）	7.3	10.8	1.3	2.4	6.7	8.3	8.6	1.3	46.8
	文化工艺产品生产	计数	18	14	3	8	16	16	21	8	104
		占比（%）	4.8	3.8	.8	2.2	4.3	4.3	5.6	2.2	28.0
	其他	计数	0	0	0	0	0	0	1	0	1
		占比（%）	.0	.0	.0	.0	.0	.0	.3	.0	.3
总计		计数	71	78	9	24	46	54	75	15	372
		占比（%）	19.1	21.0	2.4	6.5	12.4	14.5	20.2	4.0	100.0

结果显示，白领选择的3个最具发展潜力的文化产业领域有文化旅游、影视广播、文化创意设计；个体户选择的3个最具发展潜力的文化产业领域有文化旅游、文化休闲娱乐、影视广播；工程师选择的3个最具发展潜力的文化产业领域有文化旅游、文化休闲娱乐、影视广播与文化创意设计；工人选择的3个最具发展潜力的文化产业领域有文化旅游、文化创意设计与文化休闲娱乐；公务员选择的3个最具发展潜力的文化产业领域有文化旅游、文化休闲娱乐、

文化艺术；教师选择的 3 个最具发展潜力的文化产业领域有文化旅游、文化休闲娱乐、影视广播；农民选择的 3 个最具发展潜力的文化产业领域有文化旅游、文化休闲娱乐、文化艺术；医生选择的 3 个最具发展潜力文化产业领域有文化旅游、影视广播、文化工艺产品。

由上可见，职业对文化消费与文化品牌的建设具有影响，职业内容相对变化与富有挑战性的职业人群，较为关注文化产品的创意与工程元素，其余人群则更关注文化产品和文化消费的享受性和娱乐性。

（四）不同学历的人群选择最具有发展潜力的文化产业领域

根据问卷设计的形式，选取研究生及以上、本科、大专、中专、高中及以下 5 种学历。最具有发展潜力的文化产业领域有：印刷出版、影视广播、文化旅游、文化艺术、文化创意与设计、文化休闲娱乐、文化工艺产品生产和其他可供选择的文化产业领域。利用 SPSS 统计软件，采用列联表分析中的多项二分法进行分析，得出交叉列联表（见表4）。

表4 不同学历人群选择最具有发展潜力的文化产业领域

			学历					总计
			研究生以上	本科	大专	中专	高中以下	
8个选项集合集	印刷出版	计数	0	20	3	2	9	34
		占比（%）	.0	5.4	.8	.5	2.4	9.1
	影视广播	计数	3	51	34	7	55	150
		占比（%）	.8	13.7	9.1	1.9	14.8	40.3
	文化旅游	计数	5	88	57	17	127	294
		占比（%）	1.3	23.7	15.3	4.6	34.1	79.0
	文化艺术	计数	4	44	18	10	45	121
		占比（%）	1.1	11.8	4.8	2.7	12.1	32.5
	文化创意与设计	计数	5	44	29	9	45	132
		占比（%）	1.3	11.8	7.8	2.4	12.1	35.5
	文化休闲娱乐	计数	4	60	33	8	69	174
		占比（%）	1.1	16.1	8.9	2.2	18.5	46.8
	文化工艺产品生产	计数	3	32	25	7	37	104
		占比（%）	.8	8.6	6.7	1.9	9.9	28.0
	其他	计数	0	0	0	0	1	1
		占比（%）	.0	.0	.0	.0	.3	.3
总计		计数	7	116	69	24	156	372
		占比（%）	1.9	31.2	18.5	6.5	41.9	100.0

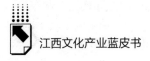

数据显示，研究生以上学历人群选择的 3 个最具发展潜力的文化产业领域有文化旅游、文化创意设计、文化艺术与文化休闲娱乐；本科学历人群选择的 3 个最具发展潜力的文化产业领域有文化旅游、文化休闲娱乐、影视广播；大专学历人群选择的 3 个最具发展潜力的文化产业领域有文化旅游、影视广播、文化休闲娱乐；中专学历人群选择的 3 个最具发展潜力的文化产业领域有文化旅游、文化艺术、文化创意设计。高中及以下学历人群选择的 3 个最具发展潜力的文化产业领域有文化旅游、文化休闲娱乐、影视广播。

高学历人群与相对低学历人群对文化产品和文化消费的关注重点也有显著不同，前者更关注创意创新元素，后者则倾向于关注休闲娱乐属性。

四 江西省最有特色的文化产业 品牌分析

根据问卷调查，针对不同年收入，不同职业，不同地区、不同学历的人群对于最有特色文化产业品牌具有各自的观点。分别进行数据分析，得出相应的统计结果，并对结果进行分析及预测。针对何为我省最有特色的文化产业品牌的问题，采集有效样本数 376 个进行列联表分析，结果发现，红色旅游（86.0%）、陶瓷（77.3%）、自然风景名胜和生态旅游（71.2%）是我省 3 类最有特色的文化产业品牌，且辨识度普遍较高。

（一）不同地区的人群选择最有特色的文化产业品牌

根据问卷设计的形式，选取南昌市、九江市、上饶市、宜春市、鹰潭市、吉安市、赣州市、景德镇市、抚州市、萍乡市共 10 个地市。最有特色或最有名的特色文化产业品牌为：陶瓷、红色旅游、历史文化遗迹、自然风景名胜与生态旅游、宗教文化圣地、客家文化旅游、戏曲与表演、出版印刷、影视基地、手工艺品和其他可能存在的品牌。

总体而言，有 86.4% 的人选择了红色旅游；有 77.3% 的人选择了陶瓷；有 71.2% 的人选择了自然风景名胜和生态旅游（见表 5）。

表5 不同地区人群选择最有特色的文化产业品牌

		所在地										总计
		南昌市	九江市	上饶市	宜春市	鹰潭市	吉安市	赣州市	景德镇市	抚州市	萍乡市	
11个选项集合ᵃ	陶瓷 计数	74	29	38	43	8	30	26	12	26	4	290
	占比(%)	19.7	7.7	10.1	11.5	2.1	8.0	6.9	3.2	6.9	1.1	77.3
	红色旅游 计数	84	32	36	47	9	45	32	8	27	4	324
	占比(%)	22.4	8.5	9.6	12.5	2.4	12.0	8.5	2.1	7.2	1.1	86.4
	历史文化遗迹 计数	50	18	21	22	4	16	10	6	16	4	167
	占比(%)	13.3	4.8	5.6	5.9	1.1	4.3	2.7	1.6	4.3	1.1	44.5
	自然风景名胜与生态旅游 计数	74	32	35	35	9	30	21	8	20	3	267
	占比(%)	19.7	8.5	9.3	9.3	2.4	8.0	5.6	2.1	5.3	.8	71.2
	宗教文化圣地 计数	14	2	5	3	1	1	1	3	7	0	37
	占比(%)	3.7	.5	1.3	.8	.3	.3	.3	.8	1.9	.0	9.9
	客家文化旅游 计数	25	8	10	9	3	11	24	2	5	1	98
	占比(%)	6.7	2.1	2.7	2.4	.8	2.9	6.4	.5	1.3	.3	26.1
	戏曲与表演 计数	21	8	7	5	0	3	11	1	8	1	65
	占比(%)	5.6	2.1	1.9	1.3	.0	.8	2.9	.3	2.1	.3	17.3
	出版印刷 计数	2	1	0	1	0	0	1	1	3	0	9
	占比(%)	.5	.3	.0	.3	.0	.0	.3	.3	.8	.0	2.4
	影视基地 计数	3	0	0	1	0	3	0	0	1	1	9
	占比(%)	.8	.0	.0	.3	.0	.8	.0	.0	.3	.3	2.4
	手工艺品 计数	14	6	9	7	4	9	5	3	5	1	63
	占比(%)	3.7	1.6	2.4	1.9	1.1	2.4	1.3	.8	1.3	.3	16.8
	其他 计数	0	0	0	1	0	0	0	0	0	0	1
	占比(%)	.0	.0	.0	.3	.0	.0	.0	.0	.0	.0	.3
总计	计数	97	35	46	54	10	48	37	12	32	4	375
	占比(%)	25.9	9.3	12.3	14.4	2.7	12.8	9.9	3.2	8.5	1.1	100.0

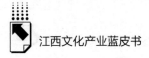

分地区而言，南昌市总共有 97 份参与问卷，有 86.6% 的人选择的是红色旅游，有 76.3% 的人选择的是陶瓷，有 76.3% 的人选择的是自然风景名胜和生态旅游；九江市总共有 35 份参与问卷，有 91.4% 的人选择的是红色旅游，有 91.4% 的人选择的是自然风景名胜和生态旅游，有 82.9% 的人选择的是陶瓷；上饶市总共有 46 份参与问卷，有 82.6% 的人选择的是陶瓷，有 78.3% 的人选择的是红色旅游，有 76.1% 的人选择的是自然风景名胜和生态旅游；宜春市总共有 54 份参与问卷，有 87.0% 的人选择的是红色旅游，有 79.6% 的人选择的是陶瓷，有 67.8% 的人选择的是自然风景名胜和生态旅游；吉安市总共有 48 份参与问卷，有 93.8% 的人选择的是红色旅游，有 62.5% 的人选择的是陶瓷，有 62.5% 的人选择的是自然风景名胜和生态旅游；赣州市总共有 37 份参与问卷，有 86.5% 的人选择的是红色旅游，有 70.3% 的人选择的是陶瓷，有 64.9% 的人选择的是客家文化；抚州市总共有 32 份参与问卷，有 84.4% 的人选择的是红色旅游，有 81.3% 的人选择的是陶瓷，有 62.5% 的人选择的是自然风景名胜和生态旅游。萍乡市、鹰潭市、景德镇市每个地区参与问卷的人数不够不做考虑。

红色旅游在认知和辨识度上高居第一，体现了我省作为革命老区在红色旅游资源丰富程度和独特性方面具有不可替代的优势。同样，陶瓷品牌高居第二，也恰如其分地体现了我省千年的陶瓷历史文化积淀。

（二）不同年收入的人群选择最有特色的文化产业品牌

收入对于人们的各项活动都有很大的影响，同样对于文化产业亦是如此。江西省内不同收入的人群对于文化产业品牌的认同度也有一些差异。根据问卷设计的形式，选取年收入范围 10000 元以下、10000 ~ 42000 元、42000 ~ 84000 元、84000 元以上。最有特色文化产业品牌选项为：陶瓷、红色旅游、历史文化遗迹、自然风景名胜与生态旅游、宗教文化圣地、客家文化旅游、戏曲与表演、出版印刷、影视基地、手工艺品和其他可能存在的品牌。进行列联表分析，得到如下表格（见表 6）。

表 6　不同年收入人群选择最具有特色的文化和产业品牌

			年收入				总计
			10000 以下	10000～42000	42000～84000	84000 以上	
11 个选项集合集	陶瓷	计数	49	121	81	39	290
		占比(%)	13.1	32.3	21.6	10.4	77.3
	红色旅游	计数	53	141	85	45	324
		占比(%)	14.1	37.6	22.7	12.0	86.4
	历史文化遗迹	计数	23	71	46	27	167
		占比(%)	6.1	18.9	12.3	7.2	44.5
	自然风景名胜与生态旅游	计数	43	110	70	44	267
		占比(%)	11.5	29.3	18.7	11.7	71.2
	宗教文化圣地	计数	3	14	12	8	37
		占比(%)	.8	3.7	3.2	2.1	9.9
	客家文化旅游	计数	15	43	29	11	98
		占比(%)	4.0	11.5	7.7	2.9	26.1
	戏曲与表演	计数	8	33	17	7	65
		占比(%)	2.1	8.8	4.5	1.9	17.3
	出版印刷	计数	0	7	1	1	9
		占比(%)	.0	1.9	.3	.3	2.4
	影视基地	计数	1	7	1	0	9
		占比(%)	.3	1.9	.3	.0	2.4
	手工艺品	计数	11	23	22	7	63
		占比(%)	2.9	6.1	5.9	1.9	16.8
	其他	计数	0	1	0	0	1
		占比(%)	.0	.3	.0	.0	.3
总计		计数	64	158	98	55	375
		占比(%)	17.1	42.1	26.1	14.7	100.0

　　数据显示，年收入在 10000 元以下的人群共有 64 人参与问卷，有 82.8%
的人选择的是红色旅游，有 76.6% 的人选择的是陶瓷，有 67.2% 的人选择的
是自然风景名胜和生态旅游；年收入在 10000～42000 元的人群共有 158 人参
与问卷，有 89.2% 的人选择的是红色旅游，有 77.6% 的人选择的是陶瓷，有
69.6% 的人选择的是自然风景名胜和生态旅游；年收入为 42000～84000 元的
人群共有 98 人参与问卷，有 86.7% 的人选择的是红色旅游，有 82.7% 的人选
择的是陶瓷，有 71.4% 的人选择的是自然风景名胜和生态旅游，有 42.9% 的
人选择的是历史文化遗迹；年收入在 84000 元以上的人群共有 55 人参与问卷，
有 81.8% 的人选择的是红色旅游，有 70.9% 的人选择的是陶瓷，有 80.0% 的
人选择的是自然风景名胜和生态旅游，有 49.1% 的人选择的是历史文化遗迹。

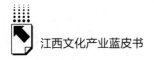

（三）不同职业的人群选择最有特色的文化产业品牌

不同职业的人，由于职业知识面和职业经验的不同，对于文化产业品牌的选择会也有一定的差异。根据问卷设计的形式，选取白领、个体户、工程师、工人、公务员、教师、农民、医生8种职业。最有特色或最有名的特色文化产业品牌为：陶瓷、红色旅游、历史文化遗迹、自然风景名胜与生态旅游、宗教文化圣地、客家文化旅游、戏曲与表演、出版印刷、影视基地、手工艺品和其他可能存在的品牌。得到如下表格（见表7）

表7　不同职业人群选择最有特色的文化产业品牌

			职业								总计
			白领	个体户	工程师	工人	公务员	教师	农民	医生	
11个选项集合a	陶瓷	计数	47	64	8	19	39	44	56	13	290
		占比(%)	12.5	17.1	2.1	5.1	10.4	11.7	14.9	3.5	77.3
	红色旅游	计数	61	65	7	22	45	49	61	14	324
		占比(%)	16.3	17.3	1.9	5.9	12.0	13.1	16.3	3.7	86.4
	历史文化遗迹	计数	36	29	4	12	26	30	23	7	167
		占比(%)	9.6	7.7	1.1	3.2	6.9	8.0	6.1	1.9	44.5
	自然风景名胜与生态旅游	计数	58	55	8	13	36	36	48	13	267
		占比(%)	15.5	14.7	2.1	3.5	9.6	9.6	12.8	3.5	71.2
	宗教文化圣地	计数	11	6	0	0	7	10	2	1	37
		占比(%)	2.9	1.6	.0	.0	1.9	2.7	.5	.3	9.9
	客家文化旅游	计数	19	15	2	5	13	21	20	3	98
		占比(%)	5.1	4.0	.5	1.3	3.5	5.6	5.3	.8	26.1
	戏曲与表演	计数	11	16	1	3	5	13	11	5	65
		占比(%)	2.9	4.3	.3	.8	1.3	3.5	2.9	1.3	17.3
	出版印刷	计数	3	0	0	0	4	2	0	0	9
		占比(%)	.8	.0	.0	.0	1.1	.5	.0	.0	2.4
	影视基地	计数	2	1	1	0	0	1	3	1	9
		占比(%)	.5	.3	.3	.0	.0	.3	.8	.3	2.4
	手工艺品	计数	8	12	3	5	9	10	10	6	63
		占比(%)	2.1	3.2	.8	1.3	2.4	2.7	2.7	1.6	16.8
	其他	计数	0	1	0	0	0	0	0	0	1
		占比(%)	.0	.3	.0	.0	.0	.0	.0	.0	.3
总计		计数	71	79	9	24	47	54	75	16	375
		占比(%)	18.9	21.1	2.4	6.4	12.5	14.4	20.0	4.3	100.0

数据显示，白领有71人参与问卷调查，有85.9%的人选择红色旅游，有81.7%的人选择自然风景名胜与生态旅游，有66.2%的人选择陶瓷；

个体户有 79 人参与问卷调查，有 82.3% 的人选择红色旅游，有 81.0% 的人选择陶瓷，有 69.6% 的人选择自然风景名胜与生态旅游；工人有 24 人参与问卷调查，有 91.7% 的人选择红色旅游，有 79.2% 的人选择陶瓷，有 54.2% 的人选择自然风景名胜与生态旅游；公务员有 47 人参与问卷调查，有 95.7% 的人选择红色旅游，有 83.0% 的人选择陶瓷，有 76.6% 的人选择自然风景名胜与生态旅游；教师有 54 人参与问卷调查，有 90.7% 的人选择红色旅游，有 81.5% 的人选择陶瓷，有 66.7% 的人选择自然风景名胜与生态旅游；农民有 75 人参与问卷调查，有 81.3% 的人选择红色旅游，有 74.7% 的人选择陶瓷，有 64.0% 的人选择自然风景名胜与生态旅游。

（四）不同学历的人群选择最有特色的文化产业品牌

根据问卷设计的形式，选取研究生及以上、本科、大专、中专、高中及以下 5 种学历。最有特色或最有名的特色文化产业品牌为：陶瓷、红色旅游、历史文化遗迹、自然风景名胜与生态旅游、宗教文化圣地、客家文化旅游、戏曲与表演、出版印刷、影视基地、手工艺品和其他可能存在的品牌。得到如下表格（见表 8）。

表 8 不同学历人群选择最有特色的文化产业品牌

			学历					总计
			研究生以上	本科	大专	中专	高中以下	
11 个选项集合[a]	陶瓷	计数	6	89	58	15	122	290
		占比（%）	1.6	23.7	15.5	4.0	32.5	77.3
	红色旅游	计数	5	101	62	24	132	324
		占比（%）	1.3	26.9	16.5	6.4	35.2	86.4
	历史文化遗迹	计数	3	67	33	8	56	167
		占比（%）	.8	17.9	8.8	2.1	14.9	44.5
	自然风景名胜与生态旅游	计数	4	89	58	14	102	267
		占比（%）	1.1	23.7	15.5	3.7	27.2	71.2
	宗教文化圣地	计数	1	21	8	1	6	37
		占比（%）	.3	5.6	2.1	.3	1.6	9.9
	客家文化旅游	计数	2	27	22	4	43	98
		占比（%）	.5	7.2	5.9	1.1	11.5	26.1

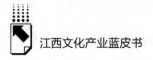

续表

			学历					总计
			研究生以上	本科	大专	中专	高中以下	
11个选项集合[a]	戏曲与表演	计数	2	17	14	4	28	65
		占比(%)	.5	4.5	3.7	1.1	7.5	17.3
	出版印刷	计数	1	4	2	0	2	9
		占比(%)	.3	1.1	.5	.0	.5	2.4
	影视基地	计数	0	3	3	0	3	9
		占比(%)	.0	.8	.8	.0	.8	2.4
	手工艺品	计数	1	15	18	3	26	63
		占比(%)	.3	4.0	4.8	.8	6.9	16.8
	其他	计数	0	0	0	0	1	1
		占比(%)	.0	.0	.0	.0	.3	.3
总计		计数	7	117	70	24	157	375
		占比(%)	1.9	31.2	18.7	6.4	41.9	100.0

表中数据显示，本科学历的人群共有117人参与问卷调查，有86.3%的人选择红色旅游，有76.1%的人选择陶瓷，有76.1%的人选择自然风景名胜与生态旅游；大专学历的人群共有70人参与问卷调查，有88.6%的人选择红色旅游，有82.9%的人选择自然风景名胜与生态旅游，有82.9%的人选择陶瓷；中专学历的人群共有24人参与问卷调查，100%的人选择红色旅游，有82.9%的人选择自然风景名胜与生态旅游；高中及以下学历的人群共有157人参与调查，有84.1%的人选择红色旅游，有77.7%的人选择陶瓷，有65.0%的人选择自然风景名胜与生态旅游。研究生以上学历由于人数太少，不做考虑。

五 结论

针对江西省文化产业品牌建设，通过对不同收入水平、不同的职业、不同地区、不同学历的人群进行问卷调查，发现文化旅游、文化休闲娱乐、影视广播是我省3个最具发展潜力的文化产业领域。红色旅游、陶瓷、自然风景名胜和生态旅游则是我省3类最有特色的文化产业品牌。

　　研究发现，我省文化产业在文化旅游、文化休闲娱乐、影视广播等领域有巨大的发展潜力，在红色旅游、陶瓷、自然风景名胜和生态旅游等品牌类别中具有独特优势。政府应加大对相关文化产业领域的扶持力度，制定相关引导规范，促进相关产业快速、有序发展。针对文化产业品牌建设，则应着重打造红色旅游、陶瓷（工艺，创意，产品）、自然风景名胜和生态旅游等特色文化产业品牌，以提升江西文化产业核心竞争力、促进江西文化产业的发展，助力我省经济发展方式的转变。

参考文献

［1］ C. C. Lim，L. J. Bendle，Arts tourism in Seoul：tourist-orientated performing arts as a sustainable niche market，*Journal of Sustainable Tourism*，2012，20（5）．

［2］ T. Abankina，Regional development models using cultural heritage resources，*International Journal of Culture，Tourism and Hospitality Research*，2013，7（1）．

［3］ 刘祎：《江西红色文化媒介传播策略研究》，《新闻知识》2012 年第 12 期。

［4］ 鲁伟：《论创意经济学与创意产业发展——以江西景德镇陶瓷文化创意产业为例》，《江西财经大学学报》2012 年第 6 期。

［5］ 王俊奇：《江西客家民俗体育历史源流及其文化特征》，《西安体育学院学报》2010 年第 1 期。

［6］ 方文龙、胡颖群：《文化创意产业资源转化与区域品牌重构——以景德镇陶瓷文化创意产业为例》，《科技管理研究》2010 年第 9 期。

［7］ F. Guzmán，A. K. Paswan，Cultural brands from emerging markets：brand image across host and home countries，*Journal of International Marketing*，2009.

［8］ A. S. Rausch，Place branding in rural Japan：cultural commodities as local brands，*Place Branding and Public Diplomacy*，2008.

［9］ 魏佐国：《江西红色文化资源开发刍议》，《农业考古》2008 年第 6 期。

［10］ 万红燕：《利用江西茶业资源、开发江西茶文化旅游》，《农业考古》2008 年第 5 期。

［11］ M. Konecnik，F. Go，Tourism destination brand identity：The case of Slovenia，*Journal of Brand Management*，2007.

［12］ D O'Reilly，Cultural brands/branding cultures，*Journal of Marketing Management*，2005.

［13］ 黄红春、邱显平：《论江西红色文化与民间文学研究的结合》，《江西社会科学》2005 年第 11 期。

［14］ B. García，Cultural policy and urban regeneration in Western European cities：lessons from experience，prospects for the future，*Local Economy*，2004.

大 事 纪

Records of the Important Events

B.29

江西文化产业大事记（2014年）

1月15日 江西省文化企业协会在南昌成立。协会下设动漫、陶瓷、音乐、休闲旅游、工艺品美术、文化产业园区、演艺传媒、礼仪庆典、珠宝玉石等9个专业委员会，拥有会员单位200余家，分布江西11个地市、细分行业与产业链上下游。

3月6日 江西省新闻出版广电局出台《关于引进民间资本推动江西新闻出版广播影视产业发展的实施意见》，鼓励民间资本进入国家允许的印刷复制业、出版物发行业、版权业、新媒体新业态、影视制造和传播业等文化产业。

4月24日 江西省文化体制改革专项小组第一次会议召开，出台《江西省深化文化体制改革实施方案》《江西省文化体制改革和发展工作要点》等文件。

5月9日 文化部"2014年度国家特色文化产业重点项目"公布，全国共有51个项目。江西省2个项目入选，分别是景德镇近现代陶瓷工业遗产综合保护开发项目、夏布刺绣产业发展项目。

5月12日 《2013～2014年度国家文化出口重点企业和重点项目目录》发布。江西7家企业入选重点企业，分别是：江西华奥印务有限责任公司、江西省万载县金峰花炮有限公司、万载县永丰贸易有限公司、景德镇法蓝瓷实业有限公司、江西省腾王科技有限公司、江西凯天动漫有限公司、江西中文天下文化传播有限公司。

5月16日 第六届中国"文化企业30强"揭晓，江西省出版集团入选，这是江西出版集团第六次蝉联该项殊荣。

6月20日 江西省机构编制委员会办公室批复同意江西广播电视台江西省广播电视"今视网"网站更名为"江西网络广播电视台"。

8月12日 全省深化文化体制改革工作会议在南昌召开。会议学习贯彻全国文化体制改革工作会议精神，动员和部署新一轮文化体制改革。

8月13日 中共江西省委办公厅、江西省人民政府办公厅颁布《江西省深化文化体制改革实施方案》《江西省深化文化体制改革的重点任务及分工》。

8月25日 江西省委宣传部印发《关于落实〈江西省深化文化体制改革的重点任务及分工〉的实施意见》，进一步细化文化体制改革责任分工。

8月26日 江西省文化厅编制出台了"三个一百工程"。首次提出全省126个重点文化产业建设项目、155个重点文化企业和165个文化产业重点招商项目。

8月29日 江西省人民政府颁布《关于加快发展文化贸易的实施意见》。建立省文化贸易促进工作联席会议制度，优化文化贸易发展环境，促进文化贸易发展。

9月11日 财政部正式公布了《2014年度文化产业发展专项资金拟支持项目公示》，此次拟支持项目包括重大项目和一般项目两大类共计800项。江西省共有19个项目列入该公示名单，包括9项重大项目和10项一般项目，获得中央文化产业发展专项资金总额达1.13亿元。

9月24日 《中国人民银行南昌中心支行 江西省文化厅 江西省财政厅关于深入推进文化金融合作的意见》出台，要求各银行建立健全适应文化产业发展的信贷管理体制机制，创新开发适合文化产业特点的信贷产品，完善金融支持文化产业发展的配套体系，推进金融与文化产业融合，推动江西文化产业大发展。

10月 江西省选送的电影《洋妞到我家》、电视剧《领袖》和广播剧《本色》等3部作品获中宣部第十三届精神文明建设"五个一工程"奖。

10月11日 中共江西省委宣传部出台《江西省推动传统媒体和新兴媒体

融合发展的实施方案》，布置利用新技术新运用，加快媒体融合发展步伐，建立现代传播体系。

10月20日 国家新闻出版广电总局批复同意江西广播电视台开办移动数字电视频道，频道名为"江西广播电视台移动电视频道"，呼号"江西移动电视"。

10月28日 江西省统计局、江西省委宣传部印发《关于进一步加强文化产业统计工作的通知》，进一步明确名部门职责，建立健全文化产业统计制度，严格把控数据质量，切实抓好抓实文化产业统计工作。

11月17日 江西省统计局、江西省委宣传部出台《江西省文化产业统计实施方案（试行）》，方案就文化产业统计范围、统计内容、统计方法、统计保障、部门分工做了明确规定，并要求建立半年和年度文化产业调查监测报表和分析报告制度。

11月24日 江西省文化厅命名南昌古玩城实业有限公司等36家企业（单位）为第五批省级文化产业示范基地，省级文化产业示范基地增至87家。

11月26日 江西省文化金融合作会议在南昌召开。会议标志着江西省文化金融合作部际会商机制正式启动。江西文化厅与国家开发银行江西省分行签订战略合作协议，28家文化企业与16家金融机构签订融资协议，授信总额约25.6多亿元。

12月13日 文化部文化产业司和中国人民大学联合发布中国文化产业指数，江西省文化产业综合指数以74.2居全国第十，文化产业影响力指数以77.6居全国第八，文化消费综合指数以79.5居全国第十，三个指数都首次进入全国前十。

12月26日 文化部命名71家文化企业为第六批国家文化产业示范基地，其中江西省江西桐青金属工艺品有限公司、江西丝黛实业有限公司、景德镇佳洋陶瓷有限公司等3家文化企业成功入选，江西省国家级文化产业示范基地增至9家。

12月30日 《文化部 财政部 国家税务总局关于公布2014年通过认定动漫企业名单的通知》（文产发〔2014〕53号）印发，江西务本传媒有限公司、江西希格思科技有限公司、萍乡市漫步青云动漫发展有限公司等三家入选，江西省国家认定动漫企业增至16家。

❖ 皮书起源 ❖

　　"皮书"起源于十七、十八世纪的英国，主要指官方或社会组织正式发表的重要文件或报告，多以"白皮书"命名。在中国，"皮书"这一概念被社会广泛接受，并被成功运作、发展成为一种全新的出版型态，则源于中国社会科学院社会科学文献出版社。

❖ 皮书定义 ❖

　　皮书是对中国与世界发展状况和热点问题进行年度监测，以专业的角度、专家的视野和实证研究方法，针对某一领域或区域现状与发展态势展开分析和预测，具备权威性、前沿性、原创性、实证性、时效性等特点的连续性公开出版物，由一系列权威研究报告组成。皮书系列是社会科学文献出版社编辑出版的蓝皮书、绿皮书、黄皮书等的统称。

❖ 皮书作者 ❖

　　皮书系列的作者以中国社会科学院、著名高校、地方社会科学院的研究人员为主，多为国内一流研究机构的权威专家学者，他们的看法和观点代表了学界对中国与世界的现实和未来最高水平的解读与分析。

❖ 皮书荣誉 ❖

　　皮书系列已成为社会科学文献出版社的著名图书品牌和中国社会科学院的知名学术品牌。2011年，皮书系列正式列入"十二五"国家重点图书出版规划项目；2012~2014年，重点皮书列入中国社会科学院承担的国家哲学社会科学创新工程项目；2015年，41种院外皮书使用"中国社会科学院创新工程学术出版项目"标识。

中国皮书网

www.pishu.cn

发布皮书研创资讯，传播皮书精彩内容
引领皮书出版潮流，打造皮书服务平台

栏目设置：

- □ 资讯：皮书动态、皮书观点、皮书数据、
  皮书报道、皮书发布、电子期刊
- □ 标准：皮书评价、皮书研究、皮书规范
- □ 服务：最新皮书、皮书书目、重点推荐、在线购书
- □ 链接：皮书数据库、皮书博客、皮书微博、在线书城
- □ 搜索：资讯、图书、研究动态、皮书专家、研创团队

中国皮书网依托皮书系列"权威、前沿、原创"的优质内容资源，通过文字、图片、音频、视频等多种元素，在皮书研创者、使用者之间搭建了一个成果展示、资源共享的互动平台。

自 2005 年 12 月正式上线以来，中国皮书网的 IP 访问量、PV 浏览量与日俱增，受到海内外研究者、公务人员、商务人士以及专业读者的广泛关注。

2008 年、2011 年中国皮书网均在全国新闻出版业网站荣誉评选中获得"最具商业价值网站"称号；2012 年，获得"出版业网站百强"称号。

2014 年，中国皮书网与皮书数据库实现资源共享，端口合一，将提供更丰富的内容，更全面的服务。

法 律 声 明

　　“皮书系列”（含蓝皮书、绿皮书、黄皮书）之品牌由社会科学文献出版社最早使用并持续至今，现已被中国图书市场所熟知。“皮书系列”的LOGO（）与“经济蓝皮书”“社会蓝皮书”均已在中华人民共和国国家工商行政管理总局商标局登记注册。“皮书系列”图书的注册商标专用权及封面设计、版式设计的著作权均为社会科学文献出版社所有。未经社会科学文献出版社书面授权许可，任何使用与“皮书系列”图书注册商标、封面设计、版式设计相同或者近似的文字、图形或其组合的行为均系侵权行为。

　　经作者授权，本书的专有出版权及信息网络传播权为社会科学文献出版社享有。未经社会科学文献出版社书面授权许可，任何就本书内容的复制、发行或以数字形式进行网络传播的行为均系侵权行为。

　　社会科学文献出版社将通过法律途径追究上述侵权行为的法律责任，维护自身合法权益。

　　欢迎社会各界人士对侵犯社会科学文献出版社上述权利的侵权行为进行举报。电话：010-59367121，电子邮箱：fawubu@ssap.cn。

社会科学文献出版社

权威报告・热点资讯・特色资源

皮书数据库
ANNUAL REPORT(YEARBOOK)
DATABASE

当代中国与世界发展高端智库平台

WWW.PISHU.COM.CN

S 子库介绍
ub-Database Introduction

中国经济发展数据库

涵盖宏观经济、农业经济、工业经济、产业经济、财政金融、交通旅游商业贸易、劳动经济、企业经济、房地产经济、城市经济、区域经济等领域，为用户实时了解经济运行态势、把握经济发展规律、洞察经济形势、做出经济决策提供参考和依据。

中国社会发展数据库

全面整合国内外有关中国社会发展的统计数据、深度分析报告、专家解读和热点资讯构建而成的专业学术数据库。涉及宗教、社会、人口、政治、外交、法律、文化、教育、体育、文学艺术、医药卫生、资源环境等多个领域。

中国行业发展数据库

以中国国民经济行业分类为依据，跟踪分析国民经济各行业市场运行状况和政策导向，提供行业发展最前沿的资讯，为用户投资、从业及各种经济决策提供理论基础和实践指导。内容涵盖农业，能源与矿产业，交通运输业，制造业，金融业，房地产业，租赁和商务服务业，科学研究，环境和公共设施管理，居民服务业，教育，卫生和社会保障，文化、体育和娱乐业等 100 余个行业。

中国区域发展数据库

以特定区域内的经济、社会、文化、法治、资源环境等领域的现状与发展情况进行分析和预测。涵盖中部、西部、东北、西北等地区，长三角、珠三角、黄三角、京津冀、环渤海、合肥经济圈、长株潭城市群、关中—天水经济区、海峡经济区等区域经济体和城市圈，北京、上海、浙江、河南、陕西等 34 个省份及中国台湾地区。

中国文化传媒数据库

包括文化事业、文化产业、宗教、群众文化、图书馆事业、博物馆事业、档案事业、语言文字、文学、历史地理、新闻传播、广播电视、出版事业、艺术、电影、娱乐等多个子库。

世界经济与国际政治数据库

以皮书系列中涉及世界经济与国际政治的研究成果为基础，全面整合国内外有关世界经济与国际政治的统计数据、深度分析报告、专家解读和热点资讯构建而成的专业学术数据库。包括世界经济、世界政治、世界文化、国际社会、国际关系、国际组织、区域发展、国别发展等多个子库。